LES DOSSIERS D'INTERPOL

PIERRE BELLEMARE
JACQUES ANTOINE

LES DOSSIERS D'INTERPOL

EDITIONS 1

ISBN : 978-2-84612-276-4

AVERTISSEMENT AUX LECTEURS

Ces textes ont été adaptés de l'émission « INTERPOL » de Pierre Bellemare et Jacques Antoine, diffusée chaque jour sur EUROPE 1.

Les auteurs ont demandé à l'OIPC-INTERPOL de les aider de ses conseils. Cette supervision n'a porté que sur les seules modalités techniques de la coopération internationale. En effet, les dossiers de cet organisme étant strictement confidentiels, les auteurs se sont inspirés pour chaque affaire des articles parus d'abondance dans la presse mondiale.

Pour des raisons morales autant que juridiques (les lois sur la prescription sont fort différentes selon les pays) et pour que ces récits puissent entrer dans le cadre de cet ouvrage, consacré à INTERPOL, les auteurs ont dû modifier certains noms propres, certains noms de lieux, voire certaines circonstances : des affaires paraissent donc rigoureusement inchangées, d'autres ne peuvent être que partiellement reconnues, d'autres enfin ne permettent aucune identification mais sans qu'y soient altérés la psychologie des personnages, l'esprit et le climat.

QU'EST-CE QU'INTERPOL ?

Les extraordinaires facilités de déplacements offertes par la vie moderne, l'accroissement considérable des populations, des échanges et des moyens de paiement, ont multiplié les occasions de criminalité « internationale » tandis que les frontières constituent comme par le passé une protection pour les malfaiteurs et un obstacle pour les polices.

Peut être considérée comme infraction internationale toute activité criminelle qui concerne plusieurs pays, soit par la nature des actes commis, soit en raison de la personnalité ou de la conduite de son ou de ses auteurs.

La qualification de crime international n'est pas liée à la gravité de l'acte criminel : Un malfaiteur qui a volé dans les magasins, mais dans plusieurs pays successivement, est un criminel itinérant donc international.

Mais il n'existe ni de code ni de règle pénale internationaux et ce qui est considéré ici comme un crime grave est ailleurs anodin. De plus, dans chaque pays, la police est organisée de manière différente et ses services, souvent nombreux, sont articulés entre eux de façon complexe. Ici, la police est nationalisée ; là, elle relève des autorités locales. Ici, elle a une compétence globale ; là, les fonctions policières sont réparties entre plusieurs services. Donc comment serait-il possible à un policier d'une ville du Pérou de faire effectuer, en cas de nécessité, une recherche dans tous les pays d'Asie ? Comment pourrait-il savoir quels doivent être ses interlocuteurs étrangers dans tous les autres pays du monde ?

C'est pourquoi les responsables de la protection des citoyens de plusieurs pays, cherchant à lutter contre la criminalité internationale, ont créé en 1923 un organisme de coopération policière : l'Organisation Internationale de Police Criminelle dont le siège fut d'abord à Vienne.

Lorsque le Secrétariat Général s'installa à Paris en 1946, on choisit comme adresse télégraphique le vocable : « INTERPOL » qui fut adopté en 1947 pour chaque Bureau Central National d'INTERPOL. Les médias utilisèrent peu à peu ce mot pour désigner l'ensemble du dispositif de coopération. Dans les journaux, à la radio, fleurirent les expressions « INTERPOL LONDRES » a saisi « INTERPOL ROME » ou bien : « INTERPOL s'occupe de l'affaire X... »

L'O.I.P.C.-INTERPOL doit assurer l'assistance réciproque la plus large de toutes les autorités de police criminelle et développer toutes institutions contribuant à la prévention et à la répression des infractions de droit commun. Cela dans le cadre des lois existant dans les différents pays membres et selon l'esprit de la Déclaration Universelle des Droits de l'Homme.

Toute activité ou intervention dans des questions ou affaires présentant un caractère politique, militaire, religieux ou racial est rigoureusement interdite à l'Organisation.

A ce jour, 127 pays ont donc désigné leur organisme officiel de police dont les fonctions sont compatibles avec les activités de l'O.I.P.C. pour en être membres.

Il a fallu élaborer certaines méthodes adoptées en commun, résoudre des questions juridiques, linguistiques, etc., etc. et, pour assurer une « permanence », une continuité et des moyens d'action, créer un Secrétariat Général et les Bureaux Centraux Nationaux d'INTERPOL.

Une assemblée générale et un comité exécutif dirigent donc l'O.I.P.C. tandis que Secrétariat Général et Bureaux Centraux Nationaux sont les rouages techniques permanents qui en assurent le fonctionnement quotidien.

Le rôle des B.C.N. est capital : ils sont compétents pour demander aux polices des autres pays des échanges d'informations, des recherches, des identifications, des auditions, des arrestations. A l'inverse, à la demande des autres pays, ils déclenchent toutes opérations policières sur leur propre territoire, en fonction de leur législation nationale. Ils assurent aussi la participation active de leur pays à la coopération internationale en faisant appliquer chez eux les résolutions adoptées par l'O.I.P.C. et veillent au respect des statuts.

Les B.C.N. peuvent régler rapidement les problèmes posés quotidiennement, y compris les problèmes linguistiques. Par exemple : si n'importe quel détective local est en présence d'un cas qui présente des développements internationaux, il s'adresse au service désigné dans son propre pays comme « B.C.N.-INTERPOL »... et l'affaire suivra alors son cours partout à travers le monde.

Les B.C.N.-INTERPOL entretiennent entre eux des rapports directs, exempts de formalisme, mais doivent rester en liaison étroite avec le Secrétariat Général qu'ils informent de leurs activités et dont ils demandent, le cas échéant, l'intervention.

Le Secrétariat Général INTERPOL à Saint-Cloud près de Paris est une administration internationale ne relevant d'aucun gouvernement particulier. Il dispose de deux fichiers principaux : un fichier alphabétique et un fichier phonétique. Ils sont complétés par des fichiers spéciaux (noms des bateaux, immatriculation des voitures suspectes, numéros des passeports utilisés par des individus surveillés, etc.). Les fiches renvoient à des dossiers « individuels » ou à des dossiers « d'affaires » qui contiennent la documentation proprement dite.

C'est aux archives spécialisées que sont classées les empreintes digitales des malfaiteurs internationaux. On y trouve, en outre, un fichier photographique.

Bien entendu, chaque Bureau Central National d'INTERPOL dispose d'une station radio-électrique intégrée dans le système de télécommunications de la police de son pays. Les B.C.N. sont groupés par zones géographiques autour d'une station régionale, elle-même reliée à une station centrale.

La station centrale du Secrétariat Général assure la liaison entre toutes les stations régionales mais aussi la fonction de « station régionale » pour le réseau Europe-Méditerranée.

Généralement, INTERPOL communique en morse parce que ce système, le moins cher, le plus fiable, permet d'être reçu simultanément par de nombreuses stations, élimine les difficultés de langage, les opérateurs recevant et émettant des messages même s'ils ne les comprennent pas. Mais certains B.C.N disposent de moyens plus sophistiqués.

Pour diffuser le signalement des personnes, INTERPOL utilise des notices signalétiques portant un coin rouge s'il s'agit d'une demande d'arrestation ; bleu s'il s'agit d'une demande de renseignements ; vert s'il s'agit de prévenir des agissements d'un malfaiteur international ; noir enfin s'il s'agit d'un cadavre à identifier.

Bien sûr, tout ceci est très schématique car l'activité d'INTERPOL est multiple : Elle va de la diffusion de formulaires pour l'identification des victimes des grandes catastrophes à la diffusion d'un fichier de plus de mille marques de machine à écrire différentes, permettant d'identifier une machine d'après les missives qu'elle a frappées, en passant par une bibliographie sur les armes à feu ou une brochure spéciale à feuillets mobiles décrivant par pays les systèmes et les mécanismes de numérotation des plaques d'identification des véhicules automobiles, etc., etc.

Comme on le voit, INTERPOL n'est pas une « super-brigade internationale » composée de « super-détectives » mais un système de coopération dans lequel chaque pays, responsable chez lui, agit avec ses hommes à lui, ses propres services, ses propres lois et ses propres méthodes.

Nous remercions M. BOSSARD, Secrétaire général et le Detective Chief-superintendant KENDALL, directeur de la Division de Police d'avoir bien voulu répondre aux questions de notre documentaliste Gaëtane BARBEN sur les modalités de la coopération qui se développe lorsqu'un policier obscur, quelque part sur notre planète où le soleil ne se couche jamais, met en branle cette grande machine à moudre le quotidien.

Jacques Antoine-Pierre Bellemare.

LA MÊME IDÉE DERRIÈRE LES TÊTES

Mexico, le 23 septembre 1965. Un quartier industriel où chaque fabrique, chaque hangar est entouré d'un no man's land semé de boîtes de conserve vides, de bouteilles cassées et de débris divers. Deux garçons de seize et douze ans cherchent dans ces débris quelque objet à revendre pour quelques cents. Ils fouillent dans un endroit particulièrement sale et peu fréquenté, lorsque le plus grand escalade rapidement le sommet d'une véritable colline d'immondices : il vient d'apercevoir quelque chose. L'autre le rejoint et ils restent là... sans un mot. Devant eux se trouve le corps nu d'une femme. Les deux enfants sont paralysés de dégoût. La femme n'a plus de tête. Il n'y a là qu'un corps indécent, un déchet humain dans une décharge publique... Puis la peur aiguillonne les deux jeunes garçons, qui dégringolent la colline à toutes jambes pour raconter leur aventure au premier passant. Les deux policiers chargés des premières constatations arrivent sur les lieux et font ce que n'importe qui ferait de toute façon. Ils cherchent la tête. Après quelques minutes, l'un d'eux appelle l'autre :

« Ho ! Viens voir...

— Tu as trouvé la tête ?

— Non. Mais j'ai trouvé un autre corps, sans tête. »

Voici donc les deux policiers, en tête à tête avec deux corps sans tête : deux corps de femmes nues et, à ce qu'il semble d'âge dissemblable. Quant aux deux têtes, ils ne les trouvent pas, mais dégagent d'un trou des vêtements de femme dont un manteau portant la griffe d'un couturier de Londres. Ces vêtements sont tachés de sang, c'est dire que le criminel a tué d'abord et déshabillé ensuite. L'un des corps est celui d'une femme jeune. L'autre, d'un âge moyen. Mais rien ne prouve qu'elles aient été tuées sur place. La mort de l'une remonte à deux ou trois jours seulement, l'autre a plus d'une semaine. Détail curieux et macabre à propos de ce dernier corps : la peau a été traitée, comme si l'assassin avait voulu l'embaumer pour la conserver. Il s'agit pourtant d'un tueur féroce, car les deux femmes portent encore les traces laissées par des liens, et l'on peut supposer qu'elles étaient attachées vivantes lorsqu'on les a décapitées. Deux coups de couteau précis semblent avoir suffi.

La double découverte est vite connue, et c'est le rush des journalistes. La police fait feu des quatres fers, malheureusement sans résultat, car elle ne parvient pas à identifier les victimes. De sorte qu'il s'écoule quatre mois avant qu'un chien hurlant sans arrêt sous la pluie dans un terrain vague devant quelques sacs n'attire l'attention d'un vigile qui vient voir la cause de ces lamentations. Il regarde le contenu des sacs et part comme une fusée prévenir la police. L'un de ces sacs contient le corps d'une femme dont la tête manque, après avoir été découpée avec le plus grand soin. Trois corps sans tête.

Treize jours plus tard, un conducteur de camion a l'idée saugrenue de jeter un coup d'œil dans un trou partiellement rempli de morceaux de caoutchouc, près d'un bâtiment vide. Il en émerge un bras droit, et rien du tout au bout. C'est un bras droit, comme ça, tout bête. Ce qui semblerait indiquer qu'il doit y avoir la suite quelque part.

Quelques jours plus tard, après le retrait des eaux d'une rivière qui venait de déborder, on découvre le torse d'une jeune femme sur la place d'un village des environs de Mexico. Pas de tête. Tout ce qu'on apprend de la victime, c'est qu'elle avait eu des enfants.

Quatre corps sans tête. Dont un demi.

Quelques mois encore, et un garçon de quatorze ans joue dans les pierres, sous un pont, non loin de l'endroit où un an plus tôt on a trouvé le premier corps sans tête. Le gamin qui vient de glisser sur un gros galet bien rond s'aperçoit qu'il s'agit en vérité d'un crâne qui émerge du sol. Cet enfant très actif, et curieux de nature, trouve également : un squelette dans un sac, des vêtements féminins, un morceau d'une revue cinématographique et diverses bricoles. Il s'agit d'une femme, et les traces de couteau montreront qu'elle a été décapitée. Ce jour est pour les policiers à marquer d'une pierre blanche, car ils ont enfin une tête. Ils peuvent même y dénombrer trois dents en or et chercher le dentiste qui a réalisé le travail.

Malheureusement, aucun dentiste de Mexico ne reconnaît ni la mâchoire ni les dents en or. Par contre, les policiers commencent à rapprocher ces découvertes macabres de plusieurs disparitions suspectes ayant fait l'objet d'avis de recherches d'INTERPOL. Il semblerait qu'une Américaine, deux Anglaises et une Italienne, ayant prévu de faire un voyage au Mexique, y auraient disparu. Les empreintes digitales permettent d'identifier finalement l'un des cadavres : celui d'une Anglaise, Helen Sawndey, venue à Mexico par avion et dont on était depuis sans nouvelles.

Hélas ! l'enquête s'arrête là, sur un mystère complet. C'est alors que le mari d'Helen Sawndey charge un détective privé de mener une enquête parallèle à celle de la police officielle. Pendant ce temps, les découvertes de cadavres de femmes sans tête continuent. On en trouve quatre de plus. Quatre dans des lieux divers. Et, comme il semble bien, à chaque fois, que ce soient des étrangères, le Secrétariat général d'INTERPOL à Paris estime que cela fait beaucoup de femmes sans tête. Beaucoup trop. Et le détective engagé par le mari d'Helen Sawndey n'en pense pas moins.

C'est un beau garçon élégant, de trente-sept ans, aux cheveux soigneusement coiffés et longs, grand amateur de femmes, avec leur tête évidemment, de whisky et de voitures de course. Édouard Andrassy n'est pas un policier banal. Il se pourrait bien que ce soit lui qui ait inspiré le personnage de Jason King, de la célèbre série télévisée du même nom. Mais il ne s'agit pas non plus d'une enquête banale, la preuve. Un nouveau corps de femme est découvert. Toujours sans tête. Ce qui porte à neuf les points d'interrogation.

Tout d'abord, le détective se contente d'étudier avec un soin méticuleux les convergences de signalement que l'on peut déceler entre ces femmes. Mais elles n'ont apparemment aucun point commun méritant d'être retenu. Il y a des blondes, des brunes et des châtaines. Elles sont de tailles et d'âges variés, certaines frêles, d'autres robustes, et probablement de condition sociale différente. Mis à part le fait qu'elles sont mortes, qu'elles sont nues et qu'elles n'ont pas de tête, rien ne les rapproche. Peut-être avaient-elles les mêmes yeux. Mais, pour le vérifier, il faudrait posséder les têtes. Et la seule que l'on ait retrouvée avait des yeux noirs. L'indice est maigre. Les neuf femmes ne semblent pas avoir subi d'autre violence que celle d'avoir été attachées et décapitées. Décapitées restant l'essentiel. Peut-on vraiment imaginer un homme du XXe siècle vivant à Mexico, une ville moderne, et collectionnant des têtes ? Neuf têtes ? Ça prend de la place et ça ne se conserve pas comme ça.

Édouard Andrassy sirote son whisky dans un bureau enfumé, selon la tradition des détectives désinvoltes. Il est en contemplation devant les macabres photographies et a une inspiration : pour découper des têtes avec cette détermination et cette précision, ne faut-il pas une habileté professionnelle ? Alors : chirurgien ou boucher ? Les représentants de ces deux professions sont unanimes : les têtes ont été coupées au couteau, donc ce serait plutôt un boucher... Seulement, il y a des milliers de bouchers à Mexico ! Et il faut des semaines au détective pour n'en voir que la moitié. Et il en voit des bouchers !

Bien entendu, cette piste stupide, suivie pour la forme, ne donne rien.

C'est alors que survient une sorte de coup de théâtre. Il est provoqué par deux jeunes garçons qui se précipitent dans le giron de leurs mères pour raconter qu'ils ont trouvé une tête ! Et au pied d'un arbre, sur les lieux mêmes, les enfants s'expliquent : ils jouaient aux gendarmes et aux voleurs lorsqu'ils aperçurent un sac bien rond en forme de balle. L'un d'eux donna un coup de pied dedans. Le jouet improvisé s'ouvrit en deux, et une tête roula sur le gazon... Une tête avec des cheveux bruns. Mais une tête d'homme, cette fois. Non loin de la tête, on trouve une paire de chaussures liées ensemble par des lacets et un polo blanc avec des initiales « J. D. ».

Le jour suivant, on trouve le corps à 200 mètres de là. Il est couvert de tatouages : un cœur percé d'une flèche, un drapeau et, près d'un petit Cupidon, deux prénoms : « Helen et Paul ». L'homme devait avoir vingt-cinq ans, et il est mort depuis deux ou trois jours. C'était sûrement un marin, et INTERPOL finit par l'identifier. Il s'agit d'un Norvégien dont le bateau faisait escale à Panama. Cette fois, le détective, apprenant qu'il a comme les autres été ligoté et décapité de son vivant, parvient à d'autres conclusions : l'assassin doit être particulièrement robuste, car on ne se rend pas maître facilement d'un marin norvégien de vingt-cinq ans. Ces crimes ne sont pas sexuels, mais probablement un moyen comme un autre pour se débarrasser de témoins encombrants. La décapitation ne serait dans ce cas qu'une gâterie supplémentaire. En outre, l'assassin doit posséder une pièce insonorisée, car il est inconcevable qu'on puisse se livrer à une opération aussi sauvage sans que les voisins n'entendent rien. Et, dans cette pièce, le détective suppose que l'assassin doit avoir l'eau courante. Pour des raisons pratiques sur lesquelles il est inutile de s'étendre. Édouard Andrassy, fort de cette idée, entreprend alors de visiter les laboratoires photo des commerçants et des amateurs de la ville. Malheureusement, là encore, ils sont des milliers, et cette nouvelle piste ne donne rien.

C'est l'assassin lui-même qui va donner une nouvelle piste. Comme le Petit Poucet qui semait des cailloux, il sème des cadavres sans tête. Le onzième est découvert, descendant une rivière au fil de l'eau, nu et probablement blond. Et c'est un homme. Le deuxième de la série. Il est mort depuis une huitaine de jours. Ce qui amène le détective à une nouvelle conclusion : « L'assassin doit posséder une chambre froide. Il ne peut pas se promener avec un cadavre sans tête dans les bras, n'importe où et n'importe quand. Il doit choisir le moment pour s'en débarrasser. Autrement dit, il doit les stocker. Il est probable qu'il lui arrive d'avoir un ou deux cadavres sur le dos. Et où peut-il les conserver sinon dans un frigo ? » Et ce frigo est sûrement une chambre froide, car on ne met pas deux cadavres dans un frigo... Le temps de dresser la liste des chambres froides dans la ville de Mexico, et le douzième corps sans tête est découvert.

Cette fois, pourtant, la victime est très vite identifiée : c'est une femme d'une soixantaine d'années, une Noire. Or les employés de la Mexican Airways de l'aéroport *Internacional* se souviennent parfaitement qu'une voyageuse noire ayant des cheveux blancs, venant de la Martinique, leur a fait une déclaration de perte de bagages, et ce pas plus tard qu'il y a deux jours.

Nouvelles conclusions du détective sur le comportement de l'assassin : « Il va chercher ses victimes directement à l'aéroport ! Et si c'était un porteur ? » Problème : il y a une centaine de porteurs à l'aéroport de Mexico. Il est temps d'employer les moyens techniques.

Le détective fait alors demander à INTERPOL de réunir les informations possibles sur les heures de départ et surtout les heures d'arrivée des vols empruntés par les victimes qui ont été identifiées, d'une part, et les personnes qui ont été signalées comme disparues, d'autre part.

Huit jours plus tard, INTERPOL transmet toute une série de télex provenant de Londres, de Rome, de Washington, de Rio de Janeiro, de Paris, signalant les heures prévues d'arrivée des victimes identifiées et des personnes disparues. Or, la plupart des personnes disparues et les quatre victimes identifiées se sont posées à l'aéroport *Internacional* entre 7 h 30 et 11 heures du matin. Et toutes à l'arrivée des lignes internationales. Voilà qui réduit considérablement le champ des recherches et donne du courage à Édouard Andrassy. Il se rend à l'aéroport, un matin vers 7 h 30, pour attendre l'arrivée d'un vol international, celui de la Lufthansa. Il a obtenu l'autorisation de passer discrètement la douane et la police des frontières pour ressortir de la salle de réception des bagages, comme tout bon voyageur, deux valises à la main. Les porteurs sont là : en arc de cercle devant lui. D'autres voyageurs l'ont précédé, notamment deux solides jeunes Allemandes qui ont l'air de transporter une garde-robe colossale et vers qui les porteurs se précipitent. Le détective observe un détail intéressant : un des porteurs n'a pas fait un geste dans leur direction... Pourquoi ? Si c'était l'assassin, il préférerait évidemment une voyageuse ou un voyageur seul, plutôt que ces deux solides jeunes femmes. D'ailleurs, le porteur en question est maintenant aux prises avec les bagages d'un jeune homme. Il semble que ce soit un Français. Le jeune homme suit maintenant le porteur, poussant ses valises sur un chariot, en direction de la station des autobus qui assurent la navette avec la capitale. Le détective remarque que le porteur engage la conversation avec le jeune homme qui ne semble pas bavard.

Le détective monte à son tour dans l'autobus et s'assoit à côté du jeune homme. Après quelques préliminaires dans le genre : « C'est la première fois que vous venez à Mexico? Pour le plaisir ou pour travailler? », le garçon répond qu'il est cuisinier et qu'il est engagé par l'hôtel *Méridien* de Mexico.

« J'espère que vous ne vous êtes pas fait avoir par le porteur?

— Non, non... répond le jeune homme.

— Et il ne vous a rien proposé?

— Si. Il m'a proposé de changer des dollars. Il m'a demandé si je voulais voir des bijoux. Il m'a dit qu'il pouvait me donner de bonnes adresses. Mais je n'avais ni le temps ni l'argent. »

Cette fois, le détective ébauche un plan. Il connaît des tas de gens à Washington, dans la police bien entendu, notamment Laureen Arundell, une jeune femme qui travaille au BCN[1] de Washington. Il entre en rapport téléphonique avec elle.

Et le lendemain, à peu près à la même heure, Édouard Andrassy recommence le manège de la veille. Mais il attend pour sortir de la salle des bagages l'arrivée des voyageurs d'un vol de New York. Parmi eux, une jolie fille en minijupe bleu ciel, blonde et sportive, une madame détective en personne... Juste pendant féminin d'Andrassy. C'est Laureen Arundell. Ils n'échangent pas un regard. Lorsqu'ils débouchent dans la salle d'arrivée, les porteurs sont là en arc de cercle. Mais, voyant que celui qu'il soupçonne a jeté son dévolu sur un vieux monsieur, le détective est sur lui en trois enjambées. Il fait mine de lui remettre ses valises et de se raviser :

« Prenez plutôt ceux de mademoiselle. Moi, je ne suis pas pressé. »

Et il désigne la jeune femme en minijupe bleu ciel.

Voilà donc le porteur poussant sur son chariot deux valises et la housse de vêtements de Laureen Arundell. L'homme est grand. Il a un curieux visage carré qui serait paisible si ses yeux, très écartés, étranges, très bleus, et très clairs, ne donnaient l'impression d'être toujours sous tension. Le front est haut mais les lèvres minces. C'est un homme fruste. Ses mains sur la poignée du chariot sont énormes. Il marche en traînant légèrement les pieds, lentement, en s'inclinant d'un côté et de l'autre. Tandis qu'ils attendent devant la station des taxis, le porteur et Laureen Arundell engagent une conversation assez animée. L'homme poursuit ses explications tout en chargeant les bagages dans la malle arrière. Manifestement, il a fait une proposition

1. Bureau Central National.

à la jeune femme qui hésite à l'accepter. Maintenant il regarde sa montre. Il doit être en train d'expliquer à Laureen qu'elle n'en aurait pas pour longtemps, qu'il s'agit d'un simple détour, etc.

Au dernier moment, la femme détective rouvre sa portière et invite le porteur à monter. Notre Jason King court alors jusqu'à sa voiture pour prendre en filature le taxi.

Après une heure de route, le taxi s'arrête dans un quartier excentrique, proche de l'un des endroits où l'on a déjà découvert deux cadavres. Le détective décroche alors le téléphone qu'il a dans sa voiture et appelle la police. Il est sûr de tenir l'assassin des femmes sans tête.

Là-bas Laureen Arundell règle le chauffeur qui décharge ses bagages sur le trottoir. Le porteur et Laureen pénètrent ensuite dans une maison de quatre étages : une bâtisse en brique claire plutôt sordide, construite à la limite d'un terrain vague. Un magasin désaffecté laisse pendre au rez-de-chaussée un rideau de fer rouillé. Le détective, n'osant pas arrêter sa voiture trop près de l'immeuble, se décide à parcourir une centaine de mètres à pied.

Bien qu'il y ait dans cette maison une quinzaine au moins d'appartements, bien qu'il paraisse impensable qu'on ait pu décapiter dans cette maison au moins une douzaine de victimes, Andrassy est fermement convaincu que l'homme est l'effroyable assassin qu'il recherche. Il faut donc essayer de limiter les risques encourus par la jeune femme. Mais il faut essayer aussi de laisser à l'homme le temps d'aller le plus loin possible. Lorsqu'il entre à son tour dans l'immeuble, Andrassy voit se refermer une des portes du rez-de-chaussée. Il a compris : il ressort et fait le tour. L'appartement donne par deux fenêtres en rez-de-chaussée sur un terrain vague : ce qui pourrait expliquer la facilité avec laquelle le tueur aurait pu sortir les cadavres.

Le détective s'approche d'une des fenêtres avec mille précautions et jette un regard à l'intérieur : la femme et l'homme sont là, debout devant une table de salle à manger sur laquelle ce dernier pose des bijoux. Laureen Arundell se penche pour les regarder, lorsque le porteur, étendant un bras immense, un bras qui n'en finit pas, la saisit à bras le corps. Dans l'autre main, il tient un rouleau de corde. Mais son geste demeure inachevé, car, de la crosse de son revolver, le détective a brisé la vitre et bondit dans la pièce. Il était temps.

L'homme, d'origine nord-américaine, s'appelait Frank Dolezal. Il avait été autrefois employé aux abattoirs. Le magasin désaffecté qui jouxtait son appartement était une ancienne boucherie où lui seul avait accès et dans laquelle ronronnait encore le moteur d'une chambre froide. Frank Dolezal commença par nier, puis, quand on eut retrouvé quatre couteaux de boucher maculés de sang séché, il finit par avouer et, à la fin de sa confession, se mit à supplier : « S'il vous plaît, ne m'envoyez pas à la chaise électrique. »

Cette demande était prématurée, mais le monstre devait avoir une peur terrible de cette chaise électrique. En effet, au cours de la première nuit passée dans sa cellule, il réussit à se pendre tout seul, et l'on n'a jamais retrouvé aucune des onze têtes manquantes qu'il avait si minutieusement décollées pour un peu d'argent.

UNE RENCONTRE HISTORIQUE

Ceci est l'histoire d'une rencontre historique, dont jamais aucun livre d'histoire ne parlera. Car ceci est l'histoire de la rencontre historique de deux « flics moyens » par l'intermédiaire d'un téléphone. L'un parlant américain à Los Angeles, l'autre italien à Rome. Ces deux derniers détails étant la logique même. Ceci est également l'histoire d'une vedette de la télévision américaine et d'un blondinet rabougri dont le destin n'avait pourtant rien de commun. Si l'on considère, et c'est là le parti pris de l'auteur, que l'inspecteur Pinell, de Los Angeles, est un personnage historique, de même que l'inspecteur Zurlini de Rome, il convient donc de les présenter minutieusement. Et ce à la veille de leur rencontre, le 31 octobre 1955.

A Los Angeles, il est 2 h 15 du matin, et l'inspecteur Pinell fait un saut de carpe dans son lit. Le téléphone vient de lui vriller les oreilles, et comme tout bon appareil de ce genre il a dû réveiller femme, enfants et belle-mère. Pinell ne vit pas seul. Car la vie est ainsi faite que l'on y rencontre même des « flics » mariés. La voix au téléphone est un peu hésitante :

« Allô chef ? »

Partant du principe que l'on est toujours le chef de quelqu'un, Pinell répond « oui ». Il n'a pas encore réalisé que cette voix hésitante est celle de son adjoint Nicolas, lequel Nicolas annonce sur un ton dramatique :

« On a besoin de vous, chef. »

Il est heureux que ce coup de téléphone à 2 h 15 du matin soit motivé par le besoin du chef, ce qui n'empêche pas le chef de grogner en sourdine pour ne pas réveiller sa femme...

« Besoin de moi, et pour quoi faire ?

— Marian Fleischer vient de tuer son mari, chef... »

Le chef avale l'information en silence, et au bout du fil son adjoint s'inquiète :

« Vous êtes là chef ? Vous m'entendez chef ? C'est Marian Fleischer, elle a tué son mari, alors j'ai pensé qu'il fallait vous prévenir. J'ai bien fait, chef ? »

En vérité, l'inspecteur Pinell espérait vaguement que son adjoint le dérangerait pour une misère. Qu'il aurait pu lui raccrocher au nez, se rendormir, mais rien de cela n'arrive à 2 h 15 du matin. Sauf qu'une Marian Fleischer trouve le moyen de tuer son mari. Au lieu de divorcer comme tout le monde, ou de le tuer pendant les heures ouvrables. Mais il est bien connu que Marian Fleischer ne fait rien comme tout le monde. C'est une vedette de télévision, aussi célèbre que King Kong, mais beaucoup plus ravissante. Et le mari qu'elle vient de tuer, c'est un fils de milliardaire aussi connu qu'Howard Hawks, mais beaucoup plus jeune. L'inspecteur Pinell n'a plus qu'à dire adieu à son lit et à répondre à son adjoint inquiet qu'il a bien fait, que c'est important et qu'il faut venir le chercher immédiatement.

Car Pinell n'est que l'inspecteur Pinell. Un « flic » à tout faire, que l'on peut réveiller au milieu de la nuit s'il plaît à une vedette milliardaire de tuer son milliardaire de mari. Et il n'y a rien à redire à cela, sinon Pinell pourrait perdre son boulot, si le shérif n'est pas content. Et le shérif ne sera pas content s'il se fait traîner dans la boue par le gouverneur, et le gouverneur ne sera pas content s'il se fait traîner dans les orties par les milliardaires qui l'ont élu. Voilà pourquoi on a réveillé l'inspecteur Pinell, de Los Angeles, ce 31 octobre 1955 à 2 h 15 du matin.

A Rome, pendant ce temps, il n'est que 12 h 15, ou déjà 12 h 15, selon la conception que l'on a des fuseaux horaires.

A l'aéroport de Fiumicino se trouve le deuxième personnage historique : l'inspecteur Franco Zurlini. Zurlini ne souffre que d'un creux à l'estomac et considère avec envie un petit garçon qui mange un sandwich. Zurlini n'a pas droit aux sandwiches, selon sa femme et les trois kilos qu'il a pris en vacances. Car la vie est ainsi faite que l'on peut même rencontrer des « flics » qui prennent des vacances. Zurlini n'est plus en vacances, et il aimerait bien s'intéresser à son travail si cela était possible. Mais il a rarement bénéficié d'un job aussi ennuyeux. Il y a eu des grèves à l'aéroport de Rome, dont les conséquences multiples frisent la pagaille et la confusion à la douane, à la livraison des bagages et à la police des frontières. « On » a créé une commission pour y mettre de l'ordre. Zurlini représente la police dans cette commission, laquelle a proposé (lentement) un plan d'organisation qu'il est chargé de surveiller. C'est-à-dire qu'il est payé pour constater que personne n'appliquera jamais ce plan. Que personne ne songera jamais à l'appliquer. Que tout le monde s'en fiche complètement. Que ça n'a d'ailleurs aucune importance. Que la confusion fait partie de la vie d'un aéroport italien. Que c'est ce qui le rend particulièrement vivant. Que ce plan était d'ailleurs inapplicable. Que tous les plans seront d'ailleurs inapplicables à moins de transporter l'aéroport de Fiumicino à Hambourg et d'amener à Fiumicino l'aéroport de Hambourg.

Tout en déambulant dans l'aéroport, Franco Zurlini observe, de-ci de-là, les voyageurs qui trouvent le moyen, malgré la standardisation du blue-jean et du bagage à main, de surprendre l'œil. A part ceux des lignes intérieures qui ont l'air d'être là entre parenthèses, tout entiers projetés dans les rendez-vous qui les amènent à Rome pour la journée, les autres ont l'air de Martiens en promenade. Franco Zurlini n'a jamais quitté Rome et ne connaît pas l'inspecteur Pinell, son collègue de Los Angeles. Il ne l'a jamais vu et ne le verra jamais. Pour être historique, leur rencontre n'a pas besoin de cela.

Une demi-heure plus tard, à Los Angeles : l'inspecteur Pinell et son adjoint Nicolas entrent dans la somptueuse villa du milliardaire William Fleischer Junior. L'ex-milliardaire William Fleischer Junior, car il ne reste du rutilant, glorieux et fastueux milliardaire qu'un corps, nu comme un ver, allongé devant la porte de sa chambre, dans une immense flaque de sang. Son visage regarde le plafond. Un seul œil est ouvert, et à la place de l'autre il y a un grand trou. C'est par là que la balle est entrée.

Ce mort a quelque chose de gênant dans ce décor somptueux. Sa femme Marian est allongée sur un canapé, en chemise de nuit, entourée d'une grosse cuisinière mexicaine en robe de chambre et d'un médecin qui a enfilé un imperméable par-dessus son pyjama. On ne distingue plus dans ce cadavre l'athlète bronzé que fut Fleischer, dit Junior, pour bien le distinguer de son père, un vieillard acariâtre et cacochyme. Et aussi pour bien distinguer la fonction sociale des deux hommes, l'un ayant vocation de ramasser l'argent, l'autre de le dépenser.

De même, dans cette femme en chemise de nuit au visage lavé par les larmes et aux cheveux épars, plus rien de la beauté de la vedette dont, il y a quelques jours encore, l'Amérique découvrait la splendeur plastique, alors qu'elle émergeait en maillot de bain des flots du Pacifique, dans la série intitulée : « Aventures dans les îles ».

L'inspecteur Pinell se défend d'être impressionné par cette naïade en larmes. Il est là pour interroger, et son devoir est d'interroger. Ce qui ne va pas sans mal. Marian lève vers l'inspecteur ses yeux gonflés. Elle arrive avec peine à prononcer une phrase :

« J'ai entendu un bruit, j'ai décroché le fusil qui est dans ma chambre... »

Et elle s'effondre, larmes et évanouissements mêlés. La cuisinière apporte un verre d'eau, le médecin fait une piqûre. Tout cela prend du temps, et l'inspecteur Pinell fait le tour de la pièce patiemment... Au bout d'une dizaine de minutes, il est récompensé. Marian s'adresse à nouveau à lui :

« J'ai vu une ombre dans le couloir, j'ai tiré... J'ai allumé et j'ai vu mon mari. »

Ce qui la plonge à nouveau dans le désespoir, nécessite un nouveau verre d'eau et de nouveaux tapotements du médecin... Il est évident que l'inspecteur Pinell n'obtiendra rien de plus. Il se retourne alors vers la cuisinière. Elle n'a rien vu, rien entendu avant les coups de feu. Le chien n'a pas aboyé. Au premier coup de feu, elle a entendu crier sa maîtresse, elle a couru, pour la voir appeler la police en disant : « J'ai tué mon mari. » Marian faisant une nouvelle crise de nerfs, le médecin décide de l'hospitaliser, et l'inspecteur Pinell la regarde s'éloigner sur une civière. Il ne lui reste plus qu'à retourner se coucher.

Pendant ce temps, à Rome, l'inspecteur Zurlini finit de déjeuner. Il est prêt à recommencer son travail de surveillance organisée d'une organisation insurveillable. A errer pendant des heures dans l'agitation de l'aéroport, comme un fantôme dans un asile de fous. Puis le soleil se couche à Rome. Et se lève à Los Angeles.

L'inspecteur Pinell se lève donc quand l'inspecteur Zurlini se couche. Tous deux regardent l'heure. Pinell sur un merveilleux robot à ultra-sons, qui allume aussi la radio et met la cafetière en marche. Zurlini sur sa montre à quinze mille lires, automatique, qui s'arrête si on ne lui tape pas dessus.

A Los Angeles, Pinell met en route sa Dodge, en direction de l'hôpital où l'on soigne Marian Fleischer. A Rome, Zurlini gare sa petite Fiat devant son HLM, pas mécontent de rentrer chez lui. L'heure approche de la rencontre historique entre les deux hommes. Pour l'instant Zurlini dort, et Pinell, à la clinique, déploie des trésors de diplomatie et se noie dans un abîme de bassesses pour obtenir l'autorisation de voir Marian Fleischer dont le médecin affirme qu'elle n'est pas en état de subir un interrogatoire. D'ailleurs, en ressortant de sa chambre, il ne sait pas grand-chose. Par contre, dans le hall, il se heurte à une invraisemblable cohue de journalistes de la presse écrite, de cameramen de la télévision et de reporters radio. En tout une centaine de personnes, qui l'assaillent littéralement à sa sortie de l'ascenseur, selon la bonne méthode américaine. Pinell bat en retraite vers une salle où s'organise une conférence de presse tout à fait imprévue.

« Croyez-vous que c'est un accident ?

— Je le crois.

— Vous pouvez nous en dire quelques mots ?

— Je peux vous dire ce que je sais. Marian Fleischer a entendu du bruit. Elle a pensé que c'était un cambrioleur, car ils ont été cambriolés il n'y a pas si longtemps. Elle est très bonne tireuse et elle a un fusil de chasse accroché dans sa chambre. Son mari possédait aussi un revolver dans sa table de nuit. Marian est sortie. Elle a aperçu une silhouette dans le couloir et elle a tiré deux fois. Lorsqu'elle a allumé, elle s'est aperçue qu'elle venait de tirer sur son mari. La première balle a transpercé la porte de sa chambre. La seconde est entrée dans l'œil. Elle s'est mise à hurler, puis elle a appelé la police.

— Comment expliquez-vous que son mari ait été tout nu, sans arme, à la porte de sa chambre ?

— Je ne l'explique pas encore, mais c'est une chose admissible.

— Il paraît qu'il s'est écoulé vingt minutes entre les coups de feu et l'appel à la police. Qu'est-ce qui s'est passé pendant ce temps-là ?

— Marian avait une crise de nerfs.

— Le gardien de la maison d'à côté nous a dit qu'il a entendu les cris de Marian vingt minutes après les coups de feu. Pourquoi ?

— Vous en savez plus que moi. Je n'ai pas encore entendu le gardien. »

Et les questions fusent en forme de réponses, l'attrait du scandale aidant :

« Vous croyez que Marian s'entendait bien avec son mari ?

— Pourquoi, dans son dernier testament, son mari ne lui laisse-t-il que le minimum requis par la loi ?

— Marian prétendait qu'elle a tué avec ce fusil un tigre aux Indes. Quand on a un tel sang-froid, est-ce que vous croyez qu'on peut confondre son mari avec un cambrioleur ?

— Pourquoi est-ce qu'on n'a pas entendu les chiens aboyer ? »

Pourquoi, pourquoi, pourquoi... L'inspecteur principal Pinell n'en peut plus. Ces gens n'ont pas dormi de la nuit pour savoir déjà autant de choses ! Alors il se lève. Inutile de persuader les journalistes que selon toute apparence il s'agit d'un accident. Les journalistes voient toujours autre chose que les apparences. Pinell conclut :

« Ça va, les amis. La suite au prochain numéro. Je vous répondrai quand j'en saurai plus... »

Le prochain numéro se passe à Rome, où Zurlini déambule dans l'aéroport de Fiumicino comme d'habitude. C'est l'arrivée du petit blondinet rabougri :

« Inspecteur Zurlini ? On vous demande au commissariat de l'aéroport. »

Zurlini n'est pas tellement mécontent qu'il se passe enfin quelque chose. Il traverse la faune de hippies, d'hindous fatigués, de bourgeoises ulcérées, que les fantaisies des règlements internationaux ont réunis pour quelques instants dans le commissariat, et entre directement chez le commissaire. Ce dernier lui montre du geste une sorte de petit blondinet rabougri aux dents grisâtres et ébréchées. C'est un Allemand, qui arrive de New York. Dans sa valise, la douane a découvert une minicaverne d'Ali Baba : statuettes, montres en or, tout un choix d'appareils photos et même, dans des tubes de pâte à raser, éventrés à coups de canif, des bijoux.

Débordé, le commissaire a demandé du renfort, et l'on a désigné l'inspecteur Zurlini pour s'occuper du blondinet rabougri et voleur de son état.

A partir de cet instant, tout s'enchaîne. Le blondinet rabougri étant allemand, INTERPOL Rome demande des renseignements à l'INTERPOL Wiesbaden qui répond : « Connu pour avoir subi plusieurs condamnations pour vols avec effraction. A quitté l'Allemagne il y a deux ans pour les États-Unis. »

La liste des objets trouvés dans la valise du blondinet rabougri est alors envoyée à INTERPOL Washington. Et Washington répond qu'il s'agit sans doute de quelques résidus de butins, suite à une série de cambriolages effectués dans un quartier résidentiel de Los Angeles. Cet échange de considérations à propos du blondinet ne se passe pas en dix minutes. Ici, le soleil se couche quand on reçoit là-bas un télex. On ouvre là-bas les dossiers quand, ici, on les referme. Des heures et des heures passent. Des heures qui font une puis deux journées. A l'issue de ces deux journées, un message est diffusé à l'intention de l'inspecteur Franco Zurlini : « Restez près d'un téléphone. L'inspecteur principal Pinell, de Los Angeles, cherche à vous joindre. »

C'est la rencontre historique. La rencontre de deux « flics » moyens, à 10 000 kilomètres l'un de l'autre. A Rome, il est 19 heures. A Los Angeles il est 9 heures du matin. Et, comme pour toute conférence au sommet, il y aurait besoin d'un interprète, mais personne ne l'a prévu car le temps presse.

« Pronto ? L'inspecteur Franco Zurlini ? demande l'Américain.

— Yes, répond l'Italien. »

C'est à peu près tout ce qu'ils savent de leur langue réciproque. Le reste va se dire dans un charabia extrêmement méritant. Pinell raconte l'affaire dont il est chargé : il est convaincu que Marian

Fleischer n'est pas coupable d'avoir assassiné son mari. Or le lendemain, la réunion du Grand Jury doit en décider. Et s'il n'a pas fait la preuve, d'ici là, qu'un cambrioleur s'apprêtait réellement à pénétrer dans la maison des Fleischer, Marian sera certainement accusée. Sa question est : le jeune Allemand, qui a quitté précipitamment Los Angeles, qui a sur lui le butin provenant des maisons du quartier où habite Marian Fleischer, ne serait-il pas le cambrioleur qu'il recherche ?

« OK, répond Franco Zurlini. Demain, je l'interroge. »

Il y a un silence au bout du fil. L'inspecteur principal Pinell calcule le décalage horaire et s'y perd.

« Écoutez, je crois que demain, chez vous, ça sera trop tard...

— Mais, ici, il est 19 heures, explique Franco Zurlini...

— Je comprends... Mais... le Grand Jury... c'est demain... C'est très important pour cette femme. Et très important aussi pour moi... J'ai pris des risques en affirmant qu'elle n'est pas coupable et je ne peux pas le prouver.

— C'est bon, dit en soupirant Franco Zurlini. Je préviens ma femme et j'attaque le client. Vous êtes marié, inspecteur Pinell ?

— Oui. J'ai deux enfants...

— Alors, je n'ai pas besoin de vous faire un dessin... »

Et les deux « flics », à Rome et à Los Angeles, raccrochent leur téléphone.

A minuit à Rome, le blondinet rabougri, épuisé, admet qu'il a voulu cambrioler la villa des Fleischer dans la nuit du 30 octobre. Il est 14 heures à Los Angeles, quand l'inspecteur principal Pinell rugit au téléphone, et dans son charabia :

« Ça ne colle pas, inspecteur ! C'était la veille. Il se fiche de vous ! Je vous en prie. Reprenez-le ! Ne le lâchez pas ! »

Zurlini ne lâche pas le blondinet rabougri. Et il est aussi fatigué que lui à 7 heures du matin, en appelant Los Angeles, où il est 5 heures du soir.

« Allô, Pinell ? Ça y est, il a avoué. Il était sur le toit de la maison. Il a vu rentrer l'homme et la femme. Pour s'en aller, il est passé dans un arbre. Une branche s'est cassée. Au bruit, la femme est sortie. Il l'a vue tirer. Il a vu l'homme s'effondrer. Il s'est enfui, et il m'a d'abord menti de crainte qu'on l'accuse du meurtre. Si vous trouvez une branche cassée dans un arbre, c'est lui. Vous pourrez vérifier la direction du tir...

— J'y vais ! dit Pinell. »

Pinell a trouvé sa branche cassée, en pleine nuit. Il n'était pas très frais le lendemain matin à la session du Grand Jury, mais il avait prouvé ce qu'il avait à prouver.

Zurlini, lui, est allé se coucher en plein jour et n'a pas pu dormir. C'était le jour du grand ménage, et sa femme ne voyait aucune raison de passer outre.

Comme quoi les rencontres historiques entre « flics moyens » ne sont historiques que pour un public réduit. Et toujours assorties de lendemains sans gloire.

LA VOITURE BLEUE

L'homme et la femme marchent sur la nationale 10. Et ce jour est le samedi 5 août 1960. L'homme a quarante ans, il est chauve, et son visage carré a une expression curieuse. Pareille à celle d'un athlète avant l'effort : sérieuse, concentrée et enfantine à la fois. La femme a vingt-sept ans, elle est brune aux yeux verts, avec un corps somptueux. C'est là l'essentiel de cette femme. Ils marchent côte à côte, puis l'homme insensiblement se laisse dépasser. Il continue d'avancer un peu en retrait, pour mieux voir ce dos, ce cou qu'il a envie d'étrangler. Tout vient de devenir évident pour lui en un instant, comme le déclic d'une serrure qui s'ouvre enfin après beaucoup d'efforts : elle est responsable de tout, elle est la cause de tout ; de ses échecs successifs, de sa déchéance. Le très beau corps de cette femme qui marche devant lui, qui ondule dans une légère robe verte, c'est lui le fautif. Et le désir de tuer envahit l'homme. Un désir irrépressible... Il suffit d'avancer les mains vers ce cou long et mince... L'homme a avancé les mains, il les tient quelques secondes, deux ou trois peut-être, devant lui, à l'horizontale, comme en suspens... A présent il suffit de serrer les mains autour de ce cou. Et les mains le font toutes seules. Elles serrent, mais pas assez fort. Le cou s'est tordu comme une liane entre ses doigts. La femme s'est retournée. Elle le regarde de ses yeux verts qui se sont écarquillés. En voyant cet homme dont elle partage la vie depuis deux ans, subitement pâle, les lèvres entrouvertes sur ses dents serrées et dont la respiration est devenue rauque, en un dixième de seconde son étonnement s'est transformé en terreur. Les mains, ce n'était rien, c'est le visage qui commande à ces mains qui lui fait comprendre qu'elle va mourir.

Ayant écrasé la femme sous son poids, l'homme relâche son étreinte, puis serre à nouveau de longues minutes, et finalement lui martèle la tête avec une pierre. Sur la nationale 10, il y a maintenant un assassin debout devant sa victime. La malheureuse n'est plus qu'une tache verte sur les cailloux du chemin. Il regarde autour de lui, égaré. Il ne sait plus ce qu'il fait là. Puis tout lui revient d'un bloc. Il descendait avec Inès à Bordeaux, elle voulait voir ses deux enfants et lui voulait voir les siens. Car il a des enfants, il en a même cinq. Et puis elle a eu cette idée d'entrer dans ce bois où ils se sont aimés pour la première fois. Une sorte de pèlerinage en somme. C'était une idée stupide, la preuve. Et le pire, c'est que ce crime ne change rien pour l'homme. Il n'est pas soulagé, au contraire. Avant il était coupable d'avoir râté sa vie professionnelle. Coupable d'avoir quitté sa femme et ses cinq gosses. Coupable d'avoir séduit la malheureuse Inès qui, après un premier divorce, méritait mieux que lui. Coupable de ne pas avoir su choisir entre ses deux foyers. Et, brusquement, il a ressenti violemment qu'Inès était responsable de tout ça. Et c'était faux. La preuve, c'est qu'elle est morte et que rien n'a changé. Il est toujours coupable. Plus que jamais coupable. Il lui reste à présent à se comporter en assassin qui a peur.

Il est 9 h 30 ce samedi. Des gens vont arriver de Bordeaux pour pique-niquer dans ce bois. Dans quelques instants, ce sera une véritable kermesse. On retrouvera le corps d'Inès, il sera identifié. Il faut le cacher. Il faut l'enterrer dans les dunes, là où on ne le retrouvera jamais. Il ne lui vient pas à l'idée de prévenir la police et de se constituer prisonnier. D'ailleurs il ne réfléchit pas, ses gestes sont automatiques. Il prend le cadavre d'Inès à bras le corps, le soulève et l'emporte vers l'une des petites clairières où il a garé sa voiture. A travers les branches des arbres, il aperçoit une carrosserie rouge, or sa voiture est bleue, et lorsqu'il s'est garé la clairière était vide. Il faut changer de direction. Il fait quelques pas, dans l'autre sens, le cadavre d'Inès dans les bras, et voici sa voiture bleue, enfin. Une seconde il avait cru s'être égaré. Mais il n'a pas le temps de reprendre souffle, il entend subitement des bruits de pneus sur les cailloux du chemin. Il court en haletant, jusqu'à sa voiture. Du genou, il appuie sur le poussoir de la serrure de la malle arrière qui s'enfonce avec un déclic. Toujours avec le genou il lance le couvercle, le contrepoids fait le reste. Dans la malle béante, il laisse tomber le cadavre d'Inès. Il n'a d'yeux que pour cette voiture qui débouche dans la clairière. Il a rabattu le couvercle de la malle, lorsque la voiture vient se garer à côté de lui, et une ribambelle de gosses s'en échappe. Machinalement, pour dissimuler son émoi, il leur sourit et les questions se bousculent soudain dans sa tête : pourvu qu'il n'ait laissé aucune trace. Inès avait un sac ! Il a dû rester sur le chemin. Il faut se forcer à marcher d'un pas tranquille vers le lieu du crime. Il marche et il aperçoit au loin le sac, vert comme la robe. Mais il ne faut pas courir, on le remarquerait. Pourtant il arrive une voiture, et puis une autre. Il se baisse, ramasse le sac, heureusement il est tout petit, il le glisse sous sa chemise. Une sueur froide lui glace les tempes. Avant de retourner à la clairière, il vaut mieux observer attentivement les environs au cas où il aurait laissé d'autres traces. Puis il faut éviter de croiser cette ribambelle de gosses, on ne sait jamais. Il vaut mieux que personne ne se souvienne de sa présence dans ce bois ce matin-là. D'autres voitures arrivent, entrent dans le bois à la recherche d'une meilleure place. Personne ne fait attention à lui. Il doit être à peu près 10 heures lorsqu'il retourne vers la clairière. Mais il s'est trompé. Il y a là trois ou quatre voitures mais pas la sienne, il est perdu. Pourtant, il lui semblait bien que c'était là... Il se dirige vers l'autre clairière et retrouve la voiture bleue, à côté d'une voiture rouge. Il croyait que la voiture rouge était dans un autre chemin, mais c'est sans doute une autre. Il n'a plus sa tête : les arbres, les clairières, tout lui semble hostile. S'asseoir sur le siège avant lui fait du bien. Rouler lui fait du bien.

A Saint-André-de-Cubzac, l'assassin s'arrête devant une quincaillerie pour acheter une pelle. Comme la foule des vacanciers se presse sur le trottoir, il n'ose pas ouvrir le coffre et pose la pelle sur la banquette arrière, d'un air dégagé. Une heure plus tard, il quitte la nationale pour gagner Lacanau et, de là, sur une petite route, les dunes, vers un endroit qu'il connaît bien et qui a toutes chances d'être désert, même au mois d'août. Il roule un instant à travers les pins et s'arrête. Personne. Il monte sur la dune : personne sinon, au loin, quelques groupes de baigneurs sur l'immense plage qui, de Bordeaux, s'étend presque jusqu'à la frontière espagnole. Il redescend de la dune. Avec le vent, ses traces auront vite disparu. Il sort la pelle et contourne la voiture jusqu'à la malle arrière, l'ouvre et se sent pris de vertige. La malle arrière est vide.

Lundi, 19 heures : le doux, blond et charmant Pierre Jean Labrousse attend patiemment dans la file des voitures stationnées devant le poste frontière de Saint-Sébastien, côté espagnol. Il écoute la radio. Pierre Jean Labrousse, ingénieur aux arsenaux de Saint-Nazaire, parti de très bonne heure samedi matin, est descendu passer le week-end avec sa femme et ses enfants, en vacances près de Saint-Sébastien, où sa belle-famille possède une villa. Il n'en a d'ailleurs pas bougé. Il est tout le temps resté sur la plage avec les enfants. Voiture après voiture, la file avance. Pierre Jean Labrousse aperçoit déjà les douaniers. Il pense deux choses à la fois lorsqu'il s'arrête devant le poste frontière : première chose, « tiens, aujourd'hui les douaniers font du zèle » ; deuxième chose, « y'a quelque chose qui pue dans cette voiture ». Puis il tend ses papiers au garde-frontière qui les lui rend sans même y jeter un regard. Pierre Jean Labrousse roule quelques mètres et s'arrête lorsque le douanier se penche à la vitre ouverte :

« Vous n'avez rien à déclarer ? »

Le douanier ne semble pas se satisfaire de sa réponse négative. Il se penche un peu plus et regarde l'intérieur de la voiture :

« Voulez-vous ouvrir votre malle arrière, s'il vous plaît ? »

Pierre Jean Labrousse soupire après le temps perdu. Il a envie de leur dire : « Ouvrez-la vous-même, elle n'est pas fermée. » Mais il vaut mieux être poli avec ces gens-là, il passe si souvent la frontière. Alors il sort, contourne la voiture, suivi par le douanier. Il appuie distraitement sur le poussoir de la serrure et, en regardant autour de lui, d'un petit coup de poignet, il aide le couvercle à se soulever. Sitôt le couvercle levé, il s'apprêtait déjà à le refermer, le sachant vide, mais il voit le douanier devenir raide comme un piquet et suit son regard. Il a instantanément la même réaction que le douanier. L'ahurissement, puis la stupeur, puis la peur, puis le dégoût le prennent à la gorge lorsqu'il devine dans le coffre un gros paquet de chiffon verdâtre, puis des jambes, des bras et, luisant dans le faisceau de la lampe électrique que vient d'allumer le douanier, une chevelure brune. Pierre Jean Labrousse et le douanier se regardent pendant au moins cinq secondes sans rien dire. C'est long cinq secondes, et une odeur atroce s'élève de la malle arrière. Puis Pierre Jean Labrousse dit bêtement :

« Qu'est-ce qu'elle fait là ? »

Quant au douanier, qui a compris plus vite, il répond d'une voix étranglée :

« Elle est morte ! »

Quelques secondes encore, et un rassemblement s'est formé autour de la voiture. A tout hasard, le garde-frontière a sorti son revolver et surveille Pierre Jean Labrousse en criant aux badauds :

« Allez-vous-en. Montez dans vos voitures. »

Puis il monte en même temps que l'ingénieur dans sa voiture, tandis que celui-ci effectue sa manœuvre, et complètement hébété accroche au passage l'aile d'un poids lourd. Il a les mains moites et les yeux hors de la tête. Pendant qu'on appelle l'hôpital de Saint-Sébastien, les douaniers ont sorti une civière pour y allonger le corps de la jeune femme. Là, à la lumière des lampadaires, le visage apparaît tuméfié, taché de sang. Pour le doux blond et charmant Pierre Jean Labrousse, le cauchemar a commencé. Une ambulance arrive, puis le docteur, puis la police de Saint-Sébastien. On photographie le cadavre. On l'interroge. Et il se sent fautif et maladroit de n'avoir à dire que :

« Je vous assure que je ne sais pas qui c'est ! Je ne la connais pas. Je n'y comprends rien.

— Comment voulez-vous qu'on vous croie ! Personne ne peut croire une histoire pareille ! A moins que vous n'ayez laissé votre voiture quelque part. Mais inutile de mentir, ça sera facile à vérifier.

— Y'a rien à vérifier. Ma voiture est restée dans le garage de la villa depuis samedi. Je l'ai sortie il y a tout juste une heure pour venir ici.

— Pourtant c'est bien votre voiture ?

— Oui c'est ma voiture. Évidemment que c'est ma voiture ! »

Pierre Jean Labrousse, harcelé par la police, par le conducteur du poids lourd qui veut faire un constat, est au bord de la crise de nerfs. Évidemment, il ne se souvient pas d'avoir ouvert la malle arrière pendant ce week-end. La dernière fois où il se souvient l'avoir fait, c'est samedi vers 5 heures du matin, lorsqu'il a quitté Saint-Nazaire. Depuis, pas un instant il n'a laissé sa voiture seule, sinon dans le garage. Et samedi matin, lorsqu'il s'est arrêté dix minutes pour se dégourdir les jambes, dans un bois, le long de la Nationale 10. Mais il s'est arrêté si peu de temps dans cette clairière ! D'ailleurs, les policiers n'y croient pas.

« Vous auriez promené un cadavre dans votre malle arrière pendant trois jours ? Sans vous en apercevoir !... Allons donc ! »

Il est clair pour tout le monde, que Pierre Jean Labrousse tentait de passer la frontière au culot, avec ce cadavre. Un crime commis en Espagne et un cadavre en France, cela brouille les pistes. L'ingénieur est en prison avant d'avoir réalisé sa situation. Sa voiture est en fourrière, le cadavre à la morgue, et l'enquête commence.

Par INTERPOL, rien de neuf. Pierre Jean Labrousse est inconnu des fichiers. De même que le cadavre d'une femme de trente ans, yeux verts et cheveux noirs. C'est alors qu'une vieille dame se présente à la police de Bordeaux pour tout simplifier et tout compliquer en même temps. La vieille dame vient signaler la disparition de sa fille Inès Elvaro, divorcée et mère de deux enfants. Inès devait passer le week-end à Bordeaux avec son ami Fernand René de Petitpré, couturier modéliste. Ni l'un ni l'autre n'ont donné de nouvelles depuis jeudi. La disparue étant de nationalité espagnole, INTERPOL rapproche le signalement du cadavre trouvé en Espagne de celui d'Inès. L'identification définitive permet simplement de constater le lien existant entre Fernand René de Petitpré et Inès Elvaro. Leur couple semblait aller pour le mieux, ils attendaient un appartement, et leur voyage à Bordeaux s'annonçait dans le meilleur climat possible. C'est donc au cours de ce voyage qu'ils ont disparu tous les deux.

Cela dit, Pierre Jean Labrousse est bien loin d'être tiré d'affaire. Ce n'est pas parce que sa femme ne lui connaissait pas de liaison qu'il n'en avait pas : il peut avoir été l'amant d'Inès et l'avoir tuée par jalousie voyant qu'elle faisait sa vie avec Fernand René de Petitpré. L'ennui est que personne ne voit pourquoi il aurait trimbalé son cadavre en Espagne. Il peut aussi les avoir rencontrés sur la nationale 10, alors qu'ils descendaient vers Bordeaux et lui vers l'Espagne, et avoir, là, commis un crime sadique. Ceci n'explique toujours pas pourquoi il aurait, trois jours durant, promené le cadavre dans sa malle arrière.

De toutes les hypothèses échafaudées par la police espagnole, aucune n'est vraiment satisfaisante, mais le cadavre est là. Certes, les marques sur le cou ne correspondent guère aux mains du doux, mince et charmant Pierre Jean Labrousse, mais le cadavre était bien dans sa malle arrière, et il ne donne aucune explication valable. Il suffirait que la police espagnole échafaude enfin une hypothèse acceptable pour que le malheureux soit expédié en cour d'assises.

Vendredi 11 août 1960. Un homme chauve, au visage carré, quarante ans, les traits burinés, les vêtements bien coupés, mais froissés et la cravate défaite, attend dans l'antichambre d'un psychiatre parisien. Le psychiatre s'efface pour laisser entrer dans son cabinet son ami Fernand René de Petitpré qui se laisse tomber pesamment dans son fauteuil. Au passage, le médecin a remarqué que l'état moral de Fernand René de Petitpré rejaillit maintenant sur son apparence physique. Cette vie désordonnée qui l'a finalement écarté de sa famille, de sa femme et de ses enfants, ce complexe de culpabilité, cette indécision chronique qui lui ont fait râter sa vie, l'amenant petit à petit à boire et à se bourrer de tranquillisants, tout cela pouvait être facilement soigné il y a quelques années, maintenant cela devient difficile.

« Alors Fernand, ça marche ton nouveau travail ?

— Non. J'ai été licencié il y a quinze jours.

— Depuis le temps que je te demande de te faire soigner.

— Il est trop tard.

— Il n'est jamais trop tard, dit machinalement le psychiatre qui commence son numéro de psychiatre.

— Si. Cette fois il est vraiment trop tard... J'ai tué Inès. »

Le psychiatre dévisage son ami. D'abord incrédule, il comprend maintenant que l'autre dit la vérité.

« Mon Dieu ! dit-il. Pourquoi ? Comment ?

— Samedi dernier, en descendant à Bordeaux. »

Et Fernand René se tait. Il est avachi, écroulé, les yeux vides, il transpire.

« Enfin, tu n'as pas pu faire une chose pareille !

— Si. Je l'ai étranglée. »

Incrédule, le psychiatre jauge son ami. Il a manifestement la force d'étrangler une femme.

« Mais pourquoi ? Elle t'aimait, tu l'aimais, pourquoi ?

— A quoi bon. Je l'ai fait. C'est tout.

— Mais non « c'est pas tout » ! Il faut me dire pourquoi. On va te demander pourquoi !

— J'ai eu une sorte de révolte. Je sais bien que tout ce qui arrive est de ma faute. Mais pendant un moment, j'ai eu l'impression que c'était de sa faute à elle, et il a fallu que je la tue, c'était plus fort que moi. »

Le psychiatre veut bien le croire. Maintenant il le croit. Alors il demande :

« Mais où est-elle ? Qu'est-ce que tu as fait de son corps ? »

Et Fernand René de Petitpré répond :

« Je ne sais pas. J'ai voulu la mettre dans la malle arrière pour aller l'enterrer. J'étais tellement fou, hors de moi, que j'ai dû me tromper de voiture. Je l'ai mise dans une autre. Une voiture bleue comme la mienne. »

C'est le psychiatre qui conduit, quelques instants plus tard, Fernand René de Petitpré à la police, qui prévient INTERPOL. Et le doux, blond et charmant ingénieur Pierre Jean Labrousse sort de prison le jour même avec le sentiment d'avoir vécu, entre parenthèses, cinq journées affreuses et absurdes. Cinq journées pour un homme comme Labrousse. Toute une vie pour un homme comme Petitpré.

UN HOMME DE NULLE PART

Le commissaire Viaud, de Marseille, a dans son bureau un homme traqué par INTERPOL depuis vingt-cinq ans. Il a quarante-cinq ans, il est maigre comme un coup de trique, modestement mais proprement vêtu d'un pantalon et d'une veste de couleur, de styles, d'époques et de tailles différentes. Le col de sa chemise largement ouvert a été retourné. Il porte les cheveux gris en brosse. Il est 7 heures du soir et manifestement ses yeux font un effort d'accommodation pour distinguer le policier qui entre dans la pénombre du bureau. Il devrait porter des lunettes. Le policier est l'un des responsables du Secrétariat genéral d'INTERPOL à Paris, descendu à Marseille pour interroger cet homme. Il s'appelle Jean Primo. Le commissaire Viaud croyait avoir affaire à un simple interdit de séjour en France. L'homme était sous le coup d'un mandat d'expulsion. Mais son histoire n'est pas si simple, et il a fallu prévenir INTERPOL.

Le commissaire d'INTERPOL regarde cet homme fatigué, qui a l'air las d'avoir à expliquer son histoire à nouveau.

« Vous n'avez pas l'air enchanté de me raconter vos problèmes ?

— Je l'ai fait si souvent pour rien.

— Si vous voulez que je vous aide, il le faut bien.

— Vous ne pouvez pas m'aider.

— Vous n'en savez rien.

— Si. D'autres que vous ont essayé. Des présidents, des rois, des dictateurs.

— Ce qu'un grand chef ne peut pas faire, un petit policier, parfois, peut le réussir. Allez-y, je vous écoute. Je ne vous poserai que les questions essentielles. »

Jean Primo parle alors d'une voix grave, assez chantante, dans laquelle on reconnaît au passage tous les accents du monde. Et c'est une histoire fabuleuse qu'il raconte :

Le 7 octobre 1907, les sœurs de Saint-Vincent-de-Paul à Istanbul recueillent un nouveau-né, de parents inconnus, qu'elles baptisent Jean Primo, sans doute parce qu'il s'agit du premier bébé d'origine latine qu'on leur confie cette année-là. Jusqu'en 1922, le jeune Jean est élevé dans la religion catholique et selon l'éducation française. Mais un beau jour, en flânant sur le port, il ne peut résister à l'appel de l'aventure. Elle se présente sous la forme d'un beau voilier où Jean embarque en qualité de mousse, à l'âge de quinze ans. Il commence alors à bourlinguer dans les ports de la Méditerranée orientale. Puis il trouve à s'enrôler comme novice à bord d'un cargo. Peu après, il naviguera sur un paquebot en qualité de matelot. En 1925, il fait escale à Marseille, où le Consulat de Turquie, auquel il s'adresse pour avoir des papiers, lui délivre une carte d'identité turque.

« Pourquoi turque ? demande le policier.

— J'étais bien obligé d'accepter cette nationalité. La direction de l'orphelinat qui m'avait recueilli ayant refusé de me délivrer des papiers, sous prétexte que j'avais quitté l'établissement avant ma majorité. Il restait que j'étais né à Istanbul. La Turquie était le seul pays qui pouvait me donner des papiers. »

L'homme soupire à cette évocation. Elevé à la française par les bonnes sœurs d'Istanbul, Jean Primo aurait préféré acquérir la nationalité française. Le ministère des Affaires étrangères répond à sa demande que le plus simple, pour acquérir la qualité de français, est de prendre un engagement de cinq ans à la Légion étrangère. Le voilà donc sous le képi blanc. Alors qu'il déteste les militaires. D'ailleurs il ressemble plus à un petit instituteur qu'à un légionnaire. Il ne le reste pas longtemps, à peine un an. Le 10 octobre 1926, le Conseil de réforme de Casablanca le renvoie à la vie civile. Jean Primo est paludéen, et il en souffre toujours. Le jeune homme retourne alors à Marseille par le premier bateau qui veut bien l'embarquer et entreprend des démarches pour sa naturalisation. Peine perdue. On le trimbale de bureau en bureau pendant plus d'un an. Pendant ce temps, il travaille sur les quais de La Joliette en qualité de docker. Après quoi, l'administration lui déclare tranquillement : « Impossible de vous naturaliser. Vous n'avez pas effectué la moitié de votre temps à la Légion. »

Découragé, et toujours Turc, Jean Primo reprend le chemin des quais et des môles, où il continue à décharger les navires jusqu'au jour où un collègue lui cherche querelle. Pour un motif futile, il lui jette au visage une de ces injures qui laissent les Européens complètement froids, conscients de leur supériorité et fiers de leurs origines, mais qui ont le don d'exaspérer ces Méditerranéens déracinés : « Sale bâtard ». Le sang de Jean Primo ne fait qu'un tour, l'autre se retrouve à l'hôpital et lui à la police.

« Vous l'aviez blessé gravement ?

— Non. Mais j'ai quand même frappé trop fort. J'ai pris trois mois de prison avec expulsion du territoire français à vie ! Mon espoir d'être un jour citoyen français était dans l'eau. »

A sa sortie de prison, les autorités françaises donnent huit jours à Jean Primo pour franchir la frontière. Où aller ? En Turquie ? Au Consulat, on lui répond que son rapatriement est impossible, étant donné qu'il n'est pas vraiment sujet turc. Le comble de l'absurde l'amène à la seule solution qu'il entrevoit : embarquer comme passager clandestin sur un cargo de la Compagnie Paquet qui fait la ligne Marseille-Istanbul. Il se glisse à bord d'un bateau en partance et s'installe dans les soutes. Découvert en cours de route par un officier mécanicien, il est remis dès l'arrivée dans le premier port turc à la police locale qui, après l'avoir gardé un mois en prison, le renvoie en lui disant : « Vous ne pouvez ni vous réclamer de la Turquie, ni résider ici du moment que vous avez été élevé par des religieuses catholiques qui vous ont fait baptiser. Ici la religion d'État est l'Islam. Vous repartirez donc pour Marseille par le premier courrier. Adressez-vous au Vatican. »

Un cargo de la Compagnie Paquet devant appareiller quarante-huit heures plus tard, Jean Primo y est conduit par les policiers. « Bon voyage, monsieur Primo ! »

A son débarquement à Marseille, le malheureux est repris par la police des étrangers qui veille aux barrières du port. Il se voit condamné une fois de plus : un mois de prison pour infraction à l'arrêté d'expulsion.

Jusqu'en 1940, ce sont les mêmes tribulations. Primo sort d'une prison pour entrer dans une autre. Toutes les prisons de France l'accueillent, l'expulsent, l'accueillent à nouveau en une ronde infernale et cruelle. Jean Primo, fatigué par son récit, s'énerve un peu en s'adressant au policier.

« Alors, qu'est-ce que vous auriez fait à ma place ? Vous hésitez ? Vous, un Anglais, l'un des chefs d'INTERPOL, vous hésitez ! Alors, moi, sans nationalité et docker à Marseille, qu'est-ce que vous vouliez que je fasse, sinon une connerie ! J'ai décidé de partir pour les États-Unis. J'ai débarqué clandestinement, à New York, le 6 août 1940, et j'ai pris un nom américain. Je me suis fait appelé Douglas Griffith.

— Pourquoi Douglas Griffith ?

— C'est un nom que j'ai pris dans un polar américain que je lisais sur le bateau. Bref, je m'appelle Douglas Griffith, mais, comme je suis un clandestin et que je n'ai pas de papier, je n'arrive pas à trouver un job convenable. Pour les gens comme moi, le seul refuge c'est la faune interlope. Là on vit comme on peut, et pas toujours très honnêtement. Je décide d'aller dans l'Ouest, où je pourrais plus facilement prendre un départ. C'est là que je commets une faute énorme. Je pars avec des copains qui me laissent tomber, comme ça, crac, au milieu du Texas. Et je n'avais pas de quoi payer la suite du voyage. Alors je fais comme je l'avais vu faire si souvent autour de moi : je vole une voiture. Une demi-heure plus tard, je fonce sur le flic qui tentait de m'arrêter. Je croyais qu'il allait s'écarter, mais j'étais tombé sur un flic héroïque. Il ne bouge pas d'un centimètre, et il se retrouve derrière la voiture, la tête la première sur la route après avoir voltigé sur mon capot. J'avais tué un flic. Pour un nouveau départ, c'était le rêve. »

Jean Primo, à ce moment du récit, observe une pause. Il sait qu'il vient de faire un effet en avouant qu'il a tué un policier. Et il veut laisser le temps à l'autre policier de l'observer attentivement. Il attend la question, et elle arrive :

« Vous avez tué un policier américain et vous êtes là ? Vous avez eu de la chance ! Comment avez-vous fait ?

— Vous devriez le savoir. C'est dans les dossiers d'INTERPOL.

— Je ne connais pas par cœur tous les dossiers.

— Eh bien, d'abord, les juges du Texas m'ont condamné à la prison à vie. Et puis, un jour, mon avocat, un grand type maigre avec une barbiche, est venu me trouver. Il m'a dit qu'il avait peut-être un moyen de me sortir de là. Devant la loi américaine j'avais commis, d'après lui, un crime plus grave encore que de tuer un flic. J'étais entré illégalement aux États-Unis. Tuer un flic, au Texas, c'est un crime qui est jugé par les tribunaux du Texas, point à la ligne. Mais entrer clandestinement aux États-Unis, c'est un crime qui relève directement de la justice fédérale. Et celle-ci a priorité absolue sur tout le reste. Il me conseille donc de me dénoncer moi-même, et c'est ce que je fais. J'écris à tout le monde, même au président Einsenhower. Et je braille partout que je suis un faux citoyen américain entré sans visa ni passeport. Eh bien, croyez-le, ça marche ! L'énorme machine administrative se met en branle. Les juges du Texas protestent. Rien à faire : c'est la loi. Je suis jugé pour franchissement clandestin de la frontière et condamné à l'expulsion du territoire des États-Unis. Imaginez un peu la tête des flics et des juges du Texas ! L'exécution de la sentence fédérale doit être appliquée avant la sentence des tribunaux du Texas. Je dois donc être expulsé d'abord, et emprisonné ensuite. On me sort donc de prison pour me conduire sur le premier bateau venu, en partance pour n'importe où. Je vous jure qu'avant de monter à bord je me suis à peine préoccupé de savoir où il allait ; j'avais tort.

— Où il allait, ce bateau ? demande le policier.

— A Hong Kong.
— Avec quelles escales ?
— Panama, Honolulu, Yokohama, Taïphe, Hong Kong.
— Je vois, dit le policier. Tous des pays affiliés à Interpol.
— Exactement. Le bureau d'Interpol de Washington avait consciencieusement prévenu le Secrétariat général, et vos services avait consciencieusement averti tous les bureaux d'Interpol sur la ligne. Comme de plus ces pays étaient tous, plus ou moins, inféodés aux États-Unis, je ne pouvais débarquer nulle part. »

Finalement, Jean Primo arrive à Hong Kong, où le bateau doit subir des réparations en cale sèche. Mais la police de Hong Kong ne veut rien savoir. Sitôt débarqué, il est conduit sur un petit navire, le *Taïloy,* qui traverse trois fois par jour la baie de Canton pour relier Hong Kong à Macao.

Ils vous garderont peut-être là-bas, lui disent les policiers de Hong Kong. Ils ne sont pas difficiles.

Lorsque le bateau quitte le port, Jean Primo se reprend à espérer. L'immensité liquide étincelle au soleil, de rocs et d'îlots. Les uns sont nus et sauvages, d'autres recouverts de buissons, de jungle ou de fleurs. Venant de tous les horizons, il y a des jonques par groupes, par grappes, par flottilles, qui dressent leur château arrière contre le ciel ou étalent leurs voilures le long des rives escarpées. Jean Primo se voit au paradis. Ce voyage est un répit magique dans le jeu de quille, où il mène une existence de chien.

Aménagé pour les loisirs d'une traversée d'agrément, le bateau est spacieux et frais, avec de vastes baies ouvrant sur les ponts. Des stewards chinois, vêtus de blanc, y servent boissons et nourritures diverses. Des Indiens mangent du curry lorsque Jean Primo pénètre dans le restaurant. Une famille chinoise boit du vin chaud. Des Anglais prennent du thé et des œufs au bacon. Toutes les tables sont occupées, sauf une. Il s'assoit et demande un verre d'eau. Buvant lentement, il recommence à regarder avec bonheur le paysage des vagues, des îles et des jonques, quand un homme corpulent et jovial, aux cheveux rouges et aux yeux clairs, lui demande la permission de s'asseoir en face de lui. Il commande un whisky sec, le boit d'un trait et se présente. Il est écossais de naissance, ingénieur de métier, extrême-oriental de vocation, et, finalement, commandant de ce navire.

« Vous buvez de l'eau ? demande-t-il à Jean Primo.
— Je n'ai pas de quoi boire autre chose. »

Alors, le brave homme lui commande un whisky et lui déclare :

« La police de Hong Kong m'a prévenu. Ils vous ont mené en bateau, jamais les gens de Macao ne vous autoriseront à débarquer. »

Mené en bateau, c'était vraiment le cas de le dire. Refoulé à Macao, voilà Jean Primo reparti, toujours sur le *Tailoy,* pour Hong Kong. Refoulé à Hong Kong, le voici de nouveau en route, toujours sur le *Tailoy,* pour Macao. Il n'a même pas le loisir de tenter autre chose. Il faut bien manger, et le commandant le nourrit gratis et lui offre un verre de temps en temps. Aux escales, Jean Primo est tout juste autorisé à faire donner un coup de téléphone ou à converser au pied de la passerelle avec le consul de Turquie ou le consul de France. Lesquels, bien entendu, sont totalement impuissants.

« Oh ! bien sûr, les touristes trouvent le parcours superbe et le bateau plaisant, déclare Jean Primo en serrant les dents. Mais je puis vous affirmer que les gens en service sur la ligne sont vite saturés de ces îlots et de ces barques chinoises. Et encore, ils ont à s'occuper. Et ils sont attendus d'un côté ou de l'autre de la baie par des familles, des camarades, des petites copines. Moi j'étais nuit et jour rivé, cloué, collé, englué au bateau. J'en ai connu chaque recoin, et je connais aussi chaque rocher, chaque arbre du rivage, chaque virage du trajet, jusqu'à l'écœurement.

Au quinzième voyage, le commandant donne à son passager un petit travail à bord pour justifier la nourriture gratuite. Au cinquantième voyage, tous les journaux de Hong Kong et de Macao parlent de Jean Primo. Au trois-centième voyage, c'est la presse du monde entier qui parle de lui. Son histoire est connue partout : d'Amérique en Turquie et de France au Japon. Les plus hautes personnalités s'émeuvent enfin, mais il continue à faire Hong Kong-Macao, sur le *Tailoy,* trois fois par jour. Au cinq-cent-quarantième voyage, il n'en peut plus. Le commandant l'aide à s'embarquer sur une jonque de pêche qui lui permet de rallier clandestinement un navire portugais. Toujours clandestinement, le navire portugais le débarque à Marseille. A Marseille, où il pensait qu'on avait peut-être oublié son affaire, à Marseille, où les autorités s'aperçoivent qu'il fait l'objet d'un mandat d'expulsion. Voilà pourquoi Jean Primo, ce soir de 1958, dans les bureaux de la police, est las de raconter vingt-cinq ans d'aventure au superintendant d'INTERPOL. Et c'est sans y croire qu'il demande comme d'habitude depuis vingt-cinq ans :

« Alors, est-ce que vous pouvez quelque chose pour moi ? »

Cette fois, on a pu faire quelque chose pour lui. D'abord lui trouver un avocat du barreau niçois qui finit par obtenir les pièces officielles de l'orphelinat d'Istanbul. Ensuite, sur sa carte d'identité, on a rayé « nationalité turque » pour y inscrire la mention « apatride ». Ensuite, à l'occasion de Noël, le ministre de l'Intérieur français a laissé tomber une mesure de clémence : l'expulsion était rapportée. C'était un provisoire juste un peu moins provisoire que le reste.

Pendant un temps, Jean Primo fut donc provisoirement docker à Marseille comme il l'avait été vingt-cinq ans plus tôt. Vingt-cinq années pendant lesquelles la machine administrative internationale l'avait renvoyé de port en port comme une balle de caoutchouc. Puis il a disparu. Il doit avoir soixante-dix ans aujourd'hui. Nul ne sait ce qu'il est devenu. Prend-on sa retraite quelque part, quand on s'appelle Jean Primo ? Que tous ceux nés chez nous, à l'abri des cartes d'identité, des cartes de Sécurité sociale, des cartes d'autobus, des cartes de travail, des cartes de chômage, des cartes d'assurances, des cartes rouges, bleues, vertes, bariolées, de crédit, utiles ou inutiles... Que tous ceux-là pensent une seconde à Jean Primo. Il aura peut-être du mal à mourir quelque part, s'il est vrai que l'on meurt comme on a vécu.

TROIS MILLIARDS DANS LA NATURE

Dans la galerie d'Art moderne de Milan, il y a une ronde de nuit toutes les heures. Or, le 17 février 1975, le signal d'alarme se déclenche brusquement entre minuit et 1 heure. Après avoir vérifié qu'aucune toile ne manque, les gardiens constatent que le système d'alarme est détraqué : chaque fois qu'ils touchent à un interrupteur électrique, à un bouton de porte, bref à la moindre des choses, le système se déclenche. Ils sont donc obligés de l'arrêter. Or, cette panne du système d'alarme, c'est tout simplement l'idée originale et géniale d'un gang de malfaiteurs. Et, à la ronde suivante, les gardiens constatent que vingt-huit tableaux ont disparu.

Cette affaire, déjà colossale en raison de la qualité des œuvres volées, va prendre très vite un caractère très inhabituel. Les tableaux sont négociés une première fois par les compagnies d'assurances, la police servant d'intermédiaire. Récupérés dans l'appartement d'un malfaiteur connu, un dénommé Piccini, les tableaux réintègrent donc le musée.

Et puis, que se passe-t-il, la police refuse-t-elle de payer, ou bien ne paye-t-elle qu'une partie ? On ne le saura jamais ; ce qui est sûr, c'est que les voleurs ne sont pas contents. A telle enseigne que le 15 mai 1975, vers minuit, cinq malfaiteurs masqués et armés frappent à la porte du musée, immobilisent les gardiens, neutralisent le système d'alarme, entrent par une fenêtre et volent cette fois trente-sept tableaux ! Il y a là aussi bien des œuvres de Gauguin que de Jean-François Millet, des Boldini et des Corot, des Cézanne et des Renoir, des Van Gogh et des Pierre Bonnard, des Jongkind et des Sisley, des Modigliani, Vuillard, James Ensor, Boudin, Anton Mauve, Nittis, Fattori, Alfred de Dreux, Sylvestro Lega, Charles Émile Jacques, Wilhelme Leibl, Berthe Morisot. Le tout pour trois milliards.

Un vol de cette importance fait du bruit dans Landerneau, et, comme pour chaque vol d'œuvres d'art, INTERPOL est immédiatement informé, notamment en Allemagne, en Suisse et en Angleterre, où les œuvres volées s'écoulent le plus facilement. C'est donc quatre heures seulement après ce second vol qu'une diffusion radio est effectuée par le Secrétariat général. C'est la diffusion classique : « Vous prions de participer activement aux recherches de ces tableaux en avisant services des douanes, salles des ventes, antiquaires, galeries et collectionneurs privés, musées et maisons de prêts sur gages. En cas de découverte ou de renseignements concernant cette affaire, prière d'aviser : Ufficio Centrale Italiano di Polizia Criminale Internazionalek-INTERPOL, ainsi que l'OIPC INTERPOL, Secrétariat général. »

En Allemagne, les photos des objets destinés à la vente aux enchères doivent être affichées. Or, le 24 juin 1975, le bureau d'INTERPOL à Wiesbaden avertit Rome que des photos de tableaux semblables à ceux volés au musée d'Art moderne sont affichées pour une vente aux enchères prévue à Francfort. Un inspecteur du bureau d'INTERPOL de Rome, plus particulièrement chargé des affaires de faux monnayeurs, contrebande, vols et trafics d'objets d'art, saute le jour même dans un avion. Il emporte un dossier épais : photos des trente-sept tableaux, comptes rendus d'écoutes téléphoniques entre la police et les ravisseurs lors des premières négociations et tous les renseignements qu'il a pu glaner dans la journée. C'est épais, mais, en réalité, c'est peu de chose.

L'inspecteur s'appelle Valentino. Il a trente-cinq ans lorsqu'il se lance dans cette aventure qui va être la première grosse affaire de sa vie. Et, lorsqu'il arrive à la police de Francfort, l'inspecteur Fritz Bochum, un grand gaillard rigolard et blond qui l'attendait avec impatience, le bouscule :

« Vite, nous avons rendez-vous chez Me Kruger. C'est lui qui met les tableaux en vente. C'est un avocat très connu ici. Il est spécialisé dans la défense des escrocs et des grands malfaiteurs. »

Voilà donc les deux inspecteurs, à la nuit tombée, reçus par un petit homme méfiant : l'avocat Me Kruger. Leur première question est directe :

« Maître, qui vous a chargé de vendre ces tableaux ?

— Je ne connais pas personnellement les propriétaires. Ils m'ont joint par téléphone.

— Les tableaux sont ici ?

— Non.

— Savez-vous où ils se trouvent ?

— Non. Je n'en ai pas la moindre idée... »

Valentino et Fritz sont autorisés par l'avocat à perquisitionner. Et, s'ils le font, c'est qu'il n'y a rien à trouver. Les deux hommes ont peu à peu le sentiment d'être deux souris observées par un gros chat. Un gros chat qui affirme avec désinvolture :

« Les propriétaires m'ont seulement fait parvenir, par courrier, les photos des tableaux à vendre, explique l'avocat en montrant à l'inspecteur Valentino l'album contenant les photos.

— Maître, ces photos représentent les œuvres volées au musée d'Art moderne de Milan.

— Je l'ignorais, dit le maître.

— De plus, ce ne sont pas les photos officielles du musée... Ce sont des Polaroid... Elles ont sans doute été faites par les voleurs eux-mêmes...

— C'est possible, dit encore le maître.

— Donc, ou bien les voleurs sont en Allemagne, ou bien vous avez des contacts avec eux en Italie.

— Je vous affirme que je n'ai aucun contact direct avec eux.

— De toute façon, Maître, nous allons vous demander de suspendre la vente de ces tableaux.

— Soit. »

L'avocat sort d'une boîte un cigare plus gros que lui, réfléchit et déclare :

« Je pense que si les propriétaires...

— Pardon, Maître, les voleurs.

— Peut-être. En tout cas, mes clients. Donc, si mes clients l'acceptent, je ne pense pas que vous puissiez vous opposer à ce que je négocie directement avec le musée d'Art moderne de Milan les formalités de restitution de ces œuvres ? »

Le chat a l'avantage. L'inspecteur Valentino et Fritz Bochum ne peuvent s'y opposer, mais ils sont furieux. L'avocat tient le bon bout : quand on dispose d'un tel butin, on ne peut tirer qu'avantage à en être le négociateur. Il est facile d'imaginer ce qu'il entend par « formalités » de la restitution : de l'argent, beaucoup d'argent.

Le jour suivant, l'inspecteur Valentino et Fritz Bochum parviennent à convaincre les responsables à Rome et à Francfort qu'on ne peut pas se contenter de payer bêtement une rançon. Il faut trouver une autre solution. Eux se sont décidés à récupérer les tableaux coûte que coûte, à condition de trouver où ils sont cachés, bien entendu.

Me Kruger, le chat, l'avocat, est suivi jour et nuit par Ursula. Ursula est une femme policier, belle et musclée, une sorte de walkyrie moderne, championne de karaté, dont la silhouette ne peut absolument pas le laisser deviner. En filant Me Kruger, Ursula le suit deux fois dans une pizzeria de la ville de Duisbourg, à 400 kilomètres de Francfort, où il se rend, apparemment sans motif. Mais les personnes qu'il y rencontre sont à leur tour filées et identifiées, notamment deux Italiens.

Le premier se nomme Benedetto. Un malfaiteur d'un type standard, moitié truand, moitié bourgeois. Il a épousé la sœur d'un célèbre gangster appelé Gianni. Comme il semblait facile d'écouler les tableaux en Allemagne et qu'il travaille généralement dans ce pays, il est possible qu'il ait été contacté spécialement pour cette affaire. Le second s'appelle Salvatore, c'est un vague cousin du même Gianni, jusqu'alors inconnu de la police et sans doute recruté lui aussi pour la circonstance. De là à conclure que le dénommé Gianni est dans l'affaire, il n'y a pas loin, car Gianni est un vrai truand, connu pour sa terrible tête de gangster froid et sa gâchette facile. L'enquête prenant tournure, Fritz Bochum décide alors de s'installer dans un hôtel de Duisbourg avec Ursula. Elle passera pour sa secrétaire, et ils pourront prendre leurs repas dans la fameuse pizzeria. Il s'y installe un lundi.

Leur technique d'approche est faite de petites phrases jetées çà et là au fil des jours. Elles sont destinées à tomber dans une oreille intéressée, bien entendu. Le lundi, ils se contentent d'annoncer le menu ; le mardi, ils demandent le même vin que la veille, histoire de se faire reconnaître ; le mercredi, le patron leur sourit. Et le samedi, c'est lui qui s'étonne :

« Bonsoir messieurs-dames, on ne vous a pas vus ces jours-ci.

— Nous étions à une vente à Munich.

— Une vente aux enchères ?

— Oui.

— Et avec ça, ce sera tout ?

— Vous nous donnerez du parmesan, merci... »

Le mardi suivant, le couple de policiers amateurs d'art a l'air pressé. Ils s'excusent d'arriver tard, ils espèrent que le chef voudra bien les servir. Leurs mimiques sentent le retour de voyage. Le jeudi, ils jouent ceux qui repartent, et ont besoin d'être servis rapidement... Ursula glisse dans la conversation :

« Il faut que nous allions chercher un tableau à Zurich. »

Le vendredi et les jours suivants, ils ont gagné. Le patron les salue par un tonitruant :

« Ça marche, la peinture ? »

Au long des semaines, Fritz et Ursula, devenus des familiers de la pizzeria, précisent leur personnage : Fritz est le fils du propriétaire de la galerie Reinhardt, très importante et très connue à Francfort. Ursula est sa secrétaire — peut-être aussi sa maîtresse. Ils font des voyages fréquents à l'étranger pour ramener des tableaux. Chaque fois qu'ils passent à Duisbourg, ils aiment bien dîner dans cette pizzeria. Tant et si bien qu'un jour le dénommé Benedetto, assis à une table voisine, engage la conversation :

« Le patron du restaurant m'a dit que vous étiez dans le commerce des tableaux. C'est un bon commerce ?

— Excellent. Ce qui manque, ce ne sont pas les clients, mais plutôt les toiles. »

Ensuite il est très facile, de fil en aiguille, d'orienter la conversation sur les fameux tableaux de la galerie d'Art moderne, car toute la presse allemande en parle, depuis que la vente a été annoncée. D'un air suave, l'inspecteur fait une remarque :

« Tout le monde parle de ces tableaux, mais personne ne les a encore vus ici. C'est dommage, mon père et moi, nous avions des acquéreurs... »

Ce qui a le don de rendre pensif le nommé Benedetto :

« Ils doivent bien être quelque part, ces tableaux, murmure-t-il. Je suis sûr qu'en nouant certains contacts avec le milieu on pourrait se les procurer. Tout au moins quelques-uns...

— Vous pourriez faire ça ? demande Fritz, l'air excité.

— Oui... Mais vous ? Vous pourriez les vendre ?

— Évidemment, surtout mon père.

— On pourrait lui parler, à votre père ?

— Ce n'est pas utile. »

Mais Benedetto y tient. Alors il appelle la fameuse galerie Reinhardt et demande à parler à M. Reinhardt. Une voix répond :

« C'est moi-même.

— J'aurais voulu parler à votre fils... »

Benedetto se croit un petit malin, ou un grand truand.

« Fritz n'est pas là, répond le marchand de tableau qui a été prévenu par la police. A l'heure qu'il est, il doit être à Duisbourg. »

Benedetto est rassuré, et Fritz peut demander à voir les tableaux. Ce n'est pas si simple, car Benedetto affirme qu'ils sont en Italie. Fritz propose de les soumettre à un « correspondant d'art » en Italie, mais Benedetto veut d'abord connaître ce correspondant ami. Et l'ami italien, c'est évidemment le commissaire Valentino. Il fait son apparition quelques jours plus tard dans la pizzeria de Duisbourg, prétendant s'occuper de négociations d'œuvres d'art pour le compte de la galerie Reinhardt. Il propose immédiatement d'aller en Italie examiner les tableaux.

« Pas encore, répond Benedetto. Choisissez au hasard deux tableaux dans la liste, je les ferai venir pour vous prouver que nous avons toute la collection. Mais, avant, je veux voir l'argent.

— Simplement le voir ?

— Simplement. »

Fritz et Valentino empruntent dans une banque l'équivalent d'un demi-milliard en deutsche Mark, au nom du ministère de l'Intérieur, couverts par la police d'assurances de la galerie d'Art moderne. Et c'est un nouveau rendez-vous à la pizzeria de Duisbourg avec Benedetto, auquel se sont joints pour la circonstance : Salvatore et le célèbre gangster Gianni dont le visage ne trahit jamais aucune émotion. Il est fidèle à son image et observe, avec la même froideur, les faux marchands et leur valise.

« Nous avons l'argent, dit Fritz en montrant la valise. Mais nous avons aussi des armes, alors pas de bêtise. »

Les gangsters se sentent définitivement en terrain connu. Ils se rendent dans les lavabos, où Fritz et Valentino ouvrent et referment très vite la valise, dès que les gansters, éblouis, ont pu constater qu'elle contient bien un demi-milliard. Ils choisissent ensuite deux œuvres au hasard parmi les plus faciles à transporter ; la *Promenade en bord de mer,* d'Auguste Renoir, et la *Femme à la fleur jaune,* de Corot. Cette fois, c'est à Benedetto de jouer. Et de jouer sans aucune surveillance policière, car, pour retrouver la totalité des tableaux, il ne faut pas éveiller la méfiance du gang. C'est la partie la plus difficile à jouer.

1er août 1975, près de Milan : un homme, assassiné, brûle dans une BMW. INTERPOL Rome se renseigne, la voiture a été louée à Francfort. Il s'agit du dénommé Salvatore. On soupçonne qu'il vient d'être abattu par Gianni, le chef du gang qui a volé les trente-sept chefs-d'œuvre de la galerie d'Art moderne de Milan. Sans doute parce qu'il était partisan de négocier les toiles avec le musée et Gianni partisan de traiter avec la galerie Reinhardt de Francfort.

Septembre 1975, dans le rapide Riviera Express, qui joint l'Allemagne et la Méditerranée, au passage de la douane suisse-allemande, à Fribourg, Benedetto, une serviette de cuir sur les genoux, tend ses papiers au contrôle. Mais le douanier avise, dans le filet, un grand rouleau.

« A qui est-ce ? »

Tout le monde le regarde, et personne ne bouge.

« A vous ? Non ? A vous ? Non plus ? A vous non plus ? Alors, ce paquet n'est à personne ? conclut le douanier, qui l'emporte.

Tandis que Benedetto, furieux et impuissant, serre les dents, la douane suisse trouve dans le rouleau : *Le voleur et l'âne,* de Paul Cézanne, *Femme bretonne,* de Van Gogh, *Dans la Bergerie* et *Coucher de soleil,* de Segantini, *Portrait de Madame Hessel,* d'Édouard Vuillard, *Vent et soleil,* de Sisley. Six toiles de perdues pour le gang. Lorsque, à l'arrivée, Benedetto tend sa serviette dans laquelle se trouvent : *La jaune,* de Corot, Gianni, qui n'aime pas ce genre de bavures, lui expédie le plein chargeur d'un revolver.

Devant les « difficultés » de transport, Fritz et Valentino soumettent leur idée au terrible Gianni : « La galerie Reinhardt pourrait emmener des toiles d'Allemagne à Rome pour y organiser une exposition. Il serait ainsi plus facile, au retour, de dissimuler les toiles volées à la galerie d'Art moderne. » Le gangster accepte, mais pour une partie seulement, et quelques jours plus tard il conduit lui-même les deux hommes d'INTERPOL à la cachette. Des voitures banalisées de la police italienne les suivent de très loin, se relayant pour ne pas être repérées, sur la route qui les conduit à 180 kilomètres de la capitale, vers le petit village de Foligno. C'est là que vit le père de Benedetto, un vieux menuisier de soixante-dix ans. Dans le hangar, Gianni soulève une planche : paraît un Modigliani. Une autre planche, et c'est un Millet. Une autre encore, et voici un Bonnard. Mais il n'y en a là qu'une vingtaine. Huit autres toiles sont cachées ailleurs, et le gangster refuse de dire où. Ce qui rend impossible toute intervention immédiate : s'emparer des toiles présentes déclencherait l'alerte dans le gang et les autres seraient perdues. Or Valentino et Fritz Bochum se sont juré d'avoir toutes les toiles. Mais plus le jeu traîne en longueur, plus il devient dangereux.

Octobre 1975. Gianni prend sous son lit une valise contenant les huit toiles qui manquent et passe la frontière. La douane, prévenue par INTERPOL, n'intervient pas.

Quelques jours plus tard, à Duisbourg, Gianni reprend contact avec les deux hommes d'INTERPOL. Il est prêt à vendre les dix toiles qui sont maintenant en Allemagne. C'est le moment pour INTERPOL de tout récupérer d'un seul coup. Pour cela, il faut agir en même temps à Duisbourg, en Allemagne, et chez le menuisier de Foligno, en Italie.

Un matin, vers 8 heures, Fritz Bochum et sa soi-disant secrétaire Ursula vont à l'hôtel prendre l'argent. De son côté, Gianni, deux revolvers dans sa ceinture, sort de sa chambre avec la valise contenant les dix toiles. Ils ont rendez-vous dans la Frederickstrasse, une rue isolée.

Tout a été réglé par téléphone. La voiture de Gianni s'arrête au numéro 45 et celle de Fritz Bochum et Valentino, 70 mètres plus loin, au numéro 34. Un complice de Gianni, avec la valise, et Valentino, avec l'argent, doivent marcher l'un vers l'autre : comme dans les westerns. Mais personne ne sort de la voiture de Gianni. Comme les minutes passent, Valentino s'approche, les mains vides, et Gianni lui montre une tête dans une voiture en stationnement, qui lui paraît suspecte :

— Ce n'est pas une tête, c'est une têtière ! remarque Valentino en éclatant de rire, soulagé.

C'est vrai. Et, pourtant il y a des policiers partout, mais ils sont invisibles. Ils sont sur les toits, derrière les fenêtres, et chaque geste est photographié. Alors que le gangster se fait du souci pour le haut d'un fauteuil de voiture !... Enfin, Gianni consent à ce que la cérémonie de l'échange ait lieu. Valentino retourne à la voiture de Fritz Bochum et en revient lentement avec l'argent à la main dans deux attaché-cases. Le complice de Gianni marche vers lui avec une valise de Renoir, de Sisley, de Van Gogh, de Gauguin, de Corot et de Millet.

Arrivés à 10 mètres l'un de l'autre, Valentino relève son col. C'était le signal convenu avec la police, et dans un hurlement de sirènes cinquante policiers surgissent de partout. Gianni n'a même pas le temps de sortir ses revolvers. Au même instant, à 3 000 kilomètres de là, cinquante policiers italiens s'engouffrent dans la menuiserie de Foligno...

Et c'est ainsi que sont récupérées, à la même minute, le même jour, les toiles de la galerie d'Art moderne de Milan. Trois milliards de chefs-d'œuvre se sont promenés pendant huit mois dans une nature dont le moins que l'on puisse dire, en lisant les journaux, c'est qu'elle n'est pas morte.

UN GANGSTER SENTANT SA FIN PROCHAINE

La maison a retenti de détonations épouvantables. Rien n'effraie autant que les détonations d'un fusil de chasse calibre 12 à canon scié. Rien qui fasse autant de bruit et à faible distance, autant de dégâts. Car les chevrotines, au lieu d'être guidées par la longueur du canon, sortent de là comme d'une escopette : c'est la mort en éventail. Tout est ravagé dans un angle de quatre-vingt-dix ou cent vingt degrés et tout est détruit jusqu'à une quinzaine de mètres. Le fusil n'a plus la même portée. Alors, celui qui tire dans une pièce avec des chevrotines dans un fusil à canon scié, en appuyant sur les deux détentes, fait à peu près les mêmes dégâts qu'une grenade ! Pour employer cette méthode, il faut être sanguinaire ou un truand de l'espèce qui mérite le moins d'excuses : c'est ce que pense, brièvement, le shérif de Carson City. Tout en se disant qu'un fusil à canon scié dans les mains d'un vieillard de quatre-vingt-deux ans ça n'est tout de même pas courant. Il pense tout cela très brièvement, le shérif de Carson City, dans le Nevada. Il n'a pas le temps de penser longtemps.

Il décroche son téléphone tranquillement, il ne s'attendait pas à cela :

« Venez vite ! Venez vite ! Mon père est devenu fou ! Il s'est réfugié au premier étage avec un fusil à canon scié, et il tire dans tout l'appartement ! Vous entendez les détonations dans le téléphone ? Allô ! Venez vite ! Nous n'osons pas sortir, il nous canarde par la fenêtre ! Je laisse la porte d'entrée ouverte ! Vous nous trouverez dans la cave ! »

Avant que le téléphone soit raccroché, le shérif de Carson City entend deux autres détonations dans l'écouteur. Manifestement, chez les Davidson c'est l'enfer. Qu'est-il arrivé au vieux Davidson ? A quatre-vingt-deux ans !

Tandis qu'il fait hurler sa sirène et brûle les feux rouges, le shérif se demande ce qu'il va faire. C'est que l'affaire est délicate : depuis au moins trente ans, le vieux Willy Davidson est l'une des personnalités les plus en vue de la capitale du Nevada. Il a fait fortune dans l'hôtellerie et dans les transports. Lorsqu'on dit les « Davidson », cela peut vouloir dire deux choses : ou bien les motels de luxe, dans le désert, avec télévision et réfrigérateur dans toutes les chambres ; ou bien les autocars Davidson, climatisés, qui font traverser le désert du Nevada aux touristes comme dans un rêve. Davidson, c'est une fortune colossale. Mais il paraît que le vieux Davidson a reperdu beaucoup d'argent, récemment, en voulant se lancer dans l'élevage du bétail ! A quatre-vingt-deux ans, et en 1969, il a voulu refaire la conquête de l'Ouest, et ça n'a pas marché.

Le shérif réfléchit à tout cela et roule à tombeau ouvert en direction de la propriété des Davidson. Apparemment, le vieux est en train de tout démolir chez lui avec un fusil à canon scié. Mais il peut tout casser chez lui à condition de ne pas tuer son fils, sa belle-fille et son petit-fils !

Le portail de la propriété est grand ouvert. C'est une propriété splendide, où l'on imagine mal un vieillard de quatre-vingt-deux ans tirant dans les coins. La voiture du shérif est obligée de ralentir sur le gravier des allées et dans les virages qui contournent des massifs de pins. La maison est imposante, de style colonial américain, avec perron et péristyle, tout l'attirail architectural sudiste. On se croirait dans le Mississippi ou l'Alabama. Rien ne manque. Même pas le rocking-chair sous la véranda. Le vieux Davidson a reconstitué le décor d'« Autant en emporte le vent », mais en plein Nevada !

Le shérif, qui vient à peine de claquer sa portière, a juste le temps de s'accroupir : une pluie de morceaux de verre s'abat sur le toit et le capot de sa voiture, avec aussi, probablement, quelques chevrotines. Une magnifique porte-fenêtre au premier étage a volé en éclats. Le shérif se précipite à l'abri du perron, plonge littéralement dans l'entrée du rez-de-chaussée et se retrouve dans un vaste hall. Le véritable hall de la maison de Scarlett O'Hara, avec le double escalier en volutes qui mène au premier étage. Comme si le vieux avait racheté les décors du film aux studios de Hollywood.

Le fils Davidson qui a téléphoné au shérif n'est pas là pour l'accueillir : il est sûrement réfugié dans la cave, avec sa femme et leur enfant de huit ans : le petit-fils du vieux. Le voilà qui tire encore de là-haut. Deux détonations coup sur coup ! Aucune erreur possible, c'est bien du fusil à canon scié ! Aucune arme normale ne fait un bruit pareil, et il doit tirer dans le parquet, car le plafond s'est lézardé et le lustre en cristal a tremblé. Il est vraiment devenu fou.

Pour le shérif, c'est une très sale affaire, car, quoi qu'il décide de faire, il sera critiqué. Le vieux Davidson a déjà donné des milliers de dollars aux œuvres de la police, aux associations d'étudiants, au service social de la ville, à l'église luthérienne, à l'église baptiste, au club de football. Davidson, c'est le genre de bonhomme qui dîne chez le gouverneur et qui fait plus ou moins les élections. Alors le shérif se dit : « Je ne vais tout de même pas essayer de le désarmer ! Je ne peux pas non plus lui tirer dessus. Après tout, aucune vie n'est en danger. Je n'ai qu'à m'assurer que la famille est dans la cave, après quoi il arrivera bien un moment où le vieux manquera de munitions ! »

Cinq minutes plus tard, le shérif a trouvé la porte de la cave. Et il crie : « N'ayez pas peur ! C'est moi ! »

Le fils du vieux Davidson ouvre enfin la porte : Robert Davidson, trente-deux ans. En principe, il dirige les affaires du père. Sa femme Virginia, vingt-sept ans, est derrière lui en robe de chambre. Le petit Wallace, neuf ans et demi, est en pyjama. Ils ont tous trois l'air affolé. Le shérif demande :

« Que s'est-il passé ? »

Robert Davidson explique : son père n'a jamais eu un caractère facile. C'est un violent, un autoritaire. Avec l'âge, ça ne s'est pas arrangé, au contraire. Il n'a pas digéré, à quatre-vingt-deux ans, de perdre de l'argent dans le bétail après avoir réussi dans l'hôtellerie. Il prétend que c'est la faute de son fils, ou de sa belle-fille, qui le rend idiot. Alors que c'est lui, en fait, qui veut continuer à tout diriger et fait des bêtises, car il est trop vieux. Depuis qu'il est veuf, il ne supporte plus la vie de famille, et il est devenu un vieillard inquiétant. On ne reconnaît plus le William Davidson respecté de tout le monde. Il est devenu un autre homme.

D'une vieille malle au grenier, dont il avait toujours caché la clé, il a sorti un vieux fusil de chasse de calibre 12 à canon scié ! Une arme de gangster ! Et, depuis un mois ou deux, il se promène avec ça dans l'appartement. Il dort avec. Les cartouches de chevrotines sont en permanence dans les poches de son pyjama et de sa robe de chambre. Au point que les domestiques ont peur. Les Davidson n'ont pas voulu, jusqu'à présent, appeler le shérif. Mais ce matin, au petit déjeuner, pour une histoire idiote, la situation a éclaté. Le vieillard a dit qu'il serait temps d'envoyer son petit-fils en pension. Le petit-fils, qui était en train d'avaler son porridge, a dit :

« Je ne veux pas aller en pension ! »

Le vieux Davidson a rétorqué :

« Tu feras ce que je te dirai ! »

Et sa belle-fille a osé dire :

« Il fera ce que sa mère et son père lui diront ! Vous pouvez peut-être dire au gouverneur ce qu'il a à faire, mais pas à moi en ce qui concerne mon enfant ! »

Qui aurait dit qu'un vieillard de quatre-vingt-deux ans puisse encore avoir autant de sang affluant au visage : le vieux Davidson est devenu violet. Ses yeux ont pris une expression jamais vue. Il s'est levé, il est remonté au premier étage, et il est ressorti avec le fusil à canon scié. Ils n'ont eu que le temps de fermer une porte et de téléphoner au shérif ! La porte a volé en éclats ! Affolés, ils se sont réfugiés dans la cave. Depuis, le vieillard tire sur tout ce qui l'entoure. Il devait avoir une caisse de cartouches. Trois heures plus tard, les détonations ayant cessé depuis un bon moment, le shérif se risque prudemment à pénétrer au premier étage par la porte fracassée. Le spectacle est effrayant : plus une glace, plus un objet qui tienne debout. Plus de porte-fenêtre, et le plafond est une passoire.

Au milieu de cette désolation, un rocking-chair : dans le rocking-chair, un ronflement. Le vieux Davidson, une fois sa terrible colère apaisée, a fini par s'endormir. Sa tête aux cheveux blancs dodeline, ses mains noueuses tiennent encore le fusil à double canon scié en travers de ses genoux.

Le shérif s'approche, à pas de loup, évitant de faire craquer les plâtras et les morceaux de verre. Il est à 1 mètre, et il tend la main, quand le vieillard ouvre un œil, et puis l'autre. D'un geste incroyablement vif pour un homme de son âge, il braque les deux canons courts en direction de l'estomac du shérif et dit d'une voix très calme :

« Vous croyez que je suis retombé en enfance ? Vous avez raison shérif ! Seulement je vais vous dire une chose : vous voyez cette moitié de fusil ? Eh bien, quand j'étais dans l'enfance, avec ça et de la chevrotine double zéro, j'ai fait deux moitiés de shérif et deux moitiés d'adjoint ! A 2 mètres de distance. Et vous êtes à 1 mètre. Alors ? »

Alors le shérif de Carson City ne bouge plus. Il se demande tout d'un coup qui est exactement le richissime bienfaiteur de l'État de Nevada et lève les mains, la sueur au front. Le terrible vieillard, dans son rocking-chair, ordonne tout d'un coup :

« Reculez, asseyez-vous sur le lit ! Attention aux morceaux de verre de l'armoire à glace ! Je ne vous veux pas de mal, shérif. A condition que vous n'essayiez pas de m'arrêter. Je suis très coléreux ! Et je ne supporte pas qu'on me contrarie ! A présent, écoutez-moi. Je vais vous raconter ma jeunesse ! »

Le vieux Davidson parle d'une voix lente mais ferme. Il dit :

« Vous voyez ce double canon ? Il y a longtemps qu'il a été scié ! Exactement quarante-six ans. On ne faisait pas de fusils automatiques à l'époque. Mais peu de gens savent qu'avec deux cartouches de chevrotines tirées en éventail on peut faire autant de dégâts qu'avec une mitraillette ! Et en moins de temps ! C'est pourquoi je vous conseille, shérif, de ne pas faire un mouvement. Jusqu'à ce que j'aie fini. Et j'espère que vous n'avez pas demandé de renfort, sinon vous seriez le premier à y passer ! Vous avez déjà essayé de forcer une bête sauvage dans son trou ? Un simple rat ? Il devient fou furieux ! Eh bien, shérif, c'est exactement ce qui m'arrive. Je suis forcé dans ma tanière, à quatre-vingt-deux ans, comme un vieux rat. Et savez-vous pourquoi ? Parce que je suis ruiné. Mon imbécile de fils et mon imbécile de belle-fille n'ont pas encore compris cela. J'ai voulu recommencer quelque chose, or c'est ridicule un vieillard qui entreprend ! Il ne peut faire que ce qu'il a appris. Il est incapable d'innover ! J'ai voulu me lancer dans le bétail, vous le savez... Ce que vous savez moins, c'est que la viande est devenue si chère, aux États-Unis, que les gens n'en achètent plus ! Les écologistes recommandent le beefsteak aux herbes ! Les hippies ridiculisent l'image même du cow-boy et du bœuf ! Je ne comprends rien à cette époque, shérif. J'ai voulu refaire l'épopée des troupeaux, à l'époque de, comment s'appelle-t-il celui-là ? Bob Dylan ! C'est ça. Résultats : je n'ai plus un dollar, shérif. Plus un dollar à moi ! Vous avez compris ? C'est pour ça que je casse la baraque ! Je m'en balance complètement ! Elle n'est plus à moi. »

A l'écoute de ce long discours, le shérif de Carson City a ouvert de grands yeux. Toujours assis sur le lit dévasté par les chevrotines, face à ce vieillard qui la semaine dernière était encore l'invité à dîner du sénateur de l'État, alors que lui n'était même pas admis dans la cuisine, il n'en revient pas.

Le vieillard est tassé dans son rocking-chair, le fusil à canon scié fermement braqué. Le shérif essaie de réfléchir très vite.

« Cet homme ne supporte pas d'être ruiné à quatre-vingt-deux ans, après avoir été respecté de tout le monde. Il faut donc que je lui parle avec respect ! Il n'est pas ce vieillard devenu fou furieux ! Il est M. William Léonard Davidson ! Et je ne suis qu'un petit shérif miteux ! C'est comme ça qu'il faut que je lui parle ! C'est comme ça qu'il va se détendre et finir par lâcher cet abominable fusil avec ses abominables canons sciés à 20 centimètres de la culasse, qui me flanquent une abominable frousse ! »

Surmontant sa peur, le shérif réussit à dire d'une voix calme :

« Monsieur Davidson. Que vous soyez ruiné, pour les gens de cette ville, ça ne change rien. Vous êtes toujours le symbole de la réussite. Et voyez-vous, j'ai beau être shérif, je pense que je ferais comme vous : plutôt que de laisser tout ce que j'ai gagné aux fichus créanciers, je crois que je démolirais tout ! A commencer par cette fichue baraque ! Je veux dire : cette magnifique maison, que vous avez gagnée à force de travail. »

Le shérif avale sa salive et ajoute, après un silence :

« Vous voyez, monsieur Davidson, que je vous comprends. Maintenant on pourrait peut-être discuter sans ce double canon entre nous ! Vous voyez bien que je n'ai pas pris mon arme pour venir discuter avec une notabilité comme vous ! Voulez-vous que j'appelle le gouverneur, ou le sénateur ? Ce sont vos amis ! Ils vous aideront. »

Tout en parlant, le shérif, héroïquement, fait mine de se lever du lit dévasté. Et il croit mourir ! Car une pluie de plâtre, tombée du plafond, s'abat sur lui en même temps que retentit un vacarme épouvantable. Le vieux Davidson a tiré au plafond. Une seule cartouche de chevrotines double zéro. Presque dans le même geste, il rabat le calibre 12 en direction du shérif : il a voulu, en tirant dans le plafond, lui interdire de bouger, et maintenant il le menace avec la seule cartouche qui lui reste.

Mais c'en est trop pour le shérif : la déflagration a provoqué chez lui une telle peur qu'elle s'est transformée en colère. Une colère terrible contre ce vieillard qui lui a fait peur. Depuis son lit, il plonge vers le rocking-chair, à plat ventre. Il en saisit les bois recourbés, qui permettent de se balancer, et les soulève en y mettant toute sa force !

Surpris par ce plongeon au moment où il rabattait le fusil, le vieux Davidson tire en appuyant sur la deuxième détente : un dernier éventail de chevrotines double zéro ravage la pièce ! Mais le shérif avait déjà plongé. C'est avec une véritable rage qu'il projette le rocking-chair en arrière. Le vieux William Léonard Davidson est propulsé avec son fauteuil, et son crâne aux cheveux blancs fait un drôle de bruit en atterrissant sur le plancher. Un bruit définitif.

Le shérif se redresse, titubant, assourdi par les deux déflagrations, et redescend au rez-de-chaussée téléphoner à tout le monde : à ses adjoints, à l'attorney général, au maire !

« Venez vite, j'ai tué M. Davidson ! Je n'ai pas pu faire autrement ! »

Il se voit déjà, le malheureux shérif, condamné, ou du moins perdant sa place : le malheureux shérif qui n'a pas su garder son sang-froid devant un vieillard, un notable respecté !

C'est au moment d'enterrer le vieux Davidson que l'on s'est préoccupé de son identité et que l'on a découvert plusieurs choses : il ne s'est jamais appelé Davidson. Il s'appelle Léonard Frisco. Il y a quarante-six ans, en 1923, il a assassiné deux shérifs, avec ce vieux fusil à canons sciés qu'il gardait dans une malle. Arrêté, il s'est enfui de la prison de Tucson, dans l'Arizona, et il est passé au Mexique.

Depuis la création d'INTERPOL, on le recherchait dans tout le territoire mexicain et les pays d'Amérique du Sud. Mais il avait réussi à repasser aux États-Unis sous l'identité de William Léonard Davidson. Et en quarante-huit ans il était parvenu à faire fortune dans le Nevada, à s'y marier, à y devenir un notable, ami des plus grandes personnalités. Il n'avait pas supporté, à quatre-vingt-deux ans, de reperdre sa fortune en se lançant dans le bétail. Il s'était trop habitué à sa nouvelle personnalité de patriarche, style « Autant en emporte le vent », qui a droit de regard sur tout. Fils, belle-fille, petit-fils, terres, fortune, shérif. Redevenir Léonard Frisco, le raté, était au-dessus de ses forces. Et à quatre-vingt-deux ans, il en avait encore. Il avait même eu le temps de rédiger un testament diabolique à l'intention de ses héritiers.

« Estimant que l'argent n'est la propriété que de celui qui l'a gagné, j'interdis à mon fils ou petit-fils de toucher à ma fortune avant d'en avoir gagné autant.

Je lui conseille d'autre part de ne jamais croire mon notaire qui affirmera que j'étais ruiné. Même s'il en a la preuve, il ne sait pas, et personne ne sait, où est ma fortune. Elle ne sera visible que si mes héritiers arrivent à l'égaler. »

Léonard Frisco Davidson était non seulement un gangster, non seulement un homme d'affaires, non seulement un vieux malin de quatre-vingt-deux ans... C'était aussi un philosophe.

CORRUPTION DE FAMILLE

Le téléphone sonne vers 23 heures dans un bureau de la police à Milan en 1956.

« Je viens de tuer mon père, dit une voix masculine au bout du fil.

— Qui êtes-vous ?

— Je m'appelle Sergio Della Fano.

— Votre adresse ? »

La voix est celle d'un jeune homme : sourde, avec une respiration difficile. Le garçon est sans doute en proie à une terrible émotion. Le policier note l'adresse sur un bloc. Et le car de police s'y élance aussitôt, sirène hurlante.

Au cinquième étage d'un grand appartement de la Via Napoleone, un jeune homme en bras de chemise attend, il est assez pauvrement vêtu, grand, mince, les yeux cernés, le visage assez trouble, mais sympathique. Il doit avoir dix-neuf ans. Près de lui, une femme. La « bourgeoise » au visage carré, aux épaules élargies par un énorme manteau de fourrure. Un collier de perles fines repose sur un décolleté généreux. Elle vient paraît-il d'arriver, il y a cinq minutes à peine. C'est la mère, et l'épouse de la victime. La comtesse Della Fano. Elle fut sans doute jolie et le serait encore si la beauté n'avait reculé devant la graisse, laissant l'empâtement des traits souligner une ombre de vulgarité. Il y a aussi une petite fille, en pyjama de nuit, toute prête à devenir une jeune fille. Elle a treize ans.

« Retourne dans ta chambre ! » lui dit sa mère.

Enfin, allongé sur le tapis de son bureau, la victime, le père. Un homme de cinquante-quatre ans. Si l'on essuyait le sang de son visage, on découvrirait le masque de l'aristocrate déchu dont la veste de soirée défraîchie est un symbole misérable.

« C'est vous qui l'avez tué ? » demande le commissaire au jeune homme.

Incapable de parler, l'interpellé se contente de faire un signe affirmatif de la tête.

« Avec quoi ? »

Le jeune homme, pâle, montre le bureau.

« Avec ça ! » dit la mère.

Et elle désigne aussi sur le bureau une hachette sanglante.

« Racontez-moi ce qui s'est passé.

— Il n'a fait que se défendre, monsieur le commissaire ! »

La mère devait avoir un joli petit nez en trompette. C'est maintenant un pied de marmite qui rebique entre deux grosses joues. Un nez à se mêler de tout à tort et à travers. Le commissaire l'interrompt :

« Vous permettez, madame. J'interroge votre fils. C'est à lui de répondre. »

Avec l'émotion, la voix du jeune homme retrouve la fragilité instable de l'adolescence :

« Je me suis disputé avec mon père, il me traitait de... enfin il m'injuriait. Il m'a donné des coups de nerf de bœuf. Je me suis défendu. »

La mère ne peut s'empêcher de bondir au secours de son fils.

« Mon mari était ivre, monsieur le commissaire. Lorsque je suis partie pour aller en face, chez des amis, il avait déjà beaucoup bu. Comme presque tous les soirs. »

Le commissaire est un vieux de la vieille : petit, imperméable informe et sans couleur, pantalons en tire-bouchon et, pour couronner le tout, un béret enfoncé jusqu'aux yeux comme un bonnet de douche. Car, au-dehors, il pleut à torrent. Il ne quitte pas le fils des yeux, ignorant volontairement la mère.

« Et vous aviez cette hachette sous la main ?

— Oui. J'étais en train de fabriquer un landau pour ma petite sœur.

— Le nerf de bœuf, où il est ? »

A quelques pieds du cadavre, le jeune homme désigne un nerf de bœuf qui a roulé sur le tapis.

« Où vous a-t-il frappé ?

— Dans le dos.

— Vous pouvez me montrer ? »

Le jeune homme, gêné, retire sa chemise et montre son dos où le commissaire peut voir des zébrures rouges tout à fait caractéristiques. Là-dessus, le téléphone sonne sur le bureau du défunt comte. Et le commissaire écoute les renseignements que son service a réussi à réunir en peu de temps sur la victime.

Le comte Della Fano est l'héritier d'une authentique et vieille famille de la province de Pissaro. Il a été arrêté plusieurs fois pour conduite en état d'ivresse. C'est un alcoolique notoire. Quant à la comtesse, Marietta Ponti de son nom de jeune fille, c'est une ancienne prostituée, condamnée pour escroquerie il y a cinq ans. Elle avait fait passer une annonce disant qu'une Brésilienne riche de 400 millions voulait épouser un Italien. Il suffisait de lui envoyer 300 francs pour les frais de correspondance. Évidemment, c'était elle la riche Brésilienne. Cette escroquerie a coûté sa place à son mari qui était jusque-là chef de service au ministère de la Reconstruction.

« Quelle famille ! » pense le commissaire qui raccroche et s'assoit dans un fauteuil.

La mère a jeté son manteau sur un fauteuil. Elle apparaît dans une robe de soie rose qui la boudine horriblement. Le fils a remis sa chemise. Ils sont plantés devant le commissaire qui ressent quelque chose de bizarre entre ces deux êtres. Il a l'habitude. Quand on débouche comme ça dans un drame, il y a des sensations qu'il faut graver dans sa mémoire. Les mille détails de l'enquête risquent souvent de faire oublier ces impressions premières. Et l'impression du commissaire c'est, qu'à des titres divers, ces deux êtres sont coupables.

Le policier profite de l'arrivée du médecin légiste et de l'armée des spécialistes pour s'enfermer avec le fils dans sa chambre. Il y a là, sur la table, des planches et une scie, quelques outils et des vis, et, tout à côté, le châssis d'un landau.

« Donc, vous étiez en train de fabriquer un landau pour votre soeur. Vous aimez votre sœur ?

— Beaucoup ! »

Cette affirmation pourrait passer pour gratuite s'il n'y avait justement ce landau. Ce n'est pas tellement amusant pour un garçon de fabriquer un landau. Donc, s'il fabriquait un landau, c'était vraiment pour faire plaisir à sa sœur. Il est bizarre qu'un jeune homme comme lui, apparemment sensible et certainement affectueux, tue son père à coups de hachette.

« Parlez-moi de votre père.

— Ce n'était pas vraiment mon père. Mon vrai père, c'est mon oncle.

— Le frère du comte Della Fano ?

— Oui.

— Comment le savez-vous ?

— C'est ma mère qui me l'a dit.

— Et votre sœur ?

— Ah ! elle, c'est bien sa fille.

— Vous avez d'autres frères et sœurs ?

— Oui. Un frère.
— Où est-il ?
— A l'Assistance publique. »

Le commmissaire a retiré son béret. Assis sur le lit, il fait asseoir le jeune homme à côté de lui. Puis, jouant au bon papa, au père que ce gamin n'a sans doute jamais eu, il lui fait vider son sac, avec adresse.

Le père légal, le comte Della Fano, était un singulier guide pour un enfant. Il avait, alternativement, d'étranges abandons envers son fils et d'étranges rudesses.

« Ta mère est une putain, lui disait-il parfois. Je l'ai prise dans une maison. »

Et d'autres fois il frappait l'enfant sauvagement, le faisant mettre à genoux, les bras en croix pour le cravacher jusqu'à ce qu'il tombe à demi évanoui. Il buvait, ce père. Et quand il était ivre, il était brutal. Quelle famille, et quel milieu pour ce grand garçon qui paraît rêveur, doux et timide. « Paresseux », « menteur », « hypocrite », c'étaient les moindres épithètes qui s'abattaient sur lui en même temps que les coups de lanière. Il arrivait même parfois que ce père officiel, grand fonctionnaire instruit, très bon juriste, catholique et de vieille noblesse, s'abaissât jusqu'à le traiter de « lopette », de « tapette ». Il savait bien pourtant que la jeune couturière dont son fils était amoureux avait été littéralement balayée par la jalousie maternelle. De chagrin, le fils avait tenté de se donner la mort. Parfois, le père enfermait son garçon dans un placard et l'y laissait des heures. Parfois, il le contraignait à rester dehors, sur le balcon, sous la pluie et torse nu.

Tous ces détails d'une torture lente et méthodique rendent le crime logique de la part du jeune homme. Le commissaire a cependant retenu quelques points sur lesquels il désire confronter mère et fils, en commençant par la reconstitution du crime.

Le bureau a retrouvé son calme maintenant que le médecin légiste est reparti avec l'armée des spécialistes. A la place du cadavre du comte, un dessin à la craie sur le tapis. Le commissaire s'adresse au jeune homme :

« Vous allez me mimer la scène. La scène entière depuis l'instant où vous êtes entré dans le bureau jusqu'au moment où vous avez appelé la police. Allez-y. Prenez la hachette sur le bureau et sortez en refermant la porte. Vous, madame, vous restez là. »

La porte du bureau étant fermée, le commissaire attend quelques instants, puis il crie :

« Allez-y ! Entrez ! »

La porte s'ouvre. Le malheureux grand dadais apparaît, un peu ridicule, sa hachette à la main. Il tremble de tous ses membres, et le commissaire lui trouve un air triste, l'air d'un pauvre gosse. Il le secoue pourtant :

« Allez ! »

Pendant trois minutes, le jeune homme va, et vient, dans le bureau, gauchement, mimant sans aucun talent de comédien la scène tragique et quêtant malgré lui l'acquiescement de sa mère. Chacun de ses regards semble demander : « C'est ça ?... C'est bien ça ?... Je ne me trompe pas ? » Lorsque enfin, estimant avoir fini, il vient au téléphone et s'y accroche comme à une bouée, le commissaire abandonne son air de bon papa conciliant. Il devient dur, autoritaire, presque méchant.

« Ça va ! Vous vous êtes assez moqué de moi ! Il est impossible que les choses se soient passées comme ça. D'abord, je ne crois pas que vous ayez frappé comme vous venez de me le montrer, sinon vous n'auriez jamais atteint votre père à la tête. Ensuite, pas un instant vous ne lui avez tourné le dos. Alors, d'où viennent ces marques de nerf de bœuf ? »

Le jeune homme et la mère se regardent. Lui, comme s'il voulait s'excuser auprès d'elle. Elle, on la devine très en colère. Sans doute son fils n'a-t-il pas bien suivi les consignes qu'elle lui avait données. Alors, le commissaire décide de frapper un grand coup, de prendre un risque. Un risque grave, car ce garçon aura bientôt un avocat, et ce qu'il va dire maintenant peut lui être reproché. Tant pis. Il prend un temps et il ose :

« Nous sommes seuls tous les trois dans cette pièce. Sergio Della Fano, j'ai une question grave à vous poser. Mais avant de répondre, réfléchissez bien. Vous venez de commettre un crime. Fini le temps des mensonges. Tous les mensonges, passés et présents, se retourneront contre vous. Voici ma question. Je vous adjure d'y répondre : avez-vous eu des relations sexuelles avec votre mère ? »

La foudre serait tombée dans ce triste bureau au cinquième étage de la Via Napoleone qu'elle n'y aurait pas fait plus d'effet que cette question. La mère, dans son décolleté rose, a pâli. Ses yeux lancent des éclairs. On n'entend plus que les bruits de la rue. Ils deviennent assourdissants, surtout le grincement du tramway, du premier tramway de la matinée, sans doute.

« C'est honteux ! s'écrie enfin la mère. Vous êtes un monstre de poser une question pareille ! Ne réponds pas Sergio, je te le défends ! »

L'enfant, lui, s'est voûté, affaissé. Son visage, subitement, semble s'être creusé. Ses yeux se sont cernés davantage.

« Madame, pour une fois, je vous demande de laisser votre fils libre de sa réponse. Et, pour une fois, je lui demande d'avoir le courage de se passer de votre avis. Oui ou non, Sergio Della Fano, avez-vous eu des relations sexuelles avec votre mère ?

— Oui, dit-il enfin d'une voix à peine audible. Une fois seulement. Elle a voulu recommencer en me disant de prendre certaines précautions. Je n'ai pas voulu. J'ai eu honte. J'avais seize ans.

— C'est faux ! hurle la comtesse rouge et monstrueuse dans sa robe rose. C'est lui qui est un menteur ! C'est lui qui a voulu abuser de sa petite sœur alors qu'elle avait dix ans ! »

L'odieuse accusation passe la mesure. L'enfant se redresse :

« C'est abominable de dire ça ! J'adore ma petite sœur. »

Et il se met à sangloter. Il y a de quoi sangloter. Vivre dans ce milieu nauséabond, avec une mère pareille ne peut pas donner des nerfs solides. Mais le commissaire a sa réponse. Et il a son idée. Toutefois, cette conversation ne sera pas évoquée au cours du procès qui a lieu dix-huit mois plus tard. Le tribunal s'en tient en effet à la thèse de l'accusé, à savoir : la légitime défense. De surcroît, le jeune homme bénéficie de larges circonstances atténuantes : son éducation, l'alcoolisme de son père, l'immoralité de sa mère font qu'il n'est condamné qu'à huit années de prison. Quant à la comtesse, elle ressort libre comme elle y est entrée, pour emmener sa fille, qui bénéficie d'une partie de l'héritage, dépenser à Las Vegas, aux États-Unis, le peu de fortune qui reste dans la famille. Le petit commissaire au béret basque, qui n'a même pas été invité à témoigner au procès, va pourtant reprendre l'affaire d'une façon inattendue. Alors que Sergio croupit depuis deux années en prison, son compagnon de cellule, libéré, vient trouver le commissaire :

« C'est vraiment moche ce qui arrive à ce gosse ! J'ai voulu l'aider parce qu'il me faisait pitié. Et il a fini par m'avouer la vérité. Avant le crime, il travaillait dans une ferme. Sa mère, pour le faire revenir à Milan, lui a envoyé un télégramme en lui disant qu'elle lui avait trouvé une situation. Bien entendu, c'était du bidon. Ce gosse était complètement subjugué par sa mère. Et c'est elle qui l'a poussé à tuer son père. C'est elle qui a tout organisé. Elle qui ne sortait jamais le soir, elle s'est fait inviter chez des amis dans la maison d'en face. Quand le bonhomme a été mort, son fils a allumé dans la salle à manger. C'était le signal convenu. Elle est arrivée comme une fleur. Après le crime, c'est elle qui a frappé son fils pour qu'on croie à la thèse de la légitime défense en lui expliquant que, de cette façon, il ne serait pas condamné. C'est elle qui a placé le nerf de bœuf près du cadavre. Jusqu'au procès, elle lui a écrit des lettres en l'appelant : « Mon chéri... Mon fils adoré », et lui répétant sans arrêt ce qu'il fallait dire, ce qu'il ne fallait pas dire. Lui jurant que ses avocats étaient très optimistes, qu'il s'en sortirait avec le sursis et tout et tout.

Et puis, quand il a été condamné, fini, plus de nouvelles. Pas de visite. Pas une orange les jours de fête. Pas une lettre. Rien, quoi ! Et elle se pavane à Las Vegas. Une ordure, cette bonne femme. Écoutez, commissaire, il est tellement écœuré, ce môme, et tellement malheureux qu'il faut réagir. »

Cette déclaration n'étonne évidemment pas le petit commissaire au béret basque, mais il n'y peut rien. D'autant plus qu'elle émane d'un compagnon de cellule :

« La chose est jugée. Et puis il a tué un homme après tout. On ne pourra pas refaire le procès.

— Oui, mais il y a la frangine. Il l'aime beaucoup. Elle va avoir seize ans. Et il se fait du mouron. Si elle reste avec sa mère, qu'est-ce qu'elle va devenir cette môme ! Un frère à l'Assistance publique, lui en prison : pour la gamine, c'est le trottoir raide comme balle ! Alors moi, je crois qu'en insistant un peu vous pourriez l'amener à accuser sa mère, de façon qu'on lui retire la garde de sa frangine. Et puis zut ! il a le droit de se venger ! Qu'on lui laisse au moins ça ! »

Quelques jours plus tard, le commissaire parvient à rencontrer dans sa prison Sergio Della Fano. Le garçon est pitoyable. Il a conscience d'avoir été berné à un tel point qu'il se sent définitivement écrasé, amoindri. Et il s'attend à ce que sa sœur connaisse un sort à peu près semblable. Le commissaire parvient donc sans difficulté à le faire écrire au président du tribunal et au juge d'instruction une lettre dans laquelle il accuse sa mère. Mais il faudrait une preuve qui, venant s'ajouter à son témoignage, permettrait à coup sûr d'inculper la comtesse dans le meurtre de son mari.

« Elle a déjà voulu le tuer elle-même, révèle le jeune homme.

— Comment ça ?

— Un an plus tôt, elle a voulu l'asphyxier au gaz dans sa chambre. »

Quelques jours plus tard, le shérif Harry Seidler, envoyé par le bureau d'INTERPOL à Washington, interroge l'horrible comtesse. Toujours boudinée dans une robe à ramages jaunâtres, elle est répandue dans une chaise longue, au bord de la piscine de l'hôtel *Hilton* à Las Vegas. Lorsqu'il en arrive à l'accusation la plus grave, elle se récrie :

« C'est un affreux petit menteur ! Je n'aurai pas pu asphyxier mon mari dans sa chambre, il n'y a pas le gaz ! »

Sur cet argument, le shérif reste coi, et en désespoir de cause il appelle, via INTERPOL, le petit commissaire au béret basque qui, à 9000 kilomètres de là, décroche son téléphone :

« Il n'y a pas de gaz dans la chambre ? Ça m'étonnerait que le garçon ait inventé une chose pareille. Restez auprès d'elle, je cours à la prison interroger le garçon. Je vous rappelle de là-bas. »

Une demi-heure plus tard, le commissaire depuis la prison de Milan, appelle Las Vegas. Devant lui Sergio Della Fano, tout maigre dans son costume de prisonnier, les yeux cernés, dessine avec application un plan. Et le petit commissaire au béret basque d'expliquer :

« Elle s'est définitivement enfoncée ! Elle ment. Il y a eu le gaz dans la chambre de la victime jusque un an avant son assassinat. Le comte l'a fait retirer lui-même lorsqu'il a failli mourir asphyxié. Le garçon est devant moi en train de m'en faire le plan. D'ailleurs, le plombier qui a défait l'installation me l'a confirmé. Le comte Della Fano lui a dit : « Comme ça, il ne reprendra pas à la comtesse l'envie de m'assassiner ! » Vous pouvez y aller collègue... Et faites-moi plaisir, offrez-lui une chambre de luxe dans votre prison, en attendant que je la récupère. »

Arrêtée, extradée, la comtesse Marietta Della Fano, née Marietta Ponti, a été condamnée au maximum de la peine prévue pour complicité dans un meurtre. Mais le principal était de lui arracher sa fille, et de l'avis de tous il était temps.

TOUS LES PETITS GARÇONS SONT CURIEUX

Tous les petits garçons sont curieux. Le 26 août 1965, un petit garçon curieux de cinq ans trottine à quelques pas de sa mère, dans une rue d'Amsterdam, le long d'un canal où croupit une eau noirâtre. Soudain, l'enfant s'agenouille et se penche au bord du quai. La mère — qui le surveille du coin de l'œil — s'approche et aperçoit une valise métallique qui flotte entre deux eaux. Le premier réflexe de la mère est d'écarter l'enfant qui demande :

« Maman, qu'est-ce qu'y a dedans ? »

La maman pense qu'il ne peut y avoir rien de bien intéressant dans une valise qui flotte, abandonnée, dans ce canal pollué, mais le petit garçon curieux n'est pas de cet avis :

« Maman, il faut regarder ce qu'il y a dedans ! »

Quelques instants plus tard, un passant bénévole saisit la valise métallique par la poignée et fait une grimace pour la sortir de l'eau car elle est lourde. Il la pose sur le quai et l'eau sale, en petits jets, s'écoule des serrures. La mère, l'enfant et le passant, bientôt rejoints par deux ou trois curieux, l'observent un instant.

« Alors, on l'ouvre ? » demande le petit garçon curieux.

Après avoir cherché d'un regard autour de lui l'assentiment général et l'ayant trouvé de fait, le passant fait jouer une serrure, puis l'autre. Il y a deux petits clacs mouillés et le couvercle s'ouvre. C'est du bout des doigts, avec répulsion et même une certaine inquiétude, que le passant écarte le tissu qui apparaît. Pendant une ou deux secondes, chacun observe une forme blanchâtre : la maman du petit garçon pâlit et réprime un cri d'horreur. Les hommes ont un mouvement de recul et de dégoût. Seul le petit garçon curieux poursuit son idée :

« C'est qui, ça maman ? »

C'est de la peau. De la chair humaine, lavée depuis des jours par l'eau du canal. Ce n'est pas le genre de chose que l'on explique à un petit garçon curieux. Et la mère a marmonné, en tirant le gamin :

« Viens donc, ça ne te regarde pas. »

Sur la table d'opérations du médecin légiste, on a posé la valise en aluminium pour en sortir le tronc d'un jeune homme. Selon toute apparence la peau est lisse. Mais la tête, les jambes, ainsi que les mains ont été coupées. On a peine à croire que ce genre de chose arrive, et pourtant. Quelqu'un a découpé ce jeune homme comme un vulgaire bestiau.

Le lendemain le commissaire Van Boot se cale dans son fauteuil et repose sur son bureau les photos du corps sans bras, sans jambes et sans tête qu'il vient d'examiner longuement. Devant lui, ses collaborateurs font la moue.

« Encore une affaire pourrie ! » dit l'un d'eux.

« Vous avez vu les journaux ? » dit un autre.

En effet, les journaux hollandais, et notamment le *Die Telegraph* d'Amsterdam, consacrent d'énormes manchettes à ce qu'ils appellent « la valise sanglante » et semblent mettre en doute les capacités de la police hollandaise à résoudre une telle énigme. Ils n'hésitent pas à publier la photo du commissaire, qui se découvre alors tel que le voient les journalistes : grand, maigre, usé, dans un costume fripé et démodé. Après un début de carrière éblouissant, le commissaire, qui végétait, va prendre sa retraite, fatigué de son métier. Pourtant, après quelques échecs cuisants, il ne serait pas mécontent de réussir cette dernière affaire difficile, presque impossible.

« Ils me prennent pour un imbécile ! grogne le commissaire Van Boot. Nous allons essayer de les détromper. »

Sans enthousiasme, l'un des policiers pose sur le bureau quelques pièces de monnaie :

« On a trouvé ça, glissé dans les morceaux d'étoffe qui enveloppaient le cadavre. C'est de la monnaie française. Que des petites pièces.

— C'est tout ?

— Non. La valise est de fabrication japonaise et, dans les vêtements, un morceau de slip masculin porte une marque en caractères japonais.

— A première vue, ce serait donc un Français ou un Japonais... mais si c'était un Japonais, ça devrait se voir, non ?

— C'est pas évident, commissaire. Le médecin légiste pense que l'homme ne devait pas mesurer plus de 1,60 mètre, ce qui, à l'âge adulte, correspond plus à la taille d'un Japonais que d'un Français. Seulement la peau est blanchâtre. Ça aussi, ça ne prouve rien. On ne sait pas quel peut être l'effet, sur la couleur d'une chair morte, d'un bain prolongé dans une eau polluée. Et le toubib pense que le cadavre est dans la flotte depuis cinq ou six jours.

— Compris, murmure le commissaire. »

Puis il se lève pour aller baisser le store car le soleil entre en plein dans son petit bureau. Avant de réfléchir, il y a la routine. Savoir si l'on a signalé récemment des disparitions suspectes, des notes d'hôtel impayées, une voiture couverte de poussière, stationnée depuis longtemps dans une rue d'Amsterdam. Le commissaire Van Boot décroche le téléphone.

« Non, commissaire. Aucune disparition de ressortissant français ou japonais n'a été signalée récemment en Hollande.

— Oui, commissaire. Une voiture française, une Panhard rouge foncé, est abandonnée depuis un mois dans une rue d'Amsterdam... »

Une voiture française, alors, toujours la routine, il faut prévenir INTERPOL. En fin de journée, INTERPOL répond : « La voiture appartenait depuis trois mois à un maçon d'origine italienne, demeurant dans la petite ville française de Salon-de-Provence. Marié et père de plusieurs enfants, ce maçon a disparu de son domicile depuis un mois et demi en laissant quelques traites impayées. »

Le commissaire Van Boot, qui n'a pas quitté son bureau de la journée, se lève et rentre chez lui. Sa femme ne peut pas lui tirer un mot. Il regarde la télévision sans la voir. Sans arrêt, la même question lui revient à l'esprit : comment un maçon italien de Salon-de-Provence, qui a quitté sa femme et ses enfants, peut-il être retrouvé, coupé en morceaux, dans une valise flottant dans un canal d'Amsterdam ?

Le lendemain le commissaire Van Boot — qui a mis un costume léger car il fait une chaleur torride — s'assoit derrière son bureau. La même chaleur torride que lorsqu'il était commissaire en Guyane hollandaise. Dix ans à remettre de l'ordre dans ce pays. Et quand, enfin, il y a eu un peu d'ordre, on l'a prié d'aller se faire voir ailleurs, avec son paludisme et son ulcère à l'estomac. Une déception attend le commissaire.

« J'ai fait l'enquête sur le maçon italien de Salon-de-Provence, lui déclare un de ses collaborateurs. Il s'est embarqué le 12 août à bord d'un pétrolier norvégien.

— Donc, avant le crime. Et où allait ce pétrolier ?

— Je ne sais pas encore. C'est un rafiot qui fait de la navigation libre. »

Un autre policier vient au rapport :

« Peut-être une piste, commissaire. En lisant l'affaire dans un journal, un étudiant a déclaré que l'un de ses camarades japonais, âgé de vingt-sept ans, étudiant à l'université de Leyde, a disparu depuis six mois. On signale également qu'un ouvrier grec de vingt-cinq ans, qui travaille en Hollande, a disparu depuis une semaine... »

Le commissaire dépêche aussitôt un enquêteur auprès de l'étudiant et des familiers du marin grec. Puis il reçoit une femme d'environ quarante ans, modeste bourgeoise, très embarrassée de se trouver dans les locaux de la police.

« Voilà, monsieur le commissaire. Je crois que j'ai vu une tête qui flottait dans le canal.

— Quand ça ?

— Dimanche dernier.

— Pourquoi ne l'avez-vous pas signalé plus tôt ?

— Parce que, sur le moment, ça ne m'a pas frappé, monsieur le commissaire. Je n'ai pas compris que c'était une tête. C'était quelque chose de rond, enveloppé dans un sac en matière plastique. Et je me suis simplement dit : « Tiens, ça ressemble à une tête. » Et puis, lorsque j'ai lu l'histoire de la malle sanglante, j'y ai repensé, et je me suis dit que c'était peut-être vraiment une tête. »

Le commissaire Van Boot décroche le téléphone pour demander à la voirie s'il est possible de draguer le canal.

« Allô, commissaire Van Boot ?

— Lui-même. J'écoute...

— L'étudiant japonais de Leyde est parti sans laisser d'adresse, mais il a emmené ses bagages.

— Allô, commissaire Van Boot ?... Je viens de voir une des petites amies de l'ouvrier grec. C'est intéressant. Elle m'a dit qu'elle avait remarqué qu'il portait des sous-vêtements de marque japonaise. »

Le commissaire hoche la tête. Bien sûr, il ne peut dédaigner aucune piste. Mais il ne peut pas non plus lancer ses limiers aux quatre coins du monde. Alors, il faut revenir à cette valise. Il y a sûrement autre chose à tirer de cette valise. Il faut essayer : remettre à plat les linges qu'on y a trouvés, reconstituer les vêtements, analyser les fibres. D'après la photo, il y a une doublure à cette valise. Il faut la démonter. Il faut photographier chaque centimètre de la peau de ce cadavre.

Le lendemain, 29 août 1965, le commissaire Van Boot promène sa longue et maigre silhouette de long en large dans les locaux du laboratoire de la police d'Amsterdam. Sur une table : la « valise » devant laquelle il passe et repasse. Deux employés du laboratoire s'efforcent d'en détacher minutieusement la doublure. Sur une autre table, des lambeaux de vêtements, à plat.

« Vous voyez, explique le chef du laboratoire, il y a là un maillot de sport et... ça... c'est une culotte courte d'athlète. Elle portait la marque d'un club. Malheureusement, il en manque trop pour qu'on puisse la reconnaître. »

Le commissaire se penche et les coupures du tissu lui paraissent bizarres.

« Qu'est-ce que c'est que ça ?

— Oui, c'est curieux, commissaire. Tous ces tissus ont été découpés avec des ciseaux cranteurs.

— Des ciseaux cranteurs ? C'est un outil de professionnel ça ?

— Oui, et celui qui a été utilisé présente les caractéristiques des ciseaux avec lesquels on découpe les échantillons. Sans doute une marque japonaise. »

Immédiatement, un rapprochement s'impose à l'esprit du commissaire : la foire de la mode masculine de Cologne. Le cadavre pourrait être celui d'une personne ayant participé à cette manifestation commerciale. Il faut demander à la police allemande d'enquêter à Cologne et envoyer à Tokyo les vêtements qu'on vient de reconstituer. Le téléphone sonne.

« Allô, commissaire Van Boot ? Le dernier navire japonais ayant touché Amsterdam est arrivé le 12 août et il en est reparti après une courte escale. Aucune disparition n'a été signalée à bord.

— Allô, commissaire Van Boot ? A mon avis, il faut abandonner la piste du marin grec. Il recevait des lettres de Grèce deux ou trois fois par semaine et, depuis qu'il a disparu, aucun courrier ne lui est parvenu. Il faut croire qu'il a prévenu normalement de son changement de résidence. »

Tout d'un coup, l'un des employés qui désossaient la valise métallique pousse une exclamation de stupeur. Le commissaire se retourne pour le voir ramasser une carte de visite qui vient de tomber sur le sol :

« C'était dans la doublure, commissaire. »

Le commissaire lit : « Gérard Herman, 18, boulevard Beauséjour, Paris-16e... » Il y a même le téléphone.

« Attendez, commissaire, c'est pas tout. »

Et l'employé sort de la doublure un papier blanc, portant la mention dactylographiée : « Inter-marché, 66, rue du Maréchal-Lyautey, Lomé, République du Togo. » Et la mention manuscrite : Monsieur Lachatre.

Sur les bases de ces trouvailles, INTERPOL se déchaîne de l'archipel nippon jusqu'en Afrique, de Hollande jusqu'en France, en passant par l'Allemagne où vient de se tenir la foire de la mode masculine. Le fruit de toutes ces recherches aboutit dans ce petit bureau d'Amsterdam inondé de soleil, étouffant de chaleur, où le commissaire Van Boot ne quitte pas le téléphone.

« Allô, commissaire Van Boot ? Je vous fais porter le rapport d'INTERPOL.

— Qu'est-ce qu'ils disent ?

— En gros, que les deux Français ont été retrouvés. Ils sont en vacances, l'un à Hendaye et l'autre dans les Landes. Ils sont au-dessus de tout soupçon.

— Ils se connaissent bien ?

— Non. Ils se connaissent à peine... L'un est le directeur d'Inter-marché à Lomé et l'autre dirige un groupement coopératif d'achats à Paris.

— Ils sont quand même en vacances tout près l'un de l'autre.

— Pure coïncidence, commissaire. Celui qui habite Lomé a été catégorique. Il a distribué beaucoup de cartes commerciales de sa société. Mais d'aussi loin qu'il s'en souvienne, il ne se voit pas remettre l'adresse de sa société, dactylographiée sur un papier. De plus, il n'a jamais mis les pieds en Hollande. Par contre, l'autre se rappelle très bien avoir remis, au mois de juin dernier, l'adresse dactylographiée de la société Inter-marché à un Japonais qui lui demandait l'adresse de clients africains éventuels. Et il se souvient que le Japonais en question y a ajouté, de sa main, le nom de la personne qu'il lui conseillait d'aller voir : Monsieur Lachatre.

— Et d'où venait ce Japonais ?

— De la société Zawanishi, une firme de textiles à Tokyo.

— C'est tout ?

— Non, non. Monsieur Gérard Herman et le policier français ont appelé la société Zawanishi qui a répondu que son représentant pour l'Afrique s'appelle Yakata Suzuki. Il a trente-deux ans. Les responsables de Zawanishi sont sans nouvelles de lui depuis quinze jours — ce qui n'a rien d'extraordinaire. Par contre, ils ont précisé que la Zawanishi remet à ses représentants, pour transporter leurs échantillons, des valises métalliques. D'autre part, Yakata Suzuki devait posséder une importante somme d'argent. »

Le 31 août 1965 est un dimanche, mais le commissaire Van Boot se rend tout de même à son bureau. Deux policiers japonais doivent arriver aujourd'hui de Tokyo car la victime vient d'être définitivement identifiée. Il s'agit bien de Yakata Suzuki, représentant pour l'Afrique d'une firme de textiles japonaise. Le directeur pour l'Europe de cette firme a confirmé que Yakata Suzuki devait se rendre à Lomé au Togo et qu'il devait posséder sur lui environ 5 000 dollars. Le malheureux laisse une femme enceinte et un enfant de trois ans.

Comme il faut essayer de battre le coupable de vitesse, le commissaire a donc demandé qu'on recherche trois personnes : d'abord un Japonais de vingt-six ans qui, ayant quitté Bruxelles le 5 juillet, n'y était pas revenu. Il vient d'être finalement retrouvé à

Luxembourg où il travaille comme stagiaire à la haute autorité de la CEA. Depuis les locaux de la police luxembourgeoise, le commissaire entend une voix de jeune homme souriante et décontractée.

« Je vous remercie de m'appeler, dit le commissaire, mais je me serais contenté d'une déposition à la police luxembourgeoise.

— J'ignorais tout de cette affaire jusqu'à ce que mes collègues aient lu mon adresse dans les journaux, explique le jeune homme. J'ai préféré vous appeler directement.

— Où étiez-vous aux environs du 21 août 1965 ?

— A Luxembourg. Je n'ai pas quitté mon travail depuis le mois de juillet. J'ai d'ailleurs la confirmation écrite de mes supérieurs.

— Bien. Vous la remettrez à mes collègues de Luxembourg.

— C'est fait. Ils ont l'air satisfait.

— Avant Bruxelles, où habitiez-vous ?

— Chez nous à Amsterdam. Mais, depuis je n'y ai pas remis les pieds. »

Le commissaire n'écoute plus le jeune homme. Il n'a d'yeux que pour la manchette du journal dominical d'Amsterdam qu'on vient de poser sur son bureau. Il lit : « Le cadavre de la malle sanglante est identifié. Voici le détail de l'enquête la plus internationale de l'année. »

C'est la catastrophe. A partir de cet instant, le coupable va se méfier et si l'un des deux autres Japonais dont il a demandé l'audition à Bruxelles ne vient pas, il y a des chances pour qu'il soit le coupable. Le commissaire fait donc prévenir immédiatement la police belge d'envoyer un inspecteur au domicile de chacun d'eux. En attendant, le commissaire relit pour la dixième fois le dernier rapport de l'enquête. Le 21 août, Yakata Suzuki a dû quitter son appartement de Bruxelles vers midi quinze. La porte de sa chambre a été fracturée quelques instants plus tard. On retrouve Yakata Suzuki à Amsterdam vers 17 h 15. Il demande à une dame l'adresse d'une agence de voyages, en déclarant qu'il se trouve à Amsterdam depuis à peine une heure. On peut donc supposer qu'il est arrivé par le train de Bruxelles de 16 h 27. Il n'a pas sa fameuse valise métallique à la main. Peut-être l'a-t-il laissée à la consigne de la gare, peut-être a-t-il encore le ticket de consigne dans sa poche. On peut donc imaginer que le criminel, ayant su, à Bruxelles, qu'il possédait une forte somme d'argent, a voulu s'en emparer dans sa chambre. Découvrant qu'il était parti pour Amsterdam, il y est venu à son tour, probablement en voiture. Il l'a peut-être retrouvé aux environs de la gare, l'a tué. Pourquoi pas dans sa voiture. Ayant trouvé sur lui le bulletin de consigne, il a été chercher la valise dans laquelle se trouvait peut-être l'argent, cette valise qui allait devenir le cercueil de Yakata Suzuki.

10 h 45, téléphone :

« Allô, commissaire Van Boot, ici Bruxelles. Le témoin n'est pas venu.

— Où est-il ? Vous ne l'avez pas fait suivre ? Il me faut sa voiture !

— Trop tard, il est mort.

— Comment ça ?

— Ce matin, il s'est endormi au volant de sa voiture, et il s'est écrasé contre la pile d'un pont. »

11 heures. Le commissaire attend maintenant un second compte rendu de la police belge qui devrait interroger un autre Japonais, un journaliste, l'unique ami de Yakata Suzuki, mais ami aussi de celui qui vient de s'écraser contre la pile d'un pont. 11 h 30. Téléphone :

« Allô, commissaire Van Boot, ici Bruxelles. Votre second témoin n'est pas venu non plus. On l'a trouvé chez lui, mort d'une crise cardiaque. Mais on va creuser l'affaire. Au revoir commissaire. »

La matinée du dimanche s'étire au rythme des coups de téléphone :

« Allô, commissaire Van Boot ? Ici Bruxelles. Le compteur de la voiture qui s'est jetée contre la pile du pont, marquait 120 km/h. La vitesse permise à cet endroit n'est que de 50 km/h. Nous pensons qu'il s'agit d'un suicide.

— Allô, commissaire Van Boot ? Ici Bruxelles. Le journaliste qui vient de mourir d'une crise cardiaque était en train d'écrire un article, à la demande de son journal, sur l'affaire de la malle sanglante d'Amsterdam.

— Qu'est-ce qu'il disait dans son article ?

— Rien. Il n'avait écrit encore que les cinq premières lignes.

Le commissaire a raccroché tristement le téléphone. Il voulait finir en beauté, c'est raté : l'enquête la plus internationale de l'année se termine en eau de boudin. Les deux témoins essentiels, et peut-être les coupables, ayant disparu, on n'en apprendra jamais plus, il le sait. Il avait vaguement pensé à une histoire d'espionnage industriel sur la haute couture masculine. On parle tellement de ces Japonais qui viennent photographier (clic clac) les modèles des autres, et retournent ensuite au Japon pour les fabriquer en série, trois fois moins cher que les Européens. Le commissaire Van Boot avait vaguement pensé à un règlement de compte entre espions japonais de firmes concurrentes. Le journaliste était peut-être au courant... C'est drôle de mourir d'une crise cardiaque en écrivant les cinq premières lignes d'un article sur une affaire qui le concernait, puisqu'il connaissait la victime. C'est drôle aussi cette histoire d'espionnage dans le chiffon et ce cadavre découpé au ciseau cranté...

Et le commissaire Van Boot, qui avait vaguement pensé à tout ça, se dit tout à coup : « J'avais sûrement raison, mais j'étais bien bête d'espérer trouver des preuves, et finir ma carrière sur un triomphe. Les histoires d'espionnage, même en chiffon, ne sont pas pour des gens comme moi. » S'étant marmonné cela, le commissaire Van Boot a refermé la porte de son bureau. Dans le fond les commissaires sont comme les petits garçons curieux, quand ils demandent : « C'est quoi ça ? », il arrive qu'on leur réponde : « Ça ne te regarde pas. »

« ROUTINE CONNECTION » OU NOTRE INFORMATEUR A ISTANBUL

Il y a des hommes dont on ne voit jamais le visage, dont on ne sait jamais le nom. Des hommes qui mènent une existence en marge, contraints de se priver de femme et d'enfants, de pantoufles et de tranquillité. Ils vivent à l'hôtel, un jour ici, un jour ailleurs. Ils n'ont que des amis de rencontre et des relations de travail, et pour toute sécurité une arme légère et plate qui ne doit pas faire de bosse sous le costume. Ils sont de toutes nationalités, de tous âges, avec des caractères différents. Certains sont calmes et prudents. D'autres violents et instinctifs. Il y en a sûrement qui ont mal aux dents ou à l'estomac, qui ont des parents quelque part, un père une mère, une sœur. On doit leur demander parfois :

« Alors qu'est-ce que tu deviens ? Toujours dans l'administration ?

— Toujours.

— Et ça marche.

— La routine. »

Une drôle de routine. Une routine qui ne se traduit officiellement que par des rapports écrits à la police locale, transmis à INTERPOL, réduits en fiches bleues, vertes, ou marquées d'un point rouge.

Au 37 *bis*, rue Paul-Valéry à Paris, dans un petit hôtel particulier, domicile provisoire d'INTERPOL en 1956, le responsable du groupe « D » chargé du trafic de stupéfiants, examine une nouvelle demande de renseignements, concernant la zone 3 : Turquie. Depuis quelques semaines, les messages se multiplient en provenance d'Ankara où le chef de la police Kemal Aygun mène une enquête difficile. Une bande remarquablement organisée écoule des quantités faramineuses de morphine base. Il semble que le réseau soit constitué d'anciens repris de justice au Liban, en Syrie et en France. La morphine base convertie en héroïne, quelque part en Turquie, arrive enfin aux États-Unis par l'intermédiaire d'une toile d'araignée dont les ramifications se retrouvent dans une bonne dizaine de fichiers d'INTERPOL. Or voici que vient de surgir l'une des pattes de l'araignée elle-même : la demande d'Ankara avait pourtant l'air d'une bouteille à la mer.

« Urgent. Notre informateur à Istanbul a entendu parler d'un certain Mayi, âgé de vingt-cinq ans environ, domicilié à Izmir. Avez-vous quelque chose ? »

Au groupe « D » d'INTERPOL on a quelque chose : une autre fiche, qui concerne un certain Lazynek, grand fournisseur supposé de morphine base, déjà interpellé en Syrie, relâché, faute de preuve, en même temps qu'un certain Kemal Mayi, justement âgé de vingt-cinq ans. Ayant justement déclaré être domicilié à Izmir. Ankara tient le bon bout car ce Lazynek est sûrement l'une des pattes de l'araignée. Quant à ce Mayi, c'est probablement un sous-fifre, un minable, chargé des relations publiques, si l'on peut dire, en pareil cas. L'arrêter lui serait pire qu'inutile. Ce serait une gaffe. Il ne représente qu'un minuscule maillon, un fil de la toile d'araignée tendue entre la France, les États-Unis et la Turquie.

Le télégramme d'INTERPOL est sur la table du chef de la police d'Ankara, accompagné de deux photos : celles de Mayi et de Lazynek. « L'informateur » les observe minutieusement. Mayi a une tête de jeune frappe aux cils trop longs et au regard méchant. L'autre, l'informateur ne le connaît pas encore, mais c'est peut-être avec lui qu'il a rendez-vous demain. « Monsieur » Lazynek doit lui être présenté. Le chef de la police a sursauté :

« Demain ? C'est de la folie. Laissez-nous le temps de l'identifier, de le faire suivre.

— Et où croyez-vous qu'il vous mènera ? Nulle part ! Pour l'instant je suis officiellement un acheteur arabe. Mayi en est convaincu. C'est lui qui a organisé ce rendez-vous, et je dois faire vite. Je n'ai pas le temps de prendre des précautions pour savoir si oui ou non ce type est bien Lazynek. J'ai prétendu qu'il me fallait de la morphine base en grande quantité et d'urgence. C'est demain qu'on doit me donner une réponse. Et si ça marche, je dois traiter immédiatement, sinon ils se méfieront.

— D'accord, mais si ça marche, laissez-moi le temps d'organiser un piège pour la livraison !

— Impossible. Je leur demande 30 kg pour éviter une livraison en ville justement. Ils ne prendront pas le risque de transporter une quantité pareille, donc c'est moi qui en prendrai livraison et ça ne peut avoir lieu que dans leur laboratoire. C'est ce que nous voulons.

— 30 kg, c'est de la folie ! Combien vous faut-il ?

— 12 000 dollars.

— 12 000 ? Ça fait, ça fait 60 000 livres turques !

— C'est ça. Il faut que je les emporte avec moi maintenant. J'ai rendez-vous demain soir à Izmir. La route est longue. Et si je tombe d'accord avec ce gangster je n'aurai pas le temps de revenir ici.

— D'accord, d'accord, je vous donne 60 000 livres turques.

— En billets usagés.

— En billets usagés, d'accord. Et si ça rate ? Je perds 60 000 livres turques !

— Exact. Mais ça ne peut pas rater.

— Pourquoi ?

— J'ai l'impression que ce Mayi, et ce Lazynek si c'est lui, et ça ne peut être que lui, sont des imbéciles. Pour moi, il n'y a pas longtemps qu'ils trafiquent sur un tel pied. Le premier contact a été relativement facile. Je n'ai eu qu'à raconter que j'avais une combine aux États-Unis, il a marché tout de suite.

— Et alors ?

— Alors, nous savons qu'ils trafiquent déjà avec les États-Unis. Des professionnels chevronnés ne prendraient pas le risque d'ouvrir un réseau parallèle sans demander des instructions. Ce type n'a pas eu le temps matériel de le faire, et il est prêt à négocier. Donc c'est un imbécile, c'est peut-être ma chance.

— Et si c'était un piège ?

— Ce type n'a pas une tête à tendre des pièges. »

L'informateur a l'air sûr de lui. Mais de toute manière, il lui faut prendre le risque. C'est ça ou rien. Le chef de la police donne donc des instructions pour qu'on lui remette 60 000 livres turques à Istanbul, avec des hommes pour assurer sa sécurité. Le plan provisoirement accepté en attendant les détails du rendez-vous du lendemain entre l'informateur et le gangster, est le suivant : l'informateur muni d'une valise contenant les 60 000 livres ira seul en voiture. Il sera suivi à bonne distance par une autre voiture banalisée, transportant quatre hommes. Deux policiers turcs et deux « spécialistes » américains. Il leur faudra intervenir au moment de l'échange. Le reste ne peut pas se prévoir. L'informateur prend donc le chemin de l'aventure. Elle commence mal.

Il est 5 heures du soir à Ankara. Il fait mauvais et il n'y a pas d'avion. Il prend donc le train de nuit jusqu'à Istanbul. Pour qui connaît les trains turcs, c'est là une expédition dont on se souvient. Ballotté dans un wagon de première classe, qui n'a de première classe que le numéro, l'informateur arrive à Istanbul à l'aube, les reins meurtris, pour se jeter dans un taxi. Il n'a que le temps de passer au quartier général de la police, prendre livraison de ses 60 000 livres turques, et repartir, toujours en train, jusqu'à Izmir, où il a rendez-vous dans un bar louche aux environs de minuit. Les taxis d'Istanbul sont encore pires que les trains. Ils rasent les voitures, freinent au dernier moment (quand ils freinent) et enguirlandent le monde entier sur leur passage. Transformé en sac de noix, affamé, avec une nuit de sommeil en retard, l'informateur galope dans les bureaux du quartier général de la police d'Istanbul, à la recherche de ses 60 000 livres turques. C'est ça la routine. Ni palace, ni cabaret de luxe, ni poursuite en voitures américaines. Tout cela est réservé aux informateurs d'Hollywood en cinémascope. Mais lui, celui dont on ne doit donner ni le nom, ni décrire le visage, mange un sandwich dans un bureau de 3 mètres sur 2. L'œil sur sa montre, pour ne pas rater le train d'Izmir, et trépignant contre les lenteurs de l'administration, qui a besoin d'une douzaine de signatures pour lui remettre 12 000 dollars, 60 000 livres turques, 6 000 000 d'anciens francs : une misère pour des gangsters, une fortune pour la police turque. A présent, ils sont cinq, et une valise bourrée de billets, cahotés dans un nouveau taxi, dans un nouveau train. L'informateur et son commando mi-américain mi-turc. Ils seront à Izmir le soir même, ils iront se cacher dans un hôtel de troisième ordre pour ne pas se faire repérer. L'informateur, avec cette fois deux nuits de sommeil en retard, l'estomac rétréci par les sandwichs, ira jouer le rôle d'acheteur de morphine base dans une boîte de nuit. Son rôle d'acheteur arabe travaillant pour les Américains. Ce qui suppose une légère transformation physique : tout dans le costume et la montre en or.

C'est donc un bar à Izmir, un bar bien caché dans les dédales du bazar qui longe le port. On y vit le jour et la nuit, on y vend et achète n'importe quoi à n'importe quel prix. Pourquoi pas de la morphine base. Et pourquoi pas 30 kg.

Mayi, la jeune frappe aux longs cils, le contact de l'informateur, le minuscule petit fil de la toile d'araignée est là. Accompagné cette fois d'une espèce de nain épais. Un coup d'œil suffit à l'informateur pour reconnaître Lazynek. Elle est là en chair et en os, la photo de la section « D » d'INTERPOL à Paris. Ce Lazynek est un modèle du genre. Il pue la combine louche à des kilomètres à la ronde. Chez lui tout est calcul et avidité : les petits yeux noirs, la bouche rentrée, le cou inexistant, les mains grasses et la voix prometteuse.

« C'est vous le gars dont m'a parlé Mayi ? Vous êtes toujours dans le coup ? »

L'informateur fait signe qu'il est toujours dans le coup.

« Vous voulez ça quand ?

— Demain.

— C'est court.

— Je suis pressé.

— Vous avez l'argent.

— Je l'ai.

— Où ça ?
— Je l'aurai avec moi demain.
— Y'a un voyage à faire, je vous préviens.
— Ça m'est égal.
— O.K. Rendez-vous à 6 heures du matin, derrière la forteresse de Kadife Kale. Sur le mont Pagos vous connaissez ?
— Je connais. La route sera longue ?
— Assez. Dans la montagne, vers Illica.
— J'aurai ma voiture. »

Voilà, c'est fait. Le seul ennui, c'est que la route de montagne vers Illica interdit toute surveillance. N'importe quel véhicule se ferait immédiatement repérer sur ce trajet. L'informateur se charge de faire accepter à ses côtés la présence d'un gard du corps. Avec 60 000 livres turques, contre une cargaison de morphine base, rien de plus normal. N'importe quel malfrat accepterait cela. Mais le risque devient énorme. Comment se tirer d'une pareille situation à deux ? Comment embarquer les 30 kg de morphine sans remettre l'argent, et se sortir de là sains et saufs pour indiquer l'emplacement du laboratoire clandestin. Comment ? A l'inspiration.

6 heures du matin, derrière la forteresse de Kadife Kale, le 21 novembre 1955. Il fait gris. L'informateur et le sergent de police Pehli y retrouvent Mayi et Lazynek. Les deux gangsters regardent leur futur acheteur avec méfiance. Il n'avait pas prévenu qu'il emmènerait quelqu'un.

« Mon homme de confiance ; montre l'argent Pehli. »

Le sergent Pehli, volontaire pour cette mission de routine, entrouvre la valise, le temps pour Lazynek de constater la présence des billets, puis la referme. Comme prévu, leur méfiance tombe : les quatre hommes s'engouffrent dans la voiture de l'informateur, une fourgonnette verte, sortie tout droit du garage de la police d'Izmir. Elle est verte, car on espérait ainsi mieux la repérer pour une filature éventuelle. Mais ce vert ne sert plus à grand-chose. Sinon à l'espoir. Le voyage se fait dans un silence méfiant. Après avoir quitté une route sinueuse, mais potable, la camionnette vire dans une piste de montagne où elle cahote péniblement à vingt kilomètres à l'heure. Le golfe de Smyrne en contrebas a disparu. La piste grimpe au milieu des paysages pelés du Taurus, rochers lunaires et cañons sinistres où roulent des torrents boueux. Les heures passent. Lazynek n'ouvre la bouche que pour guider le chauffeur, le sergent Pehli. La camionnette franchit un plateau de calcaire blanc et poudreux, où s'accrochent quelques hameaux aux maisons de briques sèches. Le soir tombe, et la route continue, dans le silence et l'aridité. Il est près de minuit lorsque Lazynek donne l'ordre de stopper. Tout est noir, et il faut bien lui faire confiance.

L'informateur et le sergent Pehli doivent désormais compter sur leur astuce et sur les armes légères dissimulées sous leur chemise. D'un ton volontairement neutre, l'informateur s'adresse à son collègue :

« Fais demi-tour et remets la voiture dans l'autre sens, on chargera la camelote à l'arrière plus facilement. »

En réalité, c'est pour pouvoir partir précipitamment si besoin est. Mais Lazynek ne se méfie pas. Il descend même pour guider le chauffeur. A la lumière des phares, on aperçoit maintenant un bâtiment délabré, sorte d'école désaffectée. Le laboratoire. Le sergent Pehli reste au volant. L'informateur et les deux trafiquants se dirigent vers la maison. Sur le seuil, Lazynek s'immobilise et fait signe à Mayi d'aller chercher la marchandise. L'homme disparaît à l'intérieur du bâtiment. Les minutes s'écoulent, Lazynek sourit. L'informateur comprend pourquoi. Des ombres bougent alentour. Une lumière rouge clignote, à quelques centaines de mètres. Une autre lui répond, loin dans la montagne. Le laboratoire est bien surveillé. Mayi ressort, porteur d'une énorme valise, et Lazynek toujours souriant déclare :

« L'argent maintenant.

— Une minute, je veux vérifier la marchandise, allons jusqu'à la voiture. »

L'informateur a des fourmis dans la nuque, dans les jambes, et les mains glacées. Tandis qu'il se dirige vers la voiture suivi de Mayi, il discerne dans l'ombre, une douzaine d'individus armés de fusils et de mitraillettes. Ils font un cercle à distance respectueuse et menaçante. Raide à son volant, le sergent Pehli ne bouge pas. Il garde les 60 000 livres. L'informateur prend place sur le siège arrière et entreprend calmement de vérifier la morphine. Réaction positive, elle n'est pas truquée. Il fait un signe de tête satisfait, ce qui a pour effet immédiat de resserrer autour de la voiture le cercle des hommes armés. L'un d'eux, barbu et sanglé d'une mitraillette, réclame l'argent d'un geste non équivoque. Toujours calme, l'informateur englobe la situation d'un coup d'œil. Lazynek, le chef, est resté sur le seuil du bâtiment à une centaine de mètres. Mayi par contre s'est assis dans la voiture à l'arrière tandis qu'il vérifiait la drogue. Les hommes armés entourent la voiture. Alors l'informateur annonce d'un ton serein au barbu à la mitraillette.

« Je vais remettre l'argent à ton chef. Écarte-toi, je vais faire reculer la voiture. »

Et il se rassoit au côté de Mayi. Le sergent Pehli a compris. Sa nuque s'est légèrement raidie. Il va devoir démarrer en trombe, si les barbus armés ne se méfient pas. Et ils ne se méfient pas encore, puisque Mayi est dans la voiture. Ils amorcent un retrait pour faciliter la manœuvre, et en une seconde, le sergent Pehli démarre, droit devant lui ! Deux hommes tentent de lui barrer la route, des coups de feu éclatent, Lazynek hurle des ordres dans la nuit, et Mayi pique une crise de nerfs sur la banquette arrière. Mais le sergent Pehli fonce, tous phares allumés. La voiture dévale la piste, l'informateur tire au hasard pour protéger leur retraite, ajuste un coup de poing à Mayi en guise de calmant. La nuit leur est favorable. En une minute ils échappent au tir des mitraillettes.

2 ou 3 kilomètres plus bas, les deux fuyards se débarrassent de Mayi sur le bord du chemin, assommé mais vivant. L'informateur n'en a pas besoin. Il préfère pour l'instant laisser croire qu'il fait partie d'une bande rivale et non de la police. De cette façon les autres se méfieront moins et cela donnera le temps à la police de faire une descente officielle cette fois, dans le laboratoire clandestin, situé à Usak, un minuscule village de montagne.

Le lendemain à midi, dans les bureaux de la police d'Izmir, l'informateur remet les 30 kg de morphine base, et les 60 000 livres turques qu'il a eu la chance de ne pas dépenser. Le sergent Pehli fait un rapport, et un détachement d'hommes conduit par le chef de la police d'Izmir en personne reprend immédiatement la route vers le laboratoire clandestin, armé jusqu'aux dents et en mission officielle cette fois.

C'est là qu'il faut bien parler d'un détail intéressant. Aussi comique que stupide.

La police d'Izmir, n'étant pas très riche en véhicules, reprend donc la même camionnette verte qui a servi à la première expédition. Et c'est le chef de la police qui y prend place. Or, sur la route du laboratoire clandestin, à 5 kilomètres d'Uzak, la camionnette verte est arrêtée par la police locale, et ses passagers contraints de descendre sous la menace. « Informée » par Lazynek de l'existence de deux gangsters arabes circulant en camionnette verte, la police locale prend carrément le chef de la police d'Izmir pour le gangster en question. Menottes, vérification des papiers que l'on croyait faux, palabres. Cette curieuse explication prend la journée. Et il devient évident que les trafiquants ont quelques relations sur le plan de la police locale.

Enfin le chef de la police d'Izmir, reconnu par un sien cousin des environs, peut reprendre sa mission. Mission au cours de laquelle, il fait saisir 64 kg de morphine, 680 kg d'opium, et tout le matériel chimique nécessaire à leur transformation en héroïne, à destination de la France, des États-Unis, de la Syrie et du Liban. Un réseau gigantesque, l'un des plus importants de la zone.

Il y eut bataille entre policiers et trafiquants, sept arrestations et un mort. Le fils de Lazynek, un gamin de dix-huit ans, drogué, fou, armé d'une mitraillette, tint le siège pendant deux heures avant de s'écrouler sous les balles des policiers qui donnaient l'assaut. Puis l'informateur s'est débarrassé de son costume de gangster arabe, il a cessé de teindre ses cheveux blonds, et repris son allure d'agent américain du Narcotic Bureau de Washington DC...

Mais pour aller faire son rapport à Istanbul, il a dû prendre le train jusqu'à Bandurma, puis le bateau jusqu'à Istanbul. Vingt-cinq heures de trajet, clôturé par une nouvelle course folle en taxi dans les rues de la ville. C'est cela aussi la « Routine Connection ».

UNE REVANCHE SUR LA VIE

C'est un petit homme distingué. Il a le front large et haut, les cheveux noirs ondulés, la bouche un peu amère, mais le regard réfléchi. Il entre chez un marchand de volailles. Le 25 décembre 1950, il y a du monde. Tandis qu'il fait la queue, derrière ses lunettes à monture d'or d'ingénieur tranquille, il examine la caissière qui encaisse et rend la monnaie. Elle a l'air joyeux qui sied à un jour de fête. Andréas Stassi observe qu'elle se préoccupe de bien lire le prix inscrit sur chaque paquet et de bien rendre la monnaie. C'est tout juste si elle jette un regard sur les billets que l'on pose sur sa caisse. Quand vient son tour, Andréas Stassi, pâle, la voix blanche, achète une oie pour sa famille. Une belle oie de Noël de 200 francs de l'époque. Avec des gestes presque inconscients il pose sur la caisse un billet bleu de 1 000 francs. La caissière lui rend la monnaie. Il s'en va d'un pas somnambule, vers la station de métro. Là, son oie sur les genoux, un peu de couleur lui revient au visage. Il se détend.

Une heure plus tard, il entre chez lui, dans sa modeste mais coquette villa de Rueil près de Paris. Sa femme s'enferme avec son oie dans la cuisine. Les enfants de deux et quatre ans jouent dans leur chambre. Andréas Stassi s'assoit. Un sentiment difficile à analyser l'envahit. Il est à la fois satisfait et inquiet, fier et frustré, heureux et angoissé. La police va-t-elle venir ? Stassi attend. Et il va attendre plusieurs jours ainsi. Il attend la police.

Né an 1912, Stassi est polonais. Officier allemand de force en 1939, engagé volontaire à Marseille en 1944, nanti de diplômes d'ingénieur et d'architecte qui ne lui servent à rien, incapable de trouver un poste convenable dans l'Administration, car il parle trop mal le français, Stassi a tiré le gros lot en épousant la fille d'un avocat riche et renommé. Mais la famille de sa femme l'a vite considéré comme indésirable. Alors, puisqu'il ne pouvait pas travailler pour gagner de l'argent, qu'il était incapable de tuer pour s'en procurer, incapable même de voler, il ne lui restait qu'une solution : le fabriquer lui-même.

C'est ainsi que le beau billet bleu avec lequel il a payé son oie de Noël était faux. Non seulement il était faux, mais il l'a fabriqué totalement de A jusqu'à Z : papier, dessin, impression, il a tout fait lui-même. Il semble que ce soit une extraordinaire réussite et il en est parfaitement conscient. Depuis quelques jours il attend la police, et elle ne vient pas. Il n'y a donc aucune raison pour ne pas écouler de la même façon les milliers de beaux billets bleus qu'il tient en réserve.

Stassi sait bien qu'il faut l'examen attentif d'un spécialiste pour s'apercevoir qu'ils sont faux, mais il sait aussi qu'ils ont un défaut : le numéro de série de contrôle est bien celui figurant sur un vrai billet, mais tous les exemplaires qu'il a fabriqués portent ce même numéro. Il est donc prudent de les dépenser séparément. Ce doit être le principe, la règle d'or, qu'il devra toujours respecter en les écoulant. Désormais, son plan est simple. Il achètera dans les magasins des petits objets et on lui rendra la monnaie. Ces objets, il ne les ramènera pas chez lui, il s'en débarrassera. Avec la monnaie, il fera des économies et il achètera dans les bureaux de poste des bons du Trésor. Il ne changera rien à son train de vie jusqu'à ce que ses économies en vrais billets et en bons du Trésor soient suffisantes. Alors, il laissera tomber la fausse monnaie. Voilà le plan qu'Andréas Stassi va suivre à la lettre.

Au dire des spécialistes d'INTERPOL, il est rare qu'un seul homme ait les capacités requises pour faire de la fausse monnaie sans « collaborateurs ». Il faut au moins un dessinateur, un graveur, un clicheur, un imprimeur, sans compter de nombreux compères chargés d'écouler les faux billets.

En 1950, trois papetiers seulement, dans le monde, fabriquent le papier chiffon destiné aux billets de banque. Il est impossible de se le procurer, ce papier, plus soigneusement surveillé que les réserves d'or. Et il est impossible pratiquement de le fabriquer. Il faut un matériel énorme dont une presse assez puissante pour obtenir une bonne ressemblance du filigrane. De plus, la monnaie est facilement contrôlée par la Banque de France. On insère dans la pâte à papier des fils métalliques microscopiques, grâce auxquels une machine à cellules photo-électriques peut trier 2 500 billets à l'heure. Pour les dessins, c'est un autre problème. On critique souvent la médiocrité esthétique et artistique. On leur reproche d'être compliqués, alambiqués, surchargés, pleins de fioritures. Mais ces enchevêtrements linéaires poursuivent un but : déjouer la contrefaçon. Leurs motifs sont réalisés grâce à des gabarits, par une machine traceuse ; ces gabarits détruits, il n'est plus possible de réaliser des dessins identiques. Les faussaires tentent bien de surmonter ce handicap mais des « erreurs » apparaissent, minimes à l'œil peu exercé, mais décelables par ceux qui sont entraînés à manier les coupures. C'est pourquoi l'industrie de la « vraie fausse monnaie » est généralement le fait de gangs importants disposant de moyens considérables et très organisés, tant pour la fabrication que pour l'écoulement. Ceux-ci procèdent à de vastes opérations ponctuelles. Fabriquant d'un seul coup d'énormes quantités de billets, ils s'en débarrassent le plus vite possible. Le principal danger est donc l'inondation du marché par un grand nombre de complices. Dans le cas de Stassi, c'est le contraire : un homme seul, qui procède petitement et dont le danger est, justement, la permanence.

Le rythme normal de la circulation fiduciaire ramène un billet en moyenne trois fois par an à la Banque de France. Celle-ci s'est donc aperçue très vite de l'existence des fausses coupures de 1 000 francs d'Andréas Stassi. Sans découvrir leur origine. Puis Stassi réussit, en 1953, à sortir une imitation du billet de 5 000 francs, d'une telle perfection artistique et technique que la banque, aussi bien que la police criminelle, estime que douze hommes au moins participent à leur fabrication. Seul le numéro de série, identique sur chacun des billets, trahit la falsification. Mais Stassi, fidèle à sa règle d'or, dépense ses billets un par un et dans des endroits si divers qu'on ne peut déceler leur origine. La Banque de France, comprenant que le public serait incapable de reconnaître ces falsifications, préfère garder le silence, et honore les billets qui lui sont présentés. Elle compte malgré tout sur la compétence et le dynamisme du commissaire Bertou, qui dirige la Brigade de la répression de la fausse monnaie, pour mettre fin à ce trafic. Mais les années passent et Stassi continue d'être prudent et économe.

Enfin en 1963, pour la création des nouveaux francs, la Banque de France estime avoir fabriqué un billet inimitable. C'est le billet de 100 francs à l'effigie de Bonaparte. La complexité des couleurs est telle qu'elle représente un facteur de sécurité, jamais atteint. Mais Stassi réussit ce faux billet. Et il est encore plus fignolé que la Banque le craignait.

En l'examinant, le commissaire Bertou constate qu'il ne représente que quatre fautes. Si minimes que seuls ses spécialistes munis d'une loupe peuvent les déceler. Si pour les écouler Stassi conserve la même prudente méthode, il ne court pas de grands risques. Et pourtant, en octobre 1963, c'est-à-dire onze mois après la sortie de ce dernier billet, un employé de la Banque de France tombe en arrêt devant une liasse de faux Bonaparte. Dans la liasse, plusieurs billets ont le même numéro de série. D'où provient cette liasse ? Une longue enquête d'INTERPOL permet d'établir que cet argent a été remis, en liasse, par un bureau de change qui le tenait lui-même d'un voyageur français. Grâce à la fiche de police que lui a fait remplir l'hôtel, le voyageur français est retrouvé à Berlin car il fait en Allemagne de fréquents voyages. Il indique avoir touché cet argent dans un bureau de poste de Paris en paiement d'un chèque postal.

Cette fois, le commissaire Bertou estime que la Banque de France ne peut plus garder le silence. Tant pis si la presse l'apprend, il ne faut pas laisser passer l'occasion, c'est la première piste sérieuse : plusieurs billets ensemble. Et cela semble indiquer une distribution massive. Une surveillance est donc mise en place dans les bureaux de poste.

Le 17 janvier 1964, le téléphone sonne dans le bureau du commissaire Bertou.

« Venez vite, on tient un type ! »

Quelques instants plus tard, tapi dans sa voiture, car il fait très froid, le commissaire voit un grand homme maigre descendre la rue François-Ier, les mains dans les poches de son pardessus dont le col est relevé jusqu'aux yeux. Un policier lui explique :

« Il vient de refiler une liasse de dix faux billets à la poste de la rue de la Trémoille. L'employé nous a donné son nom, c'est un Russe. Il s'appelle Chouvaloff. »

Malgré lui, le commissaire Bertou ne peut s'empêcher de murmurer :

« Quel imbécile ! »

En effet, si l'homme s'était contenté de glisser un billet parmi d'autres, la police ne serait pas derrière lui ce jour-là. Toujours les mains dans les poches, l'homme au pardessus entre dans une maison pour en ressortir un quart d'heure plus tard, une serviette de cuir à la main. Dès qu'il a passé le tournant de la rue, Bertou lui pose la main sur l'épaule. L'homme a un visage veule. Il ne fait pas un geste pour se défendre.

« Police. D'où venez-vous ?

— De chez mon beau-frère.

— Comment s'appelle-t-il ?

— Dowgied.

— Donnez-moi votre serviette s'il vous plaît. »

Là, debout sur le trottoir, Bertou ouvre la serviette et compte dix liasses de dix billets de 100 francs. Il sort sa loupe, les examine. Ils sont faux.

« C'est votre beau-frère qui vous a donné cette camelote ? »

L'homme évidemment ne peut nier puisqu'il avait les mains dans les poches lorsqu'il est entré dans la maison. Il acquiesce d'un signe de tête.

« C'est lui qui les fabrique ? »

L'homme le regarde d'un air ahuri comme si la question était tout à fait saugrenue. Comme si le beau-frère en question était capable de fabriquer des faux billets.

« D'où tenez-vous cette fausse monnaie ? demande au beau-frère, quelques instants plus tard, le commissaire Bertou.

— Je les achète !

— Combien ?

— J'achète 65 francs le billet de 100 francs.

— A qui ? »

L'homme refuse de répondre. Mais il ne refuse pas longtemps car le commissaire Bertou a mis la main sur un petit agenda où figurent les adresses et numéros de téléphone des relations de Dowgied. Le commissaire l'épluche en prononçant tout haut les noms qui y figurent : « Vériout... Michel Porarneri... Godschek »... Quand il arrive à « Stassi », l'homme pâlit un peu plus.

« Qui est Stassi ?

— C'est un ami !

— Quel genre d'ami ?

— Un camarade de guerre.

— Et puis ?

— C'est tout, pendant la guerre, nous avons connu des moments pénibles.

— C'est tout ? Ce n'est pas lui qui vous fournit les billets par hasard ?

— Non !

— Vous feriez mieux de dire tout de suite la vérité. Parce que nous allons y aller maintenant. »

Alors l'homme comprend qu'il est inutile de nier et avoue : c'est Stassi qui les fabrique.

Avenue de Sénart à Rueil, aux environs de Paris, des voitures bourrées de policiers s'arrêtent discrètement. Le commissaire Bertou s'assure que son revolver glisse bien dans son étui et sonne à la porte du numéro 33. La villa est modeste, aussi modeste que le petit homme qui ouvre.

« Vous êtes monsieur Stassi ?

— Oui.

— Commissaire Bertou, Brigade de répression de la fausse monnaie.

— Ah bon ! Et qu'est-ce que vous venez faire chez moi ?

— Je viens vous parler de fausse monnaie. »

Le commissaire Bertou regarde autour de lui : une femme est apparue, puis deux enfants de seize et dix-huit ans. Tout est impeccable dans la petite maison, tout est en ordre. Dans la salle à manger, le dîner est servi. Rien qui évoque de près ou de loin un atelier de fabrication de fausse monnaie. Pas de billets séchant, accrochés à des fils par des pinces à linge, pas de presse à bras, aucun outillage, rien que la demeure tranquille d'un modeste ingénieur. Il resterait à Stassi une chance de s'en tirer s'il ne commettait une petite erreur psychologique, il dit :

« Je ne sais pas ce que vous voulez, Monsieur le commissaire, mais ma femme et mes enfants peuvent-ils continuer leur dîner ? Il est inutile qu'ils soient mêlés à tout ça.

— Comme vous voudrez. »

Tandis que Stassi entraîne le commissaire dans le salon, ce dernier pense que s'il était innocent, il n'aurait pas dit qu'il valait mieux que sa femme et ses enfants ne soient pas mêlés à tout ça. Il aurait pensé, s'il s'agissait d'une erreur, qu'elle allait être dissipée en quelques minutes. Au lieu de cela il propose aimablement au commissaire de s'asseoir, comme si l'entretien devait durer longtemps.

« Ce billet, vous connaissez ? »

Et le commissaire montre à Stassi le fameux billet de 100 francs Bonaparte.

« Bah oui, c'est le nouveau billet de 100 francs, dit Stassi.

— Vous ne remarquez rien ?

— Non, pourquoi, il est faux peut-être ? ajoute Stassi.

— Oui, il est faux ! Et vous vous moquez de moi, car vous le savez très bien, puisque vous en avez vendu des milliers à votre ami Dowgied. »

Stassi se révolte :

« Quoi, comment ? Ce n'est pas vrai ! Il vous a menti ! Ce n'est pas moi ! »

Alors Bertou fait entrer les inspecteurs qui commencent à fouiller la maison de fond en comble. Ils fouillent pendant quatre heures et pendant quatre heures le commissaire interroge Stassi. Pendant quatre heures la fouille comme l'interrogatoire ne donnent aucun résultat.

Brusquement, l'un des policiers s'avise que le linoléum, dans la cuisine, est curieusement posé. Il y est découpé un rectangle sur lequel est posé la cuisinière électrique. Le policier déplace le réchaud, puis le linoléum, une poignée apparaît dans le plancher. Stassi dit :

« Je suis inventeur, c'est le petit atelier secret où je bricole. »

Lorsque Bertou soulève la trappe, une échelle de bois se dresse automatiquement dans le minuscule atelier de 5 m^2 à peine. Tout de suite une planche sur laquelle sèchent trente billets de 100 francs saute aux yeux du commissaire : il ne reste plus à Stassi qu'à dévoiler le secret de sa fabrication. Ce qu'il fait d'ailleurs avec un certain orgueil. Bertou montre le matériel qui l'entoure : presse, séchoir, microscope.

« Où avez-vous acheté ça ?

— J'ai tout fait moi-même. »

Il avise des tubes de lait condensé.

« Qu'est-ce que vous faites avec du lait ?

— Là-dedans ? Je cache des encres grasses. C'est la seule chose que j'achète avec le papier à cigarettes.

— Du papier à cigarettes ? Pour quoi faire ?

— Je mélange du papier à cigarettes, des feuilles de papier calque et de l'eau de pluie pour fabriquer le papier.

— Ça n'a pas dû être facile.

— Non, j'ai mis des mois à mettre ça au point.

— Ce qui m'a toujours étonné, c'est le filigrane, comment l'obtenez-vous ?

— Je fais sécher la pâte à papier directement sur des plaques de cuivre portant le relief du filigrane. »

Enfin Bertou reste interdit devant un mixer.

« C'est pour vieillir les billets, explique Stassi. »

Bertou a un sifflement d'admiration car il n'ignore pas que le vieillissement des billets est l'un des plus difficiles problèmes que doivent résoudre les faux-monnayeurs. Stassi a trouvé une solution extraordinaire : utilisant un mixer qu'il a lui-même modifié, il fait tourner dans le tambour, pendant des heures, ses faux billets mélangés avec de la cendre et un sable très très fin. Il obtient ainsi un poli inimitable.

Environ 220 millions de fausses coupures en liasses sont soigneusement rangés dans un tiroir. Stassi en a écoulé 50 millions. Au moment de son arrestation, en janvier 1964, ses économies en pièces d'or et bons du Trésor se montent à 70 millions : 700 000 nouveaux francs. Bertou regarde Stassi avec étonnement :

« Étant donné vos méthodes et la qualité de votre travail, si vous aviez continué à opérer seul, en père tranquille de la fausse monnaie, nous ne vous aurions jamais pris.

— Je sais.

— Mais au bout de treize ans, vous aviez fini par croire que vous ne risquiez plus rien ?

— Il y a un peu de ça. Mais surtout, je me savais condamné par une grave maladie des os. J'ai voulu accélérer le mouvement pour mettre ma famille à l'abri. Et puis, j'avais besoin de réussir un coup sensationnel. Besoin de prendre une revanche sur la vie. »

Cette revanche sur la vie, Stassi l'a un peu prise finalement, car dans la collection du Secrétariat général d'INTERPOL, où sont rassemblées les fausses monnaies de tous les pays, il occupe la place d'honneur. Et aujourd'hui, pour les collectionneurs privés, un Stassi vaut 10 millions d'anciens francs... En cherchant bien, il en traîne peut-être encore un ou deux...

DEUX CENTS MILLIONS DE JURÉS

Le shérif de Bay Village dort paisiblement cette nuit du 5 juillet 1954. Bay Village est une petite ville sans grand problème, sur les bords du lac Érié dans l'État de l'Ohio. Il est 3 heures du matin. Réveillé en sursaut par le policier de garde, le shérif n'a que le temps d'enfiler un pantalon et une chemise en se faisant expliquer le motif de ce réveil brutal : un drame vient de survenir chez le docteur Armstrong.

Le docteur a téléphoné à la police en disant : « Ma femme est dans sa chambre, elle est morte, c'est horrible. » A l'arrivée du shérif, le docteur est en pantalon, mais torse nu. Son visage est couvert d'ecchymoses, il a l'air hagard et sa voix est si rauque qu'elle en est impressionnante. Le shérif a bien du mal à reconnaître en cet homme échevelé le beau, l'élégant docteur Armstrong qui, à trente-deux ans, s'est déjà fait une situation confortable.

Marilyn, sa femme est bien morte. Morte horriblement car elle attendait un bébé, et le meurtre d'une femme enceinte a toujours quelque chose de plus horrible. Elle est étendue sur son lit, rouge de sang, le visage complètement détruit par les coups, l'assassin s'est acharné sur elle avec violence. Le docteur Armstrong de sa voix rauque, donne l'explication de ce drame bizarre :

« Hier soir, pour la fête de l'Indépendance, nous avions des invités. Lorsqu'ils sont partis, Marilyn est montée se coucher. Je suis resté dans le salon à regarder la télévision et je me suis endormi. Vers 2 heures du matin, j'ai entendu un hurlement de Marilyn. J'ai couru dans sa chambre où une espèce de fou, hirsute, s'est jeté sur moi. Nous nous sommes battus et il m'a mis KO. Quand j'ai repris mes esprits, il était parti, Marilyn était morte.

— Comment était cet homme ?

— Il avait les cheveux ébouriffés. C'est tout ce que je peux dire. Nous étions dans une demi-obscurité.

— Quelle arme a-t-il utilisée ?

— Je ne sais pas. »

Le shérif observe le docteur Armstrong. Quelques détails ne lui paraissent pas clairs. La suite de l'enquête va révéler bien d'autres lacunes dans ce récit : pourquoi le fils d'Armstrong, qui a dix ans, n'a-t-il pas été réveillé par le cri de sa mère ? Pourquoi les voisins n'ont-ils pas entendu le chien aboyer ? Il semble que le docteur ait mis bien du temps à prévenir la police, pourquoi ? Que sont devenus la chemise et le gilet de corps que le docteur portait cette nuit-là ? Comment l'assassin hirsute n'a-t-il laissé aucune trace de son passage ?

Toutes ces questions demeurant sans réponse, la police considère le docteur coupable à priori et cherche un mobile précis. Elle cherche, cherche, et ne trouve pas. Mais à défaut de mobile, elle va fournir une explication : Peter Armstrong est le troisième fils de Gérard Armstrong, un médecin propriétaire d'une clinique de deux cents lits. Ses trois fils sont également médecins et tous sont étrangement semblables : grands, bien faits, presque beaux, les cheveux voués au grisonnement précoce. Le père semble être l'aîné de ses fils. C'est une famille riche, connue, respectable, où les femmes comme les hommes sont représentatifs de la même classe, d'un même niveau social, d'une même manière de vivre. Peter Armstrong donnait gratuitement ses services aux pompiers et sa femme Marilyn passait ses journées dans les œuvres de bienfaisance. Cette sorte de dévouement étant lui aussi représentatif d'une certaine classe sociale. Mais, le ménage de Peter et de Marilyn ne semble pas avoir été aussi uni que les apparences pouvaient le laisser croire. Peter avait des maîtresses, notamment son assistante, Suzan Hayes. D'où la thèse de l'accusation : « Le docteur Peter Armstrong s'est débarrassé de sa femme, au cours d'une crise de colère, afin de refaire sa vie avec sa maîtresse Suzan Hayes. » Formule un peu simpliste mais qui a le mérite d'être la seule possible. L'avocat du docteur affirme, bien entendu, que la police ne dispose d'aucune preuve. Mais comme le docteur s'en tient à sa première version des événements, assez incroyable, il est arrêté.

Le grand jury maintient son inculpation, et c'est ainsi que s'ouvre le procès le plus retentissant qu'ait connu l'Amérique. Le plus retentissant et le plus frustrant d'ailleurs.

Rien de solennel aux Assises de l'Ohio : le décorum n'est pas de chez nous : un préau d'école de 4 mètres sur 8 avec simplement deux drapeaux américains plantés derrière le juge Edward Blythin. L'homme a une figure longue et osseuse, il sait que le procès risque d'être long et difficile, mais il en a vu d'autres : il a soixante-dix ans et la retraite n'est pas loin.

L'extraordinaire de ce procès, c'est tout d'abord de s'installer sur une base de principe : la morale américaine face au problème du divorce. Car l'on considère bien entendu que si le docteur Armstrong a tué sa femme, c'est pour s'en débarrasser, au lieu de divorcer. L'Amérique à ce sujet est divisée en trois clans : ceux qui pensent qu'un homme peut tromper sa femme sans que quiconque en fasse un drame, ceux qui considèrent que si un homme marié trompe sa femme, c'est qu'il ne l'aime plus et que, donc, le divorce s'impose. Mais c'est des autres que la défense se méfie le plus, ceux qui considèrent que tromper sa femme est un crime de lèse-Amérique. Et c'est pour éviter que ces « ultras » soient représentés aux assises que maître Corregan demande à chaque juré :

« Considérez-vous l'adultère comme un crime aussi grave que l'assassinat ? »

Si le juré hésite seulement une seconde avant de répondre, l'avocat le réfute.

Tenant compte de ce critère, il faut trois jours pour constituer le jury, non sans mal. Ils sont sept hommes et cinq femmes, dans l'ensemble plutôt jeunes, tous de la classe moyenne américaine : petits commerçants, mécaniciens, une secrétaire, une esthéticienne. Ils ne quittent pas des yeux l'accusé.

Dans le box, vêtu de noir, la cravate en tricot noir sur une chemise blanche immaculée, le docteur : strict, précis, inquiétant de respectabilité ; visage ouvert, regard clair, les dents éblouissantes. Il domine le jury de sa haute taille et lui sourit. L'atmosphère est extraordinaire avant même que le procès commence. L'Amérique et surtout la presse n'aime pas le docteur et particulièrement cette bourgeoisie qu'il représente.

L'audience va commencer par un numéro digne du show-business, dont l'impact sur le jury en tout cas est impressionnant. La lumière s'éteint. Sur le mur blanc du tribunal, le faisceau d'un projecteur de diapositives lance une tache rosâtre, d'abord floue et qui, petit à petit, se précise. Un cri s'élève dans le jury. Dans la salle, les vedettes de cinéma, les écrivains qui composent le public, un public mondain, se sont figés. Le docteur baisse la tête et cache son visage dans ses mains qui se crispent tellement sur ses joues qu'elles en resteront marquées quand la lumière reviendra. Ce que le procureur du gouvernement fait projeter sur le mur, ce sont — prises sur la table de marbre de la morgue — les diapos-couleurs du cadavre défiguré, écrasé et lacéré par trente-cinq coups d'une arme que l'on n'a pas retrouvée. Pendant que les images défilent, le médecin légiste décrit d'une voix monotone la nature des blessures :

« La blessure numéro dix-neuf, que vous voyez en ce moment, est la trace d'un coup produit avec une lame acérée qui pénétra jusqu'à l'os. Par contre, la blessure numéro trois a plutôt été provoquée par un objet contondant. Comme vous le remarquez, elle a produit cette coloration brunâtre de la peau, connue sous le nom d'œil poché... etc. »

Après avoir ouvert le dossier de cette manière brutale, le procureur fait défiler les témoins. Il en fait défiler vingt-six, sans prouver réellement la culpabilité de l'accusé. Mais la défense, de son côté, doit admettre qu'elle ne peut étayer par aucune preuve le récit du docteur.

Peter Armstrong, attentif, poli, écoute sans s'énerver, appelle ses avocats d'un claquement de doigts, leur parle à l'oreille, sourit aux femmes du jury ou aux membres de sa famille. Et rien n'est plus impressionnant dans ce long débat judiciaire que la solidarité des Armstrong. Frères et belles-sœurs, ces gentlemen et ces ladies, seraient peut-être les meilleurs défenseurs de l'accusé. S'ils n'étaient pas convaincus de son innocence, comment pourraient-ils l'entourer et l'épauler comme ils le font ? Toutes leurs attitudes donnent l'impression de croire totalement en lui. Si, au contraire, ils le savaient coupable, si même ils étaient effleurés par un seul doute, alors ce procès dissimulerait le drame le plus extraordinaire de la respectabilité bourgeoise.

C'est ainsi que la fin des audiences est toujours marquée du même mouvement : celui des Armstrong se serrant autour de l'accusé. Ils cherchent sa main avant que le bracelet d'acier des menottes se referme sur son poignet. Pendant neuf interminables semaines, il n'y aura jamais dans la salle moins de quatre Armstrong dont trois sur le premier banc public à gauche du juge. Toujours les deux belles-sœurs, l'un et l'autre des frères, et quelquefois le père : Gérard Armstrong, l'ancien, l'impassible. Le symbole vivant de l'unité familiale.

A droite du juge se sont assis les Grant, c'est-à-dire la famille de Marilyn. Le contraste est frappant. La pauvre femme était fille de divorcés, orpheline de mère dès son jeune âge, élevée par une tante, éloignée de son père par un deuxième mariage. Là, le groupe familial est dénoué et flou, l'aisance est moins grande, les conventions sociales moins fortes et l'éducation moins accomplie. Les Grant portent la marque infamante des familles désunies et jamais les Armstrong ne laisseront tomber sur eux un seul de leurs regards glacés.

L'affaire arrive enfin à un tournant décisif. Suzan Hayes, la « mauvaise femme » dépose. L'accusation attend beaucoup de cette déposition, les amateurs de scandales et de détails croustillants aussi. Suzan Hayes se présente devant la cour comme si elle se rendait à une exécution capitale. Vêtue d'une sobre robe de laine noire, ornée d'un col d'angora blanc, sans maquillage. Elle n'a pas l'air d'une femme fatale ni d'une vamp, mais plutôt de l'infirmière dévouée, de l'assistante fidèle, menace permanente pour les ménages établis. Elle ne manifeste aucune émotion pour son amant. C'est avec le plus grand détachement qu'elle raconte son aventure avec le docteur. Oui, elle passa sept nuits avec lui chez un de ses amis à Los Angeles, au printemps dernier. La procédure américaine ne lui épargne rien en ce domaine :

« Quelle chambre occupiez-vous ? demande le Procureur.

— Celle du docteur Armstrong.

— Le même lit ?

— Oui. »

Plus tard, elle reconnaît sans hésitation qu'elle a été la maîtresse du docteur, bien avant cette date.

« Où ces actes avaient-ils lieu ?

— Dans son automobile et dans son appartement de la clinique. »

Pendant plus d'une heure, Suzan Hayes répond aux questions les plus indiscrètes avec détachement, comme si elle était étrangère à toute l'affaire. Mais elle s'acquitte de cette épreuve avec élégance, n'apportant aucun élément de preuve contre le docteur.

« Je savais depuis toujours, dit-elle, qu'il était marié et qu'il aimait sa femme. De temps en temps, il songeait au divorce, mais y penser, ce n'est pas vraiment le vouloir.

— Il vous aimait pourtant. »

Suzan hésite et répond :

« Il n'y avait aucun témoignage de véritable amour dans les lettres de Peter. »

L'accusation est déçue. Et le public aussi. On était venu voir la terreur des foyers. On se trouve en présence d'une héroïne de « Back Street », poursuivant un amour impossible, traversant les tristes aléas de l'adultère américain, réduite aux étreintes furtives en automobile ou dans des chambres prêtées par des amis complaisants. La défense n'en demandait pas tant :

« Pourquoi le docteur Armstrong aurait-il tué sa femme ? s'écrie l'avocat. Il pouvait avoir Suzan autant qu'il voulait. »

Mais Suzan Hayes est déjà repartie, enveloppée dans son imitation de vison, après un dernier coup d'œil compatissant jeté à son amant. Alors, l'accusation se rabat sur ce qu'elle trouve. Peter et Marilyn ne se sont-ils pas disputés un jour où celui-ci reprochait à sa femme d'avoir acheté une machine à laver la vaisselle ? Oui, mais il y a dix ans de cela. Ne se sont-ils pas disputés aussi lorsque Peter a acheté une Lincoln alors que Marilyn voulait une Jaguar ? Oui, mais il y a sept ans de cela. Et, d'ailleurs la Jaguar, ils l'ont eue quand même, en plus de la Lincoln et en plus de la Jeep, les trois voitures dorment dans le jardin de leur magnifique villa, près du tennis, au bord du lac Érié. Le docteur n'était-il pas coléreux ? Un témoin vient raconter une scène : le docteur était assis devant la télévision. Son fils de six ans lui a sauté sur les genoux, s'amusant à le piquer avec une flèche. Le docteur, rouge de colère, lui aurait alors administré une fessée magistrale.

« C'est tout ? demande le juge au témoin.

— Oui. C'est tout, répond le témoin. »

Et c'est fini. L'un après l'autre, les jurés quittent la salle du tribunal. Sept hommes et cinq femmes, onze Blancs et une Noire. Dans son veston gris, sa chemise blanche et sa cravate noire tricotée, le docteur Armstrong est resté l'image de la correction. Il est pâle comme un linge mais ne montre rien de ces petits symptômes qui trahissent la peur : les lèvres ou les mains qui tremblent, la voix enrouée. Non rien de tout cela. Aucun des spectateurs n'oubliera pourtant son regard sur le dos courbé des jurés qui disparaissent en file indienne, comme s'ils portaient son destin. Les menottes que le shérif referme sur le poignet droit de l'accusé font un petit bruit métallique. C'est la preuve que le procès est fini. Il n'y a plus rien à ajouter. Rien à retrancher. Le docteur échange un regard avec ses frères et ses belles-sœurs qui se lèvent avec un air surpris, comme s'ils n'arrivaient pas à croire que ce long duel qui a duré neuf semaines est réellement terminé.

Un ascenseur va conduire le docteur jusqu'à la cellule de l'étage supérieur où son attente solitaire va commencer. Un autre ascenseur descend les jurés à l'étage inférieur, au milieu des archives du procès : deux millions de mots, soixante-dix dépositions et le bric-à-brac tragique et dérisoire des pièces à conviction : le pyjama ensanglanté, le drap rouge, les rognures d'ongles, des pantalons, des chemises et des chaussettes longuement auscultés, à la recherche d'une preuve.

Le jury indique au jury les trois issues juridiques entre lesquelles ils doivent choisir : Pour « Assassinat avec préméditation » Armstrong serait voué à la chaise électrique, hormis une recommandation de clémence qui transforme automatiquement la peine de mort en peine à vie. Pour « Violences sans intention de donner la mort » s'ouvre le catalogue des peines de prison avec toutes les possibilités de libération anticipée. Enfin l'acquittement. Seulement, quelle que soit la décision, il faut que les jurés soient unanimes. Telle est la loi américaine.

Cent millions de foyers américains ont suivi l'affaire Armstrong avec passion. Chaque soir, le docteur Armstrong a été jugé dans chaque foyer, deux cents millions de fois. Et, petit à petit, chacun s'est fait à cette idée (préconçue) que le docteur devait être acquitté. Non pas qu'on le juge innocent ou qu'on éprouve pour lui la moindre pitié, car la presse, qui ne l'aime guère, n'a cessé de donner de lui à ses lecteurs un portrait antipathique. Mais c'est une question de principe. On ne peut pas condamner un homme sans preuve, même si l'on a de fortes présomptions et qu'il vous déplaît.

Lorsque les jurés sortent pour déjeuner, après une longue matinée, escortés par deux huissiers, ils ont l'air sombre. Le soir, lorsqu'ils quittent le tribunal, ils n'ont toujours pas rendu leur sentence. Ensemble, toujours sous bonne escorte, lorsqu'ils gagnent leur hôtel où ils vont passer la nuit, ils se regardent de travers. Le lendemain, leur longue délibération recommence, preuve qu'ils ne sont pas d'accord, alors que deux cents millions d'Américains pensent que le docteur doit être acquitté. Et parmi le jury, certains le pensent aussi, alors combien sont-ils parmi ces onze hommes et femmes qui osent se mettre en travers ? Et qui sont-ils ? Est-ce le quincaillier ? Est-ce l'esthéticienne ? La femme noire fait-elle partie de ce petit groupe opposé ? On les épie. On les observe. Et comme, le soir du deuxième jour, ils n'ont toujours pas pris de décision, leur petit groupe, à la sortie du tribunal devient pathétique. Une escorte fait le vide autour d'eux. Les photographes essaient de se glisser sous leur nez tandis que les journalistes sont tenus à bonne distance. Les badauds se bousculent. Les gens se pressent aux fenêtres. Les jurés eux, avancent vers leur hôtel, serrés les uns contre les autres, tête baissée, sans regarder ni à droite ni à gauche. Depuis quarante-huit heures, ils sont isolés du monde, isolés de leurs familles, aussi prisonniers que l'accusé lui-même, uniquement préoccupés du destin de cet homme, tout entier entre leurs mains. Et à ceci s'ajoute le sentiment tragique que, quelle que soit leur décision, le mystère ne sera pas levé.

Le troisième jour est un dimanche. C'est la première fois aux États-Unis qu'un jury délibère le jour du Seigneur, mais le juge a déclaré que la loi ne s'y opposait pas. Et il voudrait bien en finir.

Pendant ce temps, la famille Armstrong poursuit son enquête personnelle. Elle soupçonne aussi un drogué, à qui le docteur aurait refusé de la drogue. Surpris fouillant la maison, il pourrait avoir voulu le tuer. Sans qu'on le prenne au sérieux, un vagabond déclare être entré la nuit du drame dans une maison de Bay Village et y avoir tué une femme. Un grand criminologiste décide de reprendre l'étude de l'affaire à zéro. Mais la presse, la télévision, la radio, ne s'en préoccupent guère ; elles n'ont d'yeux que pour ce jury qui, depuis trois jours, s'oppose et délibère. Enfin, le soir du dimanche, un ascenseur descend le docteur jusqu'à la salle du tribunal. L'autre ascenseur y monte les jurés qui entrent l'un après l'autre pour rendre enfin leur sentence :

« Le docteur Peter Armstrong est reconnu coupable du meurtre de sa femme. Néanmoins, le tribunal n'a pas reconnu la préméditation. En conséquence, le coupable est condamné à la détention perpétuelle. »

Le docteur Armstrong accueille la sentence sans sourciller. C'est tout juste s'il se mord les lèvres. Se tournant vers le jury, il lance d'une voix ferme et dure :

« Je tiens à dire que je suis innocent et j'estime qu'on a prouvé dans ce tribunal, d'une façon irréfutable, que je n'aurais pas pu commettre ce meurtre. »

La mère du docteur se suicide en apprenant la sentence. Le père ne lui survit que quelques semaines. Mais les frères et les belles-sœurs restent profondément unis derrière le condamné. Dans la famille Armstrong, on parle de « notre procès », de « notre prison », de « nos gardiens ». Même les enfants sont parfaitement au courant de ce qui est arrivé à l'oncle Peter, que l'on considère comme le héros de la famille, le martyr qu'il faut sauver. Longtemps hostile, la population de Bay Village admire maintenant l'unité de la famille Armstrong.

Peter, de son côté, écrit des lettres une fois par mois :

« Ne vous en faites pas pour moi. La nourriture est très bonne. Je joue au basket-ball. J'organise le spectacle pour les prisonniers. Je prépare un cadeau de Noël pour les enfants. » Et chaque lettre se termine par cette phrase : « N'est-il pas merveilleux que des gens comme vous existent dans le monde ? »

Aidé par cette atmosphère de défense passionnée, l'avocat ne se tient pas encore pour battu et réclame une révision du procès. Mais le rapport du fameux criminologiste, qui conclut avec une extrême précision que l'assassin devait être gaucher, alors que le docteur est droitier, ne suffit pas à entraîner une révision. Neuf années vont donc s'écouler jusqu'au jour où le juge fédéral de l'Ohio — estimant que le docteur Peter Armstrong n'a pas joui du droit que lui donne la Constitution de bénéficier d'un procès équitable — déclare sa condamnation nulle et non avenue.

Pour ce juge fédéral, l'attitude de la presse, la composition du public au cours du procès et la passion qui s'est emparée de l'Amérique tout entière ont créé un climat tel qu'il n'a pas permis aux jurés de délibérer avec la liberté d'esprit qui convient. Il ordonne donc que le docteur soit libéré sous caution de 10 000 dollars et décide que, si les autorités ne prennent pas de décision dans les soixante jours, la mise en liberté du docteur sera définitive et inconditionnelle.

Dès sa mise en liberté, le docteur épouse une jeune Allemande avec qui il correspondait depuis plusieurs années. Six mois plus tard, une cour d'appel revient sur la décision du juge fédéral et réclame le retour du docteur en prison. Mais ses avocats ayant fait appel, la Cour suprême des États-Unis invite le ministère public soit à ratifier définitivement sa mise en liberté, soit à demander la réouverture du procès. Quatre jours encore et le ministère public choisit cette dernière solution.

Le second procès s'ouvre donc le 1er novembre 1966, mais il faudra au jury, constitué comme le premier de sept hommes et de cinq femmes, plus de douze heures de délibération pour reconnaître le docteur « innocent de ses crimes ». Le 10 novembre 1967, après avoir écrit un livre autobiographique, le docteur Peter Armstrong tente de reprendre ses activités médicales. Mais il ne peut, malgré tous ses efforts, obtenir sa réintégration dans l'Ordre des Médecins dont il a été exclu après sa condamnation. Il vient alors s'installer en France, sur la Côte d'Azur, non loin de Paris, et du Secrétariat général d'INTERPOL, où dort son dossier depuis dix ans, sans que l'on sache s'il fait de beaux rêves, ou des cauchemars.

LA RÉPUBLIQUE MONDIALE

6 décembre 1960 : une voiture vient de passer les contrôles italiens à la frontière italo-autrichienne au col du Brenner. Elle arrive maintenant du côté autrichien. Le conducteur présente au garde-frontière trois passeports par la vitre baissée. Le policier jette un coup d'œil à travers le pare-brise : il y a quatre personnes dans la voiture : quatre hommes, pour trois passeports. Il fronce déjà les sourcils, mais la main tendue présente maintenant le quatrième passeport. Le policier jette un coup d'œil sévère au conducteur, prend les passeports : trois passeports allemands et, à présent, un passeport chilien. C'est ce dernier qui attire l'attention du policier. Il passe la tête par la vitre :

« Lequel d'entre vous est Karl Michalek ?

— C'est moi, dit un homme d'une soixantaine d'années au sourire affable sous une moustache brune.

— C'est votre nom, Michalek ?

— Oui, pourquoi ?

— Rangez-vous sur le parking, s'il vous plaît. »

La voiture se range. Puis, à la demande du policier, le dénommé Karl Michalek descend en frissonnant de la voiture pour entrer dans le bureau où le principal responsable le dévisage : Michalek est grand, assez élégant. Son épais manteau en poil de chameau et son autorité tranquille lui confèrent d'emblée un « je-ne-sais-quoi » d'important. Un passeport chilien se rencontre même en Autriche, ce n'est pas une infraction, mais le policier explique à voix basse à son supérieur en posant le fameux passeport sur le bureau :

« Le conducteur présentait trois passeports. Quand j'ai constaté qu'ils étaient quatre, ils m'ont tendu un passeport de plus, celui-là, et c'est un passeport chilien. Ils se sont moqués de moi. A mon avis, cet homme a voulu passer clandestinement. »

L'homme au manteau en poil de chameau, toujours affable et

tranquille, les regarde en souriant, assis près du calorifère. Le responsable du poste de police se glisse dans la pièce à côté. Ce nom, Michalek, lui dit quelque chose, et il va se renseigner par téléphone. Le temps passe. On a relevé l'adresse en Autriche et l'identité des trois autres occupants de la voiture qui ont pu continuer leur route en direction de Vienne. Mais Karl Michalek attend toujours, toujours affable, toujours souriant et détendu. Il mange un sandwich et boit une bière en brossant les miettes qui tombent sur son pardessus en poil de chameau.

La réponse vient d'INTERPOL : « Karl Michalek est un gros gibier. Il est commissaire de la Sûreté, donc il occupe le second rang du gouvernement de la République mondiale, c'est un ami personnel du Président de cette république, Frantz Weber Richter — fils naturel de Adolf Hitler — qui travaille depuis plusieurs années à l'avènement de cette république. »

L'extraordinaire, c'est que ce jour de décembre 1960 où l'on arrête cet étonnant personnage, ce jour est justement le jour J, moins quatre, si l'on en croit la suite du rapport d'INTERPOL : le 10 décembre 1960, une armada de soucoupes volantes, appartenant à la troisième flotte de la planète Vénus, doit se poser sur l'aéroport de Tempelhof à Berlin. Ase, commandant en chef de ce commando spatial, proclamera immédiatement le terrien Frantz Weber Richter président du haut gouvernement de la République mondiale. Le Président Frantz Weber Richter exigera immédiatement la reddition de toutes les armées des nations de la Terre qui devront détruire leurs stocks d'explosifs tandis que les troupes seront consignées dans les casernes.

Les conditions, déjà rendues publiques, sont draconiennes : Chine et Japon devront détruire ou faire exploser leur matériel militaire le deuxième jour de la proclamation de la République, à 2 heures de l'après-midi, entre 117° de longitude et 30° de latitude Nord. Les États-Unis, à 3 heures de l'après-midi, à 70° de longitude et 50° de latitude Nord, etc. (pour les autres pays). Il y aura une nouvelle carte géographique du monde terrestre. Déjà préparée, elle ne comporte que soixante-douze divisions, un certain nombre de pays sont donc appelés à disparaître politiquement. Par exemple, l'Autriche.

Voilà qui est Karl Michalek. Et voilà donc à quoi correspond son « je-ne-sais-quoi » d'important. Qu'il s'agisse d'une farce, d'une attrape ou d'une idéologie inquiétante, il se trouve pourtant sur notre Terre des milliers d'hommes prêts à suivre cette fantastique entreprise. A la frontière autrichienne du col du Brenner, on a fouillé la valise de l'homme au manteau en poil de chameau : le commissaire à la Sûreté de la République mondiale. On y a trouvé une liste de personnalités chiliennes, italiennes, allemandes et autrichiennes. La liste, transmise à tous ces pays via INTERPOL, les polices enquêtent. Un exemple parmi d'autres :

Eberhard Karasch, né le 17 janvier à Breslau, haut fonctionnaire de la police en Westphalie, devait se présenter aujourd'hui même, avant l'arrivée des Vénusiens, à la « Division 3 — Bureau 311 » du ministère de la Sûreté à Berlin, pour prendre son poste d'inspecteur. Sa carte d'identité de la future république, établie le 15 avril 1956, est munie du fac-similé du Président Frantz Weber Richter et porte la signature du commissaire de la Sûreté Karl Michalek, ainsi que de quatre cachets qui ne peuvent qu'inspirer la plus grande confiance. Il y a comme cela, en Europe et en Amérique du Sud, quantité de gens qui attendent à cette date l'avènement tant espéré de la République mondiale. Les uns ont postulé des emplois, voire des postes de ministres. Ils ont dû payer des sommes importantes pour « constitution de dossier ». Les autres se sont contentés d'acquérir des lettres de protection du Président Frantz Weber Richter, destinées à les protéger d'une agression éventuelle de l'armée vénusienne, toujours possible dans une entreprise de cette envergure. Pour ceux-là, une simple cotisation au parti unique du Président Frantz Weber Richter a suffi.

Tandis que Karl Michalek attend patiemment que la police des frontières décide de son sort terrien, à Santiago du Chili, à Rome, à Wiesbaden et ailleurs, les responsables des services d'INTERPOL se communiquent par télex les renseignements qu'ils peuvent collecter et s'efforcent de mettre de l'ordre dans cette affaire stupéfiante. A Rome par exemple, où le commissaire Franco Zurlini compulse différentes brochures et articles de journaux. Notamment un magazine de Stutttgart, *Nouvelle Europe,* dont le sous-titre est « Le premier journal mondial consacré au problème du développement humain ». Ce journal, entre autres, publie depuis des semaines des appels à tous les habitants de la planète, du genre : « Aujourd'hui, chacun doit se décider à s'engager sans condition et sans restriction à suivre le Président Frantz Weber Richter, ou à accepter que la Terre soit détruite définitivement par le feu cosmique. » Ou du genre : « Chacun doit savoir dans quel camp il se trouve cinq minutes avant minuit. Car c'est ce qu'il vous reste : tout juste quelques minutes. Le 10 décembre 1960, il sera trop tard. »

Un assistant, toutes les dix minutes, pose sur le bureau de Franco Zurlini un nouveau télex d'INTERPOL : télex 26 B - 14 : « Alors qu'il est transféré du Brenner à Vienne, annonce l'INTERPOL autrichien, Karl Michalek a déclaré que son arrestation, à quatre jours de l'arrivée du commando de la troisième flotte spatiale vénusienne et de l'avènement de la République mondiale, était une stupidité politique dont les conséquences seraient très graves. Il ne se fait aucun souci pour sa personne. Il a renouvelé sa confiance absolue dans l'arrivée des Vénusiens et dans le Président Frantz Weber Richter. »

Télex 43 N - 25 : « Frantz Weber Richter, qui se prétend fils naturel d'Adolf Hitler et président de la République mondiale, a quitté hier matin par avion Santiago du Chili, avec sa femme Elvira, son fils Adolph et sa fille Illy. Il a déclaré aux journalistes qui l'ont interviewé à l'aéroport avant son départ qu'il transférait son quartier général du Chili à Rome, le président vénusien Urun lui ayant confirmé que la troisième flotte spatiale vénusienne atterrirait le 10 décembre 1960 à Berlin Tempelhof. Cette date, selon le soi-disant Président Urun, est irréversible. »

Ainsi donc Frantz Weber Richter serait à Rome. Franco Zurlini bondit et appelle son assistant qui passe la tête par une porte entrebâillée :

« Il faut me retrouver ce type. Il a dû arriver à Rome hier soir ou cette nuit. On doit avoir une fiche de débarquement à l'aéroport de Fiumiccino.

— Bien patron. »

Et la tête de l'assistant disparaît pour reparaître quelques secondes plus tard, le temps de lui passer un nouveau télex, émanant du bureau d'INTERPOL de Vienne : « Karl Michalek, arrêté au col du Brenner pour tentative de franchissement clandestin, serait : Karl Mekis, âgé de cinquante-huit ans, né en 1920 à Vienne. Fiche de renseignement numéro 20172 indice 4. »

Zurlini fouille dans ses classeurs, à la recherche de la 20172 indice 4. La fiche est bien remplie : il a fait des études primaires à Vienne et y a travaillé jusqu'en 1939. Paresseux, fuyant le travail, son activité pendant la guerre est confuse. Ancien SS des compagnies spéciales du bourreau des Juifs Eichmann, on le découvre subitement en prison pour un an, arrêté par la Gestapo pour avoir été en relation justement avec des Juifs. Après la guerre, il est arrêté par les Russes en 1945. Camp de concentration en Tchécoslovaquie. Évadé en octobre 1949. De retour en Allemagne en 1952, il fait deux ans de prison pour port d'arme illégal. Le voici en Algérie, en Italie, en Bolivie, directeur d'une maison de mode, avant d'être « déporté politique ». Puis au Chili où il se prétend « écrivain ». A deux reprises, lors de son retour en Allemagne, il a été condamné à des peines de prison pour « outrage public à la pudeur » et attentat aux mœurs.

Pour compléter ce charmant curriculum vitae le bureau d'INTERPOL à Santiago du Chili ajoute que le dénommé Karl Michalek, avant de quitter le Chili, prétendait être dirigeant de la République mondiale du Président Frantz Weber Richter qu'il a rencontré à Santiago, après avoir suivi un stage de formation accélérée de six mois dans un vaisseau spatial vénusien. On lui aurait appris, entre autres, à communiquer par télépathie avec les Vénusiens. Michalek est considéré comme le principal recruteur du Président Frantz Weber Richter. A ce titre, il aurait estorqué des sommes considérables. Et l'avalanche des télex continue en attendant le jour J : INTERPOL Zurich communique à son tour :

« Ce sont les Éditions Heinden qui ont imprimé les brochures contenant la Constitution, la doctrine et les appels lancés à l'humanité toute entière par le soi-disant président de la future République mondiale. »

L'assistant du commissaire Zurlini a découvert quelque chose de plus concret : l'adresse du Président : « Frantz Weber Richter a déclaré à la presse résider chez la vieille duchesse Elena Cafarelli, au Palais de la Via Condotti, à Rome. »

Après plusieurs coups de téléphone infructueux au palais de la duchesse, Franco Zurlini, soucieux, se prépare à quitter son bureau. Il est 20 heures. Il n'a aucun moyen légal d'obliger Frantz Weber Richter à répondre à ses convocations ni même à le recevoir. Franco Zurlini ne croit pas à ces sornettes vénusiennes, mais quelque chose le trouble : le 10 décembre approche. Pourquoi ces gens se sont-ils obstinés sur cette date ? Quel coup ont-ils préparé ? N'est-il pas indispensable de prévenir tout incident en démasquant l'escroquerie le plus vite possible devant l'opinion publique ? Le commissaire Zurlini en est là de ses réflexions, quand le téléphone sonne sur son bureau. Une voix énergique s'annonce :

« Je suis celui que vous cherchez. Êtes-vous décidé à me rencontrer seul à seul ?

— Oui.

— Alors, je vous donne rendez-vous demain matin, sept heures, au café *Greco.*

— Mais, demain, nous serons déjà le 8 décembre !

— Je sais. Mais ce soir, je suis pris et demain, je dois partir pour Berlin. Je dois accueillir les Vénusiens à Tempelhof dans trois jours. »

Il est évident que le commissaire Zurlini est secondaire dans cet emploi du temps présidentiel. Et que dire de toute façon à un homme qui vous annonce tranquillement l'arrivée des Vénusiens, comme ça, dans la conversation ! Zurlini n'a plus qu'à être d'accord.

A 7 heures pile, donc, le matin du 8 décembre 1960, Franco Zurlini s'assoit à une table du café *Greco* et regarde arriver le Président Frantz Weber Richter : grand, fort, blond, malicieux, une trace de sourire méphistophélesque au coin de la bouche, il attaque d'emblée sur le sujet :

« Commissaire, je ne suis ni un fou ni un rêveur, mais un réaliste et j'attends vos questions.

— Vous affirmez que les Vénusiens vont atterrir à Berlin dans trois jours. Pourquoi ?

— Parce que les Vénusiens nous observent depuis l'année 1640. Notre découverte de l'énergie nucléaire ne les a ni surpris ni inquiétés. Mais, lorsqu'ils ont vu que nous avions mis au point des fusées spatiales qui permettaient de transporter des charges nucléaires dans le cosmos, ça ne leur a pas plu. Mettez-vous à leur place. Enfin, il est prévu que des sondes américaines « Pionner » se posent un jour sur Vénus. Cela les contraint à prendre cette décision.

— Comment le savez-vous ?

— C'est le Président Urun de la République vénusienne qui me l'a dit.

— Donc, selon vous, il y a des habitants sur Vénus ?

— Il y en a sur toutes les planètes de la galaxie qui présentent un intérêt quelconque.

— Pourtant, les scientifiques estiment que Vénus est inhabitable tant par son atmosphère que par la chaleur qui règne à sa surface. »

Fier d'être à la pointe de l'actualité cosmique, Zurlini espère avoir marqué un point. Mais le Président a l'habitude de ces contradictions :

— Inhabitable pour des hommes non préparés et non équipés. La Lune aussi est inhabitable et, pourtant, nous nous préparons à y envoyer des êtres humains. Il en est ainsi des populations évoluées du cosmos. Elles colonisent les planètes en utilisant le matériel adéquat.

— Vous-même avez été sur Vénus ?

— Oui. J'ai été physiquement sur Vénus.

— Comment sont ses habitants ?

— Comme tous les autres habitants des planètes de la galaxie, et comme nous-mêmes. C'est-à-dire qu'anatomiquement, ils nous ressemblent, mais, en moyenne, le niveau intellectuel de ces populations nous est supérieur.

— Comment se nourrissent-ils ?

— Avec des comprimés.

— Où le vaisseau spatial vénusien vous a-t-il pris à son bord ?

— En Russie, lorsque j'étais prisonnier.

— Vous étiez seul ?

— Oui.

— Pourquoi vous ?

— Action psychologique : je suis le fils d'Adolf Hitler. L'Allemagne venait de perdre la guerre et nos essais atomiques commençaient à les indigner. Ils se sont préparés à atterrir en Allemagne. Après quoi, ils ont attendu longtemps, jusqu'aux derniers projets russes et américains d'atteindre la Lune et Vénus. Ils ne peuvent admettre cette violation de leur territoire.

— Où avez-vous atterri à votre retour ?

— Je ne peux pas vous le dire aujourd'hui. Attendez le 10 décembre.

— Pourquoi avoir traité avec des habitants de la Terre ?

— Les Vénusiens ont une grande habitude des invasions et savent que des collaborateurs indigènes sont indispensables dans une colonisation.

— Vous avez suivi un stage ?

— Oui. Dix-huit mois. Après quoi, ils m'ont demandé de revenir sur Terre et d'y publier nos projets. »

Là-dessus, le Président Frantz Weber Richter expose son plan dans les grandes lignes au commissaire Zurlini. Il s'agit de créer un État planétaire de type confédéral. Notons au passage quelques détails : la recherche scientifique sera supprimée. La langue universelle sera l'allemand (!) après une période d'un an durant laquelle l'anglais servira de langue de transition. Des tas de professions n'existeront plus. Une nouvelle valeur monétaire sera créée qui s'appellera le « E » et vaudra vingt fois le coût du dollar au jour de l'invasion. Plus de percepteurs car on ne paiera plus d'impôts. Les journaux seront nationalisés et la critique tolérée que si l'on propose en même temps un acte positif. Le Président Frantz Weber Richter gouvernera pendant trente ans et choisira lui-même son successeur.

« J'ai édité deux livres, dit-il, pour exposer tous ces principes, que je viens de faire porter à tous les ambassadeurs étrangers, accrédités à Rome.

— De quoi vivez-vous ? demande Zurlini, pratique. »

Mais le Président sourit :

« Des dons que me font mes amis, et j'ai beaucoup d'amis et partout !

— Vous savez que votre commissaire de la Sûreté est arrêté, il va être accusé d'escroquerie.

— Je sais. C'est stupide, mais tout cela prendra fin dans trois jours.

— Vous êtes prêt à partir pour Berlin ?

— Bien sûr. Je dois être sur l'aéroport de Tempelhof le 10 au matin.

— Pourquoi habitez-vous chez la duchesse Elena Cafarelli ?

— Elle est ma mère adoptive planétaire.

— Avez-vous connu votre père Adolf Hitler.

— Je l'ai très peu connu. Je dois la vie à une infirmière qui l'a soigné en 1917 lorsque Hitler était caporal dans un hôpital militaire de Munich. »

Là-dessus, le Président Frantz Weber Richter se lève, presque royal (le comble pour un président). Il a l'air pressé, et n'écoute que d'une oreille les autres questions :

« Tout ceci a dû vous rapporter beaucoup d'argent ? Vous avez beaucoup d'adeptes !

— Officiellement, je n'ai reçu que des dons. C'est mon collaborateur Michalek qui a vendu des postes ou des lettres de protection. Je suis totalement inattaquable. D'ailleurs, je suis désintéressé. Si j'ai beaucoup d'adeptes, et pas des petites gens : des patrons d'usines, des imprimeurs, des techniciens, des ingénieurs haut placés, cela n'a rien d'étonnant : je promets un monde meilleur. Avant que les Russes n'arrivent, avant que les Chinois ne viennent, ou que les Nazis reviennent, ne vaut-il pas mieux que ce soit Vénus ? Ils détruiront nos armes atomiques et nous connaîtrons une paix tranquille. On peut rêver, non ?

— Et si rien ne se passe le 10 décembre 1960 ?

— Pas un instant ils ne regretteront d'y avoir cru. La seule chose qu'ils regretteraient, monsieur le policier, c'est que l'on n'ait rien promis ! »

Sur ce bon mot, l'homme est parti. A 8 heures du matin, en décembre, il fait encore nuit à Rome. Dans le ciel laiteux, Vénus s'éteint. Le commissaire Zurlini imagine un instant la troisième flotte spatiale vénusienne, voguant vers la terre.

« Si ce n'est dans trois jours, se dit-il, peut-être que dans vingt ans, trente ans ou cent ans, qui sait ? » Le 10 décembre 1960 a vécu et Vénus et les Vénusiens n'en ont pas hurlé pour autant. Cependant, le matin du 10 décembre 1960 deux à trois mille personnes attendaient à l'aéroport de Tempelhof le commando spatial de Vénus, tandis qu'on bloquait à la frontière italo-suisse le soi-disant Président Frantz Weber Richter. Et Frantz Weber Richter n'avait pas si mal manœuvré. Il expliqua à ses adeptes que le Président Urun (de Vénus), voyant qu'il était empêché de se rendre à Berlin, préféra remettre l'expédition. Après quoi, le Président Urun ayant expiré, son successeur eut d'autres chats vénusiens à fouetter que de s'occuper de la Terre.

Les journaux, qui jusque-là avaient servi de lien entre le Président et ses adeptes, s'en désintéressèrent, les dupes oublièrent et Karl Mekis fut condamné à quatre ans de prison pour escroquerie. Frantz Weber Richter lui, ne fut jamais inquiété. On n'inquiète pas les doux rêveurs.

COMME UN TAUREAU MALADE

Dans le silence du petit appartement, les deux regards se sont croisés : celui de l'homme et de la femme. La femme est belle, gracile, mannequin chez un fourreur de Turin. Elle semble tourner autour de l'homme massif, comme un toréador autour du taureau, et à chaque arrêt, c'est une pique :

« Dominico, j'en ai assez de toi ! »

L'homme-taureau suit d'un regard noir à travers de longs cils, la femme-toréador. A chaque arrêt, il encaisse la nouvelle pique :

« Tu es malade, tu devrais te faire soigner. »

L'homme est large, haut. Il est très beau mais il boite. Il a trente-deux ans. C'est un Piémontais, ingénieur dans une usine d'automobiles de Turin. Il fait front à la troisième pique :

« Alors c'est fini ! Tu comprends ? Fini ! »

L'homme ne bronche pas, comme s'il était insensible, mais il continue de suivre, derrière ses longs cils, la jeune femme blonde au regard bleu, qui va et vient dans le studio moelleux, qui le frôle avec une sorte de fierté provocante, l'air de dire : « Allez ! Vas-y ! Mais vas-y ! Défends toi ! Attaque ! Attaque ! »

Il n'attaquera pas. Car lorsqu'il est ému, il bégaye : on ne peut pas attaquer en bégayant, c'est ridicule, alors il se tait. Et lorsque la blonde jette, pêle-mêle, dans une minuscule valise quelques objets de toilette, il laisse faire. Lorsqu'il entend claquer la porte, il ne réagit pas. Il ne bouge toujours pas lorsqu'il entend la grille de l'ascenseur. Quelques instants plus tard, Germaine Bolognini, réfugiée chez des amis, s'étonne gaiement :

« Il en a pris un coup sur la « carafe » mais il a été très raisonnable. Je m'attendais à autre chose. Ouf ! Je suis bien contente d'en être sortie. Je vais prendre trois semaines de vacances et j'espère qu'à mon retour, il en aura pris son parti ! »

Le même soir Germaine Bolognini a rendez-vous avec un célèbre styliste italien de Turin. Ils doivent aller à Rome et de Rome à Bari, un port italien de l'Adriatique, pour embarquer sur le *Yosepine,* un yacht voile et vapeur. Leur destination : les îles Ioniennes.

Mais le même soir, dans une maison de Turin, un gardien, étonné, lève la tête : il entend cette nuit-là Dominico Autori hurler dans son studio et démolir tout ce qui lui tombe sous la main. Le lendemain, la police retrouve dans le désordre indescriptible des meubles brisés, deux bouteilles de whisky vides. Les tentures, les coussins et les fauteuils sont lacérés. Des couteaux et des fourchettes plantés dans les murs. Le taureau s'est enfui. La véritable corrida a commencé, mais ce n'était que la première figure. Juste de quoi étonner le public.

Voici la deuxième, elle est plus délicate :

Huit jours avant les fêtes pascales en 1973, le locataire d'une HLM des faubourgs de Rome s'étonne de voir un liquide brunâtre couler en mince filet sur le palier du troisième étage. Cela vient du dessous d'une porte. La police trouve bientôt l'origine de cette fontaine : le corps exsangue et nu d'une jeune serveuse blonde. Elle a été frappée, avec un acharnement incroyable, d'une trentaine de coups de couteau. Et, détail extraordinaire : l'assassin a coupé avec des ciseaux, une poignée de ses cheveux blonds.

Troisième figure :

Le surlendemain à Bari, port italien de l'Adriatique, à 8 h 30 du matin, une femme d'étage pousse la porte de la chambre 17 et lâche le plateau du petit déjeuner. Le corps nu d'une blonde touriste allemande est étendu en travers du lit, baignant dans une mare de sang. Sa chevelure déployée a été grossièrement coupée avec des ciseaux. La fenêtre grande ouverte, les fleurs piétinées quelques mètres plus bas, ne laissent aucun mystère : l'assassin que la jeune femme avait admis dans sa chambre s'est enfui par là. Il devait être 1 heure du matin.

Les fêtes pascales de l'année 1973 resteront pour toujours dans la mémoire des habitants des îles Ioniennes. Cet archipel grec de l'Adriatique est encore sauvage, paisible, ni industrie ni tourisme de masse. Avec les beaux jours, les fleurs y éclatent des collines aux balcons. Dans ce paysage biblique, quelques silhouettes vont à pas comptés : un enfant juché sur un âne, un pope à la barbe vénérable. Et c'est un pope justement qui, sortant du monastère de Santa Maura dans l'île de Zante, fait la troisième découverte. Au détour d'un chemin, il entend un cri lointain. Là-bas, une silhouette est appuyée contre un arbre. Le pope fait quelques pas dans cette direction puis, s'avisant que c'est une femme, qu'elle est peut-être blessée ou qu'elle court un danger, il relève sa soutane, court, enjambe les buissons et les pierrailles : l'émotion lui coupe les jambes : « la femme est attachée à l'arbre ! Seigneur Dieu... elle est nue ! »

C'est une blonde, italienne, venue avec des amis passer les fêtes pascales en bateau dans les îles. Elle escaladait la colline, légèrement vêtue, pour gagner un village et y faire provision de légumes et de fruits, elle a été agressée par un homme armé d'un revolver qui, après l'avoir attachée à un arbre, lui a arraché ses vêtements, sans doute pour la violer. Puis comme s'il changeait soudain d'avis, l'homme l'a laissée accrochée à son arbre, et a disparu dans les collines.

La malheureuse, entre deux sanglots, ne peut guère en dire plus, elle n'a pas compris l'attaque, ni la fuite, l'homme la regardait comme un taureau furieux, il a posé son revolver, sorti un couteau et il a fait volte-face d'un seul coup, comme si elle ne lui plaisait plus, en quelque sorte...

Or, s'il s'agit du taureau furieux qui a déjà tué deux fois. Mais on peut comprendre pourquoi : la pauvre fille a eu de la chance. La chance de ne pas être une vraie blonde. Ce qui bien sûr, ne se voit qu'à l'œil nu... Le chef du minuscule bureau de la police de Zante, une île qui ne doit pas compter plus de trois ou quatre cents habitants, est dans tous ses états. Des renforts de police vont venir du continent. Une vedette de la douane va quitter Corfou pour Zante. Le ministère de la Marine envoie un hélicoptère sur l'archipel, car la situation le dépasse, et le policier, inquiet, se demande comment protéger ses quatre cents îliens, répartis sur 50 kilomètres de côtes en deux ou trois villages où les maisons sont quelquefois fort distantes les unes des autres. La première précaution en attendant le renfort est de prévenir les habitants par radio. Et, avant même que la nuit tombe, chacun ferme sa porte et ses volets.

Le lendemain est un Vendredi saint. A Corfou, à Cephalonie, à Ithaque, Leucade et Cythère, les îliens repeignent à grands coups de badigeon les façades et les volets. On mêle des plantes aromatiques dans la nourriture de l'agneau qui sera immolé le samedi soir. L'animal est attaché devant chaque maison, à la vue des passants. Avec son sang, on peindra une croix sur le linteau de la porte pour protéger les habitants. Et le dimanche, après avoir participé aux processions et à la punition de Judas, tous mangeront l'agneau rôti.

Mais dans l'île de Zante, les quelques boutiques du village sont fermées et le marché n'a pas lieu ce matin-là : il y a un fou dans l'île. Un hélicoptère passe et repasse. Une vedette de la douane, hérissée de jumelles, longe sans arrêt les côtes. Ce Vendredi saint est un jour de siège, qui n'a rien de pascal.

Dans le port déserté par les touristes, un bateau de plaisance à moteur battant pavillon italien entre et se glisse entre deux bateaux de pêche pour s'amarrer. L'homme qui commande la manœuvre un cigare éteint au coin de la bouche, s'adresse à un pêcheur en lui lançant son bout :

« Qu'est-ce qui se passe ? C'est bien calme ici ?

— C'est parce qu'il y a un fou dans l'île.

— Un fou ?

— Oui, avec un revolver. Hier, il a failli violer une femme. »

Et là-dessus le brave pêcheur s'en va, laissant les autres passagers du bateau : deux hommes et deux femmes, en grande discussion sur le quai. Vont-ils rester ou gagner une autre île ? Ils n'ont pas encore pris de décision lorsqu'un grand gaillard, massif, vêtu d'un jean et d'une chemise blanche, sort d'une ruelle. L'homme a les yeux noirs derrière de longs cils, il boite légèrement. A quelques mètres du quai, il reste plaqué contre un mur et leur demande de loin en bégayant s'ils ont croisé, quelque part, le *Yosepine :* « C'est un bateau de plaisance » dit-il.

« Oui, répond l'un des passagers du bateau. Nous sommes partis d'Ithaque en même temps que lui. Mais il allait à Corfou. »

La situation en est là, et quelques secondes passent. Puis, dans le port silencieux, résonne un bruit de pas. Pendant un instant, on n'entend que le claquement des drisses contre le mât métallique du seul yacht qui soit resté là, et ce pas lent d'un homme pour le moment invisible. Enfin l'homme apparaît. Il est en uniforme et c'est le flic. Le seul flic de l'île qui dégaine un revolver. Avec une rapidité incroyable l'homme en jean, sortant lui aussi un revolver de sa ceinture, tend le bras et fait feu. Le policier s'écroule. Tout a été très vite, mais les quatre Italiens, debout sur le quai, refluent en hâte vers leur bateau. Ils ont compris, c'est le fou !

Mais le fou les a rejoints. Son revolver dans les côtes de l'homme au cigare, il saute en même temps que lui sur le pont et intime l'ordre d'appareiller.

« Où allons-nous ? » demande l'homme au cigare.

Et le tueur lui ordonne d'aller à Corfou. Il veut retrouver le *Yosepine* coûte que coûte. C'est Dominico, ce tueur. C'est lui le taureau fou. Et il cherche son toréador, car la corrida n'est pas finie.

Hélas, une regrettable confusion se produit dans le port de Zante. Personne ne voit Dominico s'embarquer et tout le monde trouve normal que le bateau quitte l'île comme les autres l'avaient fait. La vérité n'apparaît qu'au cours de l'après-midi lorsque les battues, organisées par une centaine de policiers venus du continent, demeurent sans résultat. De plus, le bateau de l'homme au cigare reste sourd aux appels radio. Cela évidemment ne prouve pas grand-chose, car les plaisanciers se servent très peu de leur radio souvent mal réglée, mais c'est inquiétant. Vers 15 heures un hélicoptère, grâce aux renseignements fournis par d'autres navigateurs, repère une minuscule tache blanche à la pointe d'un immense sillage. Il s'en approche. C'est le bateau de l'homme au cigare qui fonce dans un nuage d'écume vers l'île de Corfou.

Le pilote descend l'hélicoptère jusqu'à toucher les cannes destinées à la pêche au thon qui hérissent verticalement le bateau à bâbord et à tribord. Deux femmes se dressent à son approche et lui font signe de s'éloigner. Elles hurlent, mais en vain, dans le vacarme conjugué du navire et de l'hélicoptère. Finalement, le pilote croit comprendre que le fou est à bord et qu'il tient les deux hommes à sa merci dans la cabine au poste de pilotage. Le pilote envoie par radio à la vedette de la douane, le relevé de la position et la direction prise par le petit bâtiment. Et c'est vers 6 heures du soir, seulement, le long de la côte ouest de Corfou, que la vedette de la douane aborde l'embarcation. Celle-ci avance maintenant très lentement et sur un seul moteur qui tourne au ralenti. Les quatre passagers accueillent les douaniers avec de grands gestes de soulagement :

« Où est-il ? demandent les policiers.

— Parti ! s'exclament gaiement les passagers un tantinet ivres. D'ailleurs des bouteilles de champagne vides flottent dans leur sillage.

— Parti ? Où ça parti ?

— Un moment on a longé la côte de Corfou à 100 ou 200 brasses, explique l'homme au cigare, et comme on était presque à sec de fuel, il a préféré partir dans le youyou.

— Vous l'avez vu débarquer ?

— Oui. Un moment j'ai pensé à lui foncer dessus pour le chavirer. Mais il avait son revolver et les femmes m'en ont dissuadé.

— Vous avez parlé avec lui ?

— Non.

— Il vous a dit qui il est. Où il allait ?

— C'est un Italien et il cherche le *Yosepine*... C'est un yacht que nous avons vu hier à Ithaque. Il porte un pavillon panaméen. C'est tout ce qu'on peut dire. »

Cette fois la police grecque avertit le Bureau central national d'INTERPOL à Athènes qui, lui-même, demande au BCN de Rome des renseignements concernant un Italien qui semble en proie à une crise de démence et recherche le *Yosepine,* un bateau battant pavillon panaméen, croisant dans les îles Ioniennes.

INTERPOL identifie immédiatement Dominico Autori et la corrida s'organise, cette fois dans l'île de Corfou. Apparemment la tâche de la police est facile. Puisque le forcené cherche le *Yosepine,* il suffit de trouver le yacht avant lui et de l'y attendre de pied ferme.

Mais il y a des taureaux vicieux dont les réactions sont totalement imprévisibles. Depuis qu'il a débarqué dans Corfou, le tueur n'a pas chômé. Une Française d'une quarantaine d'années conduit sa voiture, sa fille — une jolie blonde de seize ans — assise à côté d'elle. Elles voient surgir, debout au milieu de la route, un homme massif en blue-jean et chemise blanche, ruisselant, qui les arrête pour leur demander en bégayant de le conduire au port de Corfou. La femme regarde l'homme et lui trouve un air bizarre :

« Qu'est-ce qui vous est arrivé ? »

L'homme, agité au point qu'il semble incapable de s'exprimer clairement, déclare qu'il a fait naufrage. Comme la femme hésite, l'homme sort un revolver et l'appuie sur sa tempe. A demi bégayant à demi hurlant, il lui fait comprendre qu'il est inutile de discuter et qu'il n'a pas de temps à perdre. Mais la voiture n'a que deux portes et comme l'homme entend s'asseoir à l'arrière, pour mieux surveiller les deux femmes, la jeune fille est obligée de descendre, sous le regard fou de l'agresseur. Elle sent qu'il l'examine des pieds à la tête. Quand la voiture démarre, l'homme prend ses longs cheveux blonds dans sa main, et la maintient légèrement en arrière, collée au siège. Elle crie :

« Mais lâchez-moi ! Vous me faites mal !

— Lorsque je vous lâcherai... »

La phrase reste en suspens. L'homme semble étouffer de rage et d'impuissance à la fois. Son regard est terrifiant. La mère conduit le dos droit, raide de peur, un œil sur sa fille, le cou renversé, pâle... et un incident va les sauver. En entrant dans Corfou, à un carrefour, la mère qui conduit comme un automate emboutit un autobus. Devant les voyageurs stupéfaits, l'homme jaillit de la voiture et s'enfuit après avoir tiré trois coups de revolver en direction du chauffeur descendu de son siège, et qui s'apprêtait à l'interpeller. Il disparaît sans l'avoir atteint. Le lendemain matin, la radio ayant largement et dramatiquement informé la population de Corfou, chacun cherche à reconnaître dans les passants l'homme qui tue les blondes. La police, elle, se doute déjà qu'il n'y a plus aucune chance de le rencontrer dans l'île. Un pêcheur vient de révéler qu'un homme en blue-jean et chemise blanche et qui boite lui a demandé en bégayant où était le *Yosepine.*

Dominico Autori a volé au matin un chriscraft et gagné le continent, distant à cet endroit d'une vingtaine de milles. En débarquant, il a immédiatement enlevé une femme — une blonde de trente-cinq ans — qu'il a entraînée dans les rochers, violée et tuée à coups de couteau.

INTERPOL ayant fait parvenir à la police grecque une photo de

Dominico Autori, il est reconnu par un policier alors qu'il entre dans le village de Igoumenitza. Le forcené barbu, sale, taché de sang et ivre de fatigue, tire aussitôt. Mais le policier riposte et parvient à le blesser à une jambe sans pouvoir toutefois l'empêcher de s'enfuir à nouveau.

Pendant ce temps, la police maritime a retrouvé le *Yosepine.* Il est caché tranquillement dans une crique en face de Corfou. Une vedette vient mouiller à côté de lui, et un hélicoptère survole les abords de la crique qu'une armée de policiers envahit. Germaine Bolognini, le blond mannequin aux yeux bleus, apprend alors avec stupeur l'atroce conséquence de sa rupture.

« Il doit être par là ! lui dit un policier. Vous ne devez pas aller à terre. »

Debout sur le pont du *Yosepine,* la jeune femme regarde autour d'elle le paysage idyllique, les rochers, l'eau transparente, le sable doré et, plus loin, les broussailles et cette végétation luxuriante qui ruisselle des hauteurs. Elle ne voit rien d'autre, mais c'est vrai, l'homme est là-haut, sur la colline, tapi au pied d'un mur de pierre. Il voit s'agiter au loin l'uniforme verdâtre des policiers et, tout en bas à ses pieds, comme suspendu entre ciel et terre tant l'eau est claire, le *Yosepine,* la vedette de la police maritime, et sur le pont du yacht, parlant avec les policiers la blonde Germaine Bolognini. De sa cachette il ne peut rien tenter. La femme est trop loin. Mais s'il pouvait atteindre cette maison à droite, cette vieille ferme en ruine, tout au bord de la falaise, il pourrait tirer.

Dominico rampe, se glisse et se faufile enfin dans la vieille bâtisse, au bord de la falaise. A son entrée, une femme en noir au visage ratatiné se dresse. La vieille monténégrine est d'une race intrépide, un peuple qui n'a jamais été vaincu, même par les Turcs, même par les nazis. Elle n'a pas peur. Pourtant, elle sait. Un poste de radio murmure tout prêt d'elle. Elle a reconnu l'homme. Mais le tueur, tout à sa fureur, ne lui prête aucune attention. Son revolver à la main, il prend dans sa poche, au milieu d'une poignée de cheveux blonds, les quelques balles qui lui restent et monte l'escalier à claire-voie qui mène au premier étage.

La vieille, le regard levé, suit les pas de l'homme au plafond. Puis elle va chercher un fusil, accroché contre le mur derrière la porte. C'est un fusil à deux coups. Elle y introduit deux balles qu'elle a prises au passage dans une boîte en bois. Elle entend l'homme piétiner, là, au-dessus, juste là, devant la fenêtre du premier étage. Alors, elle lève son fusil, appuie le canon contre le plafond et appuie sur la gachette. Une seule fois.

Elle a gardé le deuxième coup pour tourner le canon de son fusil vers l'escalier. Mais c'est inutile. Elle repose la crosse sur le sol. Un grand bruit a fait vibrer le plafond d'où s'échappent quelques grains de poussière. Au-dessus d'elle, l'homme s'est effondré.

Le taureau est mort. Il était bien malade mais son toréador n'y croyait pas vraiment.

DU DANGER DE LA BÊTISE EN MATIÈRE DE LECTURE

Dans la salle des télétypes du Secrétariat général d'INTERPOL, un message s'inscrit en code, signe par signe, sur une bande perforée. L'opérateur suit des yeux les petits trous qui racontent une histoire angoissante, en termes mesurés et précis :

« Sans nouvelles d'un autocar transportant vingt-six enfants en vacances à Appenzell, en Suisse, qui devait excursionner en Autriche pour la journée. Le poste de frontière de Wildhaus a enregistré son entrée en Autriche. Les enfants étaient attendus pour un petit déjeuner à Feldkirch. Avons fait effectuer des recherches sur itinéraire présumé. Aucun accident n'a été signalé. Craignons kidnapping. Demandons toutes informations concernant l'autocar, marque Scania Vabis, de couleur blanche, appartenant à la Société anversoise de transport automobile et sur le chauffeur Julius Ernster, d'origine néerlandaise. Vu disposition géographique, il peut volontairement, ou par suite d'une erreur, être passé en Allemagne, au Lichtenstein, en Italie ou être retourné en Suisse. Toutefois, les postes frontières Autrichiens ne signalent pas sa sortie. Signé Bureau National d'INTERPOL de Zurich. »

Une fois décodé, le message file à la division police d'INTERPOL, où les responsables accumulent les points d'interrogation. Un autocar et son chauffeur qui disparaissent avec vingt-six enfants à bord, c'est un kidnapping hors du commun. Peut-être même un attentat politique.

En moins de temps qu'il n'en faut pour le dire, le téléphone sonne un peu partout, d'Anvers jusqu'à Rome. Tandis que la police autrichienne enquête sur le terrain, INTERPOL s'efforce de rassembler le maximum de renseignements concernant l'autocar et ses occupants.

D'abord les occupants : vingt-six enfants de douze à seize ans, de la région anversoise, généralement des fils et des filles d'ouvriers diamantaires, donc de classe sociale très modeste. Ils appartiennent à une paroisse de la ville qui organisait un camp de vacances à Appenzell, en Suisse, non loin de la frontière autrichienne entre le Lichtenstein et le lac de Constance. Les enfants sont partis le matin même, à 8 heures, pour une excursion en Autriche qui devait les conduire jusqu'à Innsbruck. Ils étaient attendus pour le petit déjeuner à Feldkirch par le jeune moniteur qui avait préparé l'excursion. A 10 heures, ils n'étaient pas là, ni à 11 heures. Le jeune moniteur, depuis la maison forestière où ils devaient prendre le petit déjeuner, est entré en rapport téléphonique avec le camp de vacances où on lui a répondu que le car était parti à l'heure. Jusqu'à midi, le camp de vacances appelait plusieurs fois pour avoir des nouvelles de l'autocar. Comme à midi celui-ci ne s'était toujours pas manifesté, les responsables du camp ont pensé, bien entendu, qu'un accident imprévu pouvait avoir obligé le chauffeur à sauter l'étape du petit déjeuner. Mais, dans ce cas, vers 1 heure au plus tard, on aurait dû le voir arriver à Innsbruck pour le repas de la demi-journée. Innsbruck étant de son côté sans informations, le camp de vacances a demandé au jeune moniteur à la maison forestière et au restaurant d'Innsbruck d'avertir la police autrichienne locale. Celle-ci a fait effectuer des recherches par des policiers à moto sur l'itinéraire présumé de l'autocar, depuis le poste frontière, où son passage a bien été signalé, jusqu'à Innsbruck. Tout le long de ce trajet, d'environ 120 kilomètres, aucun accident, aucun autocar en panne, les tavernes et les restaurants n'ont pas reçu la visite des enfants.

Un hélicoptère a fait alors le trajet pour examiner les bas-côtés de la route et, bien entendu, les pentes et les précipices, nombreux dans cette région montagneuse. Rien, aucun mauvais renseignement concernant le chauffeur qui semble jouir d'une excellente réputation. La photo de cet homme est rapidement distribuée à toutes les polices. On y voit un homme apparemment sympathique. Visage rond, petits yeux sombres et vifs, cheveux noirs plantés bas sur le front, l'air à la fois attentif et jovial. Aucun poste frontière ne signale le passage du car. C'est la disparition la plus mystérieuse qui soit.

D'habitude, la machinerie huilée du Secrétariat général d'INTERPOL tourne toute seule. Son rôle est de servir de plaque tournante en matière d'informations pour les bureaux nationaux des pays étrangers. Il ne lui appartient donc pas d'intervenir dans les affaires des polices étrangères quelles qu'elles soient. Mais l'important est de savoir s'il s'agit d'une affaire politique ou non, cela devant conditionner l'attitude d'INTERPOL. Mais les spécialistes n'ont pas d'avis pour l'instant, car il est encore trop tôt, et il n'y a pas de précédent. Les seules affaires ayant un vague rapport avec celle-là ont été, en effet, des affaires ayant plus ou moins la forme politique d'opérations militaires ou de guérillas, avec demande de rançon.

La grande question est : qui espère une rançon pour vingt-six enfants dont les parents sont des gens modestes ? Des ouvriers travaillant dans la taille du diamant mais qui n'en possèdent pas, bien entendu. Si les kidnappeurs savent à qui ils ont affaire, c'est qu'ils ont destiné la demande de rançon à quelqu'un d'autre. Peut-être à une collectivité. Au président d'une association ou d'un syndicat de diamantaires. Les diamants ne sont pas une coïncidence dans cette histoire. C'est ce que tout le monde pense, en attendant des nouvelles.

La radio, la télévision, elles, n'attendent pas. Cet extraordinaire fait divers a filtré, propagé par les informations du soir, en Autriche, en Suisse alémanique et surtout en Belgique. Les ambassades et les consulats harcèlent les gouvernements concernés. La paroisse d'Anvers, d'où sont originaires les enfants, crée une permanence où les parents affolés se réunissent le soir-même. La police d'Innsbruck, renforcée par un commando spécial d'inspecteurs, fait procéder à des interrogatoires, tant à la maison forestière qu'au restaurant où étaient attendus les enfants. La police suisse interroge le personnel du camp de vacances d'Appenzell. Trois pays sont sur le pied de guerre. Et les organisations professionnelles du diamant à Anvers surveillent leur courrier avec angoisse. D'où va jaillir la demande de rançon ? A qui ? Et pourquoi ?

Mais la nuit passe sans apporter de réponses à toutes ces questions. Ce n'est que le lendemain qu'un avion d'observation de l'armée autrichienne découvre à 600 mètres de la route une tache blanche sous les arbres d'un bosquet. Il s'approche, effectue trois ou quatre virages. Pas de doute, c'est un autocar. Et il s'agit bien du car Scania Vabis de la Société anversoise de transport automobile. Mais il n'y a personne à l'intérieur, ni les enfants, ni le jeune moniteur, ni le chauffeur.

Par contre, beaucoup de choses semblent y avoir été abandonnées. Les imperméables et la sacoche contenant les papiers d'identité des enfants, ainsi que les papiers officiels du car et du chauffeur. Il n'y a pas de traces de lutte, mais le car donne l'impression d'avoir été abandonné dans un certain affolement : une porte n'est pas refermée, des vêtements sont tombés au milieu de l'allée centrale et y sont restés.

Sur le chemin, les enquêteurs observent des traces de pneus de camions qui se sont superposées à celles de l'autocar. Or, si des camions sont venus jusqu'à ce bosquet, ils devraient avoir vu l'autocar, et, considérant le battage qui est fait autour de cette affaire, il serait bien étonnant que les conducteurs n'aient pas averti la police. Donc il s'agit probablement de camions ayant participé activement à la disparition des enfants. C'est bien un kidnapping. Et il faut être bien organisé pour kidnapper d'un coup vingt-six enfants.

Quiconque ayant été instituteur ou chef de colonie de vacances se rendrait compte de l'énormité de la tâche. Vingt-six gosses, ça discute, ça proteste, ça pleure et ça réclame sans arrêt quelque chose. Pour les transporter dans un camion sans attirer l'attention, il ne faut pas avoir un long parcours à faire. L'avis d'INTERPOL est donc qu'il ne s'agit pas d'une opération politique. Cette opinion est confortée par le fait qu'aucune demande de rançon, aucune exigence quelconque n'a vu le jour depuis vingt-quatre heures, et qu'aucun groupuscule n'a revendiqué l'enlèvement. L'avis d'INTERPOL est ensuite qu'il ne s'agit pas non plus de l'œuvre de professionnels. Des professionnels ne prendraient pas le risque d'enlever vingt-six enfants, là où un seul suffirait...

Des professionnels n'auraient pas laissé traîner les papiers d'identité des enfants, sachant qu'ils représentent la meilleure identification possible. Et la meilleure preuve pour un kidnappeur qu'il détient le kidnappé. Or tout kidnappeur a besoin de faire la preuve qu'il détient un otage pour demander une rançon. Non, décidément, on pense, au sommet d'INTERPOL, qu'il s'agit de l'œuvre d'un isolé, deux ou trois peut-être. Et que cette affaire, sans lien politique, peut être traitée par INTERPOL comme une affaire de droit commun.

L'enquête repart donc sur le principe que l'idée de l'enlèvement n'a pu venir qu'à des personnes relativement proches des enfants et qui connaissent bien la région. Avec peut-être la complicité du chauffeur. Il est évident également que le ou les kidnappeurs étaient au courant de l'excursion longtemps à l'avance. C'est donc du côté suisse qu'il faut chercher, puisque le voyage a été organisé depuis la Suisse.

Ce raisonnement est un bon raisonnement. Il se trouve d'ailleurs rapidement étayé par un témoignage imprévu. Un jeune homme se présente timidement à la police suisse. Il est bibliothécaire à Appenzell. Toute la journée, il loue des livres à la bibliothèque, et il note soigneusement sur un registre le nom des emprunteurs. Il se souvient avoir prêté un livre il y a quelque temps, livre qu'il a lu, comme presque tous les autres. Et ce livre, qui raconte une histoire criminelle imaginaire, raconte justement l'histoire de l'enlèvement d'un car avec neuf enfants et leur chauffeur par un groupe de jeunes gens. La coïncidence est trop grosse pour que la police ne démarre pas immédiatement sur cette piste.

Sur le registre de la bibliothèque est inscrit le nom d'une jeune fille italienne, bonne à tout faire à Appenzell. La jeune fille est interrogée rapidement, mais elle n'a plus le livre. Il est retrouvé, par contre, dans la bibliothèque de son patron, un entrepreneur de travaux publics. Mais l'homme ignore totalement comment ce livre est arrivé chez lui, il ne l'a pas lu. Son fils peut-être. Il est possible que le livre ait traîné à l'office quelque temps et atterri au salon, ramené par lui. Mais l'étonnement du père est immense en apprenant le pourquoi de cette grande enquête autour d'un malheureux bouquin. Il n'imagine pas son fils en kidnappeur. Quel père l'imaginerait, d'ailleurs ? Pour ne rien arranger, le fils, qui a vingt-deux ans, est parti en voiture il y a plusieurs jours pour camper sur la côte adriatique, en Yougoslavie. Il a donc traversé l'Autriche, mais il est impossible de le joindre actuellement. La police estime toutefois que l'audition du jeune homme est impérative et lance un avis de recherche en Yougoslavie.

Au cours de cette deuxième journée, dans la presse et à la radio belge le ton commence à monter ainsi qu'en Autriche et en Suisse. On publie des photos du car retrouvé dans le bosquet, des pages entières des photos des enfants, et surtout les déclarations et les supplications affolées des parents. Et la nuit tombe pour la deuxième fois sur leur angoisse.

La même nuit, un cantonnier demeurant près d'une carrière des environs de Fielkierch dort à poings fermés. Il a clos ses volets à cause des moustiques et ouvert sa fenêtre à cause de la chaleur. Vers 11 heures du soir, il est réveillé par des bruits de pas dans son jardin. Les pas d'une véritable foule. Il a l'impression que sa maison est littéralement encerclée. Il s'empare d'un fusil de chasse, tandis qu'on tambourine à sa porte, et crie :

« Qui va là ? »

Une voix d'homme lui répond en allemand, mais avec un accent bizarre :

« Ouvrez-nous.

— Pourquoi ?

— On nous a kidnappés ! »

Le brave cantonnier est comme tout le monde au courant des rebondissements de l'affaire, il a vu toute la journée les policiers sillonner la route et battre la campagne, cela ne l'empêche pas de tomber des nues. Il entrouvre la porte avec une grande prudence et aperçoit sous la lune un homme hirsute, presque nu et couvert de sable. Tout autour de lui, une ribambelle d'enfants ébouriffés, les plus âgés tenant la main des plus jeunes.

« C'est vous qu'on a kidnappés ?

— Oui, c'est nous. »

Le cantonnier ne lâche pas son fusil.

« Restez là, je vais prévenir la police. »

Un quart d'heure plus tard, une voiture de police s'arrête devant la maison, suivie d'un car d'hommes en armes et casqués, lui-même suivi de trois ambulances.

La scène est étrange et attendrissante. Le cantonnier, en caleçon, son fusil à la main, sa femme en chemise de nuit donnent à boire aux enfants assis calmement. Ils sont rapidement relayés par un docteur et trois infirmières. Tandis que le chauffeur de l'autocar, toujours en slip, est interrogé par trois inspecteurs en civil.

« Ça s'est passé hier matin, vers 9 heures et demie. Tout d'un coup, j'ai été obligé de freiner sec ; la route était barrée par deux camions et trois ou quatre hommes avec des fusils pointés sur moi. L'un d'eux est monté et m'a obligé à rouler sur un chemin vers un bosquet.

— Vous pourriez reconnaître ces hommes ?

— Non, ils avaient tous des foulards avec des trous pour les yeux. Les enfants criaient, appelaient au secours. Les deux camions nous suivaient. Dans le bosquet, ils nous ont fait descendre et monter dans l'un des camions. On a roulé à peine vingt minutes, et ils nous ont débarqués. On était dans une carrière, un vieux camion était enterré, complètement enterré, il n'y avait qu'une ouverture dans le toit. Ils m'ont fait descendre le premier. Puis les enfants. J'ai vu autour de moi des conserves, des bidons d'eau et des matelas. Mais les salauds ont posé une grande plaque de tôle au-dessus du trou et fini d'enterrer le camion en jetant du sable et de la terre. Ils nous avaient laissé une grosse lampe électrique, mais j'ai eu du mal à calmer les enfants et j'ai inspecté le camion, tant bien que mal. La première nuit et la journée ont été longues... je distribuais des vivres aux enfants. Puis l'air est devenu irrespirable. J'ai compris qu'on allait mourir asphyxiés, alors j'ai fait empiler les matelas pour atteindre le trou. J'ai réussi à soulever un peu la plaque de tôle, je l'ai calée avec des boîtes de conserve. J'ai déblayé le sable. J'ai demandé aux plus petits de se glisser entre la plaque de tôle et le camion et de tirer vers eux le sable qu'on faisait tomber dans le camion. Quand les garçons n'en pouvaient plus à cause de la chaleur, je les arrosais d'eau pour les rafraîchir. Enfin, vers 10 heures et demie, j'ai réussi à soulever complètement la tôle. Heureusement qu'on s'en est sortis nous-mêmes, sinon on serait morts asphyxiés.

Il ne faudra pas plus de quinze jours pour arrêter, dans différents pays d'Europe : le fils de l'entrepreneur d'Appenzell, deux de ses jeunes voisins et leur ami autrichien de vingt-trois ans, qui avait loué les deux camions et dont le père était propriétaire de la carrière. Il avait lu un livre stupide, qu'un jeune bibliothécaire de son âge avait lu aussi, car lui n'était pas stupide et faisait son métier, qui est de tout lire, même les livres stupides. En fouillant dans la voiture du jeune Autrichien, on a trouvé le brouillon d'une demande de rançon s'élevant à cent millions de francs belges. Les jeunes gens comptaient se rendre à Anvers et trouver sur place l'adresse de l'organisme le plus apte à verser une telle somme. Sans doute pensaient-ils que les enfants et le chauffeur pouvaient rester dans la cachette souterraine plusieurs semaines. Comme dira le procureur :

« Voici quatre jeunes rêveurs dangereusement bêtes et méchants. »

LA PERSÉCUTION

Un car s'arrête devant un hôtel. Six policiers en descendent et se précipitent dans l'hôtel. Il est 11 heures du soir, mais le soleil vient à peine de disparaître à Trondheim, en Norvège. C'est le mois de juin. Au concierge terrifié, l'un des policiers demande :

« Mademoiselle Dany Etberg ?

— Porte 18.

— Vous avez un passe ? Oui, alors suivez-nous. »

Cavalcade dans l'escalier, puis l'un des policiers frappe à la porte 18. Personne ne répond, il frappe une deuxième fois. Une voix de femme, jeune, endormie, apparemment surprise, demande :

« Qu'est-ce que c'est ?

— Police ! Ouvrez ! »

Comme la porte tarde à s'ouvrir, le policier s'adresse au concierge :

« Allez ! Ouvrez-moi cette porte ! »

Deux policiers font irruption dans la chambre, les autres restent dans le couloir. Devant eux, une très jeune femme essaie d'enfiler une robe de chambre sur une chemise de nuit très courte et quasiment transparente. Très courte, car en 1957 les vêtements féminins sont très courts, et pourquoi pas transparente, car la jeune femme est positivement ravissante. Elle est blonde avec de très longs cheveux, de grands yeux bleus, un beau visage ovale aux traits réguliers, seul le nez est légèrement retroussé. Mais nul ne s'en plaindrait. Devant l'irruption des deux policiers, elle reste saisie. Puis regarde, avec autant de stupeur que d'effroi, les uniformes qui attendent dans le couloir.

« Mais qu'est-ce qu'il y a ? Qu'est-ce qu'il y a ? »

C'est tout ce que la jeune Dany Etberg, vingt et un ans, trouve à dire, et sa voix sonne comme celle d'une petite cloche fêlée. Grognon, le policier lui enjoint de s'habiller.

« Mais, mais qu'est-ce que j'ai fait ?

— On verra ça au commissariat ! »

Dans le couloir surgit un metteur en scène de cinéma. Célèbre, mais que nous appellerons Olofson. Il se trouve à Trondheim, et Dany est sa maquilleuse. Olofson a été réveillé par le bruit et tente de s'interposer, mais il est brutalement repoussé ; et Dany est emmenée sous les yeux stupéfaits de toute la petite troupe du metteur en scène. Au bureau de police de Trondheim, on enferme Dany dans la pièce réservée aux interrogatoires :

« Asseyez-vous là et attendez. »

Dany attend. Un policier est en faction devant la porte. Dix minutes, un quart d'heure, une demi-heure passent. Le dernier rayon de soleil se glisse dans la pièce lugubre puis disparaît. Trois quarts d'heure, une heure. Dany est dans un état de tension insupportable lorsque, vers minuit et demi, un policier en civil, au visage dur et pressé, entre enfin dans la salle. Il pose une question brutale :

« Qu'avez-vous fait de l'enfant ? Allons, répondez-moi, qu'avez-vous fait de l'enfant ? »

Dany est au bord de la crise de nerfs. Elle cherche autour d'elle un regard auquel se raccrocher. Mais rien que ce policier dur et pressé :

« Ce que j'ai fait de l'enfant ?

— Je n'ai pas l'intention de perdre mon temps avec vous mademoiselle. Nous avons des renseignements sûrs. C'est vous qui avez enlevé le jeune Henrich. »

Dany tente de se souvenir. Ce nom lui dit quelque chose. La télévision et les journaux ont parlé de cette affaire la veille au soir : le jeune Henrich, enfant d'une famille riche, est sorti pour jouer et a disparu. La police norvégienne, mobilisée pour rechercher l'enfant et son ravisseur, attend une demande de rançon.

« Que faisiez-vous entre 17 heures et 20 heures hier au soir ?

— J'ai quitté le tournage en même temps que tout le monde, et puis je suis allée au cinéma. »

Bien entendu, c'est invérifiable, et plus Dany nie sa participation à ce kidnapping, et moins le policier la croit. Il l'abandonne à nouveau, et elle reste seule dans la salle des interrogatoires. Vers 5 heures du matin, une femme policier entre.

« Vous pouvez partir mademoiselle. Vous êtes libre. L'enfant vient d'être retrouvé. »

Dany, éberluée, demande :

« Mais pourquoi m'a-t-on amenée ici ?

— Un coup de téléphone anonyme », répond la femme policier.

De retour à son hôtel, Dany retrouve d'abord son lit puis la troupe du film. Persuadée qu'elle a été la victime d'une erreur et que cela ne se reproduira plus jamais. Ce en quoi elle se trompe.

Dany quitte Trondheim pour retrouver Stockholm où vit sa famille. Six mois plus tard, il se produit un hold-up à Stockholm, et la police reçoit une lettre exprès dénonçant Dany. Même scénario. N'ayant pas d'alibi, elle passe deux jours en prison, puis on identifie les auteurs du hold-up et Dany rentre chez elle : on s'était trompé de blonde ! La femme qui avait participé au hold-up portait une perruque. Dany a les nerfs quelque peu ébranlés quand, un matin, on frappe à sa porte. Deux policiers lui disent de s'habiller et de les accompagner au commissariat, et là on lui apprend qu'elle est suspectée de meurtre. Un enfant de cinq ans a été enlevé et retrouvé étranglé. La police a reçu une lettre anonyme tapée à la machine en lettres capitales disant : « Voyez Dany Etberg. »

« Je ne suis pour rien dans cette affaire, affirme la jeune femme.

— Peut-être. Mais vous avez déjà été suspectée d'enlèvement. »

Mais, avant que Dany ait trop à souffrir des interrogatoires, l'auteur du crime est retrouvé. La première dénonciation s'était faite sur un coup de téléphone anonyme dont on ne connaît pas la provenance. La seconde par un télégramme venu d'un bureau de poste de Stockholm. La troisième par une lettre dactylographiée, de Stockholm également.

Quelqu'un en veut à Dany, c'est certain, mais qui ? Et de quoi ? Étant donné la beauté exceptionnelle de la jeune femme, il pourrait s'agir d'un amoureux éconduit. Le père de Dany décide sa fille à porter plainte, et la police procède à une vague enquête parmi les anciens flirts, qui ne donne rien. Le contraire eût été étonnant. L'enquête était vraiment trop vague. Et c'est bien dommage, car au cours des trois années suivantes le même scénario recommence plusieurs fois. Dany accueille maintenant la police suédoise avec sang-froid et elle ne vient que par acquit de conscience. Mais, lorsque le même incident survient en Angleterre, au cours du tournage d'un film, il prend cette fois des proportions graves. Par INTERPOL, Scotland Yard interroge la police suédoise qui répond que Dany est persécutée par un accusateur systématique. Mais cela ne disculpe pas totalement la jeune femme, qui doit rester plusieurs jours à la disposition de la justice et ne pas quitter l'Angleterre pendant un mois. En raison du vieil adage selon lequel « il n'y a pas de fumée sans feu », un réel halo de suspicion entoure maintenant Dany Etberg qui se sent traquée. Désormais, elle prend la précaution de rédiger sur un cahier son emploi du temps, de noter ses horaires d'entrées et de sorties et de signaler à un témoin quelconque sa présence dans une salle de cinéma ou de théâtre. Mais ce n'est pas une vie, et, lorsque Olofson et son équipe s'en vont tourner un film en Italie, Dany, au soleil de Naples, se croit suffisamment à l'abri de son persécuteur pour négliger ses habituelles précautions. Pendant qu'Olofson tourne dans le merveilleux décor d'Amalfi, au sud de Naples, il y a dans l'équipe abondance de messes basses, conciliabules secrets et rendez-vous furtifs : un petit drame amoureux se noue entre l'un des jeunes acteurs du film, une starlette et Dany Etberg. Il n'y a pas lieu de s'étendre sur ce sujet, sinon pour signaler que le jeune acteur n'a que dix-sept ans et que Dany oublie de plus en plus ses problèmes au soleil.

Après quinze jours de tournage, l'équipe est libérée pour un week-end à Rome. Mais le lundi matin, le jeune acteur n'est pas présent à l'appel. Son cadavre est retrouvé dans une chambre de la villa Castel dei Fiori, mise à la disposition de la troupe par le producteur du film. La mort remonte à vingt-quatre heures au moins : abus de drogue, dit le médecin légiste.

L'incident fait grand bruit, on en parle dans la presse du monde entier. La police italienne établit qu'une jeune femme a passé la nuit avec le jeune acteur. Celui-ci n'ayant jamais fait usage de drogue, il est évident que la responsabilité de cette femme est gravement engagée. Et, parmi les deux ou trois suspects possibles, il y a Dany Etberg.

C'est alors que la police italienne reçoit une longue lettre tapée à la machine, rédigée en anglais, postée à Stockholm et qui accuse formellement la maquilleuse. La lettre prétend que Dany s'est déjà adonnée à la drogue dans des moments de dépression. Ayant lu l'affaire dans les journaux, le correspondant n'a pu s'empêcher d'en rapprocher les circonstances avec une expérience qu'il a lui-même vécue avec la jeune femme, il y a quelques années, alors qu'il était lui-même mineur, et qui a failli très mal se terminer. La police voudra bien comprendre, écrit-il, que pour cette raison, justement, le correspondant préfère garder l'anonymat.

« Où avez-vous passé la nuit du samedi au dimanche ? demande la police à Dany Etberg.

— Dans la villa Castel dei Fiori. Mais dans une autre chambre. Je ne savais même pas que le malheureux jeune homme y était aussi. »

Et le scénario habituel recommence : interrogatoires, vérification de l'emploi du temps. Mais, cette fois, tout tourne mal. L'examen médical de Dany effectué trois jours après le drame ne permet pas d'établir si elle a oui ou non usé de drogue. Il est vrai qu'elle a couché seule dans une chambre de la villa, mais elle peut y avoir couché seule dans la nuit du dimanche et avoir passé la nuit du samedi avec le jeune acteur.

Interrogé, INTERPOL, à Stockholm, répond une fois de plus que Dany est seulement connue pour être persécutée par un dénonciateur anonyme. Mais cette fois les soupçons sont trop vifs, la lettre est trop précise ; Dany est mise à la disposition du juge d'instruction. Et cette fois aussi l'affaire va trop loin.

A Stockholm, un grand bonhomme de cinquante ans, le chapeau mou en bataille, le foulard noué rageusement autour du cou, sort de chez lui ivre de rage. Il vient de lire dans un journal la mésaventure de Dany Etberg, et Dany Etberg c'est sa fille. Comme un fou, ses yeux bleus délavés pleurant de froid, il fonce à la police. Il en a « ras le bol » ! Tous ces « flics » sont des incapables ! Il va s'occuper lui-même de l'affaire, c'est en tout cas ce qu'il pense, et ce qu'il a décidé. Pour cela, il lui faut trouver l'auteur des dénonciations anonymes. Le policier du BCN d'INTERPOL qui le reçoit à Stockholm est le spécialiste des machines à écrire. Il a le même âge que le père de Dany, les mêmes yeux bleus délavés et, lui aussi, a des enfants.

« Écoutez, on a tout de même quelque chose en main, dit le père de Dany... Quatre lettres tapées à la machine. »

Le policier regarde sur son bureau les pièces du maigre dossier parmi lesquelles des originaux ou des photocopies des fameuses lettres.

« Oui, mais tapées sur quatre machines différentes. Sauf peut-être ces deux-là : la première et la dernière. La première tapée avec les caractères majuscules et l'autre en minuscules.

« Je vous en prie, aidez-moi, je vais essayer de retrouver cette machine. »

Le policier réfléchit :

« Rien qu'à l'étude de la frappe de ces deux lettres, on peut en effet déterminer exactement le type de machine dont il s'agit. Mais pourrons-nous la retrouver, même quand nous aurons sa formule exacte ?

— Qu'est-ce que c'est que la formule ? demande papa Etberg.

— Eh bien, voilà : on arrive à identifier une machine à écrire exactement comme une personne, grâce à une formule de cinq chiffres et de deux lettres. Tenez, vous allez comprendre. »

Il met sous le nez du père de Dany Etberg une des fameuses lettres.

« D'abord, on mesure avec une simple règle graduée de bureau la longueur qu'il faut pour frapper cent lettres. Ce qu'on appelle « l'échappement » ! Celui-là est de 260 millimètres pour cent lettres. Je marque donc 260. Maintenant, il faut examiner la barre des « t » minuscules. Sur les machines, la petite barre du « t » est quelquefois au milieu, mais quelquefois à droite ou à gauche. Donc symétrique ou asymétrique. Ici, elle est symétrique. Je marque « 1 » sur la formule. Ensuite, je regarde si les chiffres sont fermés ou ouverts. Ici, ils sont ouverts. Je marque la lettre « B ». Enfin, j'examine le jambage intérieur du « M » majuscule. Quelquefois le jambage descend jusqu'en bas, quelquefois pas. Ici, il descend jusqu'en bas, je marque « A ». La formule de cette machine est donc : 260-1-B-2-A. Le type de caractères est « Pica 12 », clavier universel.

Le père de Dany, qui a vu petit à petit se dessiner devant lui le portrait-robot de la machine, reprend espoir. D'autant plus que le policier lui dit :

« Encore un peu de patience, je vais voir si je peux vous donner la marque correspondant à la formule. »

Il trifouille quelques instants dans un classeur.

« Non, je ne l'ai pas. Mais le Secrétariat général va nous la donner. Ils ont une collection complète des formules correspondant à tous les pays du monde. Revenez dans deux heures. »

Et, deux heures plus tard, INTERPOL à Paris a transmis le renseignement : la 260-1-B-2-A est une portable *Olympia* fabriquée entre 1945 et 1948. Il s'agit d'un modèle standard numéro 8, et la personne qui s'en est servie pour écrire les lettres ne tapait que d'un seul doigt.

« Bonne chance, monsieur, conclut le policier. »

Mais papa Etberg est déjà dans la rue. Une vieille machine portable, on n'a pas ça dans un bureau. On a ça chez soi, dans le fond d'un placard, car on ne doit pas s'en servir souvent. Et il a son idée. Depuis le début, il a son idée. Seule une déception amoureuse peut entraîner une telle hargne chez un être. Dany a eu trois flirts sérieux. Son père a retrouvé leur adresse. L'auteur des lettres anonymes doit être l'un d'eux, et il va faire son enquête lui-même. Il se présente comme un réparateur de machines à écrire.

« C'est une erreur ! répond le premier des flirts, je n'ai pas de machine ici. »

Le second, qui est représentant de commerce, a effectivement une machine à écrire, mais la machine est moderne, et l'homme est marié. Chez le troisième, il est reçu par une vieille dame.

« Je viens réparer la machine à écrire. »

La vieille dame est très étonnée.

« La machine à écrire ? Vous m'étonnez ! Mon fils ne s'en sert pas souvent. Je ne sais même pas où elle est ?

— Pourtant, il m'a demandé de la remettre à neuf.

— Remettre à neuf cette vieille guimbarde ? Elle n'en vaut pas la peine.

— Montrez-la-moi, je vous le dirai. »

Ils cherchent ensemble la machine, et d'un placard la vieille dame sort triomphalement une vieille portable *Olympia*. M. Etberg l'ouvre assez maladroitement d'ailleurs, devant les yeux de la vieille dame incrédule.

« Non mais, vous n'allez pas remettre ça à neuf !

— Je vais l'emmener, je vous ferai un devis.

— Non, non, dit la vieille dame d'un ton péremptoire, laissez ça ici, c'est complètement idiot.

— Alors, je vais au moins regarder si elle marche. »

Etberg emprunte à la vieille dame une feuille de papier, la glisse dans la machine et comme il ne sait pas frapper, sinon d'un doigt, il prend un air concentré de technicien, tend l'oreille et scrute le mécanisme chaque fois que de l'index il frappe une touche, comme un accordeur de pianos. Lorsqu'il a enfin frappé péniblement une dizaine de lignes, il dit à la dame :

« Vous avez raison, il n'y a rien à faire. D'ailleurs elle marche bien pour son âge. »

Et il se sauve comme un voleur, court littéralement retrouver son ami le policier, car le propriétaire de la vieille *Olympia,* en apprenant qu'on est venu la vérifier, va comprendre qu'il a été démasqué et risque de s'enfuir. Une demi-heure plus tard, grâce aux dix lignes si laborieusement frappées, la machine est définitivement identifiée par la police.

Une autre demi-heure, et la police interroge le dénonciateur anonyme. Olav Christiansen avoue très vite. Son excuse : il n'était pas assez bien pour Dany mais il n'avait jamais aimé qu'elle, et il pensait qu'après un séjour en prison elle aurait été bien heureuse de le retrouver et de l'épouser. En somme, il voulait rendre l'objet de son amour aussi méprisable que lui, mais c'était difficile. Il a été condamné à cinq ans de prison pour diffamation et fausses accusations. Mais quand on songe à la vie de la malheureuse Dany Etberg pendant un an, ce n'est pas cher payé.

LE NUMÉRO 127 ET SON FILS

Duelta est un petit village de trois cents âmes, à 95 kilomètres de La Paz, capitale de la Bolivie. Ici, les chemins empierrés, sans commencement ni fin, naissent et se perdent dans une nature luxuriante où s'élèvent quelques jolies résidences secondaires mêlées aux habitations plus modestes des paysans. Ce dimanche soir est calme. Une villageoise avance le long d'un petit chemin et fait une horrible rencontre. Il y a là, à genoux contre un arbre, le cadavre déjà froid d'une jeune fille. La pauvre femme affolée court prévenir la police, représentée à Duelta par un brave garde champêtre qui n'a jamais vu de sa vie un cadavre sanglant. La jeune fille a été tuée de deux balles de fort calibre, tirées dans le dos. Elle a glissé le long de l'arbre en s'affaissant pour rester dans cette curieuse position. Comme à genoux et en prières. Pieusement le garde champêtre emporte la jeune fille dans ses bras et s'en va prévenir la police de la capitale, la grande police, et il attend, impressionné, dans son petit bureau l'arrivée du commissaire Luis Gaudi et de ses deux inspecteurs.

Mais, décidément, le bureau du garde champêtre est minuscule. Accompagné de ses deux inspecteurs, le commissaire Gaudi marche d'un pas incisif. Petit, mince, il porte une moustache mince au-dessus de ses lèvres minces et rumine perpétuellement un cigare très mince. En un tournemain, dans cette pièce de 6 mètres sur 4 blanchie à la chaux, il fait installer un bureau, quelques sièges et vérifie que le téléphone fonctionne bien. Tout en retirant sa veste qu'il dispose minutieusement sur le dossier de sa chaise, il interroge le garde champêtre, un grand diable de paysan, avec une bonne tête d'Indien recuite par le soleil :

« D'abord, qu'est-ce que vous savez sur cette fille ? »

Respectueux, le petit doigt sur la couture du pantalon, ses cheveux gras rebiquant de dessous le képi tout autour du crâne, le garde champêtre fait son rapport :

« Elle s'appelle Marie Del Cosch, monsieur le commissaire. Elle est née en Espagne, dans la province de Navarre, et elle a seize ans. Elle était fiancée avec Anconio Alvarez, et puis, il y a quelques jours, elle a rompu ses fiançailles.

— Qui c'est, Anconio Alvarez ?

— C'est le fils d'Alvarez.

— Je m'en doute... Mais qui c'est, Alvarez ? »

Le garde champêtre a l'air tout étonné qu'un homme de la capitale ne connaisse pas le senor Alvarez, l'homme le plus riche de la région.

« C'est un éleveur, monsieur le commissaire.

— Et comment son fils a-t-il pris cette rupture ?

— Pas bien, monsieur le commissaire. Il est venu plusieurs fois lui faire des scènes. Mais c'est un gentil garçon, vous savez. C'est pas le genre à tuer quelqu'un. Il écrit des poèmes, c'est vous dire.

— Qu'est-ce que vous savez sur la famille de Maria ? »

Le garde champêtre prend un air entendu :

« Bizarre, monsieur le commissaire. La mère est née en Espagne. Elle a cinquante-huit ans, et des bijoux monsieur le commissaire ! »

Sur cette déclaration, le garde champêtre se tait, comme s'il fallait tirer de cette constatation des tas et des tas de déductions. Mais le commissaire le regarde avec des yeux ronds :

« Elle a des bijoux, et alors ? Elle n'est pas la seule... Expliquez-vous.

— C'est qu'elles ont aussi des robes qui viennent de La Paz... Et aucune des trois ne travaille...

— Qui « elles », et qui est la troisième personne ?

— L'autre fille : Carmen. Elle a vingt-trois ans. Elle est née en Espagne aussi. Mais le jeune fils, Pedro, il a treize ans, et il est né en France.

— Quels sont les rapports des gens du village avec cette famille ?

— Au début, on se méfiait. Vous comprenez, monsieur le commissaire, la mère c'est une divorcée. Et puis on se demande qu'est-ce qu'elle est venue faire dans ce pays. Pourquoi elle habite pas la capitale. Et puis y a un homme qui vient la voir de temps en temps. Il reste pas, une heure ou deux, c'est tout. Maintenant, on est habitué ici. On n'a pas de problèmes. On les fréquente. Mais on ne sait rien. »

Le commissaire pourrait penser que l' « on » sait beaucoup de choses au contraire et que le fiancé est un premier suspect tout à fait intéressant. Il pense même que l'affaire ne doit pas être bien compliquée et qu'il va pouvoir rentrer chez lui rapidement. Il convoque donc le fiancé Anconio Alvarez.

Le garde champêtre a parfaitement décrit Anconio Alvarez : c'est un doux rêveur qui ne s'est donné comme peine que celle de naître.

« C'est vrai, dit-il. La rupture m'a fait beaucoup de peine. C'est vrai, j'ai été jusqu'à sa maison plusieurs fois lui faire des scènes. C'est vrai, j'ai essayé de la faire revenir sur sa décision. J'ai été très jaloux. Mais de là à la tuer, monsieur le commissaire. D'ailleurs, j'ai passé l'après-midi avec un ami qui vous le confirmera lorsqu'il sera de retour de La Paz.

— Vous étiez jaloux de qui ?

— D'un comédien, le propriétaire du théâtre ambulant qui passe tous les ans ici. C'est un affreux cabotin, et je sais que c'est à cause de lui que Maria a rompu. »

Simple, l'affaire est toujours simple pour le commissaire qui remercie Anconio Alvarez et décide de convoquer le comédien, le propriétaire du theâtre ambulant. Cela ne prend guère de temps, et l'homme entre en scène dans le bureau du commissaire, comme s'il n'attendait que ça depuis longtemps. Pour un cabot, c'est un magnifique cabot. Un personnage directement sorti du répertoire classique : trente ans, une sorte de play-boy des années trente, avec toutefois un nez en bec d'aigle. Connaît-il Maria Del Cosch ?

« Oui, répond le cabot d'une voix étonnamment sonore. Je la rencontrais chaque année, et, cette fois-ci, j'ai découvert qu'elle était devenue une jeune fille très belle. Je l'aimais infiniment, et nous avions l'intention de nous fiancer. »

C'est une belle réplique. Claire. Mais peut-être joue-t-il un rôle ? Il paraît cependant très affecté par la mort de Maria, et le commissaire se demande si un comédien peut cerner ses yeux et creuser son visage à ce point. Quoi qu'il en soit, le comédien n'a pas fini son texte :

« Pour que vous ne perdiez pas votre temps, commissaire, il faut que vous sachiez qu'entre 16 heures et 19 heures, au moment où on commettait ce crime affreux, je suis resté sur la grande place, devant la roulotte de la caisse. Tout le monde pourra vous le confirmer, sauf le voisin de la famille Del Cosch, bien entendu.

— Pourquoi ?

— Parce qu'il me déteste, comme il déteste d'ailleurs la famille Del Cosch. »

Un voisin méchant ! Voilà qui fait l'objet d'une troisième convocation, mais le commissaire est à nouveau déçu. Pour une affaire simple, il y a beaucoup de suspects.

Car c'est vrai que le voisin était amoureux, lui aussi, de Maria. Et c'est vrai que celle-ci a repoussé ses avances. Vrai enfin qu'il avait voué une haine tenace à la famille Del Cosch, proféré des menaces à l'égard des jeunes filles et giflé le jeune Pedro pour une peccadille.

Mais vrai aussi qu'il a passé l'après-midi du dimanche à jouer aux cartes avec des amis, et ceux-ci le confirment. Il ne reste plus au mince commissaire, ruminant son mince cigare entre ses lèvres minces, qu'à passer la nuit dans ce coin perdu.

Le lendemain, l'interrogatoire de la mère de Maria ne donne aucun résultat. Elle consent tout juste à préciser qu'elle est divorcée d'un banquier espagnol et vit de la pension qui lui est scrupuleusement versée chaque mois. La confrontation des principaux témoins, l'audition méticuleuse des villageois n'amènent rien de plus. Et le commissaire doit reporter son retour dans la capitale au lendemain, puis au surlendemain, et les jours passent. Le voilà à la tête d'une enquête mystérieuse, sans point de repère, avec le sentiment que l'assassin est là tout proche et se moque de lui.

Une seule chose apparaît bizarre, c'est le témoignage de la sœur de la victime. Ses réponses ne sont pas nettes. Elle a des crises de nerfs qui pourraient être dues au choc provoqué par la mort de sa sœur, mais le commissaire a tendance à croire qu'elle ne dit pas tout ce qu'elle sait. Il a raison, car brusquement, le huitième jour, le 10 août, à 10 heures du matin, la mère arrive, affolée et les cheveux en désordre. Elle vient de trouver, en revenant d'une course, sa fille aînée, Carmen, morte devant sa table de toilette.

Comme une traînée de poudre, le bruit de ce nouveau crime se répand dans le village. Et cent personnes se pressent autour de la maison lorsque le commissaire y arrive, toujours suivi de ses deux inspecteurs et du garde champêtre.

La victime est assise sur une chaise, devant la table de toilette, sa tête retombe sur sa poitrine. Deux minces filets de sang naissent au bord des lèvres pour former une large flaque sur le sol. Comme sa sœur Maria, elle a été foudroyée de deux balles. L'une a traversé le sein gauche, l'autre a sectionné la carotide. Le calibre de l'arme meurtrière est apparemment le même que pour l'assassinat de Maria, un « Colt », ont dit les experts de La Paz lors du précédent crime.

Le meurtrier n'a pas pénétré dans la pièce. Une des fenêtres a été ouverte, sans doute par Carmen. Il n'y a pas trace de lutte, et la jeune fille a été surprise alors qu'elle faisait sa toilette le dos tourné à la fenêtre. L'assassin devait guetter du dehors. Il a dû attendre le départ de la mère et du petit Pedro, surgir des massifs d'arbustes, s'approcher et viser par la fenêtre ouverte. Il a tué avec précision, car les deux balles étaient mortelles. A l'extérieur, quelques traces sont visibles. Elles conduisent jusqu'aux abords de la maison de l'irascible voisin et s'y perdent. Les deux chiens de garde, de gros chiens de montagne, n'ont pas même aboyé. Décidément, ce voisin est un bon suspect, mais il fournit de nouveau un alibi impeccable.

Cette fois, une véritable panique s'empare du village. Le commissaire doit avouer à ses supérieurs que l'affaire prend des proportions qui pourraient le dépasser. On lui envoie deux détectives de la capitale et une douzaine d'inspecteurs qui décident de reprendre l'affaire à zéro. C'est-à-dire que dès le lendemain, à 8 heures, ils interrogent à nouveau les trois hommes : le fiancé, le comédien et le voisin jaloux. A 9 heures du soir, l'interrogatoire dure encore. Les suspects sont toujours là, écrasés de fatigue, mais l'enquête n'a pas avancé d'un pas. Aucun aveu n'a été obtenu. Que l'on soit quinze ou seul à interroger ces trois hommes, il est évident que ce n'est pas la bonne méthode.

A la porte, attendant d'être interrogés à leur tour ou confrontés aux suspects, les acteurs de la troupe théâtrale et les enfants du voisin des Del Cosch s'impatientent, mêlés aux habitants du village affolés par les événements et critiquant amèrement l'impuissance de la police.

Il est plus de 9 heures du soir lorsqu'un remous se produit dans la foule. Des cris de femmes se répercutent dans le soir, des chiens aboient, des enfants crient. Tout ce vacarme accompagne la course d'un homme qui surgit, fend la foule, bouscule le policier de faction et pénètre, sans reprendre son souffle, en trombe dans le bureau du commissaire :

« Commissaire, je viens de passer près de la maison de Maria Del Cosch. J'ai entendu deux coups de feu. Je voulais pas recevoir de pruneaux si l'assassin me découvrait. Alors je me suis enfui, et voilà.

— Qu'est-ce qu'il y a encore ! soupire le commissaire en se levant d'un bond pour courir à sa voiture. »

Et cinq minutes plus tard, il est à la maison des Del Cosch. Toute vie semble éteinte. Les chiens ne grondent pas. On n'entend ni la voix de la mère ni celle du garçonnet. Prudemment le commissaire, rejoint par les détectives, pénètre dans le jardin et contourne la petite maison. Aucune lumière. Aucun bruit à l'intérieur, mais une fenêtre est ouverte qu'il escalade. A la lueur de sa torche électrique, il découvre la mère, tuée de deux balles de revolver dans la tête. Le crime vient d'être commis : le sang macule le sol et le tapis. Le garçon de treize ans et les deux chiens ne sont ni dans la maison ni dans le jardin. Les recherches entreprises dans les environs ne permettent de retrouver que les chiens. L'un d'eux errait dans la campagne, à quelques kilomètres du village. Couvert de boue, le poil collé au corps, il semble avoir parcouru une très longue distance. Le deuxième chien est retrouvé peu après, tué d'une balle dans la tête.

Alors les policiers ont l'idée de se servir du chien survivant pour suivre la piste du criminel. En pleine nuit. A l'orée d'un bois, à 4 kilomètres du village, ils découvrent de nombreuses empreintes de sabots de cheval. Des chevaux ont dû piétiner à cet endroit un temps assez long, attachés à un arbre. C'est tout, et c'est pour le moins bizarre. L'unique rescapé de la famille Del Cosch, Pedro, treize ans, a disparu. Tout le monde va se coucher.

Le lendemain, un éleveur vient raconter au commissaire que, le soir du crime, il a aperçu deux hommes dissimulés dans un taillis. Ils se sont tus lorsqu'il est passé, mais il pense avoir eu le temps de reconnaître une voix : celle du fils du maire. Qui est le fils du maire ? Le garde champêtre a réponse à tout : le fils du maire est un pâle voyou. Il n'a aucun alibi, et l'on retrouve ses empreintes sur les vitres de la fenêtre de la chambre de Maria Del Cosch. Il a beau nier, protester, le petit jeu a assez duré, et il est expédié à la prison centrale de La Paz. Cela fait, les enquêteurs retournent dans la capitale, persuadés d'avoir rempli leur mission. Ils repartent tous, sauf le mince commissaire ruminant son mince cigare entre ses lèvres minces sous une moustache mince et rageuse. Il n'était point besoin d'être quinze pour en arriver là. Le fils du maire n'est jamais qu'un suspect de plus. Et un suspect qui n'avoue pas. Rien ne dit qu'il soit coupable. Il a trouvé dans la maison du drame une photo d'homme qui l'intrigue et reçu de l'INTERPOL Madrid un bien curieux rapport. Mais il n'a même pas le temps de réfléchir sainement à ces deux nouveaux éléments. En effet : le 16 septembre 1946, un officier fanatique tente d'assassiner le président de la République de Bolivie. C'est du moins ainsi que les journaux présentent l'affaire, et il faudrait être un commentateur averti de la politique bolivienne de cette époque pour émettre la moindre opinion.

Le même jour, la population indignée assiège la prison centrale et s'en empare. Elle fait irruption dans la cellule où se trouve l'officier et le pend ainsi que quelques autres détenus politiques. Cet événement d'importance n'aurait rien à voir avec l'enquête du commissaire si, à la faveur de cette sédition, une vingtaine de prisonniers de droit commun n'en profitaient pour s'évader. Et parmi eux, le fils du maire de Duelta.

Il n'ira pas loin. Le lendemain, le petit commissaire Luis Gaudi est appelé de toute urgence à La Paz. Dans un parc de la ville on a découvert, écroulé sur un banc, un cadavre qu'il reconnaît immédiatement : c'est le fils du maire. Cette fois, le petit commissaire braque sur les détectives accourus un cigare mince, mâchonné mais triomphant.

Il avait raison. Ce pauvre type n'était qu'un comparse dans l'affaire. Le véritable criminel court encore. C'est lui qui l'a tué parce qu'il en savait trop. Et à l'heure qu'il est, il doit avoir quitté la Bolivie.

Le petit commissaire appuie sa certitude sur la photo d'un homme d'environ cinquante ans, celle qu'il a trouvée dans la chambre de Maria Del Cosch. C'est un instantané, pris dans une avenue très passante, qu'INTERPOL a fini par identifier comme étant une des principales artères de Barcelone. De même, INTERPOL a identifié l'homme : beau et brun au visage très dur, un certain Manuel Gimenez. Un nom qui vient on ne sait d'où, car il s'agit d'un ancien pensionnaire de l'annexe de la Société de protection de la jeunesse de Barcelone. Pendant onze ans, il a porté le numéro 127, et les registres de l'état civil portent la mention : « Né de père et de mère inconnus, le 3 septembre 1886. »

De onze ans à trente-quatre ans, il a travaillé dans les cirques, y accomplissant toutes les tâches : homme de piste, acrobate, dompteur, illusionniste et même clown. C'est à Bilbao qu'il a rencontré une jeune et très jolie Navarraise dont il tomba amoureux. Pendant deux ans ils ont vécu, apparemment, très heureux, et puis un jour la jeune Navarraise s'est envolée pour épouser le banquier Del Cosch. Lorsque Manuel Gimenez l'a retrouvée, elle avait deux filles, Maria et Carmen, et elle était divorcée de son banquier. Sans doute était-elle désemparée puisqu'elle reprit la vie commune avec Manuel Gimenez. Elle eut même un enfant de lui, qu'ils appelèrent Pedro. Malheureusement, Manuel n'était plus le même homme. Il était devenu violent, alcoolique et pas toujours très honnête ; bien que travaillant toujours dans les cirques, il lui arrivait de faire quelques séjours en prison. C'est au cours d'une de ses absences forcées que Maria Del Cosch décida de le quitter une seconde fois. Redoutant sa colère, elle décida d'aller s'installer en Bolivie avec ses trois enfants. Pour Manuel Gimenez, Maria et le petit Pedro étaient devenus une véritable obsession. Ce n'est pas tout à fait par hasard si on le vit pendant treize ans bourlinguer à travers le monde, en tant qu'administrateur de cirque en théâtre ambulant, jusqu'à Duelta, où l'apparition de Maria et ses filles déclencha une véritable démence. Une série de meurtres impitoyables. C'est lors du dernier meurtre, alors qu'il voulait enlever le petit Pedro, que Manuel eut besoin d'un complice, et ce fut le fils du maire, le pâle voyou. Lors de l'attentat du 16 septembre, pour aider son complice à s'évader, Manuel Gimenez était au premier rang des manifestants qui attaquaient la prison. Et il l'assassinait la nuit même pour être sûr qu'il ne parlerait pas.

Il restait à retrouver ce père fou et son fils kidnappé. Cela s'est passé dans des circonstances inattendues.

Le 10 novembre 1946, un fiacre attelé de deux forts chevaux trottine dans Barcelone. Un policier en civil, dont la voiture est en panne, voyant que le fiacre n'est occupé que par deux personnes, un homme et un enfant emmitouflé, fait signe au cocher de s'arrêter. Après avoir roulé quelques instants, assis en face de cet homme — apparemment paisible — et de l'enfant qui regarde la grande ville avec des yeux ébahis, le policier est soudain frappé de leur ressemblance avec des photos qu'il a reçues le matin même d'INTERPOL. Mais, s'il s'agit bien du tueur recherché, opérer dans cette calèche paraît risqué. Devant un garage, le policier demande à s'arrêter.

« Attendez-moi une seconde. Je vais voir s'ils peuvent me dépanner. »

Quelques instants plus tard, le policier remonte dans la calèche :

« Ils n'ont personne pour me dépanner. Je descendrai un peu plus loin. »

Durant cette brève absence, il a, bien entendu, prévenu le poste de police voisin. Ils n'ont donc pas trottiné plus de 600 mètres qu'une voiture puissante freine brusquement et se met en travers de la chaussée. Quatre hommes sautent aussitôt dans le fiacre. L'homme qui avait plongé la main dans sa poche, après avoir hésité un instant, la ressort vide. Il expliquera qu'il n'a pas tiré à cause de son fils. Son fils qui sera confié — car il en est ainsi lorsque la malédiction frappe une famille — à la Société de protection de la jeunesse de Barcelone, où le père portait le numéro 127... Injuste retour des choses.

CRIME D'OUTRE-TOMBE

L'inspecteur Viaud a quelque chose de racé dans l'allure et les traits. Il est mince, élégant, porte avec charme un début de calvitie, ce qui n'est pas donné à tout le monde. Il a aussi ce petit quelque chose qui fait aimer ou détester l'image du « flic » classique : le sourire un tantinet sarcastique. Le même sourire sert également à son image de célibataire endurci et de phallocrate distingué... L'inspecteur Viaud a toujours l'air d'avoir l'air de laisser supposer « qu'à lui on ne la fait pas », qu'il s'agisse d'assassins ou de femmes.

D'ailleurs il est convaincu d'une chose : on ne rencontre jamais un suspect ou une femme qui n'ait rien à se reprocher. Son scepticisme est d'ordre général, d'ailleurs, et fait partie de sa nature profonde. Ce qui rend particulièrement intéressante cette étrange histoire qui commence comme une blague.

Un copain de l'inspecteur Viaud, surnommé Gros Marcel, s'en vient le trouver un jour et lui dit :

« Ma femme et moi, nous allons chez une voyante, c'est une femme extraordinaire. Il faut que tu viennes avec nous demain absolument. La dernière fois, elle est entrée en communication avec une femme assassinée... »

L'inspecteur Viaud ricane, refuse. Il n'a pas le temps, il n'y croit pas... Mais le Gros Marcel insiste. Cette femme étrange raconte le crime, paraît-il, dans ses moindres détails. Il y a vraiment de quoi être troublé.

« Et puis quoi ! Tu ne risques rien ! Viens donc écouter, tu décideras ensuite. »

Le lendemain, donc, l'inspecteur Viaud suit dans l'escalier d'un immeuble bourgeois de la Canebière, à Marseille, son ami Marcel qui souffle comme un phoque. Sa profession de masseur ne l'empêche pas d'être obèse. Jadis il fit de la gymnastique, il fut champion de natation, et puis il rencontra Mireille, une charmante petite Provençale qui fait bien la cuisine et le mène par le bout du nez.

Dans l'escalier, derrière Marcel et Viaud, il y a aussi le docteur Harlan, d'origine alsacienne : quarante-cinq ans, éternel potache, bon docteur et affublé d'une femme jolie mais pimbêche. Une véritable caricature de bourgeoise. C'est Marcel qui sonne au palier du troisième étage, à une porte où l'on peut lire : « Madame Abattuci » et au-dessous : « Médium écrivain ».

Ce n'est pas le médium écrivain qui ouvre la porte, mais son petit mari. Monsieur Abattuci n'a pas de profession à proprement parler. Il a cependant une fonction précise dans la société : protéger Mme Abattuci, organiser son travail, la débarrasser des corvées telles que courses, cuisine et comptabilité. Il est donc absolument indispensable à son épouse « Médium écrivain ».

Mme Abattuci est de noir vêtue, grande, forte, avec une masse de cheveux gris, bien organisée en ondulations parallèles, posée sur sa tête comme une perruque, sans en être une. Elle trône dans un effluve, non point de myrthe ou d'encens, mais de pisse de chat. Ce qui n'est guère encourageant pour les visiteurs. Malgré son poids, sa masse, la gravité de son visage, Mme Abattuci est une grande sensible. Son mari ne manque jamais de le faire remarquer : une rêveuse totalement incapable de surmonter seule les obstacles concrets de la vie quotidienne.

Les présentations faites, M. Abattuci ajoute à l'intention de l'inspecteur Viaud :

« J'espère que Rosine fournira assez de détails pour que vous puissiez faire quelque chose. »

Puis il dispose des chaises autour de la table recouverte d'un velours noir, sur laquelle va opérer Mme Abattuci, sa précieuse épouse. Il s'assoit à sa gauche, de façon que son avant-bras droit touche l'avant-bras gauche de sa femme. Celle-ci tient dans sa main droite un crayon que M. Abattuci va fréquemment tailler avec un canif bien aiguisé. Et c'est finalement sur un cahier d'écolier qu'elle doit écrire ce qui va lui être révélé.

« Si les révélations vont trop vite pour le crayon, dit-elle, je les dirai à voix haute. »

Il est 9 heures du soir lorsque M. Abattuci demande, sur un ton soucieux :

« Tu es prête, Rosine ?

— Je suis prête », répond la grosse femme d'un air inspiré.

M. Abattuci appuie du pied sur un bouton électrique qui amène une diminution progressive de l'éclairage, et c'est donc dans une pénombre quasiment angoissante que la pointe du crayon se lance sur la feuille de papier, avec une telle vigueur que la mine se casse. Et M. Abattuci de murmurer : « Elle est en forme... » Puis il lit les premiers mots qui viennent de s'écrire. Des mots venus de l'au-delà :

« Je m'appelle Lola Gaudi... »

Les invités de M. Abattuci sentent confusément qu'ils vont assister à une séance exceptionnelle. L'inspecteur Viaud lui-même ose à peine bouger sur son siège, de peur de troubler le contact qui vient de s'établir entre le médium et Lola Gaudi. Il n'y croit pas du tout, mais il s'en voudrait de troubler Mme Abattuci dans son numéro. Pour être policier, on n'en est pas moins spectateur courtois. Le crayon, retaillé par le mari de la voyante, court à nouveau sur le papier, et M. Abattuci lit :

« Nous sommes en 1939, à Marseille depuis deux ans. Mon mari s'appelle Juan. Il est commerçant en café. Il est brutal, brutal, très brutal. »

Crac ! Une fois de plus, la mine du crayon vient de casser. Et des sanglots secouent brusquement la pauvre Mme Abattuci. Ce n'est plus Mme Abattuci. Ces larmes n'ont rien à voir avec le crayon, car elle s'est complètement identifiée à Lola Gaudi. Elle n'est plus que l'incarnation de cette femme disparue et dont personne n'a jamais entendu parler. Et, tandis que son époux retaille le crayon, la médium continue d'une voix haletante :

« Juan est jaloux, exclusif, il me terrorise. Je crois qu'il veut me tuer. Il me donne du poison. Dans ma potion, je viens de trouver du soufre. »

L'inspecteur Viaud n'en revient pas. Au début, il se retenait pour ne pas trop sourire, mais à présent, il regarde avec curiosité les réactions des invités : le Gros Marcel et sa petite Provençale, le docteur Harlan et sa bourgeoise. Ils se serrent un peu plus les uns contre les autres, et l'atmosphère qui règne dans la pièce obscure devient intense, tandis que, moitié parlant, moitié écrivant, Mme Abattuci poursuit son récit : Lola et son mari, d'après ce qu'elle raconte, habitent dans des baraquements, aujourd'hui remplacés par un immeuble moderne de cinq étages. Lola est née dans une famille plus aisée que son mari, mais elle est de faible constitution.

Brusquement, la voix plutôt aigrelette de Mme Abattuci devient grave, profonde. Elle grogne : « Prends ça ! » Cette voix est sensée être celle du mari empoisonneur. Terrorisée, Lola absorbe chaque jour un médicament qui contient un poison en faible dose. Elle s'affaiblit de jour en jour. Tandis que ses forces déclinent, elle pressent l'affreuse machination organisée par son mari. Il veut la faire mourir à petites doses.

L'inspecteur Viaud, persuadé que la voyante joue la comédie, observe les autres, à commencer par le mari. Croient-ils sincèrement ou font-ils semblant ?

« Prends ça ! vient de répéter d'une voix méchante Mme Abattuci transformée en assassin. »

Et Lola Gaudi, accablée par sa misérable situation, résignée, avale les potions.

« Il y a du soufre dedans. »

Ces mots, Mme Abattuci les a murmurés comme pour elle-même, comme si Lola n'osait pas les prononcer à haute voix, comme si elle avait peur des représailles qui pourraient être prises par Juan, son bourreau. Elle sait qu'il veut sa mort, mais comment lutter ? Elle sait aussi qu'il lui préfère une trapéziste de cirque.

A ce sujet, l'inspecteur Viaud trouve que Mme Abattuci exagère et qu'elle en fait un peu trop. Rester dans la tradition du roman populaire, soit. Mais la trapéziste de cirque sent le roman à quatre sous à plein nez. D'autant que Mme Abattuci la décrit : « excitante dans son collant, se balançant sous la toile d'un chapiteau, suivie par des centaines de regards inquiets ». Le crayon étant retaillé, c'est M. Abattuci qui lit la suite, en suivant ces évolutions sur le cahier.

« J'attendais un enfant, dit le crayon qui poursuit : Juan va-t-il cesser son action morbide envers la femme ? Non. Il poursuit son œuvre destructrice. Lola sait que, chaque jour, sa démarche se fait plus lourde, qu'elle s'écroulera bientôt, lasse de lutter contre cette mort lente.

— Prends ça ! dit toujours le crayon. »

Cette fois, il ne s'agit plus de potion plus ou moins empoisonnée, mais de coups. Mme Abattuci s'écroule en avant sur la table, écrase son front sur le cahier et gémit :

« Mon enfant ! Mon enfant ! »

L'inspecteur Viaud commence à se sentir atrocement gêné. Il trouve cette exhibition indécente. Il a envie de se lever et de partir. Mais les autres sont tellement fascinés qu'il n'ose pas. D'ailleurs, ce n'est pas le moment de partir. Dans un langage directement inspiré par la presse du cœur, Mme Abattuci raconte maintenant comment le bourreau, insensible, continue à frapper sa femme qui porte en elle le petit être qu'il lui a donné. Pour Lola, c'était le dernier espoir. Elle s'accrochait à la maternité comme un naufragé à une épave. Si on lui ôte sa dernière raison de vivre, à quoi bon lutter ? Sa raison chancelle. Que peut-elle faire, qui pourrait la délivrer de ce bagne où elle est échouée ? Ceux à qui elle fait part de ses craintes ne la croient pas. Elle a un frère qui vit au Venezuela. Elle lui écrit. C'est son dernier recours. Son frère, quelque temps plus tard, lui adresse une lettre. Ici le crayon, sur le cahier d'écolier de Mme Abattuci, prétend reproduire fidèlement les termes par lesquels il encourage sa sœur à quitter son mari pour venir le rejoindre au Venezuela. Il termine : « Ma sœur chérie, viens, il faut sauver ta vie et celle de ton enfant. »

M. Abattuci, qui vient de lire la lettre d'une voix enrouée par l'émotion, se tait. Est-ce la fin de l'histoire ? Non. Agitée d'une frénésie diabolique, le crayon reprend sa course, et la voix du petit homme le traduit à nouveau : « Lola aura-t-elle la force de réagir et d'aller rejoindre son frère ? Son enfant meurt avant terme : les coups portés à la mère en sont la cause. Lola, délirante, reste de longues heures couchée sur un grabat, près du petit cadavre, sans qu'on lui porte secours. Elle sait désormais que tout va bientôt finir, comme dit Mme Abattuci, « les souffrances en même temps que la vie ». L'inspecteur Viaud, furieux qu'on le prenne à ce point pour un imbécile, serre les dents. Mais ne peut se défendre d'être pris par l'atmosphère de cauchemar qui règne dans la pièce. Cette Lola Gaudi, ce cliché invraisemblable, il a fini par la voir. Un instant, il croit même l'entendre comme si elle était là, lorsque Mme Abattuci, se tordant de douleur, s'agrippe à son mari et, d'une voix étouffée, en râlant, s'écrie :

« Je vais mourir ! Il m'a empoisonnée ! Je souffre, j'ai mal, très mal ! Je meurs ! »

Lola vient d'expirer dans d'atroces souffrances... Son martyre est-il terminé ? « Oui », pense l'inspecteur Viaud qui s'apprête à se lever. Mais non, Mme Abattuci n'a pas fini. Le mari de Lola ne va pas laisser son pauvre corps inerte, au repos. Il a peur d'être accusé par la justice d'avoir laissé sa femme sans soins. Que va-t-il faire ? Le crayon court à nouveau. L'inspecteur Viaud, sidéré, se demande ce que la voyante va pouvoir inventer. Or, d'après elle, le dénommé Juan dépèce Lola Gaudi à l'aide d'une scie, entasse les morceaux dans une caisse qu'il va jeter dans une décharge publique.

L'inspecteur Viaud attend la suite, mais, cette fois-ci, c'est fini. M. Abattuci le sent bien, il a retiré son bras, et avec un mouchoir tamponne le front de sa femme, épuisée, défigurée par la fatigue, renversée sur son siège, avec quelques larmes qui continuent de couler doucement. Du pied il actionne le bouton électrique, et la lumière, progressivement, revient, éclairant des visages livides. L'inspecteur Viaud a l'impression qu'il vient de vivre un cauchemar absurde. Il en veut terriblement au Gros Marcel de l'avoir entraîné dans cette tragi-comédie. Mais il n'ose rien lui dire et se contente de le regarder d'un air furieux. Après un long silence, c'est le docteur Harlan qui prend la parole.

« Qu'est-ce que vous allez faire inspecteur ? »

Pour l'inspecteur Viaud, cette question est le comble de l'absurde :

non seulement ces gens s'imaginent qu'il a cru à l'histoire, mais ils voudraient qu'il fasse quelque chose. Quoi qu'il en soit, il est difficile de leur rire au nez, étant donné leurs visages tragiques. Et l'inspecteur trouve un faux-fuyant :

« D'après ce que je crois comprendre, cette affaire se serait passée en 1939. Voici près de quarante ans. Il y a donc prescription. Aucune action judiciaire ne peut être entreprise. »

La protestation est générale :

« Tout de même, s'exclament les braves gens, on pourrait au moins essayer de retrouver le mari ? »

Alors, pour couper court à tout, et pour partir plus vite, l'inspecteur Viaud promet :

« D'accord. Je vais voir s'il a bien existé un certain Juan Gaudi, marchand de café. »

Il ne sait pas que cette promesse va entraîner une cascade d'événements plus incroyables les uns que les autres. Le plus incroyable étant l'existence du couple lui-même. En fouillant très loin dans les archives de la préfecture et de la mairie de Marseille, Viaud retrouve en effet l'existence de Juan et Lola Gaudi, venus d'Andalousie et s'étant installés à Marseille, chassés par la guerre d'Espagne en 1937. Ce qui ne prouve rien, car Mme Abattuci, qui a soixante-deux ans, a fort bien pu les connaître à l'époque. Mais c'est tout de même curieux. Curieux aussi qu'il soit impossible d'ailleurs de retrouver leur trace. Sans doute ont-ils déménagé, peut-être pour retourner en Espagne. Mais, lors d'un voyage qu'il fait à Paris, l'inspecteur Viaud rencontre un ami anglais, chef de la division de police du Secrétariat général d'INTERPOL à Paris. Comme tous les Anglais, son ami est un mélange de scepticisme et de crédulité qui fait les bons policiers, car il les rend curieux.

Pour le simple plaisir curieux, donc, les deux hommes estiment qu'il serait intéressant de pousser le bouchon un peu plus loin. Une demande de renseignements est donc envoyée au Bureau central d'INTERPOL à Madrid, concernant le dénommé Juan Gaudi, commerçant en café. INTERPOL Madrid répond, en gros : « Commerçant en café, connais pas. Toutefois, un certain Juan Gaudi, condamné pour escroquerie et correspondant au signalement, s'est en effet marié à Séville en 1937 avec Lola Berlangua, née à Séville le 18 juin 1915. Tous deux ont quitté l'Espagne quelques mois plus tard. » Conclusion : le frère de Lola devait s'appeler Berlangua, et, comme on sait qu'il vivait au Venezuela, une demande de renseignements part donc pour l'INTERPOL de Caracas. Huit jours plus tard INTERPOL Paris reçoit avec stupeur le message suivant : « Avons entendu aujourd'hui même le señor Antonio Berlangua, né le 6 janvier 1904 à Séville,

Espagne, commerçant à Caracas. Celui-ci nous a déclaré : — Ma sœur Lola a épousé à Séville, la veille de la guerre civile, un voisin, commerçant en café, du nom de Juan Gaudi. Moi-même, et d'ailleurs notre famille, étions contre ce mariage, car notre opinion sur cet homme n'était pas bonne. Au début de la guerre civile, je suis venu m'installer au Venezuela tandis que ma sœur et son mari allaient se fixer à Marseille. Ma sœur et moi avons correspondu pendant deux ans, jusqu'à l'été 1939. Elle était très malheureuse avec son mari et je me faisais beaucoup de souci pour elle. A partir de l'été 1939, je n'ai plus eu de nouvelles. Pendant la guerre, j'ai écrit à la préfecture des Bouches-du-Rhône pour demander des renseignements. On m'a répondu que Juan Gaudi avait déclaré à la police la disparition de son épouse, dans le courant du mois d'août 1939, et que l'on avait identifié, au début de septembre, comme étant celui de ma sœur, un cadavre trouvé coupé en morceaux dans une décharge publique. Apparemment ce crime n'a pas été imputé à mon beau-frère. Mon opinion est que c'est lui qui l'a tuée. Je n'ai pas engagé de poursuites, car c'était la guerre en Europe. J'ai essayé, mais je pense que les Français avaient d'autres chats à fouetter. Après la guerre, en 1945, j'ai tenté de retrouver mon beau-frère sans aucun succès. »

Et le message se conclut par des considérations d'ordre juridique concernant la prescription et l'impossibilité pour la justice du Venezuela de donner suite aux plaintes du señor Antonio Berlangua.

En apprenant la teneur du message, l'inspecteur Viaud fait fouiller les archives de la police criminelle de Marseille et reçoit confirmation : oui, le cadavre dépecé de Mme Lola Gaudi, vingt-cinq ans, femme d'un dénommé Juan Gaudi commerçant en café, a bien été retrouvé dans une caisse le 11 septembre 1939, dans une décharge publique. Son mari avait signalé sa disparition quinze jours auparavant. Ce sont les émanations dégagées par la caisse qui l'ont fait découvrir. Le mari n'a pas été inquiété. L'affaire n'a jamais été élucidée. Cette fois, l'affaire vient aux oreilles d'un journaliste, et la presse publie l'information en première page. Première conséquence : le cabinet de Mme Abattuci, héroïne de ce fait divers peu banal, ne désemplit pas.

L'inspecteur Viaud, lui, se garde bien d'informer les journalistes, lorsque Juan Gaudi, qui a profité de la guerre pour changer de nom, est retrouvé à Paris. C'est un vieillard sénile qui vit cloîtré dans la soupente d'une maisonnette de banlieue que les enfants de la trapéziste peuplent chaque week-end d'une armée de bambins. La trapéziste existait bien, elle, selon toute vraisemblance. Et de même, après avoir longuement réfléchi, Viaud passera sous silence le dernier acte obscur de cette incroyable histoire. Quelques jours après la publication dans la presse, un brave homme a demandé à le voir. C'est l'un des terrassiers qui, en 1952, a participé à la démolition des baraquements où avaient vécu quinze années plus tôt Juan Gaudi et sa malheureuse femme. C'est lui qui détient la clé du mystère :

« Quand on a arraché les pilotis qui portaient le plancher d'une des maisons, j'ai trouvé une petite valise en fer, toute rouillée. Avec les copains, on a tout juste jeté un coup d'œil. Dedans, il y avait un cahier, des lettres, des photos... C'était écrit en espagnol. Il y avait des enveloppes qui venaient d'Amérique du Sud. On a tout refermé et on a été le porter aux dernières personnes qui avaient habité dans cette baraque.

— Et c'étaient qui ? demande l'inspecteur Viaud.

— M. et Mme Abattuci. »

En conséquence de quoi l'inspecteur Viaud a pu conserver son éternel et agaçant sourire sceptique.

A LA CHASSE AUX ESCARGOTS, JE NE VEUX PLUS ALLER, BRIGADIER

Un homme (suisse) entre au poste de police des Brenets, petite commune (suisse) du canton de Neuchâtel près de la frontière, et demande à voir le brigadier (suisse) de la gendarmerie cantonale. Il est minable et n'a rien d'un guerrier ni d'un aventurier. Comment imaginer qu'il va être le héros d'une guerre, voire d'un conflit international ? Car il s'agit d'une guerre, dont le lecteur a tout ignoré jusqu'à présent et qu'il est grand temps de lui faire connaître.

Donc un petit homme minable, blond et suisse, légèrement abruti par l'alcool, vient voir le brigadier cantonal des Brenets.

« Qui êtes-vous ? demande le brigadier cantonal qui connaît parfaitement son visiteur.

— Ben... Je suis Jean-Louis Vervier...

— Et vous demeurez ?

— Bah ! Vous le savez bien. Au hameau de La Bugne.

— Et qu'est-ce qui vous arrive ?

— Eh ben... Voilà... Ce matin, j'étais en train de chasser, lorsque j'ai entendu qu'on m'appelait, de ce côté-ci de la rivière. C'était un Français.

— Tiens ! Mais alors il était en Suisse ? fait remarquer le brigadier cantonal.

— Peut-être un peu, monsieur le brigadier, mais juste un peu...

— Comment s'appelle-t-il ?

— Je ne sais pas.

— Alors comment savez-vous qu'il est Français ?

— Son accent, monsieur le brigadier.

— Et qu'est-ce qu'il faisait là ?

— Il devait chasser les escargots, monsieur le brigadier, parce qu'il avait son seau à couvercle à la main.

— Et après ?

— Et après, je lui ai demandé ce qui n'allait pas, parce qu'il avait l'air tout triste. Mais alors, une vraie tête de croque-mort, monsieur le brigadier. Il m'a dit que ça allait très mal. Qu'on voulait lui déménager son camion. Parce qu'il vit dans un vieux camion, monsieur le brigadier. Qu'il n'avait plus d'argent, que sa femme voulait s'en aller, et tout le reste. Je lui ai dit que j'avais connu aussi des moments difficiles. Que, dans ces cas-là, je rentrais chez moi, que je prenais une bonne cuite, et le lendemain ça allait mieux. Il m'a répondu qu'il avait trop peur de rentrer chez lui, et que sa femme ne soit plus là, et qu'il préférait se tirer un coup de fusil dans la tête.

— Parce qu'il avait un fusil ?

— Oui, monsieur le brigadier, au cas où il aurait rencontré un gibier, je pense.

— Soit... Et après ?

— Et après, il a traversé la rivière, et moi je suis parti. Quelques instants plus tard, j'ai entendu un coup de feu. Je suis retourné à la rivière. Je l'ai appelé, et il ne répondait plus.

— Vous pensez qu'il s'est suicidé ?

— Ça se pourrait, monsieur le brigadier.

— Et vous n'avez pas été voir ?

— De l'autre côté de la rivière... C'était la France, monsieur le brigadier. »

Tant il est vrai qu'un Français peut se permettre des écarts de frontière qu'un Suisse ne se permet pas.

En France, proximité immédiate de la frontière franco-suisse, un brigadier de gendarmerie chemine, courbé en deux, sous les branchages d'une forêt touffue. Devant lui, un paysan ému et surexcité sert de guide dans cette recherche émouvante :

« D'après la police suisse, c'est par ici, monsieur le brigadier. On approche. On approche. »

Derrière lui, un médecin dont l'imperméable s'accroche dans les ronces, qui a relevé ses bas de pantalon et maugrée :

« Dites donc, c'est encore loin ? J'ai l'impression qu'on tourne en rond. »

C'est un message du Secrétariat général d'INTERPOL qui vient de lancer le brigadier dans cette aventure. En le décrivant, on décrit en même temps le brigadier suisse qui œuvre de l'autre côté de la frontière. Ils sont tous les deux assez grands, d'un sérieux imperturbable, méticuleux sans être maniaques. Ils ont tous les deux un accent venu d'ailleurs, une lenteur efficace, et, lorsqu'ils retirent leur képi, généralement vissé sur un visage sévère, leurs cheveux en portent longtemps la trace circulaire. Rien ne les différencie, sinon que l'un est suisse et l'autre français, et que leur uniforme est vert pour l'un et bleu pour l'autre. Soudain, une exclamation du paysan fait sursauter le brigadier de la gendarmerie française :

« Ça y est ! Le voilà ! »

C'est un beau cadavre. Sur le front, la plaie est bien nette. Le sang, qui a ruisselé sur les feuilles mortes, a déjà séché, mais permet de reconstituer les quelques pas titubants qui ont précédé la chute. Il est vêtu de bottes de caoutchouc, d'un pantalon de gabardine usé, d'un pull et d'un anorak. Aucun mystère quant à l'identité : les papiers sont dans la poche intérieure de l'anorak. Il s'agit de Marcel Adolphe Jules Vivien, quarante-trois ans, né à Belfort. Aucun mystère non plus quant aux raisons qui l'ont amené en ce lieu : à quelques pas du corps, on retrouve un seau percé de petits trous. Il chassait donc l'escargot. A noter que le seau est vide, car, le couvercle étant parti, les escargots ont repris leur liberté. Ils en ont eu largement le temps. Une seule chose pourrait, à la rigueur, intriguer le gendarme : c'est un anneau trouvé sur le sol, à quelques pas du cadavre. Un anneau métallique de 35 millimètres de diamètre. Mais un anneau en soi n'a rien de bizarre au premier abord.

Du côté français, le brigadier de gendarmerie va mener son enquête rondement. Jules Vivien, dont on vient de trouver le cadavre, était assez connu de ses services, beaucoup moins en tant que chasseur d'escargots que braconnier notoire. Sa femme, qui vit dans un vieux camion avec deux enfants en bas âge, voyant revenir le corps sur une civière, pousse des hurlements de pleureuse antique. Et, comme les femmes antiques, elle saisit le cadavre à bras-le-corps, comme si le tremper de ses larmes pouvait le ressusciter. Selon la veuve, le défunt serait parti à 7 heures du matin pour la chasse aux escargots, seul. Le brigadier ne se laisse pas impressionner par les lamentations spectaculaires de Mme Vivien. La femme du chasseur d'escargots est réputée pour jeter facilement son « bonnet par-dessus les moulins ». Un drame familial est toujours possible, il demande donc à voir le fusil du chasseur. Mais entre deux larmes, la veuve hoquette : « Jules l'avait emmené. » Le fusil est effectivement introuvable dans le vieux camion. Mais une battue permet de le découvrir dans les fourrés, non loin du lieu où l'on a retrouvé le cadavre. C'est un fusil à deux coups auquel il manque une balle. Qui peut avoir assassiné ce chasseur d'escargots, et pour quel mobile ? Jules avait-il des ennuis ? Se serait-il suicidé ?

A part le fait que sa femme le trompait trois fois par semaine, que l'un des gosses avait la coqueluche, l'autre la rougeole, et si l'on excepte qu'il était criblé de dettes, que l'épicier ne voulait plus lui faire crédit, qu'il avait emprunté trois mois d'allocations familiales et qu'on voulait le faire déguerpir de son camion, Jules n'avait pas d'ennuis. Le ramassage des escargots était en plein rendement. Or jamais le cours de l'escargot n'a été aussi haut, puisqu'il atteignait récemment 25 centimes la pièce. Il n'y a là ni de quoi se faire assassiner, ni de quoi se suicider.

D'ailleurs, à l'institut médico-légal où on a extrait la balle qui a tué Jules Vivien, on constate qu'elle n'est pas du même calibre que son fusil. Les têtes pensantes de la police française se demandent alors s'il n'y aurait pas lieu d'interroger avec quelque insistance le dénommé Jean-Louis Vervier, citoyen helvétique demeurant au hameau de La Bugne, et pour le moment seul témoin de ce fait divers campagnard. Elles en avisent le Secrétariat général d'INTERPOL qui répercute sur le BCN à Zurich et délègue depuis Paris un inspecteur particulièrement au courant des problèmes franco-suisses.

Du côté suisse, l'affaire étant tout aussi internationale, on délègue auprès du brigadier cantonal un inspecteur venu tout exprès de Zurich. Jean-Louis Vervier est ensuite prié de renouveler sa déclaration, ce dont il s'acquitte sans protester, niant toute participation directe à la mort de Jules Vivien :

« Pourquoi je l'aurais tué ? Je vous le demande un peu ? Je le connaissais même pas, ce type ! »

Alors le brigadier cantonal, sous la haute autorité de l'inspecteur venu de Zurich, emmène Jean-Louis Vervier aux abords de la frontière pour procéder à une reconstitution.

De l'autre côté de la frontière, le brigadier français a chargé l'un de ses hommes de jouer le rôle de Jules Vivien devant l'inspecteur venu de Paris. Bel exemple de collaboration entre les polices, qui malheureusement ne donne rien. Tandis que, du côté français, le gendarme qui tenait le rôle de la victime se relève en secouant sa vareuse, du côté suisse Jean-Louis Vervier répète :

« Non mais... Pourquoi je l'aurais tué ce type ? Je vous le demande un peu ? J' l'avais jamais tant vu ! »

Il est vrai que, pour tuer un homme, il faut un mobile. Et, pour le moment, le mobile fait totalement défaut. C'est alors que le brigadier français se souvient du petit anneau en métal de 35 millimètres trouvé à quelques pas du cadavre. Il faudrait savoir à quoi peut servir un anneau de ce genre pour un homme parti traquer l'escargot. Devenu pièce à conviction numéro 1, l'anneau est photographié, de face et de profil, sur un papier millimétré. Le Secrétariat général d'INTERPOL à Saint-Cloud l'envoie au BCN d'INTERPOL à Zurich, accompagné d'un long télex que l'on pourrait résumer ainsi : « Qu'est-ce que c'est que ça ? »

Mais les Suisses sont méticuleux, et les policiers ne sont guère enclins au canular. Zurich se garde bien de répondre par un long télex qu'il s'agit d'un anneau métallique de 35 millimètres. Non, Zurich enquête et trouve. Tout humour, même froid, mis à part, il faut admettre que le travail de la police, à ce niveau, a quelque chose de fascinant. C'est de ce travail ingrat que doit naître « la déduction ». Et chacun sait que la déduction est une chose admirable, sans laquelle tout bon policier ne serait que ce qu'il est, c'est-à-dire un homme. Dans un premier temps, l'étude de l'anneau métallique de 35 millimètres fait l'objet de trois rapports au Secrétariat général d'INTERPOL. L'un est destiné au groupe « D » chargé de tout ce qui porte atteinte à la personne humaine, le deuxième au groupe « C », chargé de tout ce qui porte atteinte à la propriété et au trafic international ; à la Documentation criminelle, enfin, qui doit ouvrir une nouvelle section pour un trafic jusqu'alors inconnu. Voici le texte intégral de ce rapport qui, ne le cachons pas, présente un côté historique :

« Anneau de calibrage destiné à mesurer le volume des escargots. Tout escargot pouvant passer par l'anneau doit être laissé en liberté. Cet anneau, répondant aux normes officielles, doit être obligatoirement utilisé par les ramasseurs d'escargots du canton de Vaux, qui doivent, en outre, être munis d'un permis spécial. Celui-ci coûte 30 francs aux personnes domiciliées dans le canton et le double pour les personnes non domiciliées. L'anneau est vendu 3 francs à toute personne qui désire l'acquérir. Le ramassage intensif des escargots a entraîné des risques de disparition, à tel point que, dans le canton du Valais, le ramassage des escargots est interdit pour trois ans. Des sanctions sont prévues contre les braconniers. Les autres cantons suisses ont adopté, pour protéger les escargots, des mesures similaires plus ou moins sévères. »

La réception de ce télex éclaire l'affaire d'un jour nouveau. Jules Vivien, citoyen français ramassant en France des escargots, n'avait donc nul besoin de posséder un anneau. Par contre, il devient possible que cet anneau soit la propriété de Jean-Louis Vervier, qui dans ce cas aurait traversé la rivière et menti dans sa déclaration.

« Je peux voir votre anneau ? lui demande le brigadier cantonal qui lui rend visite.

— Mais certainement. »

On cherche dans toute la maison sans le trouver.

« Est-ce que, par hasard, vous n'auriez pas été chasser l'escargot en France ? Et perdu votre anneau là-bas ?

— Jamais de la vie ! Ce sont les Français qui viennent chasser l'escargot en Suisse. »

Écrasé de questions, Jean-Louis Vervier finit par lâcher ce qu'il a sur le cœur :

« Même si on allait chasser les escargots en France, on ne ferait que reprendre ce qui nous appartient. Vous savez ce qu'ils font les Français ! Ils attirent les escargots chez eux ! »

Comme les policiers le regardent ahuris, Jean-Louis Vervier s'indigne :

« Mais enfin, vous n'allez pas me dire que vous n'êtes pas au courant ? Demandez à mes collègues. Tout le monde sait que les Français attirent les escargots. Ils font des petits tas de feuilles de salade le long de la frontière ! »

Une telle accusation ne doit pas se prendre à la légère. Le brigadier de gendarmerie français retourne sur les lieux de l'incident avec mission de rechercher s'il ne s'y trouve pas les résidus fanés de quelques petits tas de feuilles de salade. De retour à la gendarmerie, il décroche son téléphone pour appeler ses supérieurs :

« Affirmatif ! dit-il. J'ai constaté dans les broussailles la présence de débris de feuilles de salade fanés qui n'avaient rien à faire dans cet endroit. Il n'en restait plus que les côtes, et je suppose que la partie tendre a été ingérée par les gastéropodes qui s'avèrent assez abondants. Il m'est impossible d'imaginer que certains d'entre eux sont venus de Suisse, toutefois, ils ont dû mettre un certain temps, car l'escargot — qu'il soit suisse ou français — se déplace à la même vitesse, environ 3 ou 4 mètres par heure. »

Du côté suisse, cette constatation française permet enfin d'obtenir un mobile plausible : Jean-Louis Vervier pourrait avoir tué Jules Vivien parce qu'il tentait d'attirer les escargots helvétiques de l'autre côté de la frontière. On tire une balle en Suisse avec le fusil de Vervier, et l'on envoie à la police française la photographie des stries, c'est-à-dire les rayures que le canon du fusil marque sur la balle. Du côté français, on compare ces stries avec celles de la balle extraite du corps de la victime : elles sont rigoureusement identiques. C'est donc le fusil de Vervier qui a tué Vivien. La déduction est née.

Le Suisse ne peut plus nier, car il y a plus grave : l'analyse du bol alimentaire par le médecin légiste a fixé la mort de Vivien à 8 heures du matin. On s'étonne donc que Jean-Louis Vervier ne soit venu prévenir la police qu'en fin d'après-midi. Le chasseur d'escargots n'a plus qu'à passer aux aveux :

« Ben oui. C'est moi qui ai tué Jules Vivien. J'étais parti vers 7 heures ramasser les escargots. Mais y en avait pas beaucoup. Au bout d'une heure, j'en avais à peine le fond de mon seau. Je me suis dit : « C'est encore ce salaud de Français qui les a attirés chez lui. » J'ai été du côté de la rivière, et j'ai aperçu Jules Vivien. Je le connaissais un peu. On s'était déjà accrochés plusieurs fois. Je lui ai crié : « Je parie que tu les as encore attirés ? » Il m'a répondu que non. Mais j'étais sûr qu'il mentait, et j'ai voulu aller voir. J'ai traversé la rivière. En approchant, j'ai vu que son seau était plein, plein, plein, monsieur le brigadier. Des énormes, magnifiques, et moi, rien qu'une dizaine dans mon seau qui se battaient en duel... Et, en plus, il se moquait de moi. Il disait que les miens étaient trop petits, qu'ils passaient sûrement par l'anneau de calibrage. J'ai sorti mon anneau pour lui montrer que c'était pas vrai. Après ça, j'ai voulu le suivre. Mais, bien entendu, il voulait pas, parce qu'il avait ses coins. J'étais sûr qu'il avait jeté des feuilles de salade depuis plusieurs jours, et c'était pas la première fois ! Tout d'un coup, j'ai vu un gros escargot. Comme je me baissais pour le ramasser, il m'a dit de retourner chez moi, qu'ici j'étais en France et que ces escargots étaient français. On s'est disputés, et il m'a mis en joue avec son fusil. Mais j'étais tellement en colère que j'ai tiré avant lui. »

Après ce long silence, le brigadier cantonal, qui a soigneusement noté sa déclaration, lui tend la feuille de papier :

« Écrivez, dit-il, " Lu, persiste et signe ". »

Cela fait, Jean-Louis Vervier confie d'une voix tremblante :

« J'en ai beaucoup de remords, monsieur le brigadier, car un escargot, ça ne valait pas ça ! J'ai retourné le fusil contre moi, mais je n'avais plus de balle. J'ai voulu me donner la mort au gaz en mettant le nez sur une bouteille, mais je n'ai eu qu'une migraine. Alors, je suis allé cueillir des champignons vénéneux et j'en ai fait cuire un plat : manque de chance, ils étaient tous comestibles, et je n'ai eu que la colique. »

Ces tentatives de suicide manquées ne seront pas appréciées à leur juste valeur par les jurés d'assises. Au procès, les experts en balistique souligneront que le coup de feu qui a tué Jules Vivien a été tiré légèrement de côté, ce qui ne manque pas d'ébranler la thèse de « légitime défense » invoquée par l'accusé. De son côté, l'avocat de Vervier soulignera qu'avant l'incident mortel les deux hommes s'étaient partagé une bouteille d'eau-de-vie et que l'ivresse certaine des deux protagonistes ne permettait pas d'établir une véritable responsabilité criminelle.

Le 24 janvier 1973, le tribunal cantonal condamnait le meurtrier à quinze ans de réclusion criminelle.

Il reste le problème de la disparition de la race française, et celui de sa protection. Problème actuellement examiné avec la lenteur voulue en pareil cas par les autorités gastronomiques compétentes. Aux dernières nouvelles, et à l'heure où nous mettons sous presse, il n'y a toujours pas de département « escargots » au ministère de l'Environnement, mais tous les espoirs sont permis. Quant à la manœuvre déloyale des Français attirant les escargots de l'autre côté de la frontière, elle n'a pas été démentie. Il semble toutefois qu'elle fut le fait de quelques individus simplets ou ayant tendance à prendre leurs désirs pour des réalités. Car l'exode des gastéropodes ne prit jamais l'aspect d'une charge forcenée, plutôt l'exploration tranquille de quelques voyageurs curieux.

L'HOMME AUX OREILLES DÉCOLLÉES

Michel Stein a les oreilles décollées. C'est un petit incident de naissance, une négligence de sa maman qui ne les a pas collées avec du sparadrap quand il était bébé. A trente-cinq ans, et mis à part ses oreilles décollées, Michel Stein a plutôt une bonne tête où le front domine. Des cheveux châtains rejetés en arrière, parfaitement bien plantés et généralement bien coiffés. S'il convient d'insister sur son portrait, c'est que toute l'affaire va tourner autour de cela. Le nez est assez fort et charnu, la bouche généreuse, plutôt sensuelle, le tout éclairé par un regard bleu très franc, très direct. Taille moyenne. Pas gros, bien enveloppé.

Or ce portrait figure dans les fichiers de la police. Non que Michel Stein ait jamais commis le moindre délit, mais tout simplement parce qu'il fut interné, en tant que Juif, pendant l'Occupation.

Depuis des jours et des jours qu'il suit ce client — le dénommé Michel Stein —, l'inspecteur Rudo n'a rien remarqué d'anormal. Le client habite une petite rue tranquille dans un quartier tranquille près de l'église des Batignolles. Il a une femme, deux enfants, et il est représentant en parfumerie. Il a l'air de bien gagner sa vie, et l'inspecteur Rudo ne voit pas pourquoi il éprouverait le besoin d'allonger ses fins de mois en commettant des escroqueries minables.

Michel Stein est pourtant soupçonné d'escroquerie. Depuis la fin de la guerre, il aurait tiré des chèques sans provision, falsifié des cartes grises et, depuis deux ans, entrepris de soutirer de l'argent aux familles ayant un fils ou un parent en Algérie. Étant donné que le signalement de l'escroc mentionne oreilles décollées, on a cherché dans le fichier anthropométrique de la police et l'on a trouvé, entre autres, les oreilles de Michel Stein. Des témoins, interrogés confidentiellement, l'auraient, paraît-il, reconnu sur ces photographies. Mais l'inspecteur Rudo n'y croit pas, après quinze jours d'enquête et de filature difficiles. Car le suspect se déplace beaucoup, et il décide de faire un rapport en ce sens.

Mais il y a dans la vie des coïncidences amusantes : par exemple, l'inspecteur Rudo entre timidement dans un bureau de la Sûreté nationale pour remettre son rapport. Le patron, obstiné, catégorique et autoritaire, très à cheval sur les principes, chausse ses lunettes et lit ce rapport. Il en est à la troisième page lorsque le téléphone sonne. C'est sa femme.

« Allô ? Je viens d'avoir une visite qui te fera plaisir », dit celle-ci.

Le patron fronce les sourcils. Il fronce d'ailleurs les sourcils pour les bonnes comme pour les mauvaises nouvelles. Et il se méfie terriblement des initiatives de sa femme.

« Ah ! Oui... Et de quelle visite s'agit-il ?

— C'est un homme charmant qui est venu me voir. Un adjudant d'Algérie qui vient de passer quelques jours en permission. Nous avons longuement parlé de Roger, qu'il connaît bien. Il paraît qu'il se porte bien, mais il a un peu le cafard.

— Quand est-ce qu'il repart, cet adjudant ? demande le patron. On pourrait peut-être lui donner une lettre pour Roger...

— Bien entendu, c'est ce que j'ai fait tout de suite parce qu'il repart demain. Alors, je lui ai donné une lettre, un colis et un peu d'argent.

— Combien ?

— Combien je lui ai donné ? Eh bien... ce que j'avais.

— Et combien avais-tu ?

— ... Je sais pas moi... à peu près 1 000 nouveaux francs...

Allô ?... Allô ?... Qu'est-ce qu'il y a ? »

Il y a que le patron secoue douloureusement la tête. Il ne répond pas à sa femme, mais ses yeux parlent pour lui. Et finalement, s'efforçant au calme, il dit :

« Je crois que tu as fait une erreur. Je t'envoie l'inspecteur Rudo. Sois gentille. Attends-le. Et il raccroche. »

Le regard des deux hommes s'est croisé. L'inspecteur a compris et se lève. Le patron lui tend la photo anthropométrique, en écumant de rage :

« A moi... Me faire ça à moi !... Un flic. »

Le soir même, l'inspecteur Rudo est de retour au bureau du patron.

« C'est bien ce qu'on craignait... C'est lui ! dit-il.

— C'est Michel Stein ?

— Je ne sais pas si c'est Michel Stein, mais elle l'a reconnu sur la photo. Il a procédé comme d'habitude, en allant d'abord voir la concierge, sous prétexte de rechercher la famille d'un militaire en

Algérie. Lorsqu'il a su qu'il y en avait une dans l'immeuble, il l'a interrogée adroitement pour avoir le signalement de votre fils. Après quoi il a été sonner chez vous.

— C'est bon, dit le patron. Cette fois, c'est une fois de trop ! »

Il est 8 heures du soir, et Michel Stein se dépêche de ranger le train électrique avec lequel son fils Jean-Pierre, douze ans, et lui-même viennent de jouer pendant une heure. Il y en a partout dans le salon. Et Mme Stein passe de temps en temps la tête, trouvant ce rangement méticuleux bien long, alors que le dîner est déjà servi.

Mais ce soir-là, Mme Stein et les enfants seront seuls à table, car à 8 h 10 l'inspecteur Rudo et son patron font leur apparition. Michel Stein est confronté avec la concierge du patron. Et cela lui fait un drôle d'effet de voir cette femme qu'il n'a jamais vue tourner autour de lui, le regarder sous le nez et déclarer :

« Je ne le jurerais pas, mais je crois bien que c'est lui ! En tout cas, c'est ses oreilles ! »

Quelques instants plus tard, c'est au tour de la femme du patron. Et à nouveau Michel Stein sent le regard de la femme se promener sur son nez, sur son front, sur sa bouche, soupeser son menton, estimer sa coiffure et, bien entendu, s'arrêter définitivement sur ses oreilles. Dire qu'il aurait suffi d'un peu de sparadrap ! La femme du patron se refuse obstinément à parler devant lui. Elle entraîne son mari dans le bureau d'à côté. Il s'ensuit une assez vive discussion. Michel Stein en déduit qu'elle a des doutes. Des bribes de conversation lui parviennent. Il croit comprendre que la femme est étonnée par la nuance de sa peau. Il entend les mots « peau mate »... « peau blanche »... et le policier qui essaie d'expliquer : « il est pâle parce qu'il a la trouille »... Lorsque le patron revient, il est soucieux et entreprend rageusement de l'interroger.

A minuit, en sortant des locaux de la Sûreté, Michel Stein est libre. Il a pu démontrer qu'il était souvent absent de Paris au moment où étaient commises certaines des escroqueries dont on le soupçonne. La seule explication qui lui vienne à l'esprit, c'est qu'il a, quelque part, un sosie. Et que ce sosie, malheureusement, est un escroc.

Depuis longtemps, la presse fait allusion dans ses colonnes aux escroqueries odieuses dont sont victimes les familles des appelés en Algérie. Et lorsque Michel Stein saute dans un taxi, en sortant de la Sûreté, les journalistes sont déjà là. Le lendemain, si les braves gens lisent le journal, les autres aussi. Et parmi eux, peut-être, le sosie de Michel Stein. C'est pourquoi l'affaire va prendre des dimensions infiniment plus dramatiques.

Michel Stein est maintenant agent général à Bruxelles d'une firme de produits de beauté et de parfums. Sa situation s'est grandement améliorée. Il habite un immeuble bourgeois dans un quartier plutôt élégant. Tant qu'il était à Paris, il n'ignorait pas qu'il était l'objet de soupçons et d'une surveillance chronique : plusieurs fois la police, gênée, était venue l'interroger. Et à chaque soupçon, il répétait : « C'est mon sosie. » Depuis qu'il est à Bruxelles, bien entendu, ces tracasseries ont cessé.

Or, fin 1964, une série d'agressions est commise dans ce quartier de Bruxelles. Et selon un processus à peu près identique : un homme aux oreilles décollées s'introduit, sous un prétexte ou sous un autre, chez de vieilles gens et se fait remettre de force leurs économies, leurs pensions, voire leurs bijoux.

La police belge, comme l'avait fait la police française, entreprend une surveillance discrète de Michel Stein qui lui semble répondre au signalement de l'agresseur. Mais, comme la police française, elle hésite à intervenir directement, tant l'existence rangée de Michel Stein, sa profession et ses revenus la déroutent.

Un matin de janvier 1965, des voisins de Michel Stein, en ouvrant leurs volets, remarquent que la fenêtre du premier étage de l'immeuble est ouverte. Il tombe pourtant une pluie glaciale. Les voisins du cinquième étage, dont le regard plonge dans l'appartement, croient même apercevoir le corps inanimé de la vieille dame qui l'habite... On appelle police-secours, et les enquêteurs ont vite fait de reconstituer le crime : la veille au soir, la vieille dame, bousculée par un malfaiteur, réussit à ouvrir la fenêtre. Sans doute a-t-elle voulu crier. Mais l'homme l'a étranglée. Comme il faisait nuit, personne n'a rien vu. Mais une locataire de l'immeuble se souvient très bien avoir vu sortir un homme de l'appartement, de manière assez précipitée. Il s'est calmé quand il l'a vue. Mais il n'a pas voulu attendre l'ascenseur qui était en service, préférant descendre très vite l'escalier. Et, bien entendu, l'homme avait les oreilles décollées.

Cette fois, la police belge ne fait ni une ni deux. Il y a dans la rue un homme qu'on soupçonne depuis quelque temps qui répond au signalement : Michel Stein. Et c'est la deuxième descente de police chez l'homme aux oreilles décollées :

« Votre mari était-il là hier soir, vers 19 h 30 ?

— Non, répond Mme Stein. Il n'est rentré que vers 20 heures.

— Où étiez-vous hier, vers 19 h 30 ?

— J'étais dans un bar proche de mon bureau, répond Michel Stein. Avec un client et un inspecteur des ventes de ma firme. »

Malheureusement le client, lui, croit se souvenir qu'il est parti plus tôt, peut-être vers 19 heures. Et le barman, lui, ne se souvient plus. Reste l'inspecteur des ventes de la firme de cosmétiques. Mais il est retourné à Paris.

Alors, la police belge interroge INTERPOL Paris. Elle voudrait des renseignements sur Michel Stein et une déposition de l'inspecteur des ventes précisant l'heure à laquelle il a quitté ce dernier. Ce n'est en somme qu'une vérification d'alibi, mais qui va prendre des proportions étonnantes : dès le lendemain, un responsable d'INTERPOL, de la section « meurtres et agressions », se rend lui-même à Bruxelles, et les renseignements qu'il amène ne sont pas bons. Encore faut-il les interpréter avec précaution.

Premièrement Michel Stein, c'est vrai, a obtenu un non-lieu en 1959, après avoir été soupçonné d'escroquerie. Pour cette dernière enquête, l'inspecteur des ventes qu'il a cité pour son alibi ne le confirme pas vraiment. Il a effectivement bu un verre avec Michel Stein et son client en sortant du bureau. Mais, à son avis, il n'était pas 19 h 30. Il suffit de deux mauvais renseignements comme ceux-là pour que Michel Stein soit contraint de participer à une cérémonie d'identification qui fait sourire dans les films. Qui fait peur quand on est innocent et que la machine policière vous cerne d'aussi près : Michel est conduit dans une pièce inondée de lumières blanches. Là, sans trop de ménagements, on lui demande de retirer son pardessus et son cache-col. Il se sait innocent, mais il a peur. Il n'avait jamais éprouvé de vraie crainte jusqu'à présent, mais, cette fois, il s'agit d'un crime. Et Michel sait qu'on ne lui fera pas de cadeau ! A Paris, il n'hésitait pas à proclamer : « J'ai un sosie, c'est mon sosie, je dois avoir un sosie. » Mais ici, à Bruxelles, renouveler l'explication par le sosie paraîtrait stupide. On lui rirait au nez, on le prendrait pour un malade mental. Un homme qui s'imagine avoir un sosie, c'est « Docteur Jeckyl et Monsieur Hyde » mélangé de « Gog et Magog ». Michel ne peut rien faire, rien dire. Il ne peut qu'attendre. On le prie de s'adosser à un mur blanc devant des traits horizontaux indiquant les mensurations. Quatre policiers s'y adossent à leur tour, clignant des yeux comme lui sous l'éclairage brutal.

Sur les trois enquêteurs qui organisent la mise en scène, deux sortent par une petite porte, et l'on introduit un vieillard. Michel n'aperçoit de lui qu'une silhouette tremblotante et deux trous sombres à la place des yeux. Mais ces yeux voient. Ils voient d'abord les cinq hommes, appuyés contre le mur, puis ils les revoient longuement, les uns après les autres. Et, finalement, reviennent sur lui en murmurant quelque chose à l'oreille du policier qui est resté dans la salle.

« Ça y est. Il m'a reconnu »... Pense Michel Stein, qui en même temps ne peut pas, ne veut pas y croire. Mais le même jeu recommence une dizaine de fois. Et six fois sur dix les témoins le désignent. Michel Stein, pris de panique, se met à hurler :

« C'est forcé ! C'est encore à cause de mes oreilles ! Mais si l'assassin a les oreilles décollées, je suis le seul ici à avoir les oreilles décollées ! C'est moi qu'ils reconnaissent, évidemment ! C'est faux, c'est injuste ! »

Le correspondant d'INTERPOL n'a aucun pouvoir et aucun argument pour retarder l'inculpation de Michel Stein. Et, d'ailleurs, il n'est pas convaincu de son innocence, mais il obtient cependant la permission de parler un peu avec lui. Michel se raccroche désespérément à cet homme qui semble lui parler comme à un être normal, et pas forcément à un assassin :

« Je vous en prie. Faites quelque chose. J'ai une femme, des enfants, ce qui m'arrive est abominable ! »

Il paraît très abattu. Il parle de sosie, bien entendu, mais il a conscience en même temps de l'absurdité de cet argument, par trop incroyable selon son interlocuteur :

« Vous pouvez avoir un sosie à Paris, c'est possible en effet, mais pas deux ! Pas un à Paris et un à Bruxelles ! »

Alors Michel a une idée :

« J'ai peut-être un sosie à Paris qui a lu autrefois mon affaire dans les journaux et vient maintenant opérer à Bruxelles, sachant que c'est moi qui paierai à sa place...

— C'est peu probable. Avez-vous servi dans l'armée ?

— Non. Pourquoi ?

— Parce que l'escroc agissant à Paris, d'après la façon dont il procédait et les propos qu'il tenait à ses victimes, avait l'air de très bien connaître la vie militaire, c'est peut-être une autre piste ! »

C'est sur cette simple réflexion que la police française reprend toute son enquête, le plus simplement du monde : l'escroc ne pouvant être en Algérie puisqu'il a opéré en France, elle recherche donc parmi les soldats d'Indochine ayant subi des condamnations, s'il n'y en aurait pas un, par hasard, qui aurait les oreilles décollées. Et il y en a un. Il s'appelle Roger Blois. Il a trente-cinq ans. Et les oreilles décollées depuis trente-cinq ans.

On le découvre à Sarcelles, où il habite avec une ancienne prostituée qu'il a « enlevée » à une accueillante maison de Marseille. Après avoir commis quelques escroqueries sur la Côte, volé quelques voitures, il a regagné Paris pour escroquer les parents des appelés d'Algérie. Il est arrêté le 28 janvier, à l'entrée d'un cinéma de Montmartre affichant un film policier. Et Roger Blois est, trait pour trait, le sosie de Michel Stein. Avec toutefois la peau très mate, alors que Michel Stein a la peau très claire.

Roger Blois admet sans vergogne ni regret avoir escroqué ses victimes et avoir laissé soupçonner Michel Stein. C'était une trop belle occasion pour lui d'opérer tranquillement. Mais il refuse obstinément d'admettre la moindre participation au meurtre de Bruxelles. Et il donne un alibi irréfutable.

« Je ne pouvais pas être à Bruxelles. Ce jour-là, j'ai été voler des pneus avec des copains dans un entrepôt de Montmorency. »

Ce qui est parfaitement exact et permet entre autres de mettre la main sur les copains en question.

Alors, à Bruxelles aussi, on reprend l'enquête à zéro. Et cette fois on présente aux témoins plusieurs photos d'hommes aux oreilles décollées parmi lesquels Michel Stein. Et cette fois les avis sont tellement partagés qu'il faut bien le relâcher.

Entre-temps, la photo robot du criminel est diffusée dans les journaux de Bruxelles pendant quinze jours, et il ne fait pas bon se promener les oreilles au vent si elles sont un tant soit peu décollées. Finalement, le criminel se fait prendre bêtement en grillant un feu rouge : au lieu d'obtempérer gentiment, il passe sa tête par la portière pour injurier le policier. Sur le moment, celui-ci ne réagit pas. Puis il se souvient des oreilles et note le numéro de la voiture. Et, comme il s'agit d'une voiture volée, il avertit le commissariat, et le criminel est arrêté une demi-heure plus tard.

Michel Stein, lui, a retrouvé sa femme et ses enfants. Et il a retrouvé par la même occasion un complexe qu'il traînait depuis trente-cinq ans, accroché à ses oreilles. Il s'est mis à les regarder de plus en plus, il a cru que sa femme ne voyait qu'elles.

Alors, il est entré dans le cabinet d'un chirurgien esthétique pour les faire recoller. Le chirurgien l'a prévenu :

« C'est long, et assez douloureux... »

Et Michel Stein a répondu :

« Je sais. Allez-y quand même. »

FANATIQUES PÈRE ET FILS

Une nuit de juillet 1973, des paysans de Basse-Autriche sont réveillés par une explosion gigantesque. Le lendemain matin, les gendarmes découvrent sur le bord d'un champ, non loin de Vienne, un cratère de plusieurs mètres de large. Dans le fond, mêlés à la terre, quelques bouts de bois, quelques lambeaux de toile de jute et les morceaux d'un cadavre. Des morceaux minuscules, dont aucun ne dépasse 15 centimètres.

Le premier mouvement de stupeur passé, les gendarmes réunissent dans un panier ce qui reste de l'être humain déchiqueté par cette explosion : cela représente une douzaine de kilos. Mais la tête manque. Le médecin de la police prend possession du panier. A lui de reconnaître qu'il y a là : une prostate, une peau de poitrine velue et la cicatrice d'une opération sur un autre morceau de peau. C'est peu pour identifier un homme.

Mais, dans la soirée du même jour, une femme vient déclarer la disparition de son fils, Richard Dvorak, employé de tribunal, âgé de vingt-cinq ans. Richard devait disputer un championnat de karaté au Japon. Il avait rendez-vous à l'aéroport avec son équipe. Il a quitté son domicile, mais n'est jamais arrivé à l'aéroport. Or, l'un de ses amis, un jeune ingénieur de vingt-trois ans qui prenait un petit déjeuner dans un café de Tullnebach, près de Vienne, a vu Richard le matin même. Il allait d'un pas pressé et il l'a aperçu à travers la vitre. Il ne serait donc pas mort. Mais le médecin légiste pense le contraire, car d'après sa mère ce jeune homme avait la poitrine velue. Il a été opéré de l'appendicite et, surtout, il a le même groupe sanguin que le cadavre, un groupe assez rare.

Le jeune Richard ne donnant pas de ses nouvelles, trois jours plus tard l'inspecteur Sedlmayer convoque le témoin qui affirme avoir vu le disparu le lendemain de l'explosion. Le témoin s'appelle Ernst Dostal, il a vingt-trois ans, c'est un jeune ingénieur à la silhouette élancée. Le nez est large, légèrement aplati, et les yeux, dépourvus de cils, ont un regard étrange. Il maintient avoir vu son ami à travers la vitre d'un café. Il maintient qu'il avait l'air pressé et qu'il ne l'a pas interpellé pour cette raison. Sedlmayer essuie ses lunettes en observant le jeune homme. Possible qu'il mente, mais dans quel but ? Si son ami est mort, cela ne le fera pas revenir. Sa disparition restera suspecte, et lui aussi.

« Écoutez, dit l'inspecteur, je sais que la police peut impressionner. Dans l'affolement, vous avez pu répondre que vous aviez vu votre ami de crainte d'être soupçonné de je ne sais quoi. Mais aujourd'hui c'est sérieux, car nous l'avons probablement identifié. Nous sommes à peu près sûrs que c'est lui qui est mort dans l'explosion. Vous pouvez donc revenir sur votre première déclaration. »

Le jeune Dostal est un peu pâle, et il a le souffle un peu court. Il regarde fixement l'inspecteur de son étrange regard sans cils. Il a l'air d'une grenouille, mais insiste :

« Je vous assure que je l'ai vu passer sur l'autre trottoir ce matin-là. Je ne peux pas me tromper, nous faisions du karaté ensemble.

— Vous faisiez autre chose ?

— On collectionnait des armes.

— Les explosifs aussi ?

— Aussi. »

L'inspecteur prend un air concentré pour marcher de long en large, en ayant l'air de réfléchir.

« Nous avons fait une enquête. Je sais même que vous êtes des collectionneurs fanatiques. Votre père aussi, je crois. Voyons, qu'est-ce qu'il fait votre père déjà ? Ah oui ! c'est ça, il est le directeur général d'une société suisse en Autriche ? Vous êtes plutôt des gens à l'aise. Très à l'aise même. On a trouvé un drôle de matériel, et très coûteux, dans votre ferme en Basse-Autriche. Les bâtiments ne sont pas très entretenus, mais le matériel, lui, il est astiqué à neuf. Les gendarmes eux-mêmes ont été choqués. Ce n'est pourtant pas très émotif, un gendarme. Remarquez bien ce n'est pas tous les jours, bien sûr, qu'ils voient une chambre de torture. »

L'inspecteur s'arrête dans le dos du jeune homme, prend un temps et continue :

« Avec des pinces nickelées. »

Il refait un tour de bureau, comme s'il pensait à tout cela avec intensité :

« Des chaînes, et des colliers à clous. »

Puis l'inspecteur s'assoit en face du jeune homme et sourit :

« Évidemment votre père est au courant. Il a dû falloir beaucoup d'argent pour insonoriser tout ça, percer des meurtrières dans les murs de la ferme, et évidemment elle n'a jamais servi cette chambre de torture ?

— Évidemment.

— C'est en quelque sorte une pièce de collection ? Par contre, les stands de tir que vous avez installés, vous vous en servez ?

— Oui, c'est là que nous nous entraînions mon père, moi et Dvorak. »

La conversation se déroule ainsi à bâtons rompus jusqu'à l'heure du déjeuner, où l'inspecteur Sedlmayer autorise le jeune homme à aller déjeuner, où il veut, avec sa propre voiture. Mais dès son retour, la conversation prend le ton de l'interrogatoire classique.

« Comment était habillé votre ami Dvorak ?

— Comme d'habitude, je crois, avec un blouson et un pantalon gris.

— Tiens, sa mère nous a dit qu'il avait un pull, ce jour-là.

— Ah oui ! peut-être, mais je ne m'en souviens plus.

— Dans quel sens allait-il ? Il remontait ou descendait la rue ?

— Il la remontait.

— Donc, il allait prendre l'autobus ?

— Oui.

— Alors pourquoi était-il sur ce trottoir ? La station est de l'autre côté ! Vous allez me dire qu'il voulait peut-être marcher au soleil ?

— Sans doute.

— Sans doute. Mais vous voyez, il y a une chose que je ne m'explique pas, car il est difficile de lui trouver une explication. Comment avez-vous pu prendre votre petit déjeuner dans un café qui était fermé ce jour-là ? C'est son jour de fermeture ! Voulez-vous réfléchir au problème, je reviens dans un instant. »

Dans le silence qui s'est installé, l'inspecteur se glisse vers le bureau du commissaire qui dirige l'enquête.

« Alors ? demande le commissaire.

— C'est un garçon bizarre, gâté par ses parents, chouchouté par sa mère, élevé dans du coton. Il n'a même pas estimé nécessaire de poursuivre ses études. Il n'a jamais dû connaître la moindre contradiction. On lui a toujours tout laissé faire. Et dès sa plus tendre enfance son père lui a passé sa manie fanatique des armes et des explosifs.

— Votre conclusion ?

— Je crois qu'il faudrait appeler le tribunal. Il faut obtenir un mandat d'arrêt.

— C'est sérieux ?

— Très sérieux. Je suis convaincu que c'est lui.

— Mais comment expliquez-vous le crime ?

— Je ne l'explique pas encore. Peut-être un accident provoqué par un maniement d'explosifs, ou un exercice de tir extrêmement dangereux comme en font ces fanatiques, ou un pari idiot qui a mal tourné, et le fils a voulu supprimer le cadavre pour ne pas être découvert !

Mais il y a aussi une autre explication : ce garçon est un malade. Il est intelligent, mais son âge mental est celui d'un gosse de six ans, car il n'a jamais connu la moindre contrariété, la moindre résistance à ses désirs. Richard Dvorak devait lui racheter ses stands de tir, et il se peut qu'il n'ait pas été d'accord sur le prix. Il a pu le tuer de rage. »

Ce que l'inspecteur explique est d'un grand intérêt, mais il commet une lourde faute, au moment même où il touche du doigt le fond du problème. Ernst Dostal n'a jamais connu la moindre contrariété, c'est vrai. Son éducation a été telle qu'il est incapable de supporter, avec des réactions normales, la moindre épreuve. Or, quelle épreuve que cet interrogatoire où, brusquement pour la première fois de sa vie, il est contredit, acculé, traqué. Il va réagir avec une rage enfantine. Malheureusement, la rage d'un enfant armé de deux revolvers glissés sous sa veste, et dont l'inspecteur, pas une seconde, n'avait soupçonné la présence...

Les premiers coups de feu éclatent alors que les deux policiers discutent dans le bureau du commissaire. Ils sont suivis de cris de douleur. Dans le couloir, un inspecteur se tort sur le sol en se tenant le ventre. Un autre s'est réfugié dans une embrasure, et les impacts des balles font éclater le plâtre autour de lui. Tous les inspecteurs ont bondi dans le couloir, mais la plupart ne sont pas armés, et ceux qui le sont n'osent pas tirer de peur de s'atteindre mutuellement.

Ernst Dostal, lui, tire comme un fou. Il parvient à gagner un couloir qui donne sur une fenêtre ouverte. Là, un vieux gendarme tente de lui barrer la route. Il reçoit trois balles et s'écroule mortellement blessé. Par la fenêtre, Ernst Dostal saute d'une hauteur de 5 mètres sur le toit d'une voiture. Le conducteur d'une auto-école et son passager voient son visage apparaître derrière la vitre et les fixer de cet étrange regard aux paupières sans cils. Le canon d'un revolver cogne la vitre. Affolés, le conducteur et son passager descendent de voiture et regardent Ernst Dostal s'y asseoir et démarrer en trombe. Quelques instants plus tard, le fuyard s'arrête chez un marchand d'armes dans un faubourg de Vienne, présente un permis de port d'arme en règle, achète un revolver Smith & Wesson et quatre boîtes de balles. Deux cents balles à tirer, c'est énorme. Et lorsqu'un être est lâché dans une ville, plus rien d'autre ne compte pour la police. Elle est partout et enquête partout à la fois. C'est ainsi que trois voitures de police s'arrêtent devant la villa des Dostal. Le jeune homme n'est pas là et le père non plus. La mère est seule. L'inspecteur Sedlmayer observe quelques secondes à peine cette petite femme qui fut sans doute jolie, ses pommettes larges, ses cheveux très courts. Elle est douce, probablement un peu lâche. Elle a une voix bête. C'est cette lâcheté et cette bêtise, sans doute, qui ont fabriqué un monstre.

« Où est parti votre mari ?

— Je ne sais pas.

— Quand est-il parti ?

— Il y a une demi-heure. Il a reçu un coup de téléphone de notre fils. Il a brûlé des papiers et il est parti. »

Dans la maison, une formidable collection d'armes et d'explosifs de toutes sortes. Sur le bureau, une caisse de balles renversée, comme si le père en avait pris une poignée avant de s'enfuir, il a donc emmené aussi un revolver. Dans la cheminée, des cendres encore chaudes, là où il a brûlé des papiers.

Une nuit de veille et aucune nouvelle du fils. Mais le lendemain matin dimanche, vers 10 h 30, première alerte. Ernst Dostal s'est caché durant la nuit dans un bungalow de la banlieue de Vienne. Ce matin, vers 10 h 15, les propriétaires, un couple de cinquante-cinq ans, venu y passer la journée, l'a découvert. En les voyant, la même panique et la même rage qui l'avaient pris lors de l'interrogatoire se sont emparées du jeune homme. Il a fait feu sur le couple et s'est enfui dans leur voiture. Lorsque les voisins sont arrivés attirés par la détonation, l'homme et la femme étaient morts sur la terrasse de leur bungalow dans une flaque de sang.

Alors, en ce dimanche de juillet 73, les habitants de Vienne se terrent, craignant de rencontrer le regard étrange aux paupières sans cils d'Ernst Dostal, vingt-trois ans, devenu en une journée l'ennemi public numéro 1. A la police, on le croit parti à l'étranger. Il a pu passer entre les mailles du filet tendu autour de Vienne. Seul l'inspecteur Sedlmayer n'y croit pas.

Jusqu'à ce jour, il n'était qu'un pauvre petit inspecteur, mais maintenant on prend son avis et on l'écoute, car il est le seul à connaître un peu Ernst Dostal. Et il répète :

« Je ne crois pas qu'il soit à l'étranger. Il serait parti hier. Or, il est resté près de Tullnerbach et pas loin de chez lui. A mon avis il doit tourner en rond, parce qu'il voudra rester auprès de sa mère. Il n'a pas d'amis, il n'a pas de maîtresse. Un jour il a déclaré à ses voisins qu'il ne se marierait jamais. Aucune femme ne serait digne de lui. La femme qu'il vénère une fois pour toutes, c'est sa mère. Je suis sûr qu'il compte se réfugier chez elle. Et il n'a pas tout à fait tort. Si elle le pouvait, elle le cacherait. »

Pendant ce temps, sur une plage de l'Adriatique, une famille de

Viennois en vacances, les Schmidt, bardés de serviettes de bains, de parasols, de lunettes noires et d'huile solaire, descend de voiture pour s'installer dans un hôtel. Le père s'assure que l'hôtel recevra bien le *Courrier de Vienne,* le journal auquel il est abonné.

Au même moment, dans une banlieue de Vienne, un jeune serrurier qui pêche au bord d'un canal est abordé par un jeune homme. Ce dernier le considère d'un regard étrange. Ses paupières sont dépourvues de cils.

« Je suis Dostal, donne-moi les clés de ta voiture. »

Quelques instants plus tard, quatre cents scouts aperçoivent Dostal abandonnant la voiture et sautant dans une autre. Un dentiste trouve dans son pavillon de chasse les reliefs d'un repas et les vêtements de Dostal qui s'est changé avant de voler sa voiture, des armes de chasse et cent trente cartouches.

Sur la plage de l'Adriatique, M. Schmidt s'ennuie depuis deux jours déjà. Il lit tout dans le journal, même les petites annonces. Et voilà ce qu'il lit : « 1919 t'ai attendu en vain lundi près de la tour. J'y retournerai mercredi et jeudi vers 22 heures. Je suis en ce moment au 02-7-74-326. » Or, le 02-7-74-326, c'est le numéro de téléphone de la maison de campagne de ce brave M. Schmidt, près de Vienne. Ne trouvant pas d'explication à ce mystère, il soupçonne que des hôtes indésirables ont envahi sa maison. M. Schmidt ne s'ennuie plus, il prévient la police italienne qui prévient INTERPOL à Vienne, qui prévient la police de ce petit village de la campagne viennoise : « Attention, il y a sans doute des hôtes indésirables dans la villa de la famille Schmidt. » Or, près de la villa de la famille Schmidt, une voiture est garée. C'est celle du dentiste. C'est une villa située sur une hauteur où un homme bien armé peut soutenir un siège.

Pendant ce temps, le téléphone a sonné dans la maison des Dostal. C'est le père qui téléphonait à sa femme pour l'informer qu'il allait bien et qu'il rentrerait un jour prochain en Autriche. L'appel émanait de Suisse. Aussitôt la police autrichienne, bien que n'ayant aucune charge contre le père, entreprend des démarches pour son extradition.

Dans le petit village de campagne, autour de la maison des Schmidt, cent soixante-dix policiers casqués, munis d'armes automatiques, de grenades lacrymogènes et de gilets pare-balles, accompagnés d'une meute de chiens policiers, avancent lentement. Dix minutes plus tard, au moment où les gendarmes approchent en se protégeant derrière le moindre abri, Ernst Dostal jaillit comme un fou par la porte ouverte, un revolver dans chaque main, tirant à tort et à travers. C'est un véritable suicide. Touché par deux balles à la tête et au bras, il pivote et s'écroule, mort. Mais l'affaire Dostal n'est pas finie pour autant. Il reste le père.

L'inspecteur Sedlmayer poursuit son enquête dans la maison des Dostal. Il a fouillé la maison de fond en comble, déchiffré ou décodé la moindre petite fiche. Il a trouvé notamment ce qui pourrait être la clé du code entre le père et le fils : un livre écrit par le père Dostal, un roman d'aventures à quatre sous. Le père s'identifie dans son roman au héros, qui rejoint dans un avion de chasse un centre de recherche nucléaire souterrain dans la forêt vierge du Brésil. Non seulement ce héros rapporte en Autriche des formules pour transformer le plomb en or, mais il correspond avec son fils par des petites annonces dans la presse et organise des kidnappings. Or, l'inspecteur a trouvé dans la maison Dostal une liste de personnalités autrichiennes, très riches, des plans de kidnappings élaborés, dont certains ont été mis sur pied. Dans ce but le jeune Dostal a volé une voiture au mois de janvier. Il y a installé un feu bleu, la radio et changé la plaque d'immatriculation pour en faire une voiture de police avec laquelle ils devaient enlever deux PDG qu'ils avaient suivis depuis des semaines. Les Dostal et probablement la première victime Dvorak, n'étaient, finalement, qu'une bande de têtes brûlées affreusement dangereuses. Quel règlement de compte, quelle sombre exécution a amené les uns à faire exploser l'autre, la police ne le saura jamais. Car le 28 juillet INTERPOL de Wiesbaden avertit INTERPOL à Vienne :

« Trouvé le cadavre d'un homme d'environ cinquante ans dans chambre d'hôtel de Lüneburg. Stop. Correspondant signalement Dostal père. Stop. S'est tué coup de feu dans la tempe gauche. Stop. A côté de son corps, journal relatant la mort de son fils. Stop. »

La mère, elle, n'a rien compris, à l'étrange roman qu'avaient vécu les deux hommes. Un mélange de roman noir, de cape et d'épée, et de Mein Kampf réunis.

LA SOCIÉTÉ ANONYME POUR LE VOL DES OBJETS D'ART

1968. Cette année-là, les curés et les châtelains d'Autriche sont littéralement affolés, la police est sur les dents et le public abasourdi. Une série de vols effectués avec une audace et une ingéniosité sans pareil font disparaître, des cathédrales et des châteaux, les vierges polychromes, les chemins de croix et les tableaux. Les cambrioleurs agissent avec une sûreté de goût qui laisse à penser qu'il ne s'agit pas d'odinaires petits malfrats : c'est ici quatre Kremser Schmidt, c'est là une *Sainte-Famille* du Tintoret, ailleurs une icône de l'île de Crète. Ce choix trahit l'amateur distingué.

A cette époque, certains antiquaires de Suisse alémanique offrent à leurs clients quantités de très beaux objets d'art religieux. La plupart ignorent bien entendu leur provenance, mais ils atteignent des valeurs considérables.

Le Secrétariat d'INTERPOL diffuse la liste des objets disparus, et certains sont retrouvés chez des antiquaires de Zurich où les véritables propriétaires autrichiens doivent parfois discuter âprement leur rachat. Lorsqu'on arrête enfin le principal coupable, le total du butin est évalué au milliard. Ce coupable, que nous appellerons Wilfried Litschka, se fait appeler avec humour le « baron de la Houille ». Pendant quelques années, en effet, il fut modeste marchand de charbon. Mais un marchand de charbon qui a dû divorcer, et les divorces coûtent cher. Un marchand de charbon qui ne voulait pas se priver d'une certaine dolce vita. Alors, après différentes tentatives, toujours à la limite entre le bien et le mal, il eut l'idée de créer la Société anonyme Litschka et Cie. Le premier investissement de la Société anonyme Litschka et Cie était aussi modeste qu'utile : un guide de voyages. Dans lequel étaient décrits les objets les plus précieux et les plus remarquables que l'on pouvait admirer dans les églises et les monuments autrichiens. C'est dans ce guide que le « baron de la Houille » fit son choix : le plus souvent des madones, ce

« produit » s'avérant le plus facilement négociable. Tel était l'objet social de la très officielle Société anonyme Litschka et Cie : le vol des œuvres d'art.

Bientôt, ayant approfondi ses connaissances par la lecture d'ouvrages compétents, le « baron de la Houille », bien équipé, communiquant par radio avec le complice qui faisait le guet, sut de lui-même apprécier les objets qui en valaient la peine. Il examinait les statuettes convoitées pour voir si elles avaient une belle ligne de corps. Plus la ligne de la madone était belle, mieux elle se vendait. Le « baron de la Houille » est dont devenu un bon spécialiste : au moment de son arrestation, il s'habille avec élégance, roule dans un minibus laqué rouge et blanc et appointe généreusement six ou sept « collaborateurs ». Condamné à cinq ans de prison, il est assez malin pour se conduire en prisonnier modèle et être libéré en 73. Un an plus tard, les vols d'objets d'art religieux reprennent de plus belle : quatre églises de province en novembre, cinq églises de Vienne en décembre, et INTERPOL reprend immédiatement ses diffusions dans toute l'Europe. La première personne que l'on interroge, c'est évidemment le trop fameux « baron de la Houille ».

Souriant, mince, souple comme une liane, athlétique et blond, le président de la Société anonyme Litschka et Cie, qui a maintenant trente-cinq ans, répond à l'officier de police qui l'interroge :

« Mais vous voyez bien que je ne suis plus dans le coup, ma comptabilité est à votre disposition. Vous pouvez interroger mes collaborateurs. J'achète et je vends du charbon et du mazout. Rien que du charbon, rien que du mazout. »

Le policier n'est pas convaincu. C'est un petit gros qui commence à perdre ses cheveux. Il ne lui reste plus qu'une houppette sur le sommet de la tête. Il est aussi gauche que le « baron de la Houille » est élégant, aussi sévère que le « baron de la Houille » est plein d'humour. Mais ils ont deux points communs : ils sont aussi intelligents et rusés l'un que l'autre. Le policier s'en va. Le baron respire. Et les jours passent.

Mais le marché des objets d'art volés, même religieux, obéit aux mêmes lois que les autres marchés. C'est bientôt la surproduction. Les antiquaires suisses sont inondés par les saints et les madones. Les prix baissent, les antiquaires marrons ne veulent plus prendre de risque pour si peu. Un receleur de Zurich va jusqu'à brûler un triptyque de grande valeur avant d'être arrêté. Les voleurs essayent alors une nouvelle méthode de commercialisation : revendre les objets volés à leur propriétaire. C'est ainsi que le téléphone sonne un matin chez un évêque :

« Monseigneur, vous avez eu la douleur de perdre, il y a quinze jours, un tableau de votre cathédrale ? Un très beau Kremser Schmidt ?

— Oui, hélas !

— Eh bien, monseigneur, vous pouvez récupérer ce tableau à cent quarante mille marks. C'est le dixième de sa valeur. Qu'en pensez-vous, monseigneur ?

— Écoutez, répond l'évêque surpris et outré. Considérez que ce tableau est la propriété de la population du diocèse et que je n'ai pas le droit de discuter d'un tel marché !

— Eh bien, considérez-moi comme la population du diocèse, car je possède le tableau. »

L'évêque raccroche, furieux, et le voleur aussi : manifestement, revendre les objets volés à leur propriétaire n'est pas un bon système. Il faut se recycler.

Au mois de février 1976, les châteaux autrichiens deviennent brusquement la cible des voleurs. Ceux-ci font une razzia d'armures et d'armes autrichiennes et, via les antiquaires marrons, la Suisse regorge bientôt de hallebardes précieuses, de poignards ciselés, de mousquets aux crosses incrustées et d'armures d'époque. Bien entendu, le « baron de la Houille » n'est pas dans le coup.

« Moi, des armes ? Je n'y connais rien ! D'ailleurs vous pouvez fouiller mes entrepôts. »

Le petit policier à la houppette ne fouille pas les entrepôts du marchand de charbon, qui n'est pas assez bête pour y entreposer son butin ; d'ailleurs, ce butin a déjà certainement quitté l'Autriche. Il ne reste plus qu'à en communiquer au fur et à mesure la liste au Secrétariat général d'INTERPOL.

Le 27 octobre 1977 au soir, le garde d'un château, dans le Sud-Est de l'Autriche, vient prendre son service à moto lorsqu'il entend un cliquetis dans la nuit. Il court vers la cour du château en sortant de son étui un gros revolver, pour voir la silhouette d'un homme qui s'enfuit en direction d'une grande échelle appuyée contre la muraille. Le garde le poursuit en tirant deux coups de feu en l'air, autant pour se rassurer lui-même que pour le chasser. L'inconnu est alors rejoint par un autre, ils grimpent rapidement l'échelle, et tous deux redescendent de l'autre côté les 20 mètres de la muraille grâce à une corde. Ils ont laissé sur place une grande quantité d'armes historiques, mais aussi une partie de leur équipement, grappins, échelles de corde et tout un outillage de cambrioleurs.

Le petit policier à la houppette interroge le gardien le lendemain et écoute soigneusement la description des voleurs. La veille, le gardien avait remarqué le plus grand au cours de la visite guidée. L'homme mettait son nez partout, à tel point que le gardien était sans cesse obligé de lui dire : « Pas par là, monsieur, c'est privé »... « Par ici, monsieur, vous allez vous perdre. »

« Comment était-il ?

— Un costaud avec des cheveux roux, presque rouges, et un accent viennois je pense. »

Alors, l'un après l'autre, le petit policier à la houppette visite les marchands d'articles de sports de Vienne pour savoir si dernièrement un équipement d'escalade n'a pas été acheté par un grand rouquin costaud à l'accent viennois.

« Oui, oui, dit l'un d'eux, il y a quinze jours, j'ai vendu un équipement complet à un grand type qui avait les cheveux roux, presque rouges. »

Dans un autre magasin, une vendeuse se souvient qu'à la même époque une jeune femme qui portait un bébé est venue acheter un équipement semblable pour son mari. Or, l'un des amis du « baron de la Houille » est un grand rouquin aux cheveux presque rouges et un autre de ses collaborateurs vient d'avoir un bébé. Le petit policier à la houppette se frotte donc les mains. En Suisse et en Allemagne, les postes frontières visitent soigneusement les véhicules appartenant aux nombreux collaborateurs et amis du « baron de la Houille ». Tant et si bien qu'un jour une voiture, ayant autrefois appartenu à la SA Litschka et Cie, et soi-disant revendue à une tierce personne, est saisie à la frontière avec tout un lot d'armes anciennes. Mais, lorsque le policier vient lui signifier son arrestation, le « baron de la Houille » ne paraît pas tellement inquiet. Il demande seulement s'il s'agit d'un interrogatoire ou d'une arrestation et sort du tiroir d'un classeur un petit bagage tout préparé.

Le policier, songeur, observe cet homme sûr de lui. Quelque chose lui dit que l'affaire n'est pas finie. La décontraction du « baron de la Houille » laisse à penser qu'il a préparé ses arrières.

Effectivement, quelques jours après son arrestation, la police est avisée qu'un vol d'armes anciennes de très grande valeur vient d'être commis au château de Forchtenstein. Le policier chargé de l'enquête, toujours le même, se rend au pied du rocher abrupt sur lequel s'élève le fameux château aux murs de 2 mètres d'épaisseur, célèbre pour avoir résisté au siège des Turcs à deux reprises. Le policier lève le nez. L'un des gendarmes lui montre tout là-haut, là-haut, l'ouverture d'une fenêtre.

« " Ils " sont entrés par là ! »

Ce qui veut dire qu' « ils » ne sont pas sujets au vertige. On peut reconstituer la façon dont les voleurs — des gens entraînés sans aucun doute — ont pu venir à bout de ce château irréductible. La veille, l'un d'eux a dû participer à une visite et se laisser enfermer. La nuit, il a ouvert la fenêtre. Ses acolytes ont alors escaladé le rocher. Le policier vérifie à la jumelle les traces de leur passage et les pitons d'escalade qu'ils ont plantés. C'est un supplice pour lui que d'aller vérifier le reste, car lui est sensible au vertige. C'est avec peine qu'il découvre, sur la poussière d'une corniche large de 20 centimètres, de nouvelles traces. Sur cette corniche les voleurs ont dû péniblement avancer jusque sous la fenêtre ouverte par leur complice. De là, ils ont jeté un grappin pour grimper jusqu'au rebord de la fenêtre. De la fenêtre, ils ont gagné la cour intérieure du château, forcé, avec le matériel adéquat, les portes massives, pour parvenir à la salle d'armes. L'endroit avait été exploré d'avance, et les voleurs sont des experts, car ils ont manipulé les vitrines sans y laisser la moindre égratignure. Le butin est énorme : des dizaines d'armes des XVIe et XVIIe siècles, toutes des pièces de collection, le total valant près d'un million de marks.

Le petit policier n'a plus le vertige, mais il est doublement perplexe. D'abord il paraît impossible que la SA Litschka et Cie poursuive ses activités sans son chef. Lui seul a l'intelligence nécessaire. Les autres sont des petits malfrats sans consistance. Ensuite, les frontières avec la Suisse sont bouclées, et la police exerce une telle surveillance, le marché y est tellement saturé qu'un tel butin y est aujourd'hui pratiquement invendable. Où est le trou de souris ?

A Washington, INTERPOL y signale le départ, pour l'Autriche, d'un riche Américain, grand collectionneur dont on a quelquefois suspecté l'honnêteté. Avant de quitter les États-Unis, il n'a pas caché les raisons de son départ. « On » lui a promis trois Kremser Schmidt pour 800 000 dollars. Et ce « on » a un nom tout a fait invérifiable.

Or, des Kremser Schmidt à vendre, il n'y en a pas sur le marché. A part les trois volés il y a bientôt dix ans, par le « baron de la Houille ». Et le petit policier a une inspiration : la Litschka et Cie posséderait encore les trois Kremser Schmidt. Et elle possède peut-être aussi la *Sainte-Famille* du Tintoret qu'on n'a jamais retrouvée nulle part, elle a peut-être toujours la fameuse icône crétoise. Ce qui revient à dire que la Litschka et Cie a des stocks.

En comparant la liste des objets volés à ceux qui ont été vendus ou rachetés, on s'aperçoit en effet qu'ils ne représentent qu'une partie infime, le dixième du total. Les stocks de la Litschka pourraient donc s'élever à plusieurs milliards pour les neuf dixièmes restants. Or ce ne sont pas les petits malfrats, collaborateurs du « baron de la Houille », qui peuvent gérer une affaire pareille.

L'Américain est descendu au *Hilton,* où son téléphone a été purement et simplement branché sur table d'écoute par la police autrichienne. Un coup de fil attire l'attention du petit policier. Après quelques paroles sans importance, l'Américain demande à son interlocuteur :

« Vous venez quand ?

— Je viens ce soir.

— Seul ?

— Avec un ami.

— A quelle heure ?

— Je viendrai vers 19 heures pour vous amener le matériel. Mais mon ami viendra pour le dîner. Il ne pourra pas rester longtemps, car il a une soirée en ville.

— Bon, d'accord, mais j'espère que votre ami est un homme responsable. Je ne peux pas donner une somme pareille à n'importe qui.

— Ne vous inquiétez pas. Mon ami a du répondant. C'est un homme connu en Autriche. »

La police a réussi à localiser l'appel, qui provient d'un bar fréquenté par le « baron de la Houille » lorsqu'il était en liberté. Le barman est connu de la police, c'est un repris de justice. Le petit policier décide donc de l'intercepter. Il a un bon prétexte pour cela. Le barman en question est fiché comme un fanatique des armes à feu, et il est sûrement armé.

18 h 30. Le barman monte en voiture. La police lui barre la route. Coup de freins. Fracas. Vitres brisées. L'homme tente de fuir dans la foule, mais il est ceinturé. Les trois Kremser Schmidt sont dans la malle arrière. Au commissariat, le policier abrutit le barman de questions.

« Qui est l'ami qui doit vous rejoindre au *Hilton ?*

— Je ne sais pas de qui vous voulez parler.

— Inutile de mentir, puisqu'il va venir. Nous n'avons qu'à l'attendre. Alors, dis-moi qui c'est.

— Ernst Beckman.

— Pardon ?

— J'ai dit Ernst Beckman. »

Le petit policier est furieux et persuadé que le barman se moque de lui. Dire que Ernst Beckman est son ami, c'est un peu comme si un voyou de troisième zone déclarait à la police que le gouverneur de la Banque de France est son complice.

Ernst Beckman a créé en 1966 une société d'intérim. Puis une société spécialisée dans la fourniture de techniciens. Il a deux mille employés. Il a créé une société autrichienne de transport aéronautique. Il possède personnellement un « jet », une maison aux Bahamas. Sa villa de Vienne est installée avec un luxe inouï digne des films de James Bond. Il y donne des fêtes éblouissantes au cours desquelles des notables de la politique et de l'économie, les prélats et les vedettes sont, sans le savoir, suivis par des micros et des caméras indiscrets. Sa collection d'œuvres d'art est protégée par un système d'alarme ultramoderne. A l'âge de trente-cinq ans, il vient d'être nommé conseiller. Son dynamisme, son ambition et son intelligence doivent l'amener aux plus hautes fonctions de la nation autrichienne.

Pour un peu, le barman mériterait une gifle, mais il insiste :

« Je vous assure, le patron c'est Ernst Beckman. A quoi ça servirait de vous mentir puisqu'il va venir au *Hilton !*

— Il y vient peut-être pour d'autres raisons ? »

Le barman se rend compte qu'il a trop parlé ou pas assez, et que la partie n'est pas jouée. Mais c'est trop tard. Bousculé, harcelé, il finit par tout avouer.

« Quand le « baron de la Houille » a été arrêté, il m'a chargé de négocier la vente de son affaire. Et j'ai trouvé un client : Ernst Beckman. Une affaire comme ça l'amusait. Il avait le temps d'attendre. Il prenait la marchandise estimée à une dizaine de milliards, et on la revendrait petit à petit. Litschka serait payé au pourcentage. Mais il a reçu une avance de 900 millions. Le stock est dans la cave d'un hôtel du Tyrol. Mais la cave est truquée. Il n'y a que lui qui puisse vous conduire à la cachette. Personne d'autre ne la connaît. »

Ce soir-là a lieu le « Bal des Viennois 1977 ». Une soirée de gala qui réunit les sommités de la politique et où l'on attend en vain le conseiller commercial d'Autriche : le milliardaire Ernst Beckman. Sa Rolls Sylver Shadow s'arrête enfin devant la porte monumentale. Seul le chauffeur en descend :

« Le conseiller a été retenu à l'hôtel *Hilton* par un rendez-vous urgent. Il vous prie de l'excuser, il ne faut pas compter sur lui. »

Dans une chambre du *Hilton,* devant un Américain stupéfait qui vient de poser sur une table 800 000 dollars, près de trois Kremser Schmidt, le petit policier a surgi. Il passe les menottes à un homme de trente-cinq ans, le visage ouvert, les cheveux noirs ondulés, l'œil vif et intelligent : le conseiller commercial d'Autriche. Détail amusant, celui-ci n'a jamais rencontré le « baron de la Houille » puisqu'il est en prison. La Litschka et Cie était vraiment une société anonyme.

LES DEUX FOULARDS

C'est une vieille dame du Sud, vêtue d'un manteau gris, les cheveux blancs soigneusement coiffés. Une vieille dame très digne, veuve d'un consul des États-Unis en France. Mme Coppus, Yvonne, est née en 1890. Sa paisible retraite a pour cadre les environs de Morgan City, en Louisiane. Sa villa, baptisée *Le Retour,* dort au soleil de décembre au milieu d'un parc. Les gardiens, un couple installé là depuis 1946, regardent sortir la vieille dame :

« Je sors un moment, dit-elle, je serai de retour pour le déjeuner. »

Au détour de la route, un homme attend Mme Coppus au volant de son automobile, c'est Jean-Baptiste Protesta. Il est courtier libre en immobilier à New Orleans. Mme Coppus l'a chargé de gérer ses affaires. Le soir, la vieille dame n'est pas revenue. Le lendemain, mercredi 28 décembre, non plus. Ce jour-là, la gardienne de la villa *Le Retour,* morte d'inquiétude, signale la disparition de sa patronne à la police de Morgan City. Mais, dans la soirée du même jour, des proches de Mme Coppus reçoivent chacun une brève missive, bizarre : « Je suis obligée de m'absenter quelques jours, je vous donnerai de mes nouvelles. Madame Coppus. » Les lettres sont postées de New Orleans et surprennent tous les destinataires, car Mme Coppus avait l'habitude de taper à la machine et de signer « Yvonne ». La police de Morgan City en est informée. Mais la vieille dame reste introuvable. Le 12 février 1964, à 10 heures du matin, à 3 000 kilomètres de là, Mlle Maillard quitte sa villa de Québec où elle réside depuis peu, en déclarant à sa femme de ménage : « Je vais faire des courses. » C'est une vieille demoiselle aux cheveux noirs frisés et aux yeux sombres. Elle est née le 10 janvier 1903, à Trois-Rivières, dans la province du Québec où ses parents, fortunés, tenaient un commerce. En 1944, à l'héritage de sa famille s'est ajoutée une indemnité versée par les assurances, le commerce ayant été détruit par un incendie. Mlle Maillard ne s'est installée à Québec que plusieurs années plus tard. En

1963, elle est réapparue à Trois-Rivières accompagnée d'un homme présenté comme son « chargé d'affaires ». Ce dernier s'est occupé, dans la région, de récupérer des sommes d'argent que la vieille demoiselle avait prêtées à différentes personnes. Il a réalisé également des titres de propriété appartenant à sa cliente. Son nom : Félix Carcopino, agent immobilier à Québec.

A partir de cette date, on voit souvent Mlle Maillard en compagnie de l'agent immobilier, dans une petite localité des environs de Québec. Pour le compte de la vieille demoiselle, l'agent immobilier s'occupe de la construction de la villa *Mirador,* entreprise grâce aux sommes perçues des assurances. Mais à partir de ce jour, 12 février 1964, où elle part faire des emplettes, on ne la revoit plus. Tout comme Mme Coppus.

Il s'agit donc de deux disparitions à 3 000 kilomètres l'une de l'autre, dans des pays différents, où l'enquête est menée par des polices différentes sous des juridictions différentes. Une seule similitude : il s'agit de deux vieilles personnes francophones vivant en Amérique du Nord, plutôt riches, et qui ont toutes deux un homme d'affaires. Pour l'instant, nul ne se préoccupe du rapprochement : l'agent immobilier. Dans les deux cas, l'agent immobilier est resté sur place. A propos de Mlle Maillard, il a répondu à la police :

« Je ne sais pas son adresse, je ne connais que le numéro de son compte en banque où je fais verser les fonds. A mon avis, elle est au soleil en Espagne. »

Et pour Mme Coppus :

« A mon avis, elle est au soleil en Italie. »

Alors, à la requête des deux polices locales, le bureau d'INTERPOL d'Ottawa et celui de Washington font adresser une simple demande de recherche à INTERPOL de Rome pour Mme Vve Coppus, et Madrid pour Mlle Maillard. Des vieilles dames, il en disparaît dans le monde tous les jours. Peut-être même plusieurs par jour, mais, devant la vague similitude de ces deux disparitions, la documentation criminelle d'INTERPOL ouvre un dossier. Rien de plus bébête à première vue que ces dossiers. Ils sont là, par milliers, à dormir dans des classeurs gris, attendant on ne sait quoi, on ne sait qui, on ne sait quand. En voici un de plus à la rubrique disparition.

Ce que le profane ne sait pas, c'est que le dossier d'INTERPOL a une vie propre. Une vie intérieure. Il s'ouvre et se referme au gré des renseignements codés. Il les digère et les restitue, parfois en prenant son temps, parfois dans un sursaut. Et il y a une nourriture que le dossier d'INTERPOL adore : les coïncidences.

La première coïncidence vient d'Ottawa, où la police locale recherche l'agent immobilier Félix Carcopino (celui de Mlle Maillard).

Elle le recherche pour l'interroger une nouvelle fois, mais il a quitté le Canada. Sa note de recherche tombe dans le dossier conjoint « Maillard-Coppus, vieilles dames riches disparues », classé au Secrétariat général d'INTERPOL. Le dossier avale et restitue, pour Ottawa, la coïncidence : deux disparitions, deux agents immobiliers, l'un Carcopino, l'autre Protesta... noms à consonances méditerranéennes... Ne s'agirait-il pas du même homme ?

C'est ainsi que le dossier « Maillard-Coppus » s'enrichit de deux photos tout à fait digestes : l'une a été prise dans le paysage presque tropical de la Louisiane, et l'autre sur les remparts enneigés de Québec, mais il s'agit du même homme : petit, très brun, le visage anguleux, comme mal taillé, mal fini, mais avec des yeux noirs très vifs, un sourire nerveux, des costumes stricts achetés au « décrochez-moi-ça ». Dans les deux pays, au cours de l'enquête menée avec soin par la police locale, le petit homme a été longuement interrogé, mais il fallut le relâcher car il avait réponse à tout, et on ne pouvait rien relever contre lui. D'ailleurs, il n'y a toujours rien à relever contre lui, sauf de changer de nom et d'avoir quitté Washington pour la France. C'est donc un avis de recherche précautionneux qu'INTERPOL diffuse en France. Et c'est donc pour l'interroger avec précaution qu'un commissaire de la police judiciaire de Nice l'attend dans le hall de l'hôtel où il a été signalé après trois semaines d'enquête. Il entre, vêtu de façon très estivale d'un pantalon blanc et d'une chemise tahitienne. Mais seul son costume est en vacances. Son visage, lui, est agité de tics nerveux. Il exprime son étonnement avec une pointe d'accent dont il est difficile de percer l'origine.

« Monsieur le commissaire, je ne suis de retour en France que depuis deux mois, je me demande ce qui peut bien motiver cette visite.

— Simple précision d'identité. Voilà, nous vous connaissons ici sous le nom de Jean-Baptiste Protesta. Ne vous êtes-vous pas fait appeler aussi Félix Carcopino ?

— En effet, au Canada.

— Pourquoi ces deux noms ?

— Protesta est mon vrai nom, mais j'ai choisi là-bas de me faire appeler Carcopino parce que c'était le nom du propriétaire de l'agence immobilière que j'avais achetée à Québec.

— Pour cela, vous avez dû vous faire établir de faux papiers... C'est interdit.

— Je sais ! Mais je n'ai pas eu l'impression de commettre un bien grave délit. C'est à ce sujet que vous voulez m'interroger ?

— Non. Vous avez connu Mme Vve Coppus et Mlle Maillard ?

— Oui, bien sûr, nous y voilà, soupire Jean-Baptiste Protesta. »

Car il soupire. Et il a l'air de penser : « Quelle plaie que ces deux vieilles... » tout en prenant son parti de la chose. Il s'installe plus confortablement dans son siège, essaie de contenir ses tics nerveux et allume une cigarette. En ce qui concerne son passé, il est assez vague :

« Je suis né à Casablanca, dit-il, et j'ai quarante-six ans. J'ai été le chef de la section économique de la province de Rabat jusqu'en 1961. Auparavant, j'ai eu de nombreuses activités. J'étais le garde du corps du résident : le général Guillaume. Après l'indépendance du Maroc, j'ai dirigé une entreprise de transports, ce qui m'a valu des ennuis : l'un de mes camions avait ses phares mal réglés et j'ai été arrêté... Alors, j'en ai eu assez et je suis parti. »

Jean-Baptiste Protesta élude les questions que lui pose le commissaire sur la période qui a précédé son arrivée en France, en 1960, et affecte de ricaner.

« A l'époque, on a dit que j'étais " barbouze ! ". »

Et il regarde son interlocuteur en face, comme pour lui prouver qu'il n'a pas du tout la tête d'une barbouze... Le policier, lui, revient à ce qui le tracasse. Comment peut-on être courtier immobilier en Louisiane et au Québec en même temps ?

« C'est tout simple. Je voulais aller me fixer en Amérique du Nord, quelque part dans une province où l'on parle français tant qu'à faire. Je suis un homme actif, j'ai décidé de tenter ma chance à New Orleans et à Québec, je me serais fixé ensuite, là où ça marchait le mieux.

— Pourquoi êtes-vous revenu en France, alors ? »

L'homme lève les bras au ciel pour répondre :

« Mais à cause de ce manque de chance incroyable ! Rendez-vous compte ! Voilà que dans les deux villes je suis mêlé à ces disparitions stupides ! C'est stupide, monsieur le commissaire ! »

Et subitement il s'emporte :

« J'ai déjà subi deux interrogatoires : l'un de la police des USA et l'autre de la police montée à Québec. Ça devrait suffire ! De quoi me soupçonnez-vous ? d'avoir tué deux rentières ? Et pour quel motif ? C'est moi le nouveau Landru, tueur de vieilles dames ? Oh je sais ! vous allez me soupçonner d'être un homme malhonnête ! Et me demander d'où je tiens mon argent ! Lorsque j'étais surveillant de plage au Maroc, j'ai été décoré pour cent trente-huit sauvetages en mer ! Quant à l'argent que j'ai, eh bien, je travaille, je l'ai gagné ! A se demander si je ne suis pas victime d'une sombre machination. Songez, dit encore Jean-Baptiste Protesta en gesticulant, que la disparition de Mme Coppus me coûte, au bas mot, 15 000 dollars !

— Comment ça ?

— J'avais établi un dossier qui lui aurait permis de faire construire vingt villas. Vous n'imaginez pas les difficultés administratives qu'il m'a fallu vaincre ! J'avais abouti et voilà que Mme Coppus disparaît.

— Et la fortune de Mlle Maillard ? »

Jean-Baptiste Protesta hausse les épaules :

« Tout ce qu'elle possédait provenait des versements des assurances !

— Elle vous avait tout de même signé une procuration ?

— Oui ! J'avais une procuration de sa main, mais c'était pour régler des corvées. Là aussi, j'en étais le plus souvent " de ma poche ".

— Décidément, vous n'avez pas de chance !

— Vous pouvez le dire. Imaginez la tête que j'ai faite quand elle est venue me trouver à ma villa pour m'annoncer qu'elle partait se marier. Et où ça ? En Espagne. Elle avait rencontré un colonel français de l'OAS provisoirement réfugié au Canada et qui avait décidé de se fixer définitivement en Espagne. Comme je m'étonnais qu'elle n'ait prévenu personne, elle s'est mise à écrire à chacun des membres de sa famille. Je ne l'ai pas vue le faire, car à ce moment-là j'étais sous la douche. Mais lorsqu'elle a terminé ce courrier, elle m'a demandé de le mettre à la poste. Je l'ai accompagnée jusqu'à la voiture où l'attendait le fameux colonel avec qui j'ai échangé deux ou trois mots. Je ne l'ai jamais revue.

— Et l'autre ? Mme Coppus ?

— Je crois qu'elle est en Italie. Je l'ai déjà raconté dix fois à la police de New Orleans qui n'a rien trouvé à redire, mais je veux bien vous le raconter aussi. »

Jean-Baptiste Protesta ne raconte pas les circonstances de cette disparition, car le concierge de l'hôtel appelle le commissaire.

« On vous demande au téléphone, cabine 3. »

Le commissaire s'enferme dans la cabine. Par la vitre, Jean-Baptiste Protesta voit le commissaire hocher plusieurs fois la tête, comme si on lui apprenait quelque chose d'important. Puis il raccroche et vient tout droit vers lui.

« Protesta, voulez-vous me suivre au bureau de la police judiciaire ? »

L'homme sent qu'il vaut mieux ne pas s'insurger. Et il suit dignement le commissaire dans les bureaux de la police judiciaire de Nice. Le petit quinquagénaire nerveux et inquiet répond au flot de questions qu'on lui pose, en émaillant ses réponses d'insolences et de mensonges incontrôlables. Il continue à récuser point par point les similitudes accablantes pour lui.

Mais vers 17 heures le commissaire lâche l'artillerie lourde qu'il avait gardée en réserve. Et Protesta encaisse un choc en apprenant qu'INTERPOL, disposant maintenant du dossier complet des deux disparitions, y a fait une découverte intéressante. Le jour de la disparition de chacune des deux vieilles dames, il est établi que Jean-Baptiste Protesta avait acheté un foulard. « Pour l'offrir à Mme Coppus », a dit Protesta à la police de New Orleans. « Pour l'offrir à Mlle Maillard », a-t-il dit à la police de Québec. Évidemment, chacune des deux polices avait accepté cette explication sans discuter. Mais au Secrétariat général de Saint-Cloud le chef du groupe « A » a suggéré :

« Et si c'était pour les étrangler ? »

On imagine très bien la chose, en effet : chaque vieille dame ouvrant la boîte :

« Oh, qu'il est joli !

— Essayez-le. S'il ne vous plaît pas, je pourrai vous le changer. Permettez que je vous aide. » Et crac ! plus de vieille dame.

Cette fois, Jean-Baptiste Protesta donne des signes d'affolement. Son visage déformé par les tics est marqué d'une angoisse grandissante. Et il ne tient à sa chaise que par un effort de volonté cousu de fil blanc.

A 9 heures du soir, quand on lui annonce que la police de New Orleans et celle de Québec vont fouiller les deux villas qu'il habitait en Amérique du Nord, il s'effondre. Sa tête s'enfonce dans ses épaules et, après un silence qui semble ne devoir jamais finir, il passe aux premiers aveux. Mais il parle comme un gangster chevronné, en homme du milieu, et la thèse des policiers français ne devient certitude que très tard dans la nuit, lorsque le suspect se décide, après quelques versions rocambolesques, à préciser l'endroit où il a enterré ses deux victimes.

Le petit homme est épuisé, il regarde le commissaire appeler INTERPOL à Saint-Cloud, qui appelle INTERPOL à Ottawa et à Washington. Les minutes tombent, scandant le rythme des tics nerveux de l'assassin, dont le visage se décroche de plus en plus. A Nice, il est maintenant 3 heures de la nuit, en Amérique du Nord il est 8 heures du matin. A Nice, pour converser avec les États-Unis, on a fait venir un interprète.

« Allô, New Orleans, ici police judiciaire de Nice. Le cadavre de Mme Vve Coppus se trouverait dans la cave de la villa qu'habitait Jean-Baptiste Protesta. Allez-y, et rappelez-nous.

» Allô, Québec ? La police montée ?... Le cadavre de Mlle Maillard se trouverait sous le carrelage d'une chambre dans la villa que Félix Carcopino habitait. Allez-y, et rappelez-nous. »

Quelques instants plus tard, guidés depuis Nice par téléphone, les policiers de New Orleans descendent dans la cave d'une villa où passent toutes sortes de tuyauteries. Là, à la lueur des projecteurs qu'ils ont amenés, deux officiers commencent leur travail de fossoyeurs. A Québec, dans une chambre du rez-de-chaussée, devant la gardienne affolée, les policiers entreprennent de faire sauter le carrelage.

A New Orleans, au bout d'une demi-heure, les deux fonctionnaires creusent toujours dans un nuage de poussière et une chaleur suffocante. Ils se sont mis torse nu et commencent à douter de trouver là un cadavre. A Nice, Jean-Baptiste Protesta insiste et prononce cette phrase étrange :

« Qu'ils continuent, ils vont le trouver. Si j'avais su qu'ils auraient tant de mal, j'aurais creusé moins profond. »

A Québec, on demande des précisions :

« A quelle distance du mur exactement ?

A Nice, Jean-Baptiste Protesta répond :

— A 2 mètres. Qu'ils fassent attention de ne pas creuser vers la tuyauterie du chauffage. »

L'homme ne manque pas d'à-propos. Enfin, vers 10 heures du matin, apparaît à New Orleans la preuve matérielle du crime : la main droite décharnée de Mme Vve Coppus.

Et à Québec, à 80 centimètres de profondeur, apparaît celle de Mlle Maillard. Et Jean-Baptiste Protesta a cette curieuse conclusion :

« Ils ont mis plus de temps que moi, mais je reconnais que ce n'est pas facile. »

Drôle d'homme, que la justice a condamné à perpétuité et dont l'histoire n'a pas fait la une des journaux. C'est beaucoup mieux ainsi : il avait en France une femme et deux enfants (vivant heureusement sous un autre nom) qui n'ont appris qu'à leur majorité que leur père était un assassin de vieilles dames.

ARAIGNÉE... QUEL DRÔLE DE NOM POUR UN CRIME !

Townsville est une petite ville australienne qui dort sagement, car il est 11 heures du soir. Et le docteur Ian Wells fait comme tout le monde, il va se coucher. Il se débarrasse à peine de ses chaussures quand le téléphone se met à sonner. A 11 heures du soir, une sonnerie de téléphone est une agression pour quelqu'un qui va se coucher, et le docteur Wells décroche en marmonnant un « allô ! » furieux. C'est Brickner, son vieil ami, sa voix est affolée :

« Venez vite, je crois que ma femme est en train de mourir. »

Le docteur Wells comprend immédiatement qu'il serait inutile de demander plus amples détails. Brickner semble dans un tel état d'agitation qu'il se contente de dire :

« J'arrive. »

Quelques minutes plus tard, le docteur stoppe sa voiture devant la villa des Brickner, colonnades et style victorien. Une seule fenêtre est allumée, celle de la chambre à coucher. Dans l'embrasure, Brickner, les cheveux en bataille, crie en le voyant :

« Mais qu'est-ce que vous faites, bon Dieu, dépêchez-vous, dépêchez-vous !... »

Puis il disparaît, et le docteur entend un bruit de galopade jusque dans le hall, où la lumière s'allume en même temps. Brickner est pâle, son visage un peu rond reflète une tension dramatique. Ses yeux bleus sont exorbités et ses cheveux bruns ondulés en bataille. Il tremble et tire littéralement le docteur par la main.

« Ça va être trop tard... trop tard. »

Est-il trop tard ? Et trop tard de quoi ?... Le docteur Wells aperçoit dans les draps en désordre le corps de Mme Brickner. La ravissante Stella a les yeux clos. Son corps s'est raidi dans la somptueuse chemise de nuit. Le docteur appuie son oreille sur la poitrine ferme et immobile... Il tâte le pouls. A côté de lui, Brickner bredouille :

« C'est une araignée... »

Étonné, le médecin se redresse. Une araignée ? Brickner montre la poitrine de sa femme d'un doigt tremblant :

« Je suis sûr que c'est une araignée, regardez, là... sous le sein. »

Le docteur Wells distingue en effet la trace que lui montre son ami, celle d'une petite morsure.

« Comment savez-vous que c'est une morsure d'araignée ?

— Je l'ai tuée. Regardez, elle est encore là, sur la moquette. »

Et il désigne une petite masse informe et recroquevillée sur le tapis.

Le docteur Wells lâche le poignet de Stella, le front soucieux :

« Il y a combien de temps qu'elle a été mordue ?

— Je ne sais pas, je venais de rentrer. Quand je l'ai trouvée inanimée, j'ai arraché le drap, j'ai vu l'araignée, je l'ai écrasée, mais Stella ne bougeait pas... Je vous ai appelé immédiatement. Elle s'était couchée vers 10 heures avec un somnifère et un chocolat chaud, comme d'habitude. Moi, j'avais rendez-vous avec un client, j'ai dû m'absenter une heure. »

Brickner tout à coup s'arrête de parler et regarde Wells comme s'il comprenait d'un coup :

« Qu'est-ce que c'est ? Qu'est-ce que vous allez faire ? Il y a quelque chose à faire, n'est-ce pas ? N'est-ce pas ? Wells ? Répondez-moi !

— Il n'y a rien à faire, plus rien depuis près d'une heure. Elle est morte, Brickner, je suis désolé. »

Trois semaines après la mort de Stella Brickner, un homme blanc se glisse à travers les broussailles, près de la petite ville de Townsville. Dans la poche de sa veste, un revolver de calibre 25, une balle dans la culasse et les autres dans le barillet. Personne ne sait qu'il possède cette arme. Il l'a volée quelques années auparavant à Sydney et va s'en servir ce soir, pour la première fois, contre l'homme qui a osé tenter de le doubler. Tout en escaladant une colline, il rumine :

« On n'a jamais réussi à me doubler... C'est pas aujourd'hui que ça va commencer. »

Lorsqu'il redescend la colline, un Noir, un nommé Dinda, vêtu d'une vieille blouse de mécanicien, sort des fourrés et s'adresse à lui en mauvais anglais.

« Je suis là.

— C'est toi Dinda ?

— C'est moi.

— Es-tu seul ? demande l'homme blanc. Cette affaire ne regarde que nous.

— Nous sommes seuls, répond Dinda. Faut m'excuser de vous avoir dérangé, mais j'ai vraiment besoin de cet argent.

— Je comprends », dit l'homme blanc.

Tout en parlant, il porte la main à sa poche et, lorsque Dinda devine dans l'obscurité qu'il a sorti un revolver, il est trop tard. Il vient de recevoir une balle dans la poitrine. Mais il n'est pas mort sur le coup et râle encore. Alors, l'homme blanc l'achève de deux balles dans la tête. Puis, abandonnant le corps dans le fourré, s'en va, satisfait, convaincu que personne ne pourra jamais reconstituer ce meurtre, et sûr qu'il vient de régler au mieux son problème.

Deux ans plus tard, à Calgari, ville champignon dans l'État canadien de l'Alberta, près des montagnes Rocheuses, les employés du cabinet d'avocats Mac Leod et Cie sont étonnés de ne pas voir arriver leur collègue Miss Wanda Downes. Wanda est une très jolie brune, d'origine australienne, qui s'est installée depuis peu à Calgari avec son fiancé — un certain Brickner, lui aussi australien.

A 11 heures, Wanda n'est toujours pas là, et chez elle personne ne répond au téléphone. Cela ne lui est jamais arrivé.

Comme il est peu vraisemblable que la jeune femme se soit absentée sans prévenir, l'avocat Mac Leod lui-même alerte les voisins de Wanda qui parviennent à découvrir dans l'immeuble une femme de ménage disposant d'une clé de l'appartement.

Quelques instants plus tard, la femme de ménage, en transes, appelle Mac Leod. Wanda est morte. Elle l'a trouvée dans son lit, toute blanche. Elle ne respire plus. On a appelé le docteur, mais elle est morte.

Le lieutenant Fergusson, de la police montée royale, arrive chez Wanda dans l'heure qui suit, appelé par le médecin.

« Je vous ai appelé, dit le docteur, parce que je ne peux pas délivrer un permis d'inhumer sans savoir de quoi elle est morte.

— Et vraiment, vous n'avez aucune idée ? »

Le docteur, un homme petit et méticuleux, au visage pincé par de grosses lunettes, regarde le grand lieutenant de police dont les grosses moustaches bourrues recouvrent un sourire ironique :

« Non, je n'ai aucune idée, et je voudrais bien vous y voir. A part un truc bizarre que je n'ai jamais vu. Tenez, venez jeter un coup d'œil. »

Et le docteur traîne le lieutenant Fergusson dans la chambre où repose, sur le lit défait, le corps entièrement nu de la jeune femme.

« Tenez, c'est ça ! Je l'ai examinée des pieds à la tête. C'est tout ce que j'ai trouvé. »

Et il désigne une petite plaie violette sur la hanche droite.

« On dirait une morsure, c'est tout ce que je peux dire.

— Peut-être, convient le policier sans conviction, mais une morsure de quoi ? »

Et il regarde autour de lui, avec curiosité, cette chambre conventionnelle et paisible, au neuvième étage d'un des plus grands immeubles de Calgari enfoui sous la neige. Le photographe installe son matériel pour relever la position du cadavre. Un policier muni d'un pinceau saupoudre les empreintes visibles avec minutie. L'enquête de routine a commencé, et tout le monde sursaute en entendant une clé tourner dans la serrure. Un homme entre et se précipite vers le lit en hurlant :

« Ah non ! Pas elle ! Pas elle ! »

Surpris, le lieutenant Fergusson regarde l'homme saisir la femme à bras-le-corps et l'examiner comme s'il savait exactement ce qu'il cherchait.

C'est un homme de taille moyenne, aux yeux légèrement saillants, aux cheveux bruns ondulés, au nez droit et aux épaules très larges. Le genre d'homme qui doit plaire aux femmes.

Ayant trouvé ce qu'apparemment il cherchait, c'est-à-dire la petite trace violette, l'homme tombe à genoux près du lit en gémissant. Le lieutenant Fergusson s'approche de lui et pose une main sur son épaule.

« Je vous prie de m'excuser, vous êtes monsieur Brickner ? Je suis le lieutenant Fergusson, de la police montée royale. Je comprends votre douleur, mais j'ai besoin de savoir. »

Sans bouger, les dents serrées, Brickner répond :

« Une morsure d'araignée. »

Mourir d'une morsure d'araignée n'est pas commun au Canada. Le lieutenant Fergusson note que cette façon de passer de vie à trépas n'est pas très britannique. Il est vrai que ces gens sont des Australiens. Mais que viendrait faire une araignée venimeuse à Calgari, par – 30 degrés ?

« Vous êtes sûr que c'est une araignée ?

— Oui ! Oh oui ! Si vous cherchez dans la chambre, vous allez la trouver. »

Le ton de Brickner est si catégorique que le lieutenant Fergusson, le photographe et l'homme au pinceau se dressent d'un seul mouvement. Les pieds joints, ils regardent autour d'eux, sur la moquette et sur les murs, avec suspicion : il y aurait une araignée venimeuse dans cette chambre et ils ne l'auraient pas vue ? Le photographe, estimant qu'il n'est pas payé pour cela, bat en retraite le premier. Quelques secondes plus tard, le lieutenant Fergusson oblige Brickner à sortir de la pièce et ferme soigneusement la porte autour de laquelle il fait coller un ruban adhésif.

Tandis qu'une équipe de désinfection, munie de bonbonnes, projette un gaz dans la chambre, le lieutenant interroge Brickner dans le hall de l'immeuble.

« Qu'est-ce qui vous a fait penser que cette jeune femme pouvait avoir été tuée par une araignée ?

— Parce que ma femme est déjà morte comme ça.

— Où ?

— A Townsville, en Australie.

— Comment ça s'est passé là-bas ?

— Un accident. L'araignée avait dû entrer dans la maison parce qu'il y faisait chaud. Ou bien on l'a fait entrer sans s'en apercevoir, avec des légumes ou des fruits, je ne sais pas. »

Cette histoire d'araignée tracasse le lieutenant. Il veut bien l'admettre dans un pays comme l'Australie, mais au Canada, Dieu soit loué, les araignées de Sa Majesté ne sont pas mortelles, surtout au neuvième étage d'un immeuble, dans une ville couverte de neige et par − 30 degrés. Il lui paraît nécessaire de tout examiner depuis le début, c'est-à-dire depuis la première araignée, si araignée il y a.

Tandis que Brickner raconte sa vie dans un monologue presque ininterrompu, les hommes du service de désinfection — jugeant que le gaz a fait son effet — ouvrent les fenêtres et commencent à fouiller la chambre centimètre par centimètre. Et ils finissent enfin par trouver sur la moquette d'une penderie le cadavre de l'araignée. Elle est grosse, velue et noire, assez horrible même morte. On la montre avec précaution au lieutenant Fergusson qui réfléchit intérieurement :

« Ce n'est tout de même pas Brickner qui met des araignées dans le lit de ses femmes. Une fois, ça pourrait passer pour un accident. Mais la deuxième fois, et au Canada, ce serait pire que stupide. Ça serait dément. »

Et il retourne auprès du veuf pour écouter attentivement le récit de sa vie.

Harold Brickner est né en Australie, il est le second fils de fermiers pauvres. Son père était devenu chercheur d'or et d'uranium dans l'espoir, toujours déçu, de trouver fortune. Il ne trouva que la mort, mordu par un serpent. Louise, sa mère, partit donc à Townsville avec ses deux jeunes fils où ils grandirent. Harold travaillait comme pêcheur, et, quand les temps devenaient plus durs, il repartait sur les traces de son père dans la montagne, dans l'espoir tout aussi vain de tomber sur la caverne d'Ali-Baba. Il ne découvrit pas de trésor, mais rencontra tout de même la fortune : Stella, une riche veuve sans enfant qui avait besoin d'un équipier pour son yacht. Elle voulait partir visiter les îles du Pacifique. Brickner connaissait bien la mer et fut choisi. Stella lui demanda de l'épouser. Brickner, élevé dans la pauvreté, brutalement plongé dans un rêve doré, n'hésita pas. Ils se marièrent aussitôt et vécurent heureux pendant neuf ans jusqu'à la mort de Stella, mordue dans son lit par la première araignée.

Brickner rencontra alors Wanda Downes dans un magasin de fournitures pour bateaux. Elle n'avait que vingt ans, mais paraissait un peu plus âgée. C'est elle qui tomba amoureuse de Brickner, et ils décidèrent de venir s'installer au Canada. Il comptait monter une affaire grâce à l'héritage de sa première femme, quand la deuxième est morte, œuvre de la deuxième araignée.

Fergusson n'y comprend rien. La première araignée est plausible. La deuxième toujours pas. Pour vérifier les dires de Brickner, il fait interroger l'INTERPOL de Camberra, en Australie, qui les confirme dans un premier temps. Mais, alertée par cette demande de renseignements et prenant connaissance de l'accident survenu à Calgari, la police australienne décide de reprendre la première enquête classée sans suite. Et le Bureau central national d'INTERPOL de Camberra expédie bientôt un deuxième rapport, condensé, de la vie privée de Brickner, et dont il n'a pas parlé :

« D'abord, concernant la première femme de Brickner : bien que Stella fût très riche, dès son mariage elle devint avare et Brickner dut lui rendre compte de la plus infime dépense. Il prit l'habitude de faire de grands séjours dans les montagnes où, soi-disant, il reprenait sa prospection. Il fit alors la connaissance des indigènes de la région. Les années passant, Stella devenait de plus en plus acariâtre. Elle s'en excusait lorsqu'elle était de meilleure humeur, mettant cela sur le compte de la ménopause. Brickner ne cachait à personne qu'il ne l'aimait plus, si toutefois il l'avait jamais aimée, et qu'il avait l'intention de reprendre sa profession de pêcheur. En ce qui concerne Wanda Downes, ce n'est pas après la mort de sa femme que Brickner a connu Wanda, mais un an plus tôt. Toutefois, il semble qu'il ait été honnête avec elle en lui avouant qu'il avait épousé pour son argent une femme plus âgée que lui. Wanda semble n'y avoir attaché aucune importance. Elle vivait seule dans un appartement, et, ses parents habitant une ferme à 80 kilomètres de Brisbane, personne ne connaissait sa liaison avec Brickner. Ils ont quitté l'Australie il y a trois mois, après avoir obtenu un visa définitif pour le Canada, lorsque les assurances et les notaires ont mis les fonds qui revenaient à Brickner à sa disposition. En ce qui concerne l'accident survenu à Stella Brickner, rien ne prouve bien entendu qu'il n'était pas prémédité. Actuellement, le dossier d'un crime perpétré à la même époque et dans la même région est à l'étude. Il s'agit de l'assassinat d'un Noir, d'une tribu assez primitive, tué de trois balles de revolver et qui pourrait être rattaché à l'affaire Brickner, car l'un des amis de la victime a quitté il y a quinze jours l'Australie pour le Canada. Il s'agit d'un Noir du nom de Élijah. »

En face de ce puzzle extraordinaire, le lieutenant Fergusson est complètement perdu. Aucune hypothèse ne lui paraît un tant soit peu plausible. Sauf celle de l'accident. L'araignée pourrait avoir été transportée dans les vêtements de Wanda ou de Brickner. Ce n'est pas très satisfaisant pour l'esprit, mais toutes les autres explications le sont encore moins. On n'y voit guère l'intérêt de Brickner en tout cas. Il reste cette histoire de crime de Noir que la police australienne a cru bon de réouvrir, mais qui semble avoir un rapport bien lointain. Bien lointain jusqu'au vendredi suivant, où le lieutenant Fergusson s'offre le plaisir d'un coup de théâtre dans son bureau.

Il est 5 heures de l'après-midi. La bourrasque de neige s'est enfin calmée. Les gens s'apprêtent à partir à la chasse ou au ski. Le soleil inonde le bureau du lieutenant et fait mieux ressortir la pâleur de Brickner assis devant lui.

« Monsieur Brickner, dit le lieutenant, en tant que membre de la police montée royale, je n'ai aucun chef d'accusation contre vous. Mais il est de mon devoir de porter à la connaissance d'INTERPOL de Camberra, en Australie, les faits qui nous ont été rapportés par l'assassin de Wanda Downes, un certain Élijah, que voici. »

Entre un grand Noir, élégamment vêtu.

« Vous connaissez sans doute cet individu. Il a été arrêté à Vancouver hier matin à l'aéroport, alors qu'il s'apprêtait à prendre l'avion pour l'Australie.

— Je le connais, dit Brickner effondré.

— Voici les faits tels que son interrogatoire nous a permis de les reconstituer, permettez-moi de vous en donner lecture :

« Afin de faire disparaître votre femme, sans perdre le bénéfice des primes d'assurance, vous avez eu l'idée de demander à un indigène — un certain Dinda — le frère de ce monsieur, de vous procurer une araignée venimeuse. Celle-ci vous a été livrée dans une boîte d'allumettes percée de petits trous. Plaçant cette araignée dans le lit de votre femme, que vous aviez préalablement endormie en forçant la dose de somnifère auquel elle était habituée, vous avez provoqué volontairement sa mort. Le dénommé Dinda, ayant rapproché la mort de votre femme de cette livraison d'une araignée venimeuse, a voulu vous faire chanter. Vous l'avez tué de trois balles de revolver. Ayant touché l'héritage de votre femme et les primes d'assurance, vous êtes venu vous installer avec Wanda Downes à Calgari. Mais, pendant ce temps, la tribu de Dinda, ayant décidé de le venger, a chargé le dénommé Élijah de vous tuer, selon une coutume ancestrale, par le même procédé que celui que vous aviez employé pour tuer votre femme. Élijah, qui est employé dans une compagnie d'aviation, a retrouvé votre trace. Il s'est présenté un soir chez vous à Calgari comme un de vos amis. Wanda Downes l'a laissé entrer sans méfiance. Il a libéré l'araignée dans les draps qu'il a ensuite soigneusement rebordés. Malheureusement, il se trouve que l'araignée n'a mordu qu'au matin et vous étiez déjà parti. C'est donc Wanda Downes qui est morte. Reconnaissez-vous les faits ? »

Brickner, les yeux plus bleus et plus exorbités que jamais, ravale sa salive, regarde le Noir Élijah, regarde Fergusson et finit par dire en s'étranglant :

« Je les reconnais. »

Et le bel Harold, séducteur de ces dames, s'effondre lamentablement évanoui.

Le tribunal de Melbourne l'a condamné à la prison à vie pour le meurtre de Stella et, une deuxième fois, à la prison à perpétuité pour le meurtre de Dinda. Élijah a été condamné pour homicide involontaire à dix ans de prison. Involontaire, car il s'était trompé de victime. Et ce n'est pas juste, peut-on dire. Si l'on veut bien considérer que ce n'est pas de sa faute, mais celle de l'araignée.

UN ENFANT GÂTÉ

Ang Tiu Choh est un charmant jeune chinois de Manille âgé de vingt et un ans, et très riche. Si charmant et si riche que tous ses désirs ont toujours été satisfaits. Tout au moins jusqu'à ce mois de novembre 1955. Son père a des millions, sa famille habite dans un palais de Manille, et à l'université Ang Tiu Choh jette l'argent par les fenêtres. Les filles sont folles de lui, sauf une. Elle s'appelle Socorro Linn, elle a seize ans. Ang Tiu Choh peut avoir toutes les filles qui l'entourent, mais c'est elle qu'il lui faut. Alors il fait à la jeune fille une cour si empressée qu'il en devient ridicule et qu'elle l'éconduit. Un mois avant Noël, il l'enlève en voiture pour l'emmener dans les montagnes du centre de l'île. Mais des moyens énormes sont mis en œuvre pour les retrouver, et Ang Tiu Choh est pris huit jours plus tard. Pendant qu'il est en prison, la jeune fille témoigne contre lui : non seulement il l'a enlevée contre son gré, mais il l'a battue pour l'obliger à déclarer qu'elle l'avait suivi volontairement.

« Ce garçon est fou, explique Socorro Linn. Ce n'est pas tellement par crainte de la justice qu'il voulait obtenir mon soi-disant consentement, mais pour lui-même. Il ne pouvait admettre qu'un seul être lui résiste, qu'un seul de ses désirs ne soit pas exaucé. »

Ang Tiu Choh pourrait se sortir comme d'habitude du pétrin épouvantable dans lequel il est englué jusqu'au cou, car son père va trouver les parents de la jeune fille et réussit à les convaincre d'accepter de l'argent, beaucoup d'argent, pour retirer leur plainte. Mais il est trop tard, l'enfant gâté ne supporte pas la prison. Il ne peut pas attendre d'être libre. Quinze jours avant Noël, il tue l'un de ses gardiens après être parvenu à lui arracher son revolver et s'évade. Cinq jours plus tard, donc dix jours avant Noël, il tire sur la jeune fille au moment où elle entrait à l'université. Atteinte à la colonne vertébrale, Socorro Linn est condamnée à finir ses jours sur une chaise roulante.

Quant à Ang Tiu Choh, il disparaît. La police suppose qu'il a quitté les Philippines, et son signalement est distribué par INTERPOL dans toute l'Asie du Sud et aux États-Unis. On reste sans nouvelles de lui jusqu'à Noël. Le 24 décembre 1955, le commandant Petro Perlas décolle de l'aéroport de Mindanao à bord d'un bimoteur à hélices, un PL C-38 de la compagnie Philippines Air Lines, en direction de Manille.

Le commandant est un homme de petite taille au teint basané, c'est un Philippin : mélange d'espagnol et de malais avec quelques gouttes de sang chinois. Chose curieuse, il porte le crâne rasé comme une boule de billard, ce qui souligne l'expression assez sévère de son visage. Peut-être veut-il par ce détail physique, assez rare dans son pays, montrer ce qu'il est vraiment : un homme flegmatique et déterminé. Ce jour-là, veille de Noël, il est particulièrement de bonne humeur lorsqu'il se tourne vers son copilote :

« Va dire bonjour à nos brebis », dit-il.

Le copilote lui aussi est de bon poil, il se lève en souriant et effectue un demi-tour, en réajustant sa veste à la façon d'un mannequin :

« Suis-je présentable ?

— Ça va ! Ça va ! T'es beau ! s'exclament en chœur le commandant et Edouardo Diago le navigateur. »

Il est vrai que Félix Gaston, le copilote, est beau : grand, les cheveux sombres, les yeux noirs comme du charbon et les lèvres fermes et charnues. C'est l'image d'Épinal du beau garçon. Il sort du poste de pilotage et s'adresse aux quinze passagers qu'emporte le petit avion :

« J'espère que vous vous plaisez à bord de cet appareil PL C-38 des Philippines Air Lines. Nous volons à une hauteur de 40 000 pieds, dans trente minutes nous serons à Aparri. Après une courte escale, nous redécollerons pour Manille. »

Les moteurs ronronnent doucement, et les passagers somnolants ne prêtent guère attention aux informations polies que leur fournit le copilote. Seule Rosie Olbright est suspendue à ses lèvres. Trouve-t-elle sa déclaration un peu courte ou a-t-elle peur qu'il disparaisse à nouveau dans la cabine de pilotage, en tout cas elle veut en savoir plus :

« S'il vous plaît, quelle est la hauteur de ces montagnes ?

— 20 000 pieds au moins, Miss. »

Félix Gaston s'aperçoit que la très jolie blonde n'a pas encore détaché sa ceinture de sécurité. Il sent venir la bonne affaire et se penche.

« Vous permettez ? »

Rosie accepte, bien entendu, et, tandis qu'il la détache, sourit et rougit sous le regard du copilote qui effleure ses jambes largement découvertes. Elle en roucoule, la blonde Américaine :

« Merci, vous êtes très gentil. »

Son voisin, un mince et charmant jeune Chinois, ricane de la petite scène. C'est Ang Tiu Choh, et il a un tic : il caresse sans arrêt le léger duvet qui surmonte sa lèvre supérieure. Sans doute pour la faire passer pour une moustache récente. Ni le beau Félix Gaston, ni la jeune Américaine ne lui prêtent la moindre attention.

« Êtes-vous le commandant de l'avion ? demande l'Américaine au bel aviateur.

— Non, je ne suis que le copilote. Le commandant, c'est Pedro Perlas. Excusez-moi, je dois vous quitter. »

Car avant tout Félix Gaston doit faire son travail. Il s'avance dans l'allée centrale pour répondre aux questions qu'on lui pose, prodiguer quelques conseils à la maman d'un enfant qui pleure et sourit aux quatorze passagers : Philippins, Chinois, touristes américains et un commerçant allemand. Après un dernier échange de sourires avec Rosie Olbright, il regagne son poste dans la cabine de pilotage, l'avion a dépassé le sud de l'île de Luçon, et Félix Gaston ôte sa veste avant de s'asseoir :

« Mes enfants ! Il y a une de ces blondes ! Et elle montre ses jambes à tout le monde !

— Elles sont belles ? demande le navigateur.

— Superbes, tu peux aller jeter un coup d'œil, ça vaut le détour. »

Le navigateur doit le prendre au mot, car Félix Gaston l'entend s'agiter sur son siège. Puis, comme il perçoit le bruit sourd et mat d'une chute, il se retourne pour voir, devant son nez, le petit trou rond d'un revolver.

« Tenez-vous tranquille, ne faites pas de bêtises ! »

Ang Tiu Choh s'est levé dès que le copilote a regagné la cabine, et il n'a pas quitté la jolie blonde qu'il a traînée derrière lui et dont il serre les poignets de la main gauche. La jeune femme est pâle, à deux doigts de se trouver mal, et montre le navigateur écroulé dans son coin :

« Il a… Il a assommé ce monsieur. Il a… Mais sa voix s'étrangle dans sa gorge.

— Qu'est-ce que c'est que cette farce ? demande le commandant qui instinctivement, pour avoir plus d'autorité, a enfoncé sa casquette sur son crâne rasé. Remettez-moi ce pistolet dans votre trousse de toilette, jeune homme, et retournez à votre place. Puis il ajoute d'un air volontairement flegmatique et bougon comme si tout cela était sans importance : C'est pas encore le réveillon, les surprises c'est pour ce soir. »

Mais Rosie en larmes a retrouvé sa voix : une voix stridente, hachée :

« Il était assis à côté de moi, il s'est levé d'un bond, le revolver à la main. Il m'a entraînée avec lui. Il criait aux passagers de rester assis, de ne pas bouger, sinon il allait me tuer. Mais si personne ne bouge, il dit qu'il n'arrivera rien. »

En 1955, le terrorisme international n'existe pas encore, et les détournements d'avions sont extrêmement rares sinon presque inconnus, et le commandant sourit avec un calme obstiné :

« Ne vous inquiétez pas, mademoiselle, tout va rentrer dans l'ordre. Jeune homme, nous ne faisons pas de transport d'or, nous transportons de simples touristes. Ce n'est pas dans cet avion que vous pourrez faire fortune. A part quelques provisions pour les gueuletons de ce soir. Alors, à moins d'avoir une passion délirante pour le champagne, je crois que vous devriez revoir vos projets. »

Mais le jeune Chinois n'a pas d'humour, il dit :

« Ta gueule ! »

Et, pointant son revolver sur la nuque du commandant, il lui ordonne de faire demi-tour pour se poser en Chine populaire. Le commandant ne bouge pas.

« Tu m'as compris ? hurle le jeune Chinois.

— Inutile de crier, j'ai très bien compris, mais je ne suis pas d'accord.

— Tu penses que je plaisante, eh bien, tu vas comprendre que c'est sérieux. Je suis Ang Tiu Choh. »

Il a prononcé son nom comme il aurait dit Napoléon ou Mao Tsé-toung. Mais le commandant n'est décidément pas impressionnable :

« Qu'est-ce que tu veux que ça me fiche ? Tu serais Eisenhower que j'irais quand même à Manille, parce que je suis payé pour aller à Manille.

— Je veux aller en Chine populaire ! rugit Ang Tiu Choh.

— Et moi je n'ai pas du tout l'intention de faire rater leur réveillon à mes passagers, ni d'exposer leur vie pour conduire gratuitement un assassin en Chine !

— Change de cap ou je tire ! »

Le commandant est de plus en plus calme. Il se contente de secouer la tête.

« Non mon ami. »

Alors le coup part. La tête du pauvre commandant éclate littéralement, il s'écroule sur le tableau de bord et meurt sans un soupir. Ang Tiu Choh le relève, l'arrache de son siège pour le laisser glisser dans le couloir où il inonde de son sang le navigateur qui n'a toujours pas repris ses esprits. Puis il se tourne vers le copilote :

« Je vais te dire l'ordre dans lequel je vais tuer ces gens si tu ne changes pas de cap tout de suite ! D'abord ce sera cette imbécile (et il désigne la malheureuse Rosie). Si tu persistes, je vais chercher un autre passager, et ainsi de suite. Dans un quart d'heure, cet avion sera un corbillard volant. C'est clair ! »

Félix Gaston, le copilote, se cramponne à son manche à balai, amorce un virage et répond :

« C'est clair, je vais vers le nord.

— Tu es plus intelligent que le commandant, déclare Ang Tiu Choh d'un air satisfait. Mais pas de fausse manœuvre, j'ai un deuxième revolver. »

Félix Gaston s'adresse alors à Rosie :

« Mademoiselle, voulez-vous regarder comment va Diago ? »

Diago, c'est le navigateur, toujours évanoui. Rosie fait un geste vers lui, mais le jeune Chinois la retient par le bras.

« Pas question. Ne vous en faites pas, il va se remettre.

— Bon alors, laissez au moins mademoiselle rassurer les passagers. Qu'ils ne fassent pas de bêtises. C'est votre intérêt comme le mien.

— Et qu'est-ce que vous voulez qu'elle dise ?

— La vérité. Que l'appareil est en votre pouvoir. Que vous êtes un assassin recherché par la police. Que vous voulez vous réfugier en Chine populaire pour y être considéré comme évadé politique, hein, je suppose que c'est ça ? Évadé politique ? »

Sans relever l'ironie, Ang Tiu Choh répond noblement :

« C'est ça.

— Et vous leur direz aussi que je promets qu'il ne leur arrivera rien puisque je suis vos instructions et que nous allons atterrir à Yünssian, le premier aéroport de Chine communiste.

— D'accord, mais ne dépassez pas la porte de la cabine de pilotage ! »

Tandis que Rosie fournit les explications du copilote aux passagers terrifiés, le jeune Chinois, resté dans le petit couloir, la tient par sa ceinture tout en surveillant la cabine de pilotage. Lorsqu'elle referme la porte, Rosie flageole sur ses jambes. Le Chinois sent qu'elle va s'évanouir et la pousse sur le siège du commandant où Rosie s'effondre. Félix Gaston et Rosie sont donc assis côte à côte aux commandes de l'avion. Ils n'en demandaient pas tant. Le jeune Chinois secoue le navigateur, qui reprend lentement ses esprits, et lui ordonne de se lever et de rejoindre les deux autres. Félix Gaston voit le visage pâle du navigateur apparaître presque contre sa joue.

« Et Pedro ? demande le navigateur, il est blessé ? Qu'est-ce qu'il a fait à Pedro ?

— Du calme, mon vieux, il n'y a plus rien à faire pour Pedro. C'est Ang Tiu Choh. Il veut rejoindre la Chine populaire. Fais-moi le tracé et regarde si on a assez de coco. »

Mais le navigateur se retourne brutalement.

« Il a tué Pedro, le salaud ! Et tu le laisses faire ?

— Allons, sois raisonnable, regarde si on a assez de coco pour aller jusqu'à Yünssian.

— Emmener ce dingue là-bas ? Jamais ! »

Et le navigateur se précipite sur le jeune Chinois en hurlant : « Salaud !... Salaud !... »

A chaque cri, un coup de revolver a répondu.

Il y a maintenant deux cadavres dans le couloir de la cabine de pilotage, tandis que l'avion ronronne au-dessus de la mer. Personne ne crie. Personne ne bouge. Le Chinois est le maître de la situation.

« Pourvu qu'on ait assez de coco, murmure Félix Gaston, le copilote, les dents serrées. »

Le temps s'écoule lentement pour les passagers angoissés, pour Rosie assise aux commandes de l'avion à côté du copilote, et plus lentement encore pour Ang Tiu Choh qui sans arrêt demande si l'on est encore loin des côtes chinoises. Brusquement, la radio se met à nasiller. Et Félix Gaston prend les écouteurs.

« Qu'est-ce que tu fais ? demande le jeune Chinois.

— Regarde, voilà la côte. Dans vingt minutes, nous serons au-dessus de Yünssian. Il faut bien que je fasse les procédures d'approche.

— D'accord, mais tu en dis le moins possible. »

Le copilote en dit en effet le moins possible, il se contente d'annoncer qu'il s'agit d'un appareil des Philippines Air Lines qui veut se poser en Chine populaire pour débarquer un évadé politique. Il y a quelques silences à la tour de contrôle, quelques hésitations. Puis des demandes d'explication en anglais et en chinois auxquelles Félix Gaston refuse de répondre, et la liaison est pratiquement interrompue. Quelques instants plus tard, jaillissant du ciel, apparaît une escadrille d'avions de chasse. C'est le comité d'accueil en Chine populaire. Manifestement, Ang Tiu Choh n'a aucune connaissance en matière de règlement aérien et politique, car il s'étonne :

« Qu'est-ce qu'ils veulent ?

— Je suppose qu'ils veulent savoir qui nous sommes et ce que nous voulons. Maintenant qu'ils le savent, je pense qu'ils vont nous escorter jusqu'à Yünssian. A moins qu'ils ne nous tirent dessus, mais j'ai bon espoir. »

En effet, les avions les entourent. Il y en a de chaque côté et même au-dessus et en dessous. Par moments, l'un d'eux vole à leur hauteur et à leur vitesse : alors on aperçoit le visage du pilote chinois qui s'efforce de voir à travers le pare-brise ce qui se passe dans la cabine de pilotage. Il sort même des jumelles pour mieux les observer. Puis la liaison radio est rétablie avec la tour de contrôle. L'aiguilleur, d'un ton tranquille et d'une voix monocorde, leur donne l'autorisation et les consignes d'atterrissage. Un avion de chasse les précède maintenant pour les guider, réglant sa vitesse sur la leur. Mais l'aiguilleur modifie ses ordres : ils ne doivent pas atterrir sur la piste principale mais sur une piste secondaire, ce qui les fait survoler une forêt. Félix Gaston amorce sa descente, il voit le terrain. L'avion de chasse y roule déjà et s'arrête au loin sur la piste. L'avion des Philippines Air Lines se pose derrière lui. Ang Tiu Choh, penché en avant, observe un groupe de soldats devant un hangar. L'avion roule doucement dans leur direction et s'arrête.

« Il faut que tu ailles les rejoindre, dit Félix.

— D'accord, mais toi, reste assis. »

Le jeune Chinois sort alors à reculons du poste de pilotage et court à travers la cabine des passagers jusqu'à la porte qu'il ouvre. Il saute. On entend le bruit de ses semelles frapper le béton de la piste. Puis les passagers le voient par les hublots faire quelques pas en direction des soldats, jeter son revolver, sortir l'autre de sa poche et le jeter aussi. Puis, agitant les bras pour faire de grands saluts, il s'avance vers les soldats. Alors, Félix Gaston se lève à son tour et gagne rapidement la porte du poste de pilotage. Aux passagers qui le regardent avec anxiété, il déclare :

« C'est fini. »

Avec un tel soupir de soulagement que les passagers déclenchent un concert de questions et de protestations :

« Fini ? C'est vite dit ! Qu'est-ce qu'on va faire maintenant ? Est-ce qu'ils vont nous garder ? Vous parlez d'un réveillon !

— Ne vous inquiétez pas, je vous promets que vous passerez votre nuit de Noël à Manille. Nous ne sommes pas en Chine populaire. Nous sommes à Formose. Les avions de chasse que vous avez vus sont des avions de la Chine nationaliste. »

C'était risqué, mais il valait mieux le tenter que de franchir l'espace aérien chinois. Alors Félix Gaston avait résolument mis le cap sur les côtes de Formose. Il comptait se poser à Taipeh, et, dès qu'il est entré en rapport avec la tour de contrôle, il a poussé la radio à fond. Au sol, les hommes ont entendu des bribes de conversation échangées avec Ang Tiu Choh. Comprenant la manœuvre du pilote, comprenant qu'il était menacé, les responsables de la tour ont averti la police et joué le jeu. Très rapidement le signalement du jeune Chinois a été transmis par INTERPOL à toutes les polices du Sud-Est et au commandant de l'escadrille. Ce dernier a cru le reconnaître en l'observant avec ses jumelles. Pour éviter qu'Ang Tiu Choh s'aperçoive du stratagème, l'appareil a été dévié sur une piste militaire, survolant une forêt au lieu de la ville de Taipeh. Puis la circulation sur la piste de véhicules identifiables a été interdite, et les soldats sont restés au loin.

Ang Tiu Choh, tueur mais naïf, croyait une fois de plus son désir exaucé. Il avait tellement l'habitude d'avoir le monde à sa botte. Et il a fait une drôle de tête, Ang Tiu Choh, quand les soldats lui ont dit : « Vous êtes à Formose. » Et puis il n'a plus fait de tête du tout quand on l'a renvoyé à Manille, pour y être pendu.

LE COMIQUE NAÎT DE LA RÉPÉTITION

En 1941 vivait à Stuttgart une splendeur blonde. Une « Gertrude ». Plus précisément une Gertrude Singer. Mode d'emploi pour obtenir une « Gertrude » : prendre une statue nazie (représentant une femme, bien entendu). Vers ces année-là, on pouvait en trouver dans les expositions internationales, au pavillon allemand, ou sur les places et monuments du IIIe Reich. Le sculpteur en était Arno Breker. Donc, prendre une de ces statues, indubitablement germanique, représentant une femme de 3 mètres de haut, d'une santé, d'une puissance rejoignant presque la virilité, donc l'idéal féminin nazi. Dans le doute, se référer à la longueur des cheveux et au relief de la poitrine. De cette Walkyrie splendide et colossale, faire un modèle réduit, dans le marbre ou dans le bronze, de 1,70 mètre environ. Souffler dessus pour lui donner la vie. La laisser sourire, observer que ses yeux bleus lancent des éclairs de joie. C'est fait : l'amateur est en possession d'une Gertrude bon teint.

Cette Gertrude-là a dix-neuf ans en 1941. Et, à dix-neuf ans, représente déjà un joli morceau, que son propriétaire n'a pas intérêt à laisser traîner n'importe où. D'ailleurs, elle ne traîne pas. Elle épouse à Stuttgart, malgré la guerre, le mécanicien Ernst Kalberer et fait son entrée dans une petite famille bourgeoise. Ils ont un fils : Joachim. C'est le bonheur, mais pas longtemps. Ernst, en Russie, saute avec son char. Sans aucune joie. C'est un début d'une banalité pénible. Mais de cette banalité va naître un comique particulier, dit comique de répétition, qu'il est intéressant de disséquer.

Après la défaite allemande, c'est la misère. Mais peut-on connaître la misère quand on est une Gertrude ? En moins de temps qu'il n'en faut pour le dire, une main secourable saisit Gertrude par ses immenses cheveux de lin. Cette main est celle d'un ancien officier du tzar : Dimitri Didchenkow. Il a trente ans de plus qu'elle, mais il est à l'aise et encore très beau, bon et généreux. Ayant toujours vécu de ses rentes, Dimitri a un violon d'Ingres, une passion : il est luthier. Une Gertrude, faut-il le préciser, ne manque pas d'appétit ! Et, pendant quelques semaines, Dimitri hésite : ses rentes ne lui suffisent plus. Il lui faut choisir entre le luth et la finance. Car Dimitri est doué pour les deux. Un homme capable de s'offrir une Gertrude a de la ressource. Dimitri examine donc le contexte : les ruines, la reconstruction, le redressement économique nécessaire, rien qui rejoigne directement à cette époque l'industrie du violon. Dimitri opte donc pour la finance et, comme il est doué, comprend tout de suite qu'en 1946, la finance c'est l'Amérique. Il part aussitôt en Amérique où Gertrude doit le rejoindre. Mais les Américains, en 1946, sont encore très fâchés contre les Allemands. Ils ne veulent pas d'une Gertrude chez eux.

Voici donc ce qu'imagine Dimitri : Gertrude va faire un mariage blanc avec l'un des vieux amis de Dimitri : Michael Zolobuzuk, vieillard bohème, musicien qui n'a jamais connu de problème d'argent, qui ne sait même pas ce que c'est, qui n'en a même jamais eu, ayant toujours vécu de la libéralité de ses amis. Au demeurant, un personnage sensible et sympathique. Donc, Gertrude et Michael Zolobuzuk s'épousent pour la forme, et quinze jours plus tard partent aux États-Unis où ils devront divorcer tout aussitôt, afin que Gertrude puisse épouser, et cette fois définitivement, Dimitri.

Le couple « bidon » fait une traversée merveilleuse sur le *Queen Elizabeth,* avec le petit Joachim qui a maintenant cinq ans. Si merveilleuse que, à l'arrivée à New York, Michael Zolobuzuk, tenant Joachim par la main, regarde avec tristesse sa Gertrude courir vers Dimitri et se jeter dans ses bras. Le soir, au dîner, son vieil ami le trouve tout triste.

« Qu'est-ce qui ne va pas, Michael ?

— Je t'envie.

— Je te comprends. J'ai de la chance. Gertrude est une femme merveilleuse. »

Michael regarde avec attendrissement le petit Joachim qui s'endort sur sa chaise, son nounours dans les bras.

« J'ai vécu un mois avec lui, et avec elle... J'ai l'impression que ma vie n'a été qu'un grand vide. »

Et le vieux Michael de renifler mélancoliquement. Et Dimitri, gêné, de changer de conversation, avec un « c'est la vie » désabusé et peu compromettant. Le lendemain, c'est au tour de Gertrude de demander à Michael :

« Ça ne va pas Michael ?

— Non. Je suis malheureux. »

Gertrude ouvre tout grands ses grands yeux bleus.

« Je suis malheureux parce que je vous aime, Gertrude. »

Gertrude, gênée, change elle aussi de conversation. Il y a des déclarations d'amour aussi grand-guignolesques qu'inutiles. Quelques jours plus tard, Dimitri tente de faire aboutir son projet, avec la délicatesse qui s'impose.

« Rien ne presse, mon vieux Michael. Mais tu ne crois pas qu'il serait temps, peut-être, de passer à la deuxième phase de notre accord ? »

Un silence éloquent l'empêche de bousculer son vieil ami, mais quelques jours plus tard, à nouveau, c'est Gertrude qui attaque :

« Ça m'ennuie de vous demander ça, Michael, mais, comme il a été convenu, il faudrait peut-être que nous songions aux formalités du divorce. »

Silence tout aussi éloquent, doublé d'une mine désespérée. Quelques matins plus tard, Dimitri et Gertrude cherchent Michael, qui semble avoir disparu depuis la veille pour une longue bouderie. C'est une longue bouderie, en effet, Michael est dans sa chambre. Gertrude n'aura pas besoin de demander le divorce. Il vient d'avaler un tube complet de somnifères. Et il est mort. Ce n'est jamais que le deuxième mari de Gertrude qui meurt.

Quelques années passent. Dimitri, qui a épousé Gertrude, est riche. La splendide Gertrude n'est plus une petite bourgeoise pot-au-feu. Malgré l'enfant né de leur union : la petite Suzanne, elle partage sa vie entre New York et la Floride, très entourée, surtout par des financiers généralement beaucoup plus âgés qu'elle. Gertrude fascine littéralement les vieux renards de Wall Street. Le plus empressé est un homme aux cheveux d'argent et aux robinets d'or dans sa salle de bains. Frederick Gruder a soixante-cinq ans. Gertrude le fascine à tel point qu'il en oublie sa propre femme, ses propres enfants. Il en perd la tête et le portefeuille, couvre son idole de cadeaux somptueux.

Chez Dimitri, par contre, l'âge et l'argent font curieux ménage. Il est devenu acariâtre et avaricieux. Gertrude préfère donc nettement la compagnie de Frederick Gruder, et Dimitri devient si jaloux que le petit Joachim retourne chez sa grand-mère, à Stuttgart, pour lui éviter le spectacle des disputes quotidiennes. Alors, Frederick, de son côté, et Gertrude, du sien, prennent la même décision.

Un soir, Frederick invite sa femme à dîner dans un célèbre restaurant de New York. Elle arrive de leur maison de Princeton, dans la banlieue, grassouillette, pomponnée, couronnée d'une coiffure compliquée, sculptée au ciseau à froid dans la masse de ses cheveux teints en blond, le tout dodelinant sur une robe rose. Le dîner, jusqu'au dessert, est empreint d'une fausse gaieté.

« Veux-tu un ice-cream ?

— Non, non. Tu n'y penses pas ! Et ma ligne ! »

Suivant des yeux l'amoncellement de glaces et de crèmes chantilly que le serveur vient quand même poser devant sa femme, Frederick commence :

« Tu ne penses pas que nous avons une vie stupide ? »

(A noter que toute proposition de divorce commence toujours par la même formule, dite phrase clé numéro un.)

En plongeant sa cuillère dans la glace, la femme n'en regarde pas moins son époux avec des yeux étonnés. Le mari poursuit donc en utilisant la phrase numéro deux :

« Ne crois-tu pas qu'il vaut mieux voir les choses en face ? »

La deuxième cuillère d'ice-cream reste en suspens, et motive l'arrivée de la phrase numéro trois.

« Nous ne pouvons pas continuer comme ça ! »

La cuillère d'ice-cream retombe, en même temps que s'élève, pure, longuement étudiée pour être décisive, la phrase clé numéro quatre et finale :

« Je crois que, dans ton intérêt comme dans le mien, même dans celui des enfants d'ailleurs, nous devrions divorcer. »

Dans la coupe, les larmes et l'ice-cream font un affreux mélange, et la nuit même, la femme de Frederick Gruder se suicide dans une chambre du *Waldorf Astoria* en avalant un tube de somnifères. Ce suicide discret affecte profondément Frederick Gruder qui trouve son seul réconfort dans l'amour de Gertrude. Mais Gertrude annonce quelques soirs plus tard, au moment de se mettre au lit :

« Frederick, j'ai parlé à Dimitri. Il n'est pas chaud pour ce divorce. »

Frederick, debout, regarde Gertrude, son pantalon à la main, elle poursuit :

« Ce ne sera pas facile de le convaincre. »

Frederick se laisse tomber sur le lit.

« Dis-moi la vérité, Gertrude ? Il a refusé ? C'est ça, hein ? Il a refusé ?

— Oui. Il a refusé. »

A New York, il y a tant de brouillard et de poussière qu'on n'ouvre jamais les fenêtres. Avec l'air conditionné, c'est d'ailleurs inutile. Une fenêtre ouverte, c'est donc mauvais signe : signe qu'il s'agit des pompiers ou d'un suicide. Cette nuit-là, une fenêtre s'ouvre au seizième étage d'un immeuble de New York, et Frederick Gruder se jette dans le vide.

Pour l'observateur non concerné, chacune de ces morts, pour banale et lamentable qu'elle soit, n'a rien d'extraordinaire. C'est leur succession qui devient étrange. D'autant plus qu'avant de se jeter par la fenêtre Frederick a légué à Gertrude, par testament, 2 millions de dollars. Les enfants du financier ne sont évidemment pas d'accord et font opposition. Ils font même mieux : faisant remarquer que trois suicides en trois ans, dont un mari et un amant, c'est quand même beaucoup pour une seule femme, ils vont alerter la police. Gertrude en est à son troisième mariage. Ne pourrait-on se renseigner sur ce qu'est devenu son premier mari. D'après elle, il est mort à la guerre. Mais c'est elle qui le dit. De là à se demander qui est véritablement cette femme, d'où elle vient, il n'y a qu'un pas.

Le bureau d'INTERPOL à Washington convient qu'il y a peut-être lieu de franchir ce pas et expédie au bureau de Wiesbaden, en Allemagne, une demande de renseignements.

Pour faire bonne mesure, les enfants de Frederick Gruder engagent un détective pour suivre Gertrude dans ses déplacements. Ce détective est un homme de métier. Après trente ans au service de la Police Criminelle, il occupe sa retraite à de petites enquêtes dites « pépères », genre divorces, vols dans les vestiaires, etc. Le pavé de New York a usé ses ambitions en même temps que la semelle d'une bonne centaine de paires de chaussures. Son moral est à toute épreuve, et il va en avoir besoin. Malgré son nom de maffioso, Franck Boccio a depuis longtemps jeté son revolver au vide-ordures. Ce qui ne l'empêche pas d'avoir l'air de ce qu'il est : un « flic » ! De sorte que Gertrude finit par le remarquer.

Après une enquête discrète, qui a duré une dizaine de jours, Boccio, d'ailleurs, ne se cache plus tellement, car il n'a rien observé d'anormal : Gertrude a quitté son mari Dimitri, loué un appartement meublé où elle vit avec sa fille Suzanne et engagé deux avocats pour entamer une procédure de divorce. En attendant de toucher le problématique héritage de Frederick, elle fait des merveilles comme représentante en cosmétiques. Pour convaincre ses clientes de la qualité de ses produits, elle dispose d'un argument irréfutable : « Regardez-moi ! » leur dit-elle.

Et les clientes achètent, sans songer que la beauté sculpturale de Gertrude ne doit rigoureusement rien aux cosmétiques.

De temps en temps, Gertrude croise Franck Boccio :

« Tiens, c'est encore vous !

— Excusez-moi, je fais mon boulot.

— Vous êtes détective ?

— Oui.

— Qui est-ce qui vous paie ?

— Les enfants du défunt Gruder. »

En souvenir du cher disparu, Gertrude verse une larme et invite le détective à boire un verre. Puis leur route cesse de se croiser, et un an plus tard elle lui téléphone :

« Franck, pourriez-vous me rendre un service ? »

Il n'y a pas un homme au monde qui ne serait prêt à rendre un service à Gertrude. Mais Franck Boccio est tout de même obligé de poser une condition :

« Est-ce que ça a un rapport avec mon enquête ? Je ne voudrais pas faire un coup de Jarnac aux enfants du défunt Gruder.

— Non. Ça n'a aucun rapport avec votre enquête.

— Alors j'accepte. De quoi s'agit-il ?

— Notre divorce est prononcé depuis un mois, explique Gertrude. Et le tribunal m'a confié la garde de Suzanne. Mais son père a le droit de la voir une fois par mois, en compagnie d'une tierce personne que je dois désigner. Mais Dimitri n'a accepté notre divorce que de mauvaise grâce. L'un de mes avocats vient de me conseiller de me faire accompagner par un détective. Comme détective, je ne connais que vous. Alors je vous appelle.

— Quand a lieu ce rendez-vous ?

— A 13 heures au muséum de Sciences naturelles.

— J'arrive. »

Le 7 février, à 13 heures, alors qu'il neige, Gertrude, plus belle que jamais, et Suzanne, emmitouflée dans un petit manteau de castor ; attendent avec Franck Boccio et une centaine de personnes devant la porte d'entrée du musée.

« Alors, Franck, quelle a été la conclusion de votre enquête ?

— J'ai conclu que vous êtes tellement belle qu'il n'y a rien d'étrange à ce que l'on se suicide autour de vous et que vous fassiez des jaloux. D'ailleurs, vous savez, vous avez un dossier maintenant à INTERPOL. Ils ont fait une enquête complète. Ça n'a rien donné, bien entendu. »

Gertrude surveille les alentours, car il est 13 h 10, et Dimitri est en retard. Mais à 13 h 13 il pose son bras sur l'épaule de Gertrude. Il est toujours grand, beau, riche. Mais sombre.

« Je te présente Franck Boccio. C'est la personne qui nous accompagne.

— Bonjour. Vous permettez que je dise un mot à Gertrude ? »

Et sans attendre de réponse, Dimitri tire sa femme à l'écart. Franck Boccio, qui reste dans la queue, tenant Suzanne par la main, voit Gertrude et Dimitri discuter. D'abord très attentif, il se rassure peu à peu en voyant que la conversation ne tourne pas à l'aigre. Mais tout d'un coup, Dimitri plonge sa main dans la poche de son manteau et sort un revolver. Lâchant la main de Suzanne, le détective se jette sur l'ex-mari qui a le temps de tirer une fois. Plaqué au sol par le détective et avant qu'il ait réussi à le désarmer, Dimitri tire encore deux coups de feu. Les gens qui attendaient l'ouverture du musée se sont jetés dans la neige. Franck Boccio se relève le premier, le revolver à la main, et court vers Gertrude. Elle est inanimée, du sang coule. Dimitri, qui s'est relevé à son tour, attend, debout, les bras ballants, tandis que Franck Boccio, qui ne sait plus où donner de la tête, se met à la recherche de Suzanne qui s'est enfuie en pleurant au premier coup de feu. Il la retrouve et se rend avec elle au commissariat un quart d'heure plus tard. L'enfant, toujours emmitouflée dans son petit manteau de castor, attend, assise sur un banc. Elle ne sait pas que sa mère est morte.

Franck Boccio sort du bureau du commissaire au premier étage, descend à moitié l'escalier, et la meute des reporters et des photographes se jette à sa rencontre. Au milieu des éclairs des flashes, un journaliste lui demande à voix basse :

« C'est vous qui allez dire à l'enfant qu'elle n'a plus de mère ?

— Il faudra bien. Mais je ne sais pas comment lui dire. »

Là-dessus, les journalistes remarquent la pâleur subite du détective. Il se cramponne à la rambarde de l'escalier, oscille pendant une ou deux secondes et tombe, la tête en avant, mort d'une crise cardiaque.

Dimitri Didchenkow n'a opposé aucune résistance aux policiers qui l'ont arrêté, et son état a nécessité un séjour dans une clinique psychiatrique où les médecins l'ont examiné longuement. Enfin, l'un d'eux l'a regardé bien en face avant de lui dire :

« Dans les circonstances que vous traversez, je crois qu'il est de mon devoir de vous informer qu'avec ce cœur-là vous n'en avez pas pour plus de trois mois. »

Dimitri, paraît-il, n'a pas bronché.

QUATRE AIGUILLES A TRICOTER

La femme de ménage du menuisier Vincente Aldez vient de trouver son patron, assassiné dans sa chambre d'une aiguille à tricoter en plein cœur. Elle a tellement hurlé d'horreur, qu'elle n'a plus de voix quand la police arrive. Cette aiguille, mince et brillante plantée tout droit dans le cœur, l'a rendue folle. C'est une question de sensibilité personnelle. Elle aurait peut-être supporté une corde, un couteau, une balle de revolver, mais cette aiguille luisante avait quelque chose de diabolique et d'insupportable.

Quelques heures plus tard, la petite maison du menuisier est envahie par la police de Lima, capitale du Pérou où ce crime étrange vient d'avoir lieu en mai 1962. L'inspecteur principal Ortiz a pris l'affaire en main, et son principal problème est d'interroger la brave femme de ménage entre deux frissons et trois hoquets de terreur. Il apprend ainsi que son patron ne s'était disputé avec personne, ni jamais ni la veille. Que c'était un homme calme, qu'il n'avait pas d'ennemis, pas d'argent, mais n'en devait à personne. Pas de femme, mais ne s'en plaignait pas. Un brave homme de menuisier en somme, qui ne demandait qu'à vivre sa soixantaine en toute tranquillité. L'inspecteur principal interroge ensuite tous les gens du quartier, mais il semble bien que le menuisier ait en effet renoncé à bien des choses et que sa vie ait été un exemple de sagesse. Rien dans cette modeste existence qui permette d'expliquer un tel crime. Surtout à l'aide d'une aiguille à tricoter.

L'assassin, s'il a été vu — et il a forcément été vu, car la maison de Vincente Aldez est située dans une rue très passante — n'a été reconnu par personne. On suppose qu'il s'agit d'un homme, car il faut une certaine force manuelle et une certaine précision du geste pour tuer de cette façon, mais quant à savoir s'il est grand ou petit, bien ou mal vêtu, jeune ou vieux ! Pour une fois, l'inspecteur principal

Ortiz, un policier de cinquante ans, rond et jovial, qui d'habitude n'a pas sa langue dans sa poche, paraît bien silencieux aux journalistes qui l'interrogent. Après plusieurs jours d'enquête et de réflexion, il n'a pas refermé le dossier, mais le laisse carrément en suspens.

J'attends qu'il se produise quelque chose, déclare-t-il aux journalistes. Car vous allez voir, il va se produire quelque chose. Le menuisier aurait été tué avec un couteau ou étranglé ou descendu à coups de revolver, je n'aurais pas la même certitude. Mais quelqu'un qui tue avec une aiguille à tricoter n'est pas un assassin normal. Il a des mobiles inhabituels. Peut-être s'agit-il d'un crime rituel. En tout cas, c'est un maniaque, il fera parler de lui à nouveau. J'attends. C'est malheureusement la seule chose à faire. »

On attend donc des nouvelles du tueur à l'aiguille, et il en arrive trois mois plus tard.

Le 20 août 1962, vers 20 heures, alors que le soleil se couche, le *Golden Boat* — navire mixte d'une compagnie de navigation anglaise venant de Santiago du Chili — fait escale à Panama. La passerelle est à peine à terre que la police panaméenne monte à bord, pour une cavalcade dans les coursives jusqu'à la cabine d'un passager d'entrepont, le dénommé Luigi Alva. Les scellés, que le commandant a fait apposer sur sa porte, sautent en présence d'un commissaire. Bien que prévenu par radio, ledit commissaire ressent tout de même un choc en voyant la longue aiguille brillante, plantée toute droite dans la poitrine d'un homme d'une soixantaine d'années, écroulé sur le sol en plastique grisâtre.

« Qui l'a découvert, et est-ce que quelqu'un y a touché ? »

Le commandant répond au commissaire que la découverte a été faite le matin même par le personnel de cabine, mais que personne à part le médecin du bord n'a approché le corps. Lequel médecin a d'ailleurs constaté simplement que la mort remontait à longtemps.

« Est-ce qu'on a vu cet homme sur le bateau ?

— Il est sur le registre et la liste des passagers, inscrits et embarqués à Lima. Le commandant en second a vérifié à l'embarquement que ses documents étaient en règle. Il a dû passer normalement la douane, mais après cela, personne ne l'a remarqué de toute la journée d'hier. »

Le médecin légiste, qui accompagne les policiers, se penche sur le cadavre et constate, en écartant la chemise, qu'un peu de sang a coulé, mais il est déjà brun. Il relève les paupières, palpe les membres et la chair. Puis il montre l'aiguille :

« Je peux ? »

Le commissaire lui tend un mouchoir :

« Allez-y, je ne pense pas qu'on puisse prélever des empreintes valables, mais on ne sait jamais. »

Il faut un certain effort au médecin pour arracher l'aiguille, et il ne sort pas une goutte de sang. Il en conclut que la mort pourrait remonter à trente-six heures, peut-être plus. Le commissaire fait la grimace, et demande au commandant :

« Vous avez quitté Lima à quelle heure ?

— A 10 heures, hier matin, cela fait environ trente-six heures de voyage. Ce qui revient à dire que l'assassin a pu monter à bord et redescendre avant le départ. »

Donc l'homme n'a pas forcément été tué par un passager. Il peut avoir été tué par n'importe qui. Ce qui ne fait que confirmer l'impression du commissaire. Il faut être stupide pour se laisser enfermer à bord d'un navire où l'on va tuer quelqu'un ! Ça serait explicable s'il s'agissait d'un crime non prémédité ou commis sous le coup de la colère. Or, il s'agit d'un crime préparé. Et comme le dit le commissaire, qui est le deuxième à penser la même chose : un crime qui aurait l'air d'un rite.

Deux jours plus tard... L'inspecteur Ortiz, qui s'occupait déjà de la première aiguille à tricoter, vient à peine de prendre connaissance de la deuxième que le téléphone en annonce une troisième. L'inspecteur se précipite au domicile de la victime, et là encore, l'enquête est rapide : Alexandro Gambo était un rentier de soixante ans qui semblait n'avoir ni ennemis, ni dettes, ni débiteurs et rien n'a été volé dans son appartement. Un voisin déclare :

« C'était un coureur de jupons !

— Pourquoi dites-vous ça ? Vous pensez à un crime passionnel ?

— Oh non. Je dis ça parce qu'on m'a demandé de dire ce que je savais.

— Quel genre de femmes il fréquentait ?

— Des femmes faciles. Et je crois qu'il était assez généreux. »

Ce détail mis à part, nul n'est capable de fournir le moindre renseignement quant à l'assassin. L'enquête piétine. L'inspecteur principal Ortiz — lors d'une petite conférence de presse improvisée — fait une tête longue de trois aunes. On ne l'a jamais vu aussi sombre :

« Je savais bien qu'il ferait encore parler de lui. Mais j'espérais qu'il serait moins discret.

— Ne croyez-vous pas que cette affaire est à rapprocher du crime commis sur le *Golden Boat* ?

— Si, probablement. Mais je ne sais rien d'autre sur ce crime que ce que vous avez lu comme moi dans les journaux. J'attends de recevoir les documents de la police panaméenne.

— Vous n'avez vraiment aucun indice ?

— Nous suivons plusieurs pistes. »

L'inspecteur principal dit cela pour ne pas perdre la face. En vérité, il ne suit aucune piste. Et les journalistes ne sont pas dupes.

« Il faut bien qu'on écrive quelque chose ! Vous avez bien un détail à nous donner.

— Oui, lâche enfin l'inspecteur, presque comme une boutade : Le menuisier et le rentier avaient tous les deux soixante ans.

— Coïncidence ! dit l'un des journalistes. »

Mais l'inspecteur principal ne répond pas. Il réfléchit à ce qu'il vient de dire et, d'un geste sec, il met fin à la conférence. Il veut vérifier quelque chose. Il a dit presque par hasard, que les deux hommes avaient soixante ans. Mais si la date de leur naissance correspondait ? Il fouille ses dossiers, et découvre stupéfait que les deux hommes sont nés, le menuisier comme le rentier, le 11 juin 1902. Il n'y avait pas fait attention. Quelle drôle de coïncidence, qui n'en serait plus une si l'homme assassiné sur le *Golden Boat* était né, lui aussi, le 11 juin 1902.

Septembre 1962. Le Pérou est officiellement affilié à l'Organisation internationale de police criminelle INTERPOL. Son Bureau central national est à Lima. Et l'une des premières affaires que l'on y traite, c'est bien entendu l'affaire dont s'occupe l'inspecteur principal Germain Ortiz. Or, c'est INTERPOL qui répond à l'attente de l'inspecteur Ortiz en lui fournissant la date de naissance du dénommé Luigi Alva, assassiné sur le *Golden Boat :* il est né le 11 juin 1902. L'inspecteur Ortiz sent bouillonner les idées dans sa tête. Enfin quelque chose sur quoi réfléchir. Un indice.

Malheureusement, le renseignement lui est parvenu quelques heures trop tard. Car le téléphone vient de sonner chez lui pour la quatrième fois : c'est encore une aiguille à tricoter, mais dans le cœur d'une prostituée cette fois. Et l'inspecteur principal a l'impression que sa théorie s'effondre : une prostituée n'a guère de chance d'être née en 1902, elle n'exercerait plus depuis longtemps. Il demande quand même son âge, sans grand espoir. Au bout du fil, le policier qui est sur place a un sifflement peu galant. Et selon lui « elle a de la bouteille ».

« Elle a pas soixante ans tout de même ?

— C'est pas impossible inspecteur.

— Vous avez ses papiers, bon sang, regardez, alors ça vient ?

— Oui, inspecteur, voilà : née à Lima le 11 juin 1902. »

Quelques instants plus tard, l'inspecteur principal déboule pour la forme dans l'hôtel borgne où la malheureuse femme a été assassinée. Il établit sans peine que le crime a été commis soi-disant par un client.

« Elle n'a pas eu de chance. Elle est tombée sur le dingue ! dit l'un des inspecteurs. »

Mais pour l'inspecteur Ortiz, ce n'est pas une question de chance ou de malchance, ce n'est pas un hasard. Il ne perd pas son temps à établir le signalement du criminel. On verra ça plus tard. L'important est d'éviter un nouveau crime. Et, pour cela, il faut avoir la liste des personnes nées le 11 juin 1902. Et cette liste, c'est à la mairie principale qu'il devrait la trouver. Et il y court si vite qu'il en regrette amèrement ses vingt ans.

A la mairie principale de Lima, Ortiz demande à l'employée :

« Police. Je voudrais voir l'état civil de l'année 1902. »

L'employée tombe des nues.

« Il y a plusieurs livres !

— Je veux voir celui où sont enregistrées les naissances du mois de juin. »

L'employée disparaît dans une pièce voisine et ramène l'archiviste en chef. L'archiviste en chef a le cheveu rare, son visage ressemble à une grosse boule, dans laquelle un sculpteur maladroit se serait efforcé de sortir un nez, deux yeux et un menton à grands coups de maillet en oubliant la bouche qu'il aurait dessinée d'un trait de crayon.

« Vous désirez ?

— Je suis l'inspecteur Ortiz, s'énerve le policier. Je voudrais voir la liste des personnes nées le 11 juin 1902. C'est urgent !

— Mais certainement, inspecteur. Le temps de faire les recherches, pourriez-vous revenir cet après-midi ?

— Il me la faut tout de suite, vous n'avez pas compris ? Police !

— Mais je dois fouiller ! »

Cette fois l'inspecteur se fâche. Il passe derrière le comptoir et intime au bonhomme l'ordre de le conduire aux archives. Là, il a vite fait de trouver, sur les rayonnages poussiéreux, les registres de l'année 1902. Un volume entier est consacré aux mois d'avril, mai, juin et juillet. D'autorité, il le sort de la rangée pour le poser sur une table.

L'archiviste le regarde faire. La page où sont inscrites les naissances du 11 juin 1902 est absente.

« Comment expliquez-vous ça ? »

L'archiviste pâlit.

« Je ne l'explique pas, je ne comprends pas. Mais, en cinquante ans beaucoup de gens ont pu pénétrer dans cette salle, quelle importance ? »

L'inspecteur Ortiz, à son tour, observe l'archiviste : il est grand. Il est fort. Il a la soixantaine, quelque chose dans son regard s'est rapetissé, comme une fureur rentrée.

« Comment vous appelez-vous, demande négligemment l'inspecteur.

— Pedro Lazomeno. »

La petite chose a encore rétréci au fond des yeux de Pedro Lazomeno...

« Votre date de naissance ? continue négligemment l'inspecteur, qui ne peut pas y croire, n'ose pas y croire, et n'a plus le temps d'y réfléchir.

— Le 11 juin 1902 ! » a rugi l'archiviste en se jetant à la gorge de l'inspecteur principal.

A moitié étranglé, Ortiz réussit à sortir son revolver, et l'archiviste, qui sent le canon s'enfoncer dans ses côtes, lâche prise, parvient à glisser entre les mains du policier qui reprend son souffle, ouvre la fenêtre et se jette dans le vide. Monsieur l'archiviste en chef s'écrase au sol avec un bruit mou. La petite employée hurle, l'inspecteur reprend son souffle. La scène n'a duré que cinq minutes en tout. Dans la poche du suicidé on trouve la liste de douze péruviens, nés le 11 juin 1902. Quatre de ces noms sont rayés d'un trait de crayon rouge, les quatre victimes bien entendu. Il en restait sept.

Si l'inspecteur principal Ortiz avait deviné le mobile du criminel c'est qu'il s'intéressait depuis toujours à l'histoire du Pérou et notamment aux légendes Incas. Il savait que ceux-ci n'attribuaient qu'une seule âme aux nouveaux-nés, venus au monde le même jour, et un seul principe vital pour tous. Si bien que, selon la tradition Inca, plus il mourrait de personnes nées le même jour, plus les survivants de ce jour-là étaient assurés de vivre longtemps. Pedro Lazomeno avait donc décidé d'utiliser son métier d'archiviste pour retrouver ses collègues du 11 juin 1902. S'il avait réussi à les supprimer tous, il n'aurait pas eu à partager son principe vital en onze. Il espérait vivre centenaire. Et s'il avait choisi l'aiguille à tricoter, c'est que l'Inca moderne ne dispose plus de la lance ou du poignard sacré de ses ancêtres. Et puisqu'il faut tout dire au lecteur, absolument tout, Pedro aurait pu s'appeler Pedra, si le prénom existait au féminin. Il tricotait lui-même ses petits gilets d'archiviste en chef, et il avait une peur terrible de vieillir.

QUI EST JALOUX DU PROFESSEUR ALEXANDRE ?

Le professeur James Alexandre, ex-doyen de l'université de Minneapolis, est un homme estimé, un homme aimé. C'est un philosophe et un scientifique dont toutes les universités américaines se disputent les conférences. James Alexandre a également des qualités qui n'ont rien à voir avec la science ou la philosophie. Après quinze ans de mariage avec Rose, dont il a eu deux enfants, le professeur a divorcé. Il s'est offert une longue tournée de conférences, qui a duré plus d'un an, à travers les États-Unis. Et il en a ramené une jolie femme, Barbara Rupe. Barbara est brune, elle a vingt-sept ans et deux enfants d'un premier mariage. Le professeur a quarante-sept ans et déjà deux enfants, mais il épouse Barbara, et décide de faire construire une maison à Casper, dans la rue Melrose, pour y abriter sa nouvelle famille. Et en attendant la fin des travaux, le professeur a tout bonnement demandé l'hospitalité à son ex-femme, dans leur ex-maison. Et tout le monde y a vécu. Rose et ses deux enfants, Barbara et les deux siens, et le professeur James Alexandre, ex et nouveau mari.

Et puis, un an plus tard, le professeur s'est installé dans sa nouvelle maison, encore inachevée. C'est à partir de là, curieusement, que les disputes ont commencé entre Barbara et lui. Barbara estimait que James rendait trop souvent visite à Rose, et à ses deux enfants. Elle n'aimait pas cette complicité. Un répit dans les disputes fut la naissance d'une petite fille. Et la situation en est là, le samedi 18 juillet 1954.

Ce qui n'empêche pas le professeur James d'arrêter sa voiture ce jour-là devant la maison de son ex-femme. Rose repeint le portail du jardin, et lui lance un joyeux : « Bonjour James »... C'est samedi et les voisins observent. Ils n'observent pas méchamment, ils observent simplement. Ils aimaient bien le couple, « avant » le divorce... Ils l'ont bien aimé pendant quinze ans, alors ils écoutent ce que répond le professeur, en baissant la vitre, et en haussant le ton pour que Rose l'entende :

« J'ai reçu un télégramme ! Je dois partir pour une conférence à Saint-Louis. Peux-tu t'occuper des enfants ? Je ne sais pas ce qu'est devenue Barbara, elle n'est pas rentrée de la nuit... J'ai l'impression qu'elle est partie...

— Comme tu veux James !... »

Et l'histoire commence ainsi : Le professeur, grand, mince, la chevelure d'argent, a donc conduit les trois enfants de sa femme Barbara dans la maison de son ex-femme Rose. Puis il est parti pour Saint Louis, et après quelques jours d'absence, il écrit à Rose pour lui proposer d'aller s'installer avec les cinq enfants dans la nouvelle maison, qui est beaucoup plus grande, si Barbara, bien sûr, n'est pas revenue. C'est une question d'organisation pratique, et Rose accepte.

Or, les mois passent et Barbara ne revient pas. Malgré la situation sociale du professeur, malgré ses qualités humaines évidentes et celles de Rose, qui élève désormais les trois enfants de Barbara comme s'ils étaient les siens, les « gens » ne peuvent s'empêcher de bavarder et d'émettre toutes sortes d'hypothèses plus ou moins ridicules.

Au bout d'un an, pour couper court à tous ces ragots, le capitaine Delgarno, un grand bonhomme de cinquante ans qui perd ses cheveux depuis si longtemps qu'il ne lui en reste plus beaucoup, convoque au bureau de la police le professeur James Alexandre qu'il connaît très bien. Il a l'air ennuyé et ne trouve plus de cheveux à gratter pour donner le change :

« Excusez-moi, professeur, mais les gens parlent... »

Le professeur, d'une élégance discrète et comme toujours calme, regarde autour de lui avec une curiosité bienveillante. Il ne paraît guère étonné de cette convocation.

« Ne soyez pas gêné, capitaine, vous faites votre travail et je n'ai rien à cacher.

— Bien. Vous vous doutez que je veux vous parler de votre femme ?

— Évidemment.

— Vous n'avez toujours pas de nouvelle ?

— Non.

— Cette disparition ne vous surprend pas ?

— Elle fait plus que me surprendre, elle me déçoit.

— Comment l'expliquez-vous ?

— Eh bien, vous savez que Barbara est très jalouse... Nous avions des scènes fréquentes. Il est possible qu'elle ait cessé de m'aimer. Qu'elle en ait aimé un autre. Qu'elle l'ait suivi. Peut-être par dépit, peut-être par passion, c'est assez dans son caractère.

— On m'a dit qu'elle était partie sans aucune affaire personnelle ?

— C'est exact, capitaine, ni vêtements, ni bijoux. Pas même ses affaires de toilette.

— Que comptez-vous faire, professeur ?

— Que voulez-vous que je fasse. J'attendrai encore un an et si je n'ai toujours pas de nouvelle, je demanderai le divorce. »

Quelques mois plus tard, Barbara n'ayant toujours pas reparu, le capitaine Delgarno s'entretient avec Rose. Rose a été très belle, mais aujourd'hui, elle a beau se soigner, rester mince et coquette, c'est avant tout une femme qui élève cinq enfants.

« De vous à moi, Rose, cette disparition de Barbara, qu'est-ce que vous en pensez ?

— C'est incompréhensible, dit Rose en secouant la tête, je ne me serais jamais attendue à ça de la part d'une fille comme Barbara. Elle élevait bien ses enfants vous savez. Qu'elle soit partie, même avec un autre homme, on peut le comprendre. Mais qu'elle n'ait pas essayé d'avoir des nouvelles de ses gosses, ça me dépasse. »

Le capitaine regarde Rose. Elle est l'exemple même de la générosité et du dévouement. Elle a sûrement ses défauts comme tout le monde, mais la suspecter de... Le capitaine chasse l'idée par trop absurde qui vient de lui traverser la tête. D'ailleurs Rose ajoute :

« Vous savez, capitaine, bien qu'il n'en laisse rien paraître, James a été très affecté par la disparition de Barbara, croyez-moi, si dans cette affaire il y a une victime, c'est lui. »

Et l'entretien se conclut sur ces paroles énigmatiques. Mais malheureusement, on ne peut empêcher les gens de penser, et lorsqu'ils pensent, ils parlent. Chacun y va de sa petite théorie :

« Et si le professeur avait tué Barbara pour retourner avec Rose ?

— On vient de couler une dalle de béton dans la buanderie de leur nouvelle maison, et si le cadavre était enterré en dessous ?

— Et si... Et si... Et si... »

Le premier mari de Barbara, lui, s'inquiète de temps en temps, très vaguement d'ailleurs, de la santé de ses enfants, qui sont d'ailleurs fort bien élevés, mais reste sans nouvelle de Barbara, qu'INTERPOL recherche pourtant dans le monde entier. Les parents de la jeune femme n'ayant pas de nouvelle non plus se décident à déclarer officiellement la disparition de leur fille. Ce geste officiel a pour effet immédiat de déclencher la presse, et la vie de la famille Alexandre est examinée à la loupe. Si bien examinée, soupesée, critiquée, soupçonnée, que le capitaine Delgarno se voit un jour contraint de se présenter à la porte du professeur, accompagné de trois policiers cette fois.

« Professeur, nous pensons que Barbara est morte. L'entrepreneur nous a dit que certaines pièces de la maison n'étaient pas terminées, lorsque vous avez emménagé. Notamment les murs de la buanderie et le sol où l'on a coulé depuis une dalle de ciment. Les gens pensent que Barbara est enterrée dessous. Nous aimerions démolir cette dalle, pour vérification. »

Le professeur Alexandre, d'habitude paisible et bienveillant, devient livide et sa voix devient dure :

« Vous ne pensez pas sérieusement que j'ai tué ma femme ? Je vous donne ma parole que je ne suis en rien responsable de la mort de Barbara, si elle est morte. »

Cette réponse provoque un certain flottement chez les policiers. Ils sont convaincus que le professeur Alexandre dit vrai. Non seulement à cause de sa notoriété, et de son apparence, mais parce qu'ils le connaissent. Ils le connaissent surtout par sa vie et ses actes. Cet homme a toujours été la droiture même. Et il ne s'agit pas de cette droiture imbécile qui ne connaît et ne respecte que la morale et le droit. Non, il a su, lorsqu'il pensait que c'était son devoir, aller à contre-courant de l'opinion, réfuter la morale admise et même discuter le bien-fondé de certaines lois. Une telle attitude requiert justement la véritable rigueur. Un homme comme lui ne peut pas être un meurtrier. C'est cette conviction même qui conduit le capitaine Delgarno à insister :

« Écoutez, professeur, tous ces gens sont déjà contre vous. Et ils montent les journalistes et les badauds qui se pressent dans la rue. Toute l'Amérique vous montrera du doigt si vous ne m'autorisez pas à perquisitionner. Tout le monde vous croira coupable alors que vous êtes innocent. Vous avez donc tout intérêt à me laisser faire.

— Bien, dit le professeur, de plus en plus livide, attendez-moi là, je vais en parler avec Rose. »

Les quatre policiers attendent une dizaine de minutes au-dehors. Puis la porte s'ouvre à nouveau et ce n'est plus le même homme qui réapparaît. Il semble que le professeur ait pris une décision qui le soulage d'un grand poids. Il est toujours aussi livide mais son regard est redevenu bienveillant : les policiers peuvent entrer, ils sont libres de faire ce qu'ils ont à faire.

A 23 heures, le 5 décembre 1957, les projecteurs installés devant la maison du professeur Alexandre s'éteignent. Le bruit des marteaux piqueurs qui faisaient tressaillir la maison s'est arrêté. Le vent, qui tout l'après-midi a balayé la rue Melrose, souffle maintenant sur une foule silencieuse : une civière emporte le squelette d'une femme enveloppé dans un drap, les mains jointes comme pour prier, tenant une grande croix de bois longue d'un mètre sur 50 centimètres de large. On l'a trouvée enterrée à 1,50 mètre sous la dalle de ciment de la buanderie.

Déjà une voiture de police a conduit Rose et le professeur James Alexandre au quartier général de la police pour y être interrogés par le juge d'instruction. Le professeur Alexandre ne résiste pas. Il ne fait pas de drame, il ne cherche pas à se disculper, il raconte d'un ton calme et résigné :

« Cela s'est passé le 17 juillet 1954. Je travaillais dans le jardin de la nouvelle maison que j'habitais avec Barbara. Lorsque je suis rentré chercher un marteau, elle est venue vers moi dans le corridor pour me faire des reproches, très vifs : La veille au soir j'avais été chez Rose. Ce n'est un secret pour personne que Barbara était très jalouse au point de rendre la vie commune impossible. Comme j'avais les pieds pleins de terre, elle est allée me chercher le marteau. En revenant, elle a menacé de m'en frapper si je ne lui promettais pas de renoncer à me rendre chez Rose. J'étais énervé, je l'ai poussée. Elle est tombée à la renverse dans l'escalier de la cave. Malheureusement, en tombant, elle a entraîné avec elle une pile de briques qui l'ont complètement recouverte. Lorsque je lui ai soulevé la tête, j'ai constaté qu'elle était morte. Et je me suis tout de suite rendu compte que si j'allais à la police raconter cette histoire, personne ne la croirait, comme personne ne la croira aujourd'hui. Tout le monde savait que je rendais souvent visite à Rose et que je désirais l'épouser à nouveau. J'ai donc enterré Barbara et fait croire à son départ. »

C'est une histoire simple et bête que raconte là le professeur Alexandre. Mise hors de cause, Rose retourne auprès des cinq enfants. Deux mois plus tard, le professeur Alexandre bénéficie de la liberté provisoire contre une caution de dix mille dollars. Et ils partent un matin en voiture avec Rose, pour se marier dans le Colorado. Ils en reviennent le soir même pour retrouver leurs cinq enfants.

Le procès a lieu le 2 mai 1958, et la version des faits que propose le professeur Alexandre ne fait pas l'unanimité du jury. Mais les preuves manquent. Il est donc condamné pour meurtre au deuxième degré, ce qui veut dire en clair, qu'en cas de bonne conduite, il pourra être libéré cinq ans plus tard. En attendant ce beau jour, le professeur regagne la prison, et Rose s'occupe des cinq enfants avec un dévouement absolu, sans faire aucune différence entre eux. Chacun s'accorde à le reconnaître. Le professeur est en prison depuis deux ans et Rose élève toujours seule les cinq enfants. Parmi eux, Robert, douze ans, l'un des enfants du premier lit de Barbara. C'est un garçon travailleur, volontaire, un petit brun têtu et débrouillard. Un jour, un copain de l'école l'invite pour un voyage en Italie qu'il doit faire avec ses parents. Rose hésite un peu, puis finalement accepte. Et c'est ainsi que l'extraordinaire rebondissement de cette affaire se produit à Rome, une nuit du mois d'août 1960.

Vers minuit, un policier dans un commissariat de Rome appelle le Bureau central national d'INTERPOL.

« Envoyez-moi quelqu'un qui parle anglais. Je suis en face d'une drôle d'affaire. »

En entrant dans le bureau, l'homme d'INTERPOL voit un petit garçon brun, vêtu d'un blue-jean, de basquettes, et d'un tee-shirt d'une école américaine. L'enfant ne parle pas un mot d'italien et voici ce qu'il raconte à l'envoyé d'INTERPOL : « Il est en vacances à Rome chez un camarade d'école. Mais par moment il s'ennuie, car il est habitué à vivre dans une famille de cinq enfants. Hier soir, il s'est couché vers dix heures mais il n'arrivait pas à s'endormir. Brusquement, il s'est mis à penser à sa mère, pas vraiment à sa mère, mais à Rose. Et il s'est rendu compte qu'il pensait à elle parce qu'elle lui manquait et qu'elle lui manquait même beaucoup. Alors il lui est revenu un souvenir qui ne l'avait jamais quitté mais auquel, depuis des années, il s'efforçait de ne plus penser. Cette fois encore il a voulu chasser ce souvenir. Il s'est débattu avec lui. Jusqu'à être en sueur. Et brusquement ça ne pouvait plus attendre. Il s'est levé, il s'est habillé et il est sorti dans la rue pour entrer dans le premier commissariat venu. Il savait qu'on ne le comprendrait pas, mais tant pis, il insisterait. Il savait que les policiers de tous les pays peuvent se téléphoner. Les policiers de Rome pourraient donc téléphoner aux policiers de Casper aux États-Unis, et les policiers de Casper comprendraient, ce qu'il voulait dire. »

Et ce que voulait dire le petit Robert, se traduit par un message de Rome à Washington, transmis à la police de Casper :

« Robert Rupe, nationalité américaine, né le 6 janvier 1948, est venu spontanément se présenter au commissariat de la place d'Espagne, à Rome, le 12 août 1960 à minuit pour porter témoignage sur affaire criminelle vous concernant. »

Alors deux jours plus tard, le capitaine Delgarno, qui a sur lui la déclaration du petit Robert, vient, accompagné de quatre policiers, entendre Rose. Rose hésite, puis finit par dire la vérité.

« James et moi avons menti : les choses se sont passées autrement pour Barbara. Le 17 juillet 1954, c'est moi qui suis venue à la maison de la rue Melrose pour demander de l'argent à mon mari. Barbara a ouvert la porte. James travaillait dans le jardin derrière et n'était pas au courant de ma visite. Dans le corridor, Barbara m'a dit qu'elle préférait que ce soit moi qui vienne chercher l'argent, car elle en avait assez que son mari choisisse tous les prétextes pour me rendre visite. Nous avons échangé des paroles désagréables et dans son énervement Barbara a reculé de quelques pas. Il n'y avait pas encore de porte devant l'escalier de la cave et elle est tombée en entraînant une pile de briques sous laquelle elle s'est trouvée enterrée. Avec la chute et cet écroulement du tas de briques, j'ai compris qu'elle avait été gravement blessée. J'ai couru dans le jardin chercher James. Nous avons essayé de la ranimer, mais elle était morte. James et moi nous étions tout à fait conscients des conséquences de cet accident. On nous accuserait tous les deux d'avoir tué Barbara. Alors nous l'avons enterrée et puis nous avons fait courir le bruit qu'elle était partie. Malheureusement, tout le monde s'est mis après nous et la police aussi. Or il fallait bien élever les enfants, les miens et ceux de Barbara. Pour ça, il fallait que je reste libre. C'est pour cela que James a tout pris sur lui. »

Quelques jours plus tard, le capitaine Delgarno lit au petit Robert l'histoire que lui a raconté Rose :

« Est-ce que c'est bien comme ça que ça s'est passé ?

— Oui.

— Toi, où étais-tu ?

— D'abord j'étais dans ma chambre au premier étage. Puis quand j'ai entendu Barbara frapper à la porte, je suis sorti sur le palier. J'ai tout vu et j'ai tout entendu.

— Et Rose n'a pas poussé ta maman ?

— Non. Elles ne se sont même pas touchées.

— Pourquoi est-ce que tu n'as rien dit ?

— Quand j'étais petit, le professeur me faisait peur et je le détestais.

— Tu étais aussi jaloux, peut-être ?

— Oui. Maman s'occupait beaucoup plus de lui que de moi.

— Tu aurais quand même pu dire la vérité.

— Non, je voulais me venger parce que c'est à cause du professeur et de Rose que ma mère est morte. Enfin c'est ce que je pensais quand j'étais petit.

— Et maintenant, pourquoi est-ce que tu dis la vérité ?

— Parce que je suis plus grand. Et je me rends compte que c'est quand même eux qui nous ont élevés mon frère et moi. Maintenant on s'aime tous beaucoup et quand, des fois, on est malheureux, c'est parce que le professeur est en prison. Et s'il est en prison, c'est de ma faute. »

Ce fut l'affaire d'une nouvelle procédure et le professeur James Alexandre fut rapidement libéré. Il ne restait plus qu'à le condamner avec sursis pour faux témoignage et inhumation illégale. Le petit Robert avait mis deux ans pour oublier sa jalousie... Il ressemblait en cela à sa mère Barbara. Morte par accident, bien sûr, mais d'accident de jalousie, elle aussi.

LE DIABLE HABITE AU RANCH EL ANGEL

Un solide morceau de fil électrique d'un mètre de long traîne aux côtés du cadavre de Magdalena, dans un hôtel borgne de Barcelone. Le propriétaire, ne la voyant pas redescendre de sa chambre, la découvre allongée sur son lit. Magdalena était une prostituée mexicaine de vingt-cinq ans. Le fil électrique a servi à l'étrangler. Et l'étrangleur est un homme, car seul un homme peut posséder la force physique nécessaire. Il a agi avec discrétion et efficacité, et l'on pense immédiatement à un professionnel du crime, et non à un simple client de passage. Un interrogatoire minutieux de la femme de ménage et du gardien de nuit de l'hôtel, du chauffeur de taxi qui aurait amené le tueur sur le lieu du crime, et du barman au comptoir duquel le tueur aurait attendu un taxi, permet de reconstituer avec une grande précision son signalement. Conclusion : il ne s'est pas caché et il s'agit sans doute d'un Américain du Sud venu en Espagne pour un très court séjour. INTERPOL fait une demande de renseignements à diffuser en Europe et dans les deux Amériques. Mais quelque temps plus tard, même scénario à San Francisco cette fois. Le 16 décembre 1963, un morceau de fil électrique, d'environ 1 mètre de long, est retrouvé près du cadavre d'une barmaid mexicaine. Elle a été étranglée alors qu'elle venait tout juste de fermer son bar, vers 1 heure du matin. Il s'agit d'une femme de vingt-sept ans, née à Porto Rico. Mais ses papiers sont faux, ils lui ont été fournis par une officine spécialisée. L'enquête ne parvient pas à aller plus loin. Le tueur a agi avec la même précision et la même rapidité, mais ne semble pas avoir pris de grandes précautions pour dissimuler ses traits. La police a de lui un signalement assez précis qu'elle communique à INTERPOL, l'homme étant un étranger probablement de langue espagnole. Le rapprochement est établi entre les deux crimes, même fil électrique, mêmes victimes prostituées, même tueur désinvolte qui ne semble pas se préoccuper le moins du monde de se faire reconnaître ou non. A tel point que l'on pourrait établir un portrait robot précis : « Taille moyenne, très brun, peau mate, pommettes saillantes, yeux sombres, longue moustache, signe particulier : une ou plusieurs dents en or au côté droit de la bouche. »

C'est donc un télégramme urgent de diffusion générale, qui est adressé le 26 décembre à tous les bureaux centraux nationaux d'INTERPOL en Europe et dans les deux Amériques.

Deux jours plus tôt, le 24 veille de Noël, Maria Mejia, une jolie brunette de quatorze ans, folle de terreur, s'est réfugiée dans un poste frontière à San Diego, côté américain, à l'extrême-sud de la Californie. Pour expliquer son affolement et justifier sa sortie illégale du territoire mexicain, Maria Mejia a raconté qu'elle s'était enfuie d'un hôtel où elle était poursuivie par le tueur d'un gang de la prostitution. Dans un premier temps, l'adolescente refuse de décrire l'homme, dont elle semble avoir une peur épouvantable, elle se laisse convaincre par la police, et donne exactement le même signalement que dans les deux cas précédents. Elle a même entendu dire que le tueur exécute ses victimes avec un fil électrique. Les victimes en question sont des prostituées. La jeune Maria Mejia exerce déjà cette profession lucrative, mais dangereuse. Or, elle n'a que quatorze ans. Bien qu'elle refuse d'ajouter un seul mot à sa déclaration par peur des représailles, la police de San Diego renonce à la refouler au Mexique et préfère la garder dans un établissement d'éducation contrôlée, jusqu'à plus amples informations.

Mais toutes les polices du monde le savent, quand il s'agit de prostitution, le gros problème est d'avoir des informations, justement. Quelle que soit la menace qui pèse sur elles, les filles n'osent jamais aller trop loin dans les confidences, sûres qu'elles en paieront les conséquences de leur vie. C'est donc à INTERPOL que l'on essaie de réfléchir et de rapprocher les morceaux du puzzle : le tueur exécute des prostituées mexicaines en dehors du Mexique, il est donc probable qu'il est chargé de les tuer parce qu'elles se sont enfuies du Mexique justement. C'est donc que les filles appartenaient à l'origine à un gang puissant. La première chose à savoir pour situer le réseau, c'est le lieu de recrutement. Or, dans les deux morceaux du puzzle se trouve une indication : les deux victimes sont nées au même endroit : San Francisco del Rincon, au Mexique. Et à ce stade il n'est pas question de coïncidence.

Le résultat de cette réflexion est que le bureau d'INTERPOL à Mexico charge le capitaine Rimenez d'enquêter à San Francisco del Rincon. Le premier point étant d'établir la présence d'une maison close dans ce charmant pays. Le capitaine Rimenez, policier élégant et cultivé, qui a fait de nombreux stages dans les polices étrangères, décroche son téléphone depuis Mexico pour appeler la police de San Francisco del Rincon. Mais il n'y a pas de police dans le pays. L'ordre y est assuré par la garnison militaire locale, commandée par un capitaine. Et ce capitaine n'a rien de courageux, car il est midi, et il décroche son téléphone avec mauvaise humeur, Monsieur prenait son bain !

« Capitaine Zuniga, j'écoute...

— Ici capitaine Rimenez, du bureau d'INTERPOL à Mexico.

— Que puis-je faire pour vous, capitaine ?

— Je voudrais savoir s'il y a une maison close à San Francisco del Rincon. »

Il y a d'abord un petit silence étonné au bout du fil, puis la réponse vient :

« Non, il n'y en a pas, du moins pas d'institution déclarée, et à ma connaissance.

— Bizarre. Il semblerait pourtant que San Francisco del Rincon soit un lieu de recrutement pour la prostitution.

— Vous m'étonnez beaucoup, capitaine. San Francisco del Rincon est un coin bien tranquille, vous savez.

— Peut-être. Mais vous ne me ferez pas croire qu'il n'y a pas un seul bordel dans la région.

— Non, évidemment.

— Alors où ? »

Le capitaine Hermengildo Zuniga semble décidément peu coopératif. Mais il lui faut bien reconnaître qu'il y a la maison des sœurs Gonzales à Lagos de Moreno, non loin de là.

Deux jours plus tard, le capitaine Rimenez de l'INTERPOL de Mexico pénètre avec le lieutenant Hermengildo Zuniga, commandant de la garnison militaire locale, dans la maison close de Lagos de Moreno qui n'a jamais reçu de personnalités de ce genre. C'est une grande bâtisse, sans luxe exagéré, que fréquentent surtout les paysans des environs. Ce qui frappe immédiatement le capitaine Rimenez, c'est l'état des pensionnaires : un tel état de faiblesse et de prostration qu'il leur est pratiquement impossible de répondre à ses questions.

« Comment vous appelez-vous ? »

La malheureuse fille le regarde et répond avec hésitation, comme si elle avait oublié jusqu'à son nom :

« Pilar.

— Quel âge avez-vous ? »

Cette fois, la fille cligne des yeux. Elle paraît perdue dans un abîme de réflexion et de doute concernant son âge.

« Quoi, vous ne savez pas votre âge ? Vous êtes majeure au moins ? »

Le mot majeur, lui fait incliner la tête en signe d'acquiescement.

« Et d'où venez-vous ?

— Du Ranch El Angel. »

La fille montre sur son bras gauche une initiale tracée au fer rouge. On dirait une marque d'éleveur comme en portent les bêtes des troupeaux.

« Qu'est-ce que c'est que ce ranch ? »

N'obtenant aucune réponse, le capitaine Rimenez se rabat sur les tenancières. Ce sont deux femmes respectivement âgées de quarante-sept et cinquante ans, que le lieutenant Zuniga connaît bien, puisqu'il les présente l'une après l'autre. Delphina Gonzales Valenzuella — l'aînée — est assise derrière son bureau, calme, froide, le visage incroyablement dur, elle se contente d'incliner la tête à l'énoncé de son nom. Debout près de sa sœur, la brune Maria del Jésus Gonzales Valenzuella, malgré un visage long et maigre, montre plus d'exubérance :

« Bonjour capitaine, nous n'avons pas souvent la chance de recevoir des gens de Mexico ! »

Mais cette exubérance tourne court, car le capitaine Rimenez a tout de suite ressenti pour les deux femmes une aversion quasi insurmontable. Il n'a pas l'ombre d'un sourire. Il est à peine poli lorsqu'il demande :

« D'où viennent ces femmes ?

— Vous savez comment ce genre de filles se recrute, capitaine. Ce sont de pauvres femmes, déjà prostituées lorsqu'elles nous arrivent. Analphabètes, sous-alimentées, croyez-moi, elles sont mieux ici qu'à se prostituer dans leur village. Vous n'êtes pas le premier à vous inquiéter de leur sort. Vous ne serez pas le dernier à comprendre qu'elles ont de la chance de nous avoir rencontrées ! »

Et elle se tourne vers le capitaine, chef de la garnison militaire.

« N'est-ce pas capitaine ?

— Oui, oui, c'est vrai, confirme le capitaine Zuniga. »

Cette entente classique du chef de la garnison militaire locale et des deux richissimes notabilités, sur le dos de ces malheureuses, est absolument écœurante, le capitaine Rimenez ne se prive pas de le laisser entendre. Sa moue, le ton qu'il emploie, les mots devraient faire rentrer sous terre les deux déchets de femmes qui l'écoutent :

« Vous possédez d'autres étables comme celle-là ? Oui ? Donnez-m'en la liste et les adresses. »

Dans l'après-midi du même jour et le lendemain, le capitaine Rimenez visite six « maisons » du même genre. Il y découvre que le bétail humain qu'on y exploite est comptabilisé par les sœurs Gonzales pour une valeur variant entre 500 et 1 000 pesos « pièce », soit 400 francs nouveaux. C'est d'ailleurs le prix où elles les vendent régulièrement à d'autres maisons mexicaines ou même aux États-Unis. La plupart des femmes sont originaires de la région. Certaines, engagées comme bonnes à l'âge de treize ou quatorze ans, ont d'ailleurs fait l'objet de demandes de recherches de la part des familles, demandes qui n'ont eu aucune suite, bien entendu. Et dont bien entendu les deux maquerelles n'ont jamais entendu parler. Mais l'action policière entreprise contre les sœurs Gonzales décide la jeune Maria Mejia à parler enfin. Maria, quatorze ans, semble avoir connu des horreurs ineffaçables quand elle dit :

« Il faut que la police aille visiter le *Ranch El Angel.* »

Le capitaine Rimenez a déjà entendu parler du *Ranch El Angel* en interrogeant le « bétail » des sœurs Gonzales. Mais aucune des malheureuses filles n'a donné de détail. La 18 janvier 1964, accompagné de deux camions de policiers armés, le capitaine Rimenez se présente devant le *Ranch El Angel :* 17 hectares entourés de barbelés, des gens à San Francisco del Rincon l'ont prévenu :

« Méfiez-vous les sœurs Gonzales ont une troupe de pistoleros. »

C'est vrai, une vingtaine d'hommes, le doigt sur la gâchette, sont groupés à l'entrée. Au milieu d'eux, les sœurs Gonzales en pantalon de cheval, cartouchière autour de la taille et carabine à la main. On se croirait revenu au temps du Far West. Les deux vieilles filles ont d'ailleurs l'air aussi ridicule que dangereuses. Mais le capitaine ne se laisse pas intimider. Les sœurs Gonzales ne peuvent ignorer que devant une action de la police agissant au nom des cinq États du Mexique, la protection du commandant de la garnison militaire locale ne leur est plus d'aucun secours. Il descend de voiture et ordonne dans un porte-voix :

« Votre résistance est stupide, déposez vos armes. »

Après quelques hésitations, l'aînée des sœurs Gonzales donne l'ordre à ses pistoleros de jeter revolvers et fusils à terre, et elle montre l'exemple. Prostitution est mère de lâcheté, c'est bien connu. Puis le grand portail s'ouvre en grinçant pour que les deux camions chargés de policiers pénètrent dans le ranch. De l'un des longs bâtiments qui ferment la cour principale, des voix de femmes s'élèvent. Un étrange murmure inhumain. Ce sont les « pensionnaires » des sœurs Gonzales. Elles sont dix-huit. Les pensionnaires sont en réalité dix-huit femmes en haillons, d'une saleté repoussante, enfermées dans de petites pièces sans lumière. Ce sont des prostituées devenues inutilisables, vieillies et malades. Aucune ne dépasse quarante-cinq ans, et le capitaine Rimenez a tout de suite compris. Cela ressemble étrangement à certaines méthodes nazies...

« Vous les supprimez lorsqu'elles ne vous servent plus, dit-il. »

L'aînée des sœurs Gonzales — qui joue les pistoleros et les sadiques retardées — proteste d'un air mauvais :

« C'est faux...

— Nous verrons bien, dit le capitaine Rimenez qui se retient d'écraser la tête de ce monstre femelle à coups de gifles rafraîchissantes. »

Tandis que les policiers munis de pelles et de pioches se répandent dans le ranch, Rimenez découvre une dizaine de femmes plus jeunes, presque des enfants. Elles sont affamées, la plupart sans volonté, ivres d'alcool et réduites à l'état animal. Le procédé est simple au ranch. L'alcool remplace la nourriture, et il a l'avantage de détruire vite les volontés individuelles.

« Qu'est-ce que vous faites là ? demande le capitaine.

— On apprend, dit une gamine qui a tout juste treize ans, et tout juste l'air d'une femme.

— Vous apprenez quoi ?

— Le métier, dit-elle. » Et son ton est morne, sa voix pâteuse, effrayante dans la bouche d'une enfant.

Le capitaine Rimenez découvre aussi une femme d'une quarantaine d'années qui semble régner sur le ranch. Il n'a pas besoin de l'interroger longtemps pour qu'elle avoue : Enlevée toute jeune et placée dans une maison close, usée, elle est devenue l'éducatrice des basses œuvres de ses patronnes. C'était ça ou mourir. Elle accepte de guider le capitaine à travers ce nouveau camp de concentration. Là, dans un râtelier, sont accrochés les fouets dont se servent les sœurs Gonzales pour mater les récalcitrantes. Ici, c'est le lit royal : une planche étroite où les jeunes femmes indisciplinées sont ficelées avec du fil de fer barbelé, de sorte qu'au moindre mouvement le fil de fer s'enfonce dans la chair. Plus loin, une réserve de bidons d'essence : pour brûler les cadavres. C'est un véritable cauchemar.

Puis la femme conduit le capitaine dans un coin reculé du ranch. Depuis qu'elle a commencé à parler on sent qu'elle ne s'arrêterait plus. Elle vide l'horreur accumulée depuis des années.

« C'est ici qu'il faut creuser », dit-elle enfin.

On creuse, et l'on découvre dix-sept squelettes. Enfin, dans une cave, il y a des jarres, la femme dit qu'il faut les casser. Un coup de crosse de revolver et la jarre s'entrouvre. Sur une chose immonde. Dans ces jarres sont enfermés les cadavres des nouveau-nés arrachés à leurs mères, et tués, pour qu'ils ne gênent pas l'exercice de la prostitution. Mais pourquoi les garder là. Pourquoi ce sadisme gratuit. Incompréhensible. Des femmes torturées, des enfants morts. Que peut la justice humaine contre des monstruosités pareilles. Pas grand-chose.

Le jour même, le capitaine Rimenez fait mettre en état d'arrestation les sœurs Gonzales, le capitaine de l'armée mexicaine Zuniga, l'ancienne prostituée, devenue complice, et le chauffeur du ranch Francisco Camarena. Une dizaine d'autres arrestations suivront. Les sœurs Gonzales ont fait appel à leur avocat, mais ce dernier ne prend pas le risque de les défendre, estimant qu'il n'y a rien à défendre. Un deuxième avocat pressenti refuse à son tour en déclarant :

« Un lieu comme le *Ranch El Angel* ne peut avoir existé qu'avec l'aide de personnes influentes, au plus haut niveau de l'administration. »

Possible, mais lorsque le capitaine Rimenez conduit les sœurs Gonzales auprès du juge Tonoteo Lozano, il a toutes les peines du monde à les protéger d'une foule hurlante qui veut les lyncher. Elles seront condamnées au maximum de la peine de la loi mexicaine, quarante ans de détention criminelle. Un maximum qui a tout l'air d'un minimum dans ce cas précis.

LE DEMERDENZIZICH

Le dossier le plus épais des archives d'INTERPOL concerne un arrière-petit-fils du tzar Alexandre Ier : le baron Alexandre von Luedinghausen-Wolff. Ce nom, noble, étant fastidieux à écrire comme à prononcer, se réduira pour nous au baron Alexandre. Pendant quatre ans, le baron Alexandre, donc, n'a cessé d'alimenter son dossier. A tel point que depuis 1923 — date de la création d'INTERPOL— il ne s'est pas écoulé un jour sans que, quelque part dans le monde, un homme n'ait enquêté, au nom d'INTERPOL, sur les activités du baron.

La première de ses activités a consisté à naître à la cour du tzar Nicolas II, à Saint-Pétersbourg, en 1903. Le père du baron, général de l'armée du tzar, meurt lorsqu'il a cinq ans. Tout jeune, Alexandre est l'un des pages du tzar. A quatorze ans, il est placé par les bolcheviks dans une institution d'où il s'enfuit trois ans plus tard en s'embarquant clandestinement sur un vapeur allemand qui le débarque au port de Stettin sur la mer Baltique.

En 1920, la famille de Luedinghausen-Wolff — la mère, le fils et les cinq sœurs —, enfin reconstituée, débarque à Berlin, pauvre comme Job, car tout a été abandonné en Russie. Le baron Alexandre, qui n'est encore qu'un jeune homme de dix-sept ans, se retrouve donc sur le quai de la gare, à Berlin, ville inconnue. Autour de lui, sept valises qui ne contiennent, hélas, que du linge et des robes sans grande valeur. Le jeune homme est grand, racé, beau, mince et ses manières sont empreintes d'une noblesse et d'une courtoisie naturelles : « Bon sang ne peut mentir. »

Il retire sa toque de fourrure pour éponger délicatement ses tempes blondes où perle la sueur : sept valises, c'est lourd à porter. Son regard bleu circulaire fait le compte de ses responsabilités : six femmes. La mère, quarante ans, qui, sur le quai de cette gare, a l'air d'une jument racée égarée dans un champ de labour, et les cinq sœurs. Le jeune baron Alexandre arrête un porteur, montre les sept valises et tâte le fond de sa poche. Il aura tout juste de quoi payer le porteur. Mais l'important est d'arriver à l'hôtel avec ses six femmes et ses sept valises. L'avenir s'occupera du reste.

Le voilà donc installé dans un hôtel somptueux, avec ses femmes habituées au luxe et aux plaisirs, oisives, ignorantes de tout ce qui est réellement utile pour survivre. Le jeune baron Alexandre est lui-même incapable de travailler. D'abord, il ne sait rien faire, ensuite, en 1920, il n'est pas facile de trouver du travail à Berlin, où règnent marché noir et corruption. Ce que l'on pourrait appeler, pour faire allemand : le « Demerdenzizich ». Et si le jeune baron trouvait un emploi, il ne pourrait espérer gagner de quoi faire vivre six femmes de luxe. Il ne vient donc à aucun membre de la famille l'idée de travailler. Leur sang bleu se résigne donc à vivre de la charité publique. Mais le baron, devenu à la fois le père nourricier et l'enfant gâté d'une mère évaporée, va commettre ses premières bêtises. Encouragé par ladite mère évaporée.

Il s'agit de petites escroqueries conventionelles sur lesquelles il n'est pas nécessaire de s'étendre mais qui finissent par conduire le baron Alexandre et l'une de ses sœurs devant un juge. C'est là que le baron fait preuve pour la première fois d'une formidable intelligence, en parvenant à se faire acquitter pour irresponsabilité ! Sa sœur, moins maligne, récolte trois ans et demi de prison. Mais le baron est désormais fiché par la police allemande qui, en 1923, communique le dossier à INTERPOL lorsque la famille von Luedinghausen-Wolff, lasse de cette ville de Berlin si peu hospitalière, décide d'aller s'installer à Vienne.

Le baron Alexandre va y donner toute la mesure de son génie. La plupart des mécanismes d'escroquerie géniaux que l'on raconte et reraconte en les attribuant tantôt à l'un, tantôt à l'autre, ont été en réalité inventés par lui. Pour le plaisir de l'amateur il convient d'en passer quelques-uns en revue. Nous commencerons par les plus faciles à exécuter, pour finir par des chefs-d'œuvre qui ne sont pas à la portée de tout le monde. Le principe de base : commettre ses escroqueries au loin. Pour cela, le baron loue une voiture, un chauffeur, emmène sa mère, d'allure on ne peut plus respectable, et l'une de ses sœurs. Avec elles il entreprend une tournée dans les villes réputées pour leur luxe. Exemple : Baden-Baden, Lugano, Monte-Carlo.

Un jeudi en fin de journée, il entre chez un fourreur de Baden-Baden et demande à voir les plus belles fourrures. Celle qui le séduit le plus est un manteau de zibeline qui doit valoir, en monnaie de l'époque, l'équivalent de 100 000 nouveaux francs.

« Je veux l'offrir à ma fiancée, car nous avons une soirée imprévue durant le week-end, dit-il. Mais je voudrais être sûr qu'il lui plaise. »

Le directeur du magasin propose immédiatement :

« Voulez-vous qu'une vendeuse l'essaie ? »

Voilà donc le jeune baron, assis dans un fauteuil, examinant d'un œil critique les allées et venues de Mlle Gertrude, la vendeuse revêtue de l'éblouissante zibeline. Il fait la moue et se permet une remarque.

« Mademoiselle Gertrude n'est pas, enfin, n'a pas les mêmes mensurations que ma fiancée. Tout compte fait, je préférerais qu'elle l'essaie elle-même. »

Il appelle l'hôtel par téléphone et demande la suite numéro 2. Lorsqu'il a sa mère :

« Chère maman, est-ce que vous pourriez venir avec Irina ? J'ai trouvé une fourrure magnifique, mais je voudrais être sûr qu'elle lui plaît. »

La chère maman semble faire des difficultés, et le jeune baron insiste :

« Mais je vous envoie le chauffeur, maman. Vous n'en avez que pour une heure ! »

Chère maman donne l'impression d'avoir autre chose à faire dans l'immédiat et de plus important que l'essayage d'une zibeline. Navré, le baron conclut :

« Bien. Comme vous voudrez, mère. Je fais noter le rendez-vous. »

Le téléphone raccroché, il explique au directeur :

« Ma mère et ma fiancée ne peuvent pas venir aujourd'hui, mais demain vers 5 heures, est-ce possible ?

— Mais certainement, monsieur.

— Néanmoins, je n'aimerais pas que vous vendiez cette fourrure à une autre personne, je vais vous faire un chèque. »

Et il remet un chèque de 10 000 francs.

Le lendemain, à l'heure dite, le baron Alexandre, sa mère et la soi-disant fiancée sont au rendez-vous. La zibeline convient parfaitement. Il ne reste plus qu'à l'emporter. Le directeur est gêné. Il voudrait vérifier que le chèque est approvisionné. Le baron s'étonne avec quelque dédain.

« Comment ? Vous ne l'avez pas encore fait ? »

On appelle la banque. Trop tard. Elle ne répond plus. D'autre part, le paquet est prêt. Le chauffeur attend devant la porte. La mère, la fiancée et le baron attendent aussi.

« Vous avez ce chèque depuis hier, monsieur, fait remarquer le baron. Vous aviez largement le temps de vérifier. D'autre part, vous avez mon adresse à l'hôtel. Je vous ai dit que nous avions besoin de ce manteau pour le week-end. Si vous avez un problème, que je n'imagine pas d'ailleurs, vous savez où me joindre et lundi matin je puis vous ramener le manteau. »

Le directeur, qui se sent dans son tort, ne peut plus qu'accepter. Inutile de dire que le chèque était en bois, sur un compte ouvert pour la circonstance, sous une fausse identité. « L'escroquerie au week-end » a été étudiée minutieusement par le baron Alexandre qui lui a trouvé plusieurs variantes : Par exemple, il fournit un numéro de compte dans une banque voisine où il a réellement déposé une somme suffisante. Lorsque le commerçant téléphone, la banque lui répond que le compte est approvisionné. Le baron part donc avec la fourrure. Dix minutes plus tard, il se présente à la banque, retire la somme en déclarant que, tout compte fait, le commerçant préfère être payé en espèces. Il a donc la fourrure et l'argent. Ingénieux et simple. D'exécution relativement facile à condition d'avoir la prestance et le ton snob du baron à l'état naturel.

Voici plus délicat : le comte de Vongarde, homme jeune et très distingué, fait arrêter sa Rolls devant un bijoutier de la place Vendôme et demande à voir des pièces rares. On lui montre, entre autres choses, ce qu'on appelle une perle « poire ». C'est-à-dire une perle fine en forme de poire. Elle est très grosse, très pure, excessivement rare et vaut une petite fortune, l'équivalent de 100 000 nouveaux francs. Pourtant, le comte hésite :

« C'est très beau, dit-il, mais je voudrais faire un cadeau exceptionnel.

— C'est tout à fait exceptionnel ! fait remarquer le vendeur.

— Oui, mais un peu trop discret. Si, par exemple, il y en avait deux semblables, le cadeau aurait beaucoup plus de prix.

— Vous n'y songez pas, monsieur. Une autre perle « poire », ayant le même éclat ? La même pureté ? Le même volume ? C'est presque introuvable. Deux perles semblables n'auraient plus de prix !

En effet, pour des amateurs très fortunés, si cette perle « poire » vaut 100 000 nouveaux francs, deux perles « poire » semblables, montées par exemple en boucles d'oreilles, en vaudraient 300 000 ! Après avoir longuement réfléchi, le distingué client se décide :

« Je la prends, dit-il. Mais essayez de m'en trouver une semblable. J'y mettrai le prix et le temps qu'il faudra. »

Il remet un chèque au nom du comte de Vongarde et empoche l'écrin.

« Jusqu'à quel prix pouvons-nous monter ? demande le vendeur.

— 150 000 !

— Bien, Monsieur le comte. Nous essaierons. Mais il ne faut pas trop y compter. »

Dans les mois qui suivent, le client — en réalité le baron Alexandre — fait arrêter trois ou quatre fois sa Rolls devant la bijouterie, le temps de passer la tête et de demander :

« Vous avez du nouveau ?

— Non, Monsieur le comte. Hélas ! »

Les mois s'écoulent. Le baron passe presque chaque mois.

« Toujours rien ? S'il le faut, j'irai jusqu'à 200 000 ! »

Si ce n'est le baron qui passe, c'est son chauffeur qui demande :

« Vous avez quelque chose pour Monsieur le comte ?

— Dites-lui que nous cherchons toujours. Mais nous n'avons encore rien trouvé. »

Tous les joailliers de Paris savent qu'un célèbre bijoutier de la place Vendôme cherche une perle « poire » pour l'un de ses richissimes clients. Aussi, lorsqu'une femme élégante vient proposer dans une bijouterie de la rue du Faubourg-Saint-Honoré une perle « poire », le commerçant dresse les oreilles. Mais la femme en demande un prix fabuleux : 200 000 francs. Le bijoutier de la rue du Faubourg-Saint-Honoré prévient celui de la place Vendôme.

« On nous propose une perle « poire » comme celle que vous cherchez mais la cliente en demande 200 000 francs, auxquels vous devrez ajouter notre commission. »

Le bijoutier de la place Vendôme n'hésite pas :

« Prenez-la. »

Le bijoutier de la rue du Faubourg-Saint-Honoré verse donc à la femme élégante, qui n'est autre qu'une des sœurs du baron Alexandre : deux cent mille francs et reçoit la perle « poire » que le baron a achetée cent mille francs, onze mois plus tôt. Ce tour de force nécessite on le voit un temps de « travail » assez long, et l'immobilisation d'une Rolls et d'un chauffeur un jour par mois.

Les agissements du baron sont suivis à la loupe par les bureaux d'INTERPOL dans tous les pays du monde. Il est pratiquement impossible d'énumérer le nombre et le montant des escroqueries qu'il a commises (toujours avec l'assistance de sa mère) à Venise, à Paris, Bruxelles, Budapest, au Tyrol, au Portugal, à Milan, à Grenoble, à New York. S'il fait de très courts séjours en prison, il s'y prend de telle façon que sa mère n'est inquiétée qu'une seule fois à Lyon où elle séjourne trois mois en cellule. En 1949, Madame Mère a quatre-vingt-neuf ans et le baron cinquante-quatre. Les tempes argentées, le visage buriné, l'air plus intelligent, plus courtois et plus distingué que jamais. Sa carrière va pourtant connaître un incident grave.

Le 15 janvier, le baron Alexandre visite avec sa mère le musée d'Agen où se trouve un Goya de valeur. L'admirant avec ferveur, ils restent là jusqu'au moment où la sonnette retentit pour la fermeture. Madame Mère, s'aidant de son grand âge (quatre-vingt-neuf ans), fait un gracieux sourire au gardien et le baron lui donne un royal pourboire : le Goya a disparu. Mais il se trouve que la vieille baronne a une nouvelle marotte : elle ne se sépare jamais, même dans ses lointains voyages, d'un adorable petit singe qu'elle serre contre sa poitrine. INTERPOL a prévenu toutes les polices de ce détail. Et c'est un hôtelier suisse de Lucerne qui, voyant une cliente de passage, serrer un singe contre sa poitrine, prévient la police. Le Goya est encore là. Madame Mère a roulé la toile autour de son corps. Elle est arrêtée avec son fils. Mais la vieille dame indigne, vu son grand âge, ne sera pas jugée. Par contre, son fils va faire devant le tribunal de Berlin un numéro extraordinaire : les traits fatigués, malade, atteint paraît-il, de tuberculose, il s'adresse à ses juges :

« Regardez-moi. Je suis gravement malade. Me condamner lourdement serait me condamner à mort. Ne suis-je pas trop vieux, trop fatigué, pour inspirer votre mansuétude ? Croyez-moi, je ne suis plus en état de recommencer la vie aventureuse que vous connaissez. Je ne me sens plus en mesure de commettre le moindre délit et d'en supporter les angoisses. Je vous en conjure, soyez indulgents. Quand je sortirai de prison, je me marierai et ma vie prendra un autre sens. »

Les juges le croient d'autant plus volontiers qu'il se trouve dans la salle une très riche berlinoise, prête à épouser le vieil escroc romantique, et qui s'engage à payer les dettes de son fiancé. Le baron Alexandre (von Luedinghausen-Wolff), après une vie entière d'escroquerie et qui pouvait s'attendre à la réclusion à vie, n'est condamné qu'à trois ans et demi de prison. Il s'incline respectueusement, sourit et murmure :

« Merci beaucoup. »

Deux mois après sa sortie de prison, alors qu'il vit à Rome, toujours avec ses six femmes, le baron Alexandre découvre un faussaire en peinture. Il lui achète pour une somme modique une de ses œuvres. La copie d'un Vermeer. Cela fait, il va trouver Valetta, un peintre moderne, de petite renommée, dont les œuvres, sans être mauvaises, n'ont pas grande valeur, et lui fait peindre, par-dessus le faux Vermeer, une œuvre sur commande. Ce mécanisme d'escroquerie est un peu plus compliqué et demande une grande attention du lecteur amateur : le baron prépare un séjour aux États-Unis, en faisant faire ses bagages par deux domestiques. Il les supplie de faire bien attention en manipulant le tableau. La peinture risque d'être encore fraîche, car le Valetta recouvre un Vermeer qui vaut une fortune. Il explique :

« Vous comprenez, c'est pour éviter de payer des frais de douane énormes. Lorsque je serai aux États-Unis, je ferai effacer cette croûte de la toile, pour retrouver mon Vermeer. »

Là-dessus, sous un prétexte futile, le baron met les deux domestiques à la porte. Enfin, la veille de son départ, il fait téléphoner par sa chère Mère à la douane. Elle doit signaler que le baron Alexandre va tenter de gagner les États-Unis en dissimulant un Vermeer.

« Qui êtes-vous ? » demande le fonctionnaire.

« Peu importe mon nom. Un domestique du baron, qui m'a renvoyé. »

De sorte qu'à la douane, lorqu'il exhibe son tableau moderne sans grande valeur, un inspecteur en civil l'interpelle :

« Vous n'avez que cette toile avec vous, et vous la déclarez comme étant un Valetta ?

— Oui.

— Bien, monsieur. Voulez-vous me suivre. »

Dans la salle attenante, un expert dissout un petit coin de la peinture du fameux Valetta, et derrière apparaît une peinture beaucoup plus ancienne. Le baron Alexandre n'en revient pas.

« Quoi ! Comment ! Je ne savais pas que le Valetta avait été peint sur une vieille toile !

— Vous vous moquez de nous, Monsieur le baron. Vous savez très bien qu'il ne s'agit pas simplement d'une vieille toile, mais bel et bien d'un Vermeer !

— Un Vermeer ? Mais vous êtes fou ! Qui vous a dit ça ?

— Un domestique que vous avez renvoyé. »

Bien entendu, le baron est confronté aux deux domestiques qui nient l'avoir dénoncé. Fausse conclusion du baron : l'un des deux ment. Mais peu importe pour les enquêteurs, car entre-temps, dans un laboratoire, on a débarassé le soi-disant Vermeer des dernières traces du malheureux Valetta. Malgré ses protestations d'innocence, le baron ne peut récupérer sa toile que moyennant versement d'une taxe douanière considérable, portant sur la valeur estimée de la toile : l'équivalent de quatre millions de nouveaux francs d'aujourd'hui. Mais, en échange de ce versement, la douane lui remet un reçu que l'on peut résumer ainsi : « Reçu du baron Alexandre von Luedinghausen-Wolff la somme de X millions, pour acquittement de la taxe douanière sur un Vermeer, estimé à 400 millions. »

Ainsi, le faux Vermeer, certificat des douanes à l'appui, est devenu officiellement un authentique Vermeer que le baron Alexandre négocie aux États-Unis sans aucune difficulté.

Cette escroquerie, demeurée célèbre, est la dernière et la plus brillante opération du baron Alexandre, car il vieillit. Sa mère meurt à quatre-vingt-quatorze ans et, subitement, ses escroqueries perdent leur génie. Il baisse de niveau. Devenu homosexuel, il s'associe avec une petite crapule sans grande envergure et sombre dans le délit de bas étage.

A la suite d'une dernière enquête d'Interpol, il est arrêté à la frontière luxembourgeoise avec son jeune complice qu'il faisait passer pour son fils. Placé en résidence surveillée, il est enfin condamné par le tribunal de Berlin-Ouest.

On parle souvent du baron Alexandre comme d'un génie de l'escroquerie et tout en le condamnant on l'admire un peu. Après tout, se dit-on, il n'a tué personne ! Alors il faut rétablir la vérité. Il faut savoir que le baron Alexandre, envoyé en 1941 comme prisonnier de droit commun, au camp de concentration de Mathausen, ne se fit pas remarquer par sa brillante conduite : Selon Interpol, il jouissait dans le camp d'une situation privilégiée. Sa mère avait le droit d'aller le voir et il faisait du trafic avec l'or et les objets de valeur pris sur les prisonniers à leur arrivée au camp. Il est probable que son immoralité l'avait conduit à jouer les mouchards pour la SS. Plus que probable. Et l'on ne peut plus admirer son génie d'escroc. Pas à ce prix-là.

GARWIN = UN MOT VENU D'AILLEURS

Franck Bennet a jadis tout essayé, même de mourir : haschich, LSD, héroïne, morphine. Puis il a rencontré une belle et frêle allemande, venue d'Allemagne de l'Est pour ouvrir un cabinet médical à Londres dans King's Road : Le Dr Ina Schultz.

Franck Bennet considère qu'il a une dette énorme envers Ina Schultz. Quand il l'a connue, il n'avait que vingt ans et il était presque mort. Ina l'a pris sous son aile pour lui apprendre petit à petit à vivre sans stupéfiants, et elle y est parvenue. Ensuite elle a fait plus que lui sauver la vie, elle lui a donné son amitié, son corps et son argent : le Dr Ina Schultz, deux fois mariée, deux fois divorcée, avait quarante-trois ans et Franck n'était pas le premier, ni le seul, à partager le grand lit du deuxième étage, dans ce petit hôtel particulier de King's Road. Mais il y était heureux.

King's Road à Chelsea, c'est l'équivalent de Schwabing à Munich et de Greenwich Village à New York ou du Quartier latin à Paris. Là, comme à New York ou Paris, vivent des êtres qui jouent à étudier, à se droguer, qui jouent à écrire ou à peindre, ou qui jouent à jouer. Et personne dans ces quartiers n'est vraiment pauvre. Car la pauvreté ne se joue pas, elle se vit. Or ces gens ne vivent pas.

A présent Frank Bennet a vingt-quatre ans. C'est un grand garçon bien bâti et désormais destiné à devenir un gentleman anglais du modèle le plus classique qui soit : moustache, sourcils et cheveux roux, les lèvres un peu pincées et le reste à l'avenant. Frank n'est pas un jaloux mais il est un peu inquiet lorsque, au cours d'une réunion d'anciens drogués, Ina lui présente un dénommé Barry Petterson. Un suédois de vingt ans, arrivé d'Allemagne, qui paraîtrait intelligent, qui ressemblerait un peu à Vittorio Gasman, qui serait tout à fait sympathique, s'il n'avait ce regard à la fois absent et excité du drogué. Manifestement ses besoins vitaux sont nuls, il oublie même de manger et Frank demande simplement à Ina :

« N'est-ce pas un cas trop difficile ?

— Très difficile.

— Et tu as l'intention d'aller jusqu'au bout ? »

Jusqu'au bout, cela veut dire que le Dr Ina Schultz considère l'aspect sexuel de ses rapports avec certains malades comme un moyen de sa thérapie. Et elle ira « jusqu'au bout » avec le Suédois.

« Ce garçon est trop faible pour faire face à quoi que ce soit, explique-t-elle. »

C'est vrai. Moralement des garçons comme Barry Petterson sont trop faibles pour faire face à la vie, alors que physiquement c'est bien différent. Un garçon de 80 kilos comme lui peut être dangereux pour une femme qui n'en pèse que 50 répartis sur un tout petit corps. Or les drogués, lorsqu'ils sont en crise, c'est-à-dire lorsqu'ils manquent de drogue, peuvent faire n'importe quoi. De plus, ils savent que le docteur possède de la drogue, et ils sont capables de tout pour l'obtenir.

Franck est encore plus inquiet lorsqu'un médecin de la police devenu un ami, et qui participe à la réunion, l'attire dans un coin pour lui dire :

« Soyez attentif, je vous prie. Prévenez-moi à la moindre alerte. Ce type est trop dangereux. J'ai vu sa fiche d'INTERPOL. En Allemagne, il prenait six « mètres »[1] par jour, pour n'importe qui la moitié de cette dose est mortelle, vous le savez. Je préférerais le renvoyer en Suède. Je doute qu'Ina puisse quelque chose pour lui. A mon avis, il est destiné à mourir en prison.

Cette consigne de prudence est une bonne chose, mais Franck connaît trop son « docteur » pour imaginer qu'elle pourrait céder devant l'énormité de la tâche.

Ina Schultz a fui l'Allemagne de l'Est où elle est née et où elle s'est mariée une première fois. Le mariage n'était pas une réussite, Ina a divorcé et décidé de fuir, cachée sous un siège de voiture. Bien que réfugiée, elle a réussi à ouvrir son propre cabinet à Munich, sans argent, sans famille et sans relation. Son second mariage n'a duré que quatre semaines, au bout desquelles son mari s'est sauvé avec la caisse. C'est alors qu'elle a ouvert un nouveau cabinet à Londres. « Se procurer de la drogue demande de gros moyens, dit-elle. J'en donne à mes malades pour leur éviter de tomber dans la délinquance. En même temps je les soigne et je me sers d'eux pour soigner aussi mes problèmes. Je suis encore jeune et en forme, je trouve l'arrangement avantageux pour tout le monde. »

C'est en effet ce que tout le monde pense, et chacun loue son

1. En Allemagne, une dose standard de morphine s'appelle un mètre.

intelligence, son courage et son mérite. Mais, pour les policiers d'INTERPOL et la Brigade des stupéfiants de Londres, c'est une femme « qui ne fait que passer », qui risque même fortement de partir pour l'autre monde. Car posséder chez soi, légalement, à King's Road, un grand stock de drogue et fréquenter de jeunes drogués n'autorise guère une grande espérance de vie. Ina Schultz a donc décidé de soigner Barry Petterson, selon sa méthode.

Barry Petterson est l'aîné d'une famille suédoise respectable de six enfants. Il a fait ses études dans une école privée fort bien considérée. Puis sa famille l'envoie faire l'école hôtelière en Italie. C'est là qu'il a pris du haschich et suivi l'escalade des drogues dures jusqu'à la morphine. Ayant abandonné l'école hôtelière, il part en Allemagne où il devient plus ou moins mécanicien en travaillant de-ci de-là. Il refuse l'aide de ses parents qui, pourtant, ne sont pas durs avec lui, et garde de bonnes relations avec ses frères et sœurs. Après avoir comparu devant les tribunaux, en Italie et en Allemagne, pour vol, il fuit vers l'Angleterre, suivi par INTERPOL, et sombre immédiatement dans le monde des drogués de King's Road. Jusqu'à sa rencontre avec le Dr Ina Schultz.

Durant les six premiers mois, Barry Petterson vit avec Ina et ses deux chats. Il continue à se piquer mais semble aimer sa bienfaitrice. C'est du moins ce qu'il confie à Franck et il n'y a aucune raison de croire qu'il ment. Mais Ina Schultz n'est pas folle. Jusqu'ici, elle n'a pas eu beaucoup de succès dans ses tentatives pour désintoxiquer le jeune homme et elle sait que ses réactions sont imprévisibles. Un jour où Frank vient lui rendre visite, elle lui avoue d'ailleurs qu'elle a acheté un revolver. Franck est de plus en plus inquiet.

« Tu ne devrais pas t'obstiner Ina, tu ne devrais pas garder ce garçon si près de toi.

— Si je le chasse, il est perdu ! Je suis médecin, je dois tenter de le guérir. Et puis je l'aime Franck, mais je ne suis pas inconsciente. J'ai peur et si un jour je t'appelle au téléphone ou que je t'envoie un télégramme ou n'importe quoi, et que je te dis ou que je t'écris le mot : « Garwin », cela voudra dire « au secours, viens vite. »

Garwin, c'est le mot de code. C'est l'appel au secours des drogués de Chelsea. Leur mot de passe et de désespoir.

Le 13 décembre 1975, dans la pénombre du studio de Franck, la sonnerie métallique du téléphone retentit. Franck décroche sans avoir encore vraiment repris conscience. Alors que le combiné est encore loin de son oreille, une voix féminine résonne :

« A l'aide, sauve-moi. »

Franck, toujours endormi, approche le combiné :

« Franck Bennet à l'appareil », dit-il machinalement.

La voix féminine devient basse, pressée. C'est Ina :

« Garwin », dit-elle lentement.

Il y a un bruit de bagarre à l'autre bout du fil et la voix se transforme en cri de terreur : Garwin !

« Mon Dieu ! J'arrive ! » hurle Franck, soudain réveillé.

Il allume, se précipite sur ses vêtements éparpillés dans le studio. En dégringolant les escaliers, il pense à ce mot, « Garwin », entendu au milieu de la nuit. C'est le plus grand choc qu'il ait jamais subit. Des idées stupides lui sautent à l'esprit, il se dit que par bonheur on est un mercredi 13 et heureusement pas un vendredi 13. Dehors, tombe un mélange de pluie et de neige avec une lourdeur visqueuse et glacée. Les rues sont désertes. A l'horloge d'un bijoutier, il lit : 3 heures du matin. Sans plus penser à rien, il court comme un fou vers King's Road.

D'une seule et dernière enjambée, Franck franchit les marches du perron du petit hôtel particulier. Tandis qu'il sort la clé qu'il a toujours gardée, il voit la lumière filtrer derrière les volets. La porte une fois ouverte sur le corridor, il doit choisir : rez-de-chaussée ou premier étage ? Droite ou gauche ? A droite en entrant, un murmure de voix vient du cabinet du docteur. Franck est tellement fou d'angoisse qu'il ne réfléchit pas une seconde, n'essaie pas de savoir qui parle ni ce qui se dit derrière cette porte. Il se jette littéralement dessus et reste pétrifié devant le spectacle : Ina Schultz est en chemise de nuit, renversée en arrière sur un fauteuil, les cheveux pendants presque jusqu'au sol. Au-dessus de sa gorge, un couteau, un vulgaire couteau de cuisine, dans la main de Barry Petterson en pyjama.

A l'entrée de Franck, Ina a tourné légèrement la tête, même les deux chats ont tourné la tête, mais Barry n'a pas cillé. C'est tout juste s'il semble avoir remarqué une présence. Il est comme fou, sa main tremble, la pointe du couteau appuie sur la chair de la femme, y formant un petit creux. Franck s'efforce de rester calme.

« Voyons Barry, arrête. Arrête, qu'est-ce qui t'arrive ? »

L'autre se met à hurler.

« Je veux qu'elle me donne de la drogue. J'en ai besoin. Il m'en faut absolument ! »

Toujours sans bouger, regardant fixement Barry Petterson dans les yeux, Ina explique :

« Il ne veut pas me croire. Je lui ai dit qu'il n'y en a plus dans la maison. Je lui ai dit qu'il faut attendre demain l'ouverture des pharmacies. Mais il ne veut pas me croire.

— Elle ment, elle ment, elle ment. La voix du jeune drogué est maintenant rauque, à peine audible. Donne-la-moi ou je te coupe la gorge. »

Franck a une inspiration, il plonge la main dans une poche : « Ici, dit-il, regarde ici, j'ai apporté ta dose. »

Barry Petterson se retourne, puis voyant que la main de Franck est ressortie vide, il se jette sur lui avec son couteau. C'est ce que Franck attendait. Mais il ne parvient pas à stopper le jeune drogué et le couteau passe à quelques pouces de sa tête. Franck le suit dans sa course et le saisit à bras le corps, lui immobilisant les bras.

« Tu le tiens ? demande Ina.

— Oui, vite dépêche-toi ! »

Franck entend que le docteur ouvre une trousse sur le bureau et prend une ampoule dans un tiroir. Elle prépare une ampoule de tranquillisants. Comme Barry se débat au risque de lui échapper, il le pousse contre le mur pour immobiliser le couteau qu'il n'a pas lâché. Mais, dès qu'Ina lui fait la piqûre, le couteau tombe sur la moquette. Le jeune drogué se calme presque immédiatement et s'effondre dans le fauteuil où le pousse Franck. Ina tremblante, debout au milieu de la pièce, reprend difficilement son souffle. Franck est debout devant elle, les bras ballants.

« Tu l'as échappé belle, dit-il.

— Oui... Heureusement que tu étais là. Un cognac ? »

En buvant son cognac, Franck regarde Ina. Elle a pris un des chats dans ses bras et ses yeux sont aussi sombres que ceux du chat sont clairs. On ne peut pas dire qu'elle soit vraiment jolie, mais, malgré les larmes, malgré sa pâleur, elle a un charme fou. Le petit collier de quatre sous qui ne la quitte jamais s'est cassé et le chat regarde les perles tomber l'une après l'autre sur la moquette. Le silence s'installe un peu, puis Franck se décide à parler :

« Alors qu'est-ce que tu fais ?

— Qu'est-ce que tu veux que je fasse ? Je ne peux pas l'abandonner dans cet état !

— C'est de la folie, je vais prévenir la police.

— Je te l'interdis.

— Mais enfin, ce garçon va te tuer. Nous n'aurons peut-être pas toujours autant de chance, la prochaine fois j'arriverai trop tard.

— Pense d'abord à lui. En dehors de ses crises il est totalement inoffensif. Ce n'est pas un monstre, c'est simplement un malade qu'on peut guérir. Ce n'est pas à toi que je vais expliquer ça. Sa nature profonde est intacte, il est intelligent et sensible. Il faut le soigner, pas le punir. Tu le sais mieux que personne. Promets-moi de ne jamais l'oublier. Je te supplie de ne jamais l'oublier. »

Franck a promis de ne pas l'oublier. Cette promesse paraît facile à tenir durant toute la fin de l'hiver et le début du printemps, car Ina et Barry Petterson paraissent heureux. Barry déclare à qui veut l'entendre qu'il va épouser le docteur. Ina semble d'accord en mettant comme condition à ce mariage, une cure complète de désintoxication. Si les intentions du garçon sont réelles, il sera probablement sauvé. « Un véritable miracle », pense Franck Bennet. La méthode Ina Schultz est décidément irrésistible. Elle n'a qu'un défaut, c'est qu'il existe peu de médecins qui puissent l'adopter.

Le samedi soir, 14 mars 1975, c'est l'anniverssaire d'Ina. Ina est Poissons : comme le Christ, dit-elle. Franck vient lui rendre visite en apportant un gâteau. Mais la porte est close et ses deux coups de sonnette restent sans réponse. Les amoureux ont dû partir pour le week-end. Comme il a perdu sa clé, Franck entrouvre le volet de la fenêtre du bureau et y cache le gâteau.

Le lundi après-midi, Franck passe devant le petit hôtel particulier et entrouvre le volet. Le gâteau est toujours là. A ce moment, un inspecteur en civil l'interpelle :

« Qu'est-ce que vous faites ?

— J'ai posé un gâteau derrière ce volet samedi parce que le docteur n'était pas là, et je retrouve mon gâteau. Ils ne sont donc pas revenus depuis trois jours, je trouve ça bizarre.

— Moi, dit le policier, je suis là sur la demande d'INTERPOL. Il y a des gens à Stockholm qui attendaient des nouvelles du Dr Schultz. Leur fils vit avec elle. Il paraît que c'est un malade et ils sont très inquiets. »

Quelques instants plus tard, un car de police déverse son chargement d'agents sur le trottoir et la porte est rapidement forcée. La malheureuse Ina Schultz est étendue sur le sol de sa chambre, son corps est tout entier couvert de sang. Sur le lit, Barry Petterson est allongé, lui aussi couvert de sang. Ina est morte. Devant les yeux horrifiés de Franck, le médecin légiste ne compte pas moins de trente-sept coups de couteau. Lorsqu'on la soulève, Franck voit la moquette collée par le sang séché se soulever avec elle. En se détachant, le corps fait un bruit d'arrachement qu'il n'oubliera jamais. Puis le médecin constate que Barry Petterson est dans le coma mais encore vivant et le fait conduire d'urgence à l'hôpital.

Selon le médecin légiste, la mort d'Ina remonte déjà à quelques jours. Elle a été tuée avec un couteau de cuisine que l'on retrouve par terre dans la chambre. Un crime aussi sanglant, aussi affreux, ne peut avoir été commis que par un fou ou un drogué. La porte étant fermée de l'intérieur, puisqu'il a fallu la forcer, on pense tout de suite à Barry Petterson mais deux remarques s'opposent à cette hypothèse :

Le jeune homme a été blessé d'une balle de revolver. En admettant qu'il ait voulu se suicider après son crime, qu'est devenu le revolver ? Les enquêteurs ne l'ont pas trouvé : C'est la première remarque.

Deuxième remarque : Le coffre-fort est plein de drogue, comme prévu, mais il ne semble pas avoir été fouillé. Tout y est rangé en ordre méticuleux, et la police n'y relève que les empreintes d'Ina Schultz, donc Barry Petterson n'y a pas touché.

En fin de journée, l'enquête, contre toute attente, s'annonce très difficile. C'est alors qu'un policier découvre sous la coiffeuse un bloc-notes et un stylo plein de sang. Quelqu'un qui saignait abondamment a donc essayé d'écrire, sans y parvenir. Le surintendant Krantz de la Brigade des stupéfiants, venu prêter main-forte à ses collègues, s'adresse à Franck qui demande à partir :

« Vous n'avez rien de particulier à me communiquer ?

— Non.

— Je connaissais bien le Dr Schultz, dit alors le surintendant. Je sais que beaucoup de gens, pour la plupart d'anciens malades, avaient la clé de sa maison. Pourriez-vous me donner la liste de ceux que vous connaissez ? »

Franck réfléchit, puis refuse.

« Je ne veux pas causer d'ennuis à mes camarades. Ils ont une vie déjà assez difficile comme ça.

— Dommage, ça nous aurait fait gagner du temps ! conclut le surintendant. »

A ce moment, le téléphone sonne. Tout en décrochant l'appareil, le surintendant regarde Franck sortir du bureau et prendre son imperméable au portemanteau du corridor.

« Ici le surintendant Krantz, j'écoute. »

Une voix nasille des informations au téléphone, que Franck ne peut saisir. Le surintendant remercie, raccroche et crie à l'intention de Franck :

« Ne partez pas ! Petterson vient de mourir ! »

Franck revient lentement sur ses pas, il semble hésiter. Le surintendant redemande :

« Vous n'avez toujours rien à me dire ? »

Cette fois Franck se décide. Il sort de la poche de son imperméable un revolver et un papier gondolé par le sang séché.

« Voilà le revolver, dit-il. C'était le revolver d'Ina. Je l'ai trouvé sur le lit en entrant le premier avec les inspecteurs. Et voici la lettre qu'il a écrite à sa mère que j'ai prise en même temps. J'ai été la lire dans les toilettes. Je pensais l'envoyer plus tard à sa mère. Ina l'aimait beaucoup. Elle n'aurait pas voulu qu'il aille en prison, même pour son propre assassinat. Elle m'avait répété cent fois : « Ce n'est pas un monstre, c'est simplement un malade qu'on peut guérir. Sa nature profonde est intacte. Il faut le soigner, pas le punir. »

Et le surintendant lit la lettre de Barry Petterson :

« Mère,

» Je l'aime encore plus que je vous aime vous. Mais vous savez que je suis un grand toxicomane. Elle ne voulait plus me donner de drogue, c'est pourquoi je l'ai tuée. Pourtant, c'était une femme merveilleuse, grâce à son amour, si je n'avais pas eu cette crise, peut-être aurait-elle pu me sauver. Oubliez-moi, mère. J'espère que je mourrai bientôt. Sinon je vais connaître l'Enfer sur la terre. »

Barry avait donc tué pour avoir de la drogue. Et il n'avait pas pu ouvrir le coffre, dont il n'avait pas la combinaison. Ina avait du résister jusqu'au bout pour ne pas la lui donner... elle l'avait dit : « J'irai jusqu'au bout. » D'ailleurs tout le monde est allé jusqu'au bout dans cette histoire. Ina, pour sauver, Barry pour aimer, et Franck pour pardonner... Et tout au bout, il n'y avait rien.

TU TUERAS TON FRÈRE

Cette nuit de février 1954, une ombre court dans la brume glacée qui noie le port de Hambourg, et s'arrête devant le commissariat des docks. Le policier de faction l'interpelle :

« Vous désirez ?

— Je viens de me battre avec mon frère... » dit une voix grave.

L'ombre, sortie de la brume, est un homme, en sueur malgré le froid, le souffle court, le visage hagard.

« Nous nous sommes battus et je l'ai blessé. »

Le policier, décontenancé, s'efface pour le laisser entrer dans la pièce d'accueil, si l'on peut parler d'accueil : un poêle qui ronfle, un comptoir en bois blanc, une prostituée qui attend qu'on lui rende ses papiers, deux marins dont l'un soutient l'autre, ivre mort, et trois policiers dont deux se préparent à faire leur ronde habituelle dans les docks. C'est l'éternel décor classique des postes de police la nuit.

Derrière son comptoir, le policier de service considère le nouveau venu. Le visage de l'homme s'encadre dans la lumière de sa lampe de bureau. Il a l'air d'un étranger, grand et fort. Les cheveux très gras, les pommettes larges, un regard impénétrable, une sorte de guerrier tartare aux yeux bleus. Des gouttes de sueur roulent sur ses tempes. L'énorme capote de tissu verdâtre, qui tombe autour de lui comme une chasuble, se soulève et s'abaisse lentement au rythme de son souffle, qu'il semble récupérer difficilement. L'homme pose ses papiers sur le comptoir :

« Je m'appelle Emil Abrany. Je suis hongrois. Je viens de me battre avec mon frère et je l'ai blessé.

— Grièvement ?

— Je crois.

— Où est-il ?

— Je ne sais pas. Par là... »

Et l'homme désigne d'un geste vague les environs du commissariat.

« Quand j'ai vu qu'il avait un revolver, je me suis enfui. Il m'a poursuivi à travers les docks. Il doit me guetter quelque part. »

Les deux policiers, qui s'apprêtaient à faire leur ronde, ont entendu, ils regardent leur chef d'un œil interrogateur, et ce dernier leur fait signe d'aller voir. Les deux hommes sortent, et un courant d'air glacé envahit la pièce quelques secondes. Le poêle ronfle de protestation. La prostituée tassée frileusement dans son coin injurie brièvement les policiers, puis tout rentre dans l'ordre. D'un air las, l'agent de service saisit un bloc imprimé, destiné à enregistrer les procès-verbaux et s'adresse au Hongrois :

« C'est votre frère qui a commencé ?

— Non. C'est moi. Je voulais le tuer. »

La réponse est arrivée sans hésitation, nette, et le policier ouvre des yeux ronds. Ce n'est pas si souvent qu'un homme vient s'accuser d'avoir voulu en tuer un autre après l'avoir raté. Ce procès-verbal n'est pas ordinaire et nécessite quelques explications. Or celles que le Hongrois fournit paraissent tellement étranges que le stylo du policier reste immobile sur la feuille de papier. Comment écrire cette histoire ? La prostituée profite de la situation, et se met à vociférer en réclamant ses papiers. Sous le prétexte « qu'elle ne va pas attendre que le policier ait écrit tout ça ». Là-dessus, nouvelle bouffée d'air froid, nouveau sursaut du poêle, les deux policiers reviennent et ils n'ont vu personne dans les environs, ce qui laisserait supposer que le frère du Hongrois n'est pas mort.

« Vous allez me relâcher ?

— Non. En tout cas, pas encore. Pourquoi ?

— Je vous ai dit qu'il avait un revolver. Il me guette, c'est sûr. Je ne veux pas sortir d'ici ! »

Il faudra bien qu'il en sorte un jour ou l'autre, cet homme étrange, cet assassin en puissance, cette victime en puissance, s'il faut le croire. Mais pour l'instant, il va rester à l'abri dans le petit commissariat, entre les marins saouls et la prostituée. Jusqu'à l'arrivée du commissaire, à 8 h 30 du matin. C'est un commissaire, rondouillard, aux joues bien rasées, aux cheveux jaunes bien alignés. Une raie divise le sommet de son crâne en deux parties rigoureusement égales. Chaque matin, il boit son thé, très fort, assis à son bureau en mâchonnant deux tartines de saindoux. C'est sa manière à lui de lutter contre le froid. Depuis qu'il est sorti en 1945 d'un camp de concentration où il pesait dans les derniers jours 40 kilos tout habillé, manger est une des bonnes choses de la vie pour le commissaire.

En face de lui, un rocher est assis dans une houppelande verdâtre.

C'est le Hongrois. L'air plus tartare que jamais, plus impénétrable que jamais.

« Vous devriez quitter votre manteau, dit le commissaire en plongeant dans le thé sa première tartine. Puis devant l'immobilité de l'homme, il ajoute : Racontez-moi votre histoire.

— Je suis d'un petit village de Hongrie. Nous étions sept enfants : des garçons et des filles. Lorsque j'ai eu onze ans, à la mort de mon père, mon frère Melchior s'est mis dans une bande de voyous. Ils ont commis des vols. Il a été arrêté et condamné à quatre années de travaux forcés. De chagrin, ma mère en est tombée malade. Avant de mourir, elle m'a fait venir près de son lit et m'a fait jurer de tuer mon frère indigne et de sauver l'honneur de la famille. »

Cette déclaration faite tout d'une traite, et sans emphase, a de quoi surprendre. Les petits yeux du commissaire se vrillent dans ceux du Hongrois. Ils semblent si clairs, aussi clairs qu'un morceau de ciel. Et le commissaire se demande à qui il a affaire. Un naïf ? Un fou ? Un homme rusé ?

« Dites donc, remarque en souriant le commissaire. Elle n'y allait pas avec le dos de la cuiller, votre pauvre maman ! »

Le Tartare aux yeux bleus n'a aucun humour et ne semble pas apprécier du tout le ton de la plaisanterie.

« Dans notre village, c'est une loi : celui qui apporte la honte à sa famille doit être supprimé. Chacun sa façon, et la nôtre vaut bien la vôtre. »

Le Hongrois a jeté cette considération au visage du commissaire avec un mépris non dissimulé. Il a ôté sa houppelande, et bien que grand et fort, il paraît terriblement maigre. Le commissaire, gêné, se dépêche d'avaler sa deuxième tartine, et s'empresse d'ajouter :

« Je ne critique pas vos coutumes. Là où je ne suis pas d'accord, c'est que vous vouliez les conserver lorsqu'elles sont contraires à celles du pays qui vous offre l'hospitalité. Bon. Racontez-moi la suite.

— Mon frère est sorti des travaux forcés et il n'est pas revenu chez nous. Et puis il y a eu la guerre. Nous n'avions pas de nouvelles. Moi je suis venu travailler en Allemagne parce que je n'étais pas d'accord avec le nouveau régime politique de la Hongrie. Et puis, hier, vers 10 heures du soir, j'étais dans un café. Je jouais aux cartes avec des compatriotes, et tout d'un coup, j'ai vu mon frère Melchior. Ça été terrible ! J'ai revu le visage blanc de ma mère, tourné vers moi, juste à ma hauteur sur son lit très haut. J'avais onze ans. Elle me regardait. Elle me disait : « Tu dois tuer ton frère. Tu dois tuer ton frère. Jure-le-moi ! » Alors je me suis levé d'un bond et j'ai dit à Melchior : « Vite ! Sors d'ici ! » Il me demandait : « Pourquoi ? Mais pourquoi ? » Je lui ai dit que je lui expliquerais dehors. Dehors je l'ai frappé, avec le tranchant de ma main derrière la nuque, et je lui ai dit : « Je suis ton frère et j'ai promis à maman de te tuer. » Puis j'ai sorti mon couteau et je lui ai enfoncé dans le ventre. Il est tombé à genoux. Mais, avant que j'aie le temps de frapper encore, il s'est relevé en serrant les dents. Il tenait un revolver. Alors j'ai été obligé de m'enfuir, mais j'ai entendu qu'il courait derrière moi. Il m'a poursuivi pendant au moins dix minutes. On tournait en rond à cause du brouillard. »

Le commissaire réfléchit une seconde, puis demande d'un air soupçonneux :

« Vous êtes sûr que c'était votre frère ?

— Oui. Je l'ai reconnu. J'ai toujours gardé sa photo... »

Et le Tartare aux yeux bleus tend une photo jaunie, craquelée : celle d'un jeune homme qui ressemble, l'âge en moins, trait pour trait, à lui-même.

« Mais c'est une photo de vous, ça ! » s'exclame le commissaire.

« Non. C'est mon frère. Nous nous ressemblons beaucoup. »

Tout cela est si étrange que le commissaire renvoie le Hongrois en cellule, pour réfléchir à son histoire. Elle lui paraît très peu vraisemblable. Il est notamment peu plausible qu'il ait rencontré son frère dans un café de Hambourg. Peu plausible qu'il ait attendu vingt et un ans pour le tuer. Peu plausible qu'il l'ait reconnu du premier coup, sauf s'ils se ressemblent autant. Mais cette ressemblance aussi est assez étrange. D'ailleurs, le commissaire a l'impression que la photo que lui montre le Hongrois est tout bonnement la sienne. Mais si l'histoire n'est pas vraie, si le scénario « vengeance à la hongroise » ne tient pas, que reste-t-il comme hypothèses ?

Première hypothèse : il a blessé un inconnu, le prenant pour son frère. Deuxième hypothèse : il s'est attaqué à une personne qu'il connaît, pour des raisons qu'il cache, et prétend que c'est son frère pour réduire son degré de culpabilité. Troisième hypothèse : il est fou et il a inventé toute cette histoire.

Il se trouve que la première hypothèse est aisément vérifiable : s'il a attaqué un inconnu, en le prenant pour son frère, cet inconnu va contacter la police. Il devrait même l'avoir déjà fait. S'il ne l'a pas fait, c'est qu'il est gravement blessé ou mort, quelque part dans les docks. Donc, il faut fouiller les docks. Et l'ordre est donné de fouiller les docks de fond en comble. Ensuite, le commissaire envoie un inspecteur vérifier auprès de l'immigration que les papiers du Hongrois sont authentiques. Un autre inspecteur va recueillir auprès de ses employeurs, de ses compagnons de travail, de son logeur, le maximum de témoignages. Puis le commissaire appelle le bureau central national d'INTERPOL à Wiesbaden : en demandant une enquête dans le village dont parle le Hongrois, pour savoir ce qu'il y a de vrai dans son histoire. Enfin, le commissaire fait venir un expert pour examiner la photo, mais l'homme de l'art se déclare incompétent, car la mauvaise qualité, le vieillissement du cliché et les distorsions dues à l'objectif ne permettent pas de déterminer s'il s'agit d'une photo du Hongrois lui-même ou d'une autre personne qui lui ressemblerait.

Cela fait, le commissaire n'a aucune raison de retenir le Hongrois dont la déclaration est dûment enregistrée. Mais, lorsqu'il lui annonce sa mise en liberté sous réserve de rester à disposition de la police, l'homme se débat comme un beau diable :

« Mais je ne veux pas m'en aller ! Je suis sûr que mon frère me guette. Je vous ai dit qu'il était armé.

— C'est bon, dit le commissaire. On va vous reconduire chez vous en voiture.

— Je ne veux pas sortir ! Si mon frère me retrouve, je serai obligé de le tuer, ou, alors, c'est lui qui me tuera ! Je vous en supplie gardez-moi ici.

— C'est bon, dit le commissaire. Nous allons attendre encore un peu. Lorsqu'on aura fini de fouiller les docks, si on a trouvé le cadavre, vous irez en prison. Mais si on ne trouve rien, il faudra bien que vous partiez. Je ne pourrai pas vous garder plus longtemps.

Dans l'après-midi, les docks sont fouillés une nouvelle fois de fond en comble sans résultat. Pas même une goutte de sang. De nos jours, le commissaire disposerait d'un nouveau moyen pour retarder la mise en liberté du Hongrois : l'examen psychiatrique. On peut toujours procéder à un examen psychiatrique. Cela ne fait ni bien, mais pas mal. Mais, en 1954, au commissariat des docks du port de Hambourg, ce genre de chose n'est pas encore entré dans les habitudes. Il faut bien que l'homme s'en aille. Et le commissaire regarde le Tartare aux yeux bleus sortir précautionneusement du commissariat, emmitouflé jusqu'au menton dans sa houppelande verdâtre. Il va retrouver le décor sinistre et noir des docks, ruisselants de bruine, emplis du grincement des grues et des wagonnets. Son regard bleu est indéchiffrable : haineux ou terrifié, on ne sait. En deux enjambées, il gagne la voiture où l'attendent les policiers qui vont le ramener chez lui. Et personne à vrai dire, pas même le commissaire, ne s'attend à le revoir. C'est une histoire invraisemblable de plus à classer dans les archives du commissariat des docks.

Mais les rouages d'INTERPOL se sont mis en mouvement. Et deux enquêteurs ont quitté Budapest pour interroger les habitants du village où est né le Hongrois.

Au village, on se souvient de lui, car il n'y a pas si longtemps qu'il en est parti. Les enquêteurs retrouvent deux de ses frères et une de ses sœurs. Il s'avère exact que leur frère Melchior a été condamné à quatre années de travaux forcés. Exact que les deux hommes se ressemblaient. Toujours exact, qu'avant-guerre, dans ce village, on avait sur l'honneur des idées d'un autre âge. Mais personne n'a jamais rien su de ce serment qu'aurait exigé la mère : « Tu tueras ton frère »... L'enfant avait onze ans lorsqu'elle est morte. Et, vingt et une années ont passé depuis. Peut-on tuer son frère, vingt ans après, pour un serment que l'on a fait étant enfant ? D'autre part, le frère, Melchior, passe pour mort depuis longtemps car personne n'a jamais entendu parler de lui.

Le commissaire ne peut rien tirer de concluant de ce rapport, sinon qu'une partie de l'histoire de ce Hongrois étrange est bien réelle. Le commissaire rondouillard continue donc de tremper ses tartines de saindoux dans son thé très fort tous les matins. Et un matin on frappe à sa porte. L'un des policiers de garde entre, l'air ahuri, et le képi de travers :

« Commissaire, c'est le type de l'autre jour, le Hongrois !

— Qu'est-ce qu'il veut ?

— Il dit qu'il a tué son frère !

— Encore ! »

Voilà donc le Tartare aux yeux bleus, toujours aussi impénétrable, assis dans le bureau du commissaire. Lequel commissaire se demande à quelle étrange et nouvelle histoire il aura droit cette fois-ci. Et il écoute patiemment le récit du Hongrois :

« Ce matin, vers 5 heures, je me suis rendu à mon poste de travail au quai numéro dix. J'ai entendu un déclic derrière moi, comme si on armait un revolver. J'ai compris que c'était mon frère. Il n'osait pas tirer parce qu'un groupe de dockers passait à vélo. Je me suis retourné et j'ai compris qu'il s'était caché derrière une pile de caisses. J'ai fait le tour tellement vite que, lorsqu'il s'est retourné, il était trop tard. J'avais eu le temps de le frapper entre les côtes avec mon couteau. Je lui ai arraché son revolver et il a reculé en me regardant, la bouche ouverte, jusqu'au bord du quai, et il est tombé. »

Ce nouveau récit est encore plus dramatique que le premier, mais pas plus que la première fois, le commissaire ne le prend pas au sérieux. Il se contente de demander d'un air innocent :

« Vous croyez qu'il était blessé à mort ?

— Sûrement. J'ai frappé dans le dos, mais j'ai dû toucher le cœur.

— Et il est tombé dans le port ?

— Oui. Et mon couteau était encore dans son dos.

— Et où est-il tombé ?

— Entre l'écluse 7 et l'écluse 8. Vous pouvez chercher, vous trouverez son corps, et moi je suis un assassin.

— C'est à la police d'en décider ! dit le commissaire. Vous serez un assassin quand on aura retrouvé le corps. »

Et en lui-même, il pense : « On ne trouvera rien, mais le bonhomme sera peut-être débarrassé de son obsession, une fois pour toutes. »

Le Hongrois, toujours enveloppé de sa houppelande verdâtre, est donc gardé à vue toute la journée au commissariat des docks, tandis qu'on drague le canal entre l'écluse 7 et l'écluse 8. Mais le soir venu, on n'a rien trouvé, et le commissaire va trouver le Tartare aux yeux bleus qui attend dans la salle d'accueil :

« Cette fois, mon ami, vous êtes libre et j'espère ne plus vous revoir. Maintenant que vous avez fait ce que vous aviez à faire, vous devez vous sentir soulagé. Votre frère est définitivement mort. Alors, bonne chance ! »

Et il ouvre la porte. Une bouffée d'air froid entre dans la pièce. Le poêle ronfle un peu plus fort. Le Hongrois se lève :

« Vous ne me gardez pas ?

— Non.

— Pourtant j'ai tué mon frère. Je suis un assassin !

— Vous avez tenu votre parole. Tant mieux. Mais, pour moi, vous n'êtes pas un assassin puisque je n'ai pas retrouvé le corps... Si vous voulez absolument être enfermé, je peux faire venir un médecin et il vous enverra peut-être dans un asile psychiatrique. Mais c'est tout ce que je peux faire. »

Le Hongrois lève alors jusqu'à ses yeux le col de sa houppelande verdâtre, sort lentement du commissariat, regarde à droite et à gauche comme s'il ne savait où aller. Après avoir parcouru environ 50 mètres, il se retourne et crie au policier de faction :

« Dites au commissaire que c'est pas la peine qu'il me cherche. Je m'en vais quitter l'Allemagne. »

Et sa haute silhouette disparaît définitivement dans le sombre univers des docks.

Trois jours plus tard, l'hélice d'un charbonnier, sortant du port de Hambourg, a fait remonter dans un remous le cadavre d'un homme. Il n'avait aucun papier sur lui, mais son visage était parfaitement reconnaissable : c'était le sosie exact du Tartare aux yeux bleus. Ou le Tartare lui-même. Ou son frère, ou la victime, ou l'assassin... Ou le justicier... Personne ne l'a jamais su. Personne ne le saura jamais.

LA ROUTE DE KATMANDOU

En septembre 1971, la police arrête dans un luxueux hôtel d'Athènes trois hommes et deux femmes dont les âges s'échelonnent entre vingt et un et vingt-trois ans ; ils ont les cheveux longs, portent des jeans effrangés, sont de nationalité indéfinie et d'identité incertaine : L'Arabe a un nom anglais, le Chinois un nom français, la Française est égyptienne, et de toute évidence, leurs passeports sont faux. Par acquit de conscience, la police grecque demande à INTERPOL des renseignements les concernant.

Au service des documentations, on compare les photos et les empreintes digitales, mais l'examen ne donne rien. On classe donc soigneusement ces informations. Sachant par expérience qu'elles seront utiles plus tard, dans d'autres pays peut-être et sous d'autres noms, mais un jour ou l'autre, on en aura sûrement besoin. INTERPOL ne se trompe pas. Trois ans passent. Aux Indes, la police s'intéresse brusquement à un nommé Charles Sobhraj, qui vient d'être libéré après quelques mois de prison pour grivèlerie. Le corps d'un chauffeur de voiture de location a été retrouvé dans une rivière. L'homme serait mort des suites d'une injection de drogue mortelle. Les Indiens s'adressent à INTERPOL : « Aurait-on des renseignements sur ce Charles Sobhraj ? Il est soupçonné d'avoir tué le chauffeur en question il y a deux ans, pour voler sa voiture. De là, il aurait gagné la Grèce, après en avoir falsifié les plaques. »

Au secrétariat général d'INTERPOL, le chef de la division de police fait étudier le signalement. Le criminel est exceptionnellement beau. Il s'agit sans doute d'un Eurasien, un splendide garçon au visage ouvert et intelligent, à l'allure très décontractée. Des yeux vifs, des lèvres charnues, la peau bronzée, 1,70 mètre de muscles et d'assurance tranquille : c'est un champion de karaté qui parle six langues, parmi lesquelles le japonais.

Et c'est en comparant les signalements, qu'un rapprochement

s'opère avec l'un des jeunes touristes arrêtés à Athènes trois ans plus tôt. L'homme avait présenté un passeport turc au nom de Charles Gurmukh. Mais INTERPOL apprend que Charles Gurmukh a réussi à disparaître d'Athènes quelques jours après son arrestation. C'est dommage car la façon de tuer, utilisée par cet homme, se retrouve dans plusieurs affaires non classées, restées très mystérieuses. C'est ce que l'on appelle en terme policier (autant que latin) le *Modus Operandi :* manière de procéder.

C'est d'abord en Afghanistan, un touriste japonais qui se retrouve complètement dépouillé, après avoir été drogué par un voyageur de rencontre. C'est ensuite un couple de commerçants parisiens que l'on conduit dans un hôpital d'Istanbul : un voyageur, utilisant le passeport de la précédente victime japonaise, les a drogués sous la menace d'un revolver pour les voler. C'est plus tard à Salonique, un Japonais qui rencontre un soi-disant commerçant parisien. Celui-ci, prétextant que l'eau de Salonique est dangereuse pour la santé, lui fait absorber des comprimés qui le rendent inconscient. Lui aussi est dépouillé. C'est enfin dans une chambre de l'hôtel *Hilton* d'Athènes, un touriste égyptien qui est cambriolé après avoir été drogué par un Japonais de rencontre. A chaque fois, le malfaiteur utilise l'identité de la précédente victime pour commettre, dans un nouveau pays, un nouveau forfait. Et pour la première fois INTERPOL vient de mettre un nom sur le personnage : Charles Sobhraj... Alias Burmukh, alias Tokumoto, alias René Marsan, alias Sasaki Hajimu, alias Anouar Baouil, que tous les bureaux d'INTERPOL au Moyen-Orient entreprennent de rechercher.

Or, un électronicien français du nom de Denis Gauthier a fait la connaissance à Hong-Kong de Charles Sobhraj. Celui-ci a réussi à s'approprier son passeport et quelques milliers de dollars qu'il va encaisser à San Francisco. Et c'est à San Francisco que Charles Sobhraj poursuit son activité de voleur et d'escroc, fournissant aux voyageurs les adresses de femmes faciles et des bijoux de contrebande, menant une petite vie confortable avec son soi-disant diplôme d'ingénieur, les six langues qu'il parle couramment, et son charme de play-boy métis, doué pour les dames et le karaté.

Il est installé au bar d'un hôtel de San Francisco, à demi tourné pour surveiller la salle. Apparemment indifférent à ce qui l'entoure, il observe les gens, comme un fauve cherche dans un troupeau la proie la plus facile. Il la repère cette proie. Elle est aussi belle que facile. C'est une jeune femme, presque une jeune fille. Elle a, ou veut se donner des allures contestataires. Brune avec un visage triangulaire et d'énormes lunettes noires, pas assez noires cependant pour cacher ses grands yeux noisette. Le regard du fauve et de la proie se croisent. Le fauve se présente :

« Je m'appelle Denis Gauthier.

— Et moi, Marie L...

— Je suis français.

— Et moi canadienne.

— Qu'est-ce que vous faites à San Francisco ?

— Je voyage pour mon plaisir, et vous ?

— Je suis aux States pour affaires. Mais je vis en Asie.

— C'est intéressant, on peut vous demander ce que vous faites en Asie ? »

Dialogue classique qui a remplacé apparemment le traditionnel : « Vous habitez chez vos parents ? »... Charles Sobhraj laisse planer un long silence qu'il souligne d'un sourire énigmatique et amusé. Pour lui, la séduction des femmes est une technique aussi précise que celle des ordinateurs. A ce stade de la rencontre, il faut donner la meilleure impression possible de soi-même, à la fois rassurante et chargée de mystère.

« Je suis censé vendre du matériel électronique... D'ailleurs j'en vends. J'en vends même beaucoup. Mais j'ai d'autres préoccupations qui sont plus captivantes. Et vous ?

— Moi, je suis une championne de la seringue. Je sais merveilleusement faire les piqûres.

— Vous êtes infirmière ?

— Oui. Enfin, je l'étais. J'en ai eu assez, c'est pour cela que je voyage. »

Nouveau silence, nouveau sourire amusé de Charles Sobhraj. Il sait qu'il n'a rien de plus à faire. Il sait que son visage parle pour lui, que ses meilleurs avocats sont ce mélange de traits européens et asiatiques, ce sourire sympathique, ce teint mat, ces rides naissantes. On sent chez lui l'homme toujours prêt à aider et qui en est capable parce qu'il a tout vu, parce qu'il connaît tout des hommes, leur grandeur et leur misère, parce qu'il sait vivre et vivre partout.

C'est probablement à ce moment que la petite canadienne Marie L..., vingt-neuf ans, qui n'a jamais fait de mal à une mouche, contestataire parce que trop timide, tombe amoureuse, tout d'un bloc.

En aurait-il été de même si Charles Sobhraj lui avait dit qu'il y a cinq ans, à Paris, il était secrétaire après avoir été chef de rang dans un restaurant et représentant de commerce ? S'il avait osé dire qu'il a été condamné pour vol, défaut de permis de conduire, évasion, coups et blessures volontaires, chèques sans provision, escroquerie et grivèlerie et qu'il a dû quitter la France parce qu'il y était soupçonné de meurtre ? Enfin, s'il avait avoué qu'il a oublié sa femme quelque part dans une prison du Pakistan ? Mais il n'a rien dit de tout cela et l'union de cet escroc sans envergure et de cette petite Canadienne en quête de sensations fortes va donner naissance à un couple monstrueux.

En septembre 1975, après un long voyage en Malaisie et de retour à Bangkok, où Charles Sobhraj possède un appartement, les amoureux constatent que leurs fonds sont en baisse. Alors, ensemble à la fois en s'aidant et en se provoquant mutuellement, ils vont moderniser une forme de crime très ancienne, l'organiser comme une profession : l'assassinat et le vol des voyageurs.

C'est Charles Sobhraj qui met au point la technique. Il repérera les bonnes affaires, Marie jouera les rabatteuses et maniera la seringue. Pour commencer on choisit deux Australiens : un frère et sa sœur qui, descendus dans un grand hôtel de Bangkok, s'offrent des tournées coûteuses dans les boîtes de nuit de la ville. La scène se passe sur l'immense, l'interminable plage de Pattaya en Thaïlande. Ce n'est pas un endroit perdu, mais une station à la mode, avec palaces et boîtes de nuit. Le roi de Thaïlande y possède une villa, ainsi que toute la bonne société de Bangkok. La rencontre a lieu à bicyclette. La conversation s'engage sur la plage à propos du chien que promènent Charles et Marie.

« Oh ! La belle bête, s'exclament les Australiens.

— C'est un samoyède.

— Où l'avez-vous eu ?

— Sur le marché de Bangkok. Nous avons l'intention de le ramener en France. Mon mari a un chenil en Sologne. Il donnera d'excellents produits. Ces chiens-là valent très cher. Cela vous intéresse ?...

— Je me présente, dit Charles Sobhraj. Je m'appelle Jean Belmont. Ma femme Monique. Voulez-vous boire un verre au *Tropicana ?* »

On ne se méfie jamais assez des gens qui aiment les bêtes. Au *Tropicana* qui borde la plage, les Australiens sont ravis. Ils ont trouvé des amis qui connaissent le pays. Il faut dire que Jean Belmont et Monique forment un couple merveilleux, et enthousiasmant. Le soi-disant Belmont vend aux deux Australiens des pierres précieuses de contrebande. Et la prétendue Monique s'arrange pour enfiler son maillot devant l'Australien. Il est envoûté. Le frère et la sœur ne refusent pas une promenade dans une ville des environs, où ils couchent dans un motel luxueux. Le jour suivant, baignade et farniente. Mais le lendemain, les Australiens vont plutôt mal. Ils ne peuvent rien avaler, Jean Belmont connaît cela. Il recommande de ne boire que du lait concentré.

Très serviables, Jean et Monique préparent les boissons. L'Australienne trouve que c'est un peu amer et se réveille à l'hôpital avec son frère, trente-six heures après. Ils ont été sauvés de justesse par le personnel de l'hôtel qui les a découverts, inanimés, sur la natte en bas de leur lit. Le couple merveilleux a disparu, emportant les pierres précieuses que leur avait vendues le soi-disant Belmont, 500 dollars en chèques et les passeports.

A la fin de l'été, Charles et Marie quittent la Malaisie en compagnie d'un jeune étudiant turc dont ils viennent de faire la connaissance.

« Si les pierres précieuses t'intéressent, tu devrais nous suivre jusqu'à Bangkok, déclare Charles en serrant le bras de son nouvel ami. Tu sais, là-bas, je connais toutes les combines. Et si tu veux acheter des pierres, tu les auras au meilleur prix. Je sais où se trouvent les mines. »

Dans le regard du jeune turc, brille une admiration sans borne : ce Français de trente-deux ans, au type asiatique, n'est vraiment pas comme les autres. Depuis cinq ans qu'il roule sa bosse dans toute l'Asie, il est normal qu'il soit au courant de tout. Et puis il parle six langues. Rien de pire pour éblouir un étudiant qui veut voir le monde.

« J'ai de la chance de vous avoir rencontrés, murmure le jeune turc, timidement. Avec vous, j'apprendrai beaucoup de choses ! »

Il obtient, pour toute réponse, un regard langoureux et plein de promesses de la belle Marie dont le corps mince et bronzé est à peine dissimulé par une robe légère. Le jeune étudiant a le cœur en bandoulière. Il pressent que son voyage à Bangkok sera plein d'enseignements pratiques.

Quelques jours plus tard, au décollage de l'avion, le jeune turc, les yeux clos, la nuque bien calée contre le dossier de son siège, sent le coude de Marie frôler son avant-bras.

« Il n'y a pas que les pierres qui sont intéressantes, lui dit-elle. Si tu as assez d'argent, tu pourrais aussi acheter des bijoux et des bronzes.

— Il me reste plus de 3 000 dollars en travellers chèques », répond le jeune homme en tapotant la petite sacoche de cuir retenue à sa taille par sa ceinture.

Marie échange un regard rapide avec Charles. C'est tout ce qu'ils avaient besoin de savoir. Et ils l'apprennent toujours avec une étonnante facilité. Voici pourtant que se présente un léger problème. Le Turc avait une amie française de dix-huit ans, au courant de ses projets. Inquiète d'être sans nouvelles, elle téléphone sans cesse à Sobhraj, et fatiguée de ses réponses évasives, se rend à son appartement de Bangkok où l'Eurasien, toujours charmant, lui raconte leur voyage.

« Formidable cette visite de la mine. Votre ami a ramené quelques cailloux. Au retour, il a voulu absolument lézarder sur la plage. »

A moitié rassurée, la jeune française demande l'adresse de l'hôtel et un numéro de téléphone. Charles Sobhraj utilise alors la méthode numéro deux : « Je suis l'homme qui comprend les affres de l'amour juvénile. » Et il propose d'aller ensemble faire une visite à ce petit veinard d'étudiant...

Le 15 décembre, on retrouve le corps de la jeune fille sur la même plage, en bordure d'une petite crique. Sa robe d'été à fleurs rouges est relevée au-dessus de la taille, elle porte un bikini de la même couleur. Sur la nuque, des traces d'étranglement qui font penser à une prise de karaté, mais elle est morte noyée. Un mois plus tard, un paysan retrouve un cadavre inconnu, à moitié carbonisé près de la plage de Pattaya, enterré au voisinage du terrain de golf : celui du jeune turc.

C'est au tour de deux Hollandais, Hank et sa fiancée Cornélia, vingt-six et vingt-neuf ans, de rencontrer Charles à Hong-Kong. Ce ne sont pas des hippies, mais des touristes classiques. Chimiste, Hank est sur le point de passer une thèse de doctorat. Là encore quelques pierres précieuses servent d'appât. On prend ensemble l'avion pour Bangkok où le couple logera chez l'aimable Charles. Le climat de Bangkok les déçoit tout d'abord. Nausée et dysenterie dès le premier jour. Un matin, ils se réveillent en bas du lit, mais continuent à accuser le climat. Un peu plus tard, Charles, apprenant la profession de Hank, lui parle d'installer un laboratoire de drogue. L'autre refuse, mais on reste bons amis. Une nuit, des voisins voient Charles transporter des corps dans sa voiture et revenir, les bottes maculées de boue, tenant à la main un jerrycan. L'autopsie révélera que les Hollandais, drogués, hurlant et se débattant, sont morts brûlés vifs. L'horrible carnage continue et les demandes d'identification de cadavres inconnus affluent à INTERPOL.

On a en effet trouvé, enterré dans la plage de Pattaya, le corps d'une autre jeune fille de dix-huit ans qui, après avoir été droguée, a été étranglée et brûlée avec de l'essence. Un Français des Sables-d'Olonne, malade des suites de la drogue, est hébergé près de deux mois à Bangkok par un certain Denis Gauthier. Durant ce temps, le dénommé Gauthier encaisse les chèques du malheureux à l'aide de son passeport sur lequel il a fixé sa propre photo. INTERPOL a réussi à identifier l'un après l'autre les cadavres souvent grâce à leur système dentaire. L'étau se resserre autour du couple assassin, tandis que les plaintes continuent d'affluer en provenance des familles et des ambassades. Un mandat d'arrêt international est enfin lancé.

Une descente effectuée début mars 1976 dans l'appartement de Charles et Marie, en plein centre de Bangkok, ne donne pas de preuve directe sur les crimes. Mais il y a là amplement de quoi leur faire passer quelques années en prison : des passeports volés, de l'argent et de la drogue, beaucoup de drogue. Mais Charles et Marie sont connus à Bangkok sous un autre nom et présentent des passeports américains. L'ambassade des États-Unis demande donc la prolongation de la garde à vue, le temps de vérifier. Mais les polices locales sont souvent débordées, longues à s'émouvoir. Au lieu de le garder à vue, on demande simplement au couple de revenir le lendemain matin. Ils reviennent, paient une caution de 25 000 francs et disparaissent. C'est raté.

Et le temps passe encore, qui ne permet qu'un détail : l'identification du meurtrier : Il s'agit de Sobhraj Hotchand Bhawhani, de nationalité française, né à Saigon en 1944 d'un père malais et d'une mère vietnamienne. Mais c'est en vain que l'on adresse son signalement à toutes les polices. En vain que l'on fait diffuser sa photo dans la presse mondiale, et fait publier ses identités d'emprunt. Elles sont au nombre de trente ou quarante ! C'est en vain, toujours, que les journaux préviennent les jeunes français, canadiens, australiens, allemands : « Attention, méfiez-vous de cette grande fraternité du voyage, de ces rencontres internationales du bout du monde. Peut-être allez-vous croiser sur votre route un type formidable, beau et plein de charme et sa merveilleuse compagne. Ils vont vous proposer de vous aider, de vous dépanner, de vous promener dans ce pays qu'ils connaissent mieux que personne. Ils vont vous fasciner par le récit de leurs aventures, par leur façon de vie libre, luxueuse, assurée, tranquille. Méfiez-vous, ce sont des monstres. »

« Maintenant, ils tuent sur la route de Katmandou par over-dose et c'est Marie L... la belle Canadienne, qui prépare les cocktails et qui tient la seringue. Partout ils trouvent des complices, partout ils soudoient des policiers marrons. »

Tout cela est publié en vain. Le cadavre de Laurent Carrière, touriste de nationalité canadienne, est trouvé sur le bas-côté d'une route du Népal. Il porte une blessure dans la partie inférieure de la gorge et le corps, en partie brûlé, est méconnaissable.

Le cadavre de Connie Bronzich, touriste américaine, est découvert près de Katmandou, blessé de trois coups de couteau, le visage partiellement brûlé avec de l'essence.

Celui du touriste israélien Alan Jacob est trouvé dans sa chambre dans un hôtel de Varanazi, aux Indes. Aucune trace de lésions ni de blessures. Le décès est dû à un empoisonnement.

Trois touristes français sont drogués au cours d'une excursion, puis dévalisés près de la ville de Karwar, aux Indes.

Bien que Sobhraj et Marie L... changent sans arrêt d'identité et brouillent les pistes, INTERPOL, en examinant les plaintes des rescapés, en rapprochant les demandes de recherche de disparus des demandes d'identification de cadavres, parvient à suivre à la trace le couple infernal. On sait qu'ils disposent maintenant d'une quantité importante de bijoux volés ou achetés grâce aux cartes de crédit dérobées à Hong-Kong à un touriste américain. Tous les bijoutiers d'Europe et des États-Unis reçoivent alors le signalement des assassins et la description des pierres précieuses, car ce n'est pas en Asie qu'ils pourront en tirer le meilleur prix.

D'ailleurs Sobhraj et Marie L... en ont eu assez du Népal et des hippies désargentés. Après Hong-Kong, les voici à Goa. Ils y rencontrent trois Français : deux garçons et une fille. L'ancienne colonie portugaise est une étape classique de tout routard. Là, veillent des statues de Civa, Vichnou et les vierges de bois des anciennes églises portugaises. Les trois jeunes Français ne comptent pas parmi les plus désargentés. Ils ont deux voitures, une Fort Transit et une Land Rover. La connaissance se noue sur la plage. Ils ont le coup de foudre pour Charles et Marie. Ils s'embarquent tous les cinq dans les véhicules pour Amadadi, plage bordée de cocotiers. On loue un bungalow et sur le sable un grand feu de camp est allumé, pour un soi-disant anniversaire de Marie. Charles prend toutes les initiatives. Dans de grandes gourdes, il mélange jus d'orange, whisky et vodka, et fait lui-même le service. On discute, on chante, on danse même avec la jolie Marie. Respectueusement, car on ne « drague » pas la compagne d'un aussi chic type. Puis les cocktails font leur effet.

On a pu reconstituer l'activité des assassins. Ils chargent les corps dans la Ford, nettoient les lieux, font la vaisselle. Puis Sobhraj veut masquer le crime. Il prend le volant de la voiture pour la jeter, accélérateur bloqué, avec son chargement inconscient contre un arbre. Les flammes attirent les paysans du voisinage qui dégagent les corps. Là encore, les victimes se réveillent à l'hôpital, sauvés de justesse.

Heureusement, cette suite ininterrompue de crimes touche à sa fin. Encore deux, trois empoisonnements : Ici, espion américain, là adepte de Bouddha, ailleurs professeur de yoga ou conseiller en diététique, voici Charles Sobhraj, le 2 juillet 1976 à Agra. Un groupe de touristes le rencontre avec Marie. C'est la dernière rencontre mais ils ne s'en doutent pas. Ivres de leur réussite. Trop pour se méfier. Trop pour se croire invulnérables. Ils se présentent sous de fausses identités et proposent de servir d'intermédiaire pour l'achat de pierres précieuses. Le 5 juillet 1976, Sobhraj distribue, durant le dîner à l'hôtel de New Delhi, des médicaments destinés, dit-il, à combattre la dysenterie. Un certain nombre de touristes est immédiatement incommodé et la police est avertie. Vingt-deux personnes sont hospitalisées ! Vingt-deux personnes cette fois, c'est trop ! Le tourisme en Inde est menacé.

L'enquête immédiate du bureau indien d'INTERPOL permet d'établir la véritable identité des malfaiteurs. Sobhraj est arrêté dans la nuit. Marie L... est trouvée en possession des drogues qui ont incommodé les touristes, et de quelques-uns de leurs bijoux. C'est le flagrant délit, enfin. Mais on ne saura jamais le nombre réel des victimes. Sobhraj et Marie L... sont accusés de douze crimes, vingt chefs d'inculpation sont retenus contre eux. A l'heure où paraît ce livre, Charles Sobhraj n'est encore condamné qu'à une quinzaine d'années de prison, car chaque crime ou méfait commis dans des pays différents suppose des jugements différents. Et l'ensemble des procès durera des années et des années. C'est un peu déprimant quand on songe que toutes les pièces, toutes les preuves sont là, à Saint-Cloud, soigneusement classées au secrétariat général d'INTERPOL.

CRIME SUR ONDES COURTES

Lorsque à l'issue d'une longue journée de labeur, Ernest V rentre chez lui, son unique plaisir est de regarder le chat faire ses griffes sur le canapé du salon. Tout le reste ne l'amuse plus depuis longtemps. Ses enfants : trop grands, partis vers un avenir meilleur. Sa femme : usée et sans mystère. Les spectacles : pas de spectacle dans cette petite ville lugubre où l'unique cinéma a fait faillite. Dépourvu de passion, sans hobby, Ernest V regarde donc le chat faire ses griffes sur le canapé du salon, en ronronnant de plaisir. Et le plaisir du chat fait plaisir à Ernest V. Diaboliquement plaisir. Premièrement parce qu'il déteste ce canapé. Un canapé de velours violet parsemé de marguerites jaunes ! N'importe quoi selon lui. Deuxièmement Ernest V déteste sa femme, et troisièmement sa femme déteste le chat. Le tout réuni fait donc le bonheur d'Ernest V, depuis bientôt cinq ans, l'âge du chat.

Cela peut paraître stupide, voire enfantin, mais les griffes du chat sur ce canapé sont le symbole de la vie ratée d'Ernest V et de sa femme. Ils en ont fait l'unique prétexte de leurs querelles de ménage quotidiennes. Car ni l'un ni l'autre n'ont véritablement rien d'autre à se reprocher. Ernest V n'est ni joueur, ni alcoolique, ni fainéant. Il possède un magasin d'outillage radio dont les bénéfices sont corrects. Sa femme Erica a toujours bien tenu la maison et proprement élevé les enfants. Elle n'a pas spécialement mauvais caractère, et son mari non plus. Au début de leur mariage, il y a bientôt trente ans, ils étaient moyennement heureux, ce qui a donné naissance à deux garçons. Depuis combien de temps ne le sont-ils plus ? Peut-être bien cinq ans. L'âge du chat. Lorsque Ernest a ramené ce chat, il s'est produit à son sujet une sorte de cristallisation. Il a brutalement représenté tout ce qui n'allait pas, de façon diffuse et n'avait jamais été exprimé, ni par Ernest ni par Erica. De là à dire que ce chat est un porte-malheur, non. Même s'il est noir, même s'il a l'œil orange. Tout ce que l'on peut dire c'est qu'il s'obstine à faire ses griffes sur le canapé. Là, et pas ailleurs. Comme s'il avait compris son rôle de catalyseur.

« Non mais c'est infernal, tu ne peux pas l'empêcher de faire ça ? On dirait que ça t'amuse, il finira par le mettre en pièces !

— Un chat doit faire ses griffes quelque part, c'est un besoin.

— Mets-le dehors !

— Un chat a besoin d'une maison, il est chez lui, je ne vois pas pourquoi je le mettrais dehors...

— C'est ça, alors c'est moi qui ne suis plus chez moi ! »

Etc. Car peu importe le prétexte finalement, quand un couple a décidé de poursuivre une scène de ménage, c'est facile, et tristement classique.

Voici donc posée la situation de départ. Et voici venir bientôt le crime parfait. Car crime parfait il y aurait eu si... Le hasard et INTERPOL ne s'en étaient pas mêlés. Ernest V et sa femme habitent une petite ville frontière entre la Norvège et la Suède. Pour qui veut passer d'un État à l'autre, en faisant son marché, c'est simple. Le boulanger est en Suède, le boucher en Norvège. Le magasin d'outillage et de radio d'Ernest V est en Norvège. Son appartement également. Le chat aussi.

Un jour d'hiver particulièrement morne et ennuyeux, Ernest V, bricolant à son magasin, reçoit la visite d'une cliente étrangère, une Suédoise. Et tout son univers va basculer. Ernest n'est pas beau. Il a cinquante-quatre ans, une paire d'oreilles en chou-fleur, de grandes dents, et le front étroit. La cliente n'est pas belle non plus, la quarantaine indéfinissable, un nez long, la bouche mince, et une silhouette assez banale. Il serait difficile d'écrire un roman sur ces bases-là. Ils vont pourtant tomber amoureux l'un de l'autre. Sans coup de foudre, et d'une manière étrange.

La cliente, Ulla, est entrée dans la boutique d'Ernest pour y faire l'emplette de deux lampes spéciales destinées à un poste de radio amateur. Ce n'est pas une marchandise courante. Ernest vient de découvrir une passion à laquelle il n'avait pas songé. En discutant avec Ulla, il lui vient à l'idée de s'y mettre aussi. Il est bricoleur, il a l'habitude de la radio, de la télévision, il en répare assez souvent, il connaît bien sûr les rudiments nécessaires à la pratique du radio amateur, et de fil en quartz, il installe un poste dans son magasin. Sa première liaison se fait automatiquement avec Ulla, qui lui a confié son indicatif. C'est un bonheur nouveau pour Ernest et désormais il va se consacrer à cette nouvelle passion. Tous les soirs, il bavarde sur ondes courtes avec sa nouvelle amie. Ce qui a pour conséquence de lui faire quitter le magasin très tard. Et les discussions à propos du chat et du canapé ne l'intéressent plus tellement.

Si les choses s'arrêtaient là, un observateur étranger pourrait croire la paix revenue dans le ménage. Ernest, au rez-de-chaussée, dans l'arrière-boutique, jouant au sans-filiste, Erica, sa femme, au premier étage, poursuivant le chat à coups de torchon. Mais, au rythme des messages : « X 25 roseau bleu à X 3 camélia blanc comment me recevez-vous ? » il naît bientôt sur ondes courtes ce que l'on appelle un tendre sentiment. Chacun devant ses boutons et son micro. Seul d'un côté et de l'autre de la frontière. C'est d'ailleurs un peu bête, quand on songe que la frontière ne représente que 500 mètres de séparation. Alors « X 3 camélia blanc » vient de Suède faire la causette de vive voix à « X 25 roseau bleu » dans son magasin norvégien. Et c'est un adultère particulièrement risqué si l'on songe que les deux amants ne peuvent se rencontrer qu'à l'heure du déjeuner, pas plus d'un quart d'heure en général, et ce faisant, d'une manière qui n'a rien de romanesque : Ulla pénètre dans le magasin comme une cliente normale. Ernest ferme la porte. L'appartement étant situé à l'étage au-dessus, un ascenseur le relie au magasin. Ernest bloque l'ascenseur. Ces deux précautions ont pour effet d'empêcher les clients de pénétrer dans le magasin, et sa femme d'y descendre. L'ascenseur n'est pas grand, mais c'est un nid d'amour sans danger.

En effet, si par hasard un client met le nez à la vitrine, il ne peut rien voir à l'intérieur de l'ascenseur, placé dans un recoin. Et si par hasard l'épouse voulait l'utiliser, une sonnerie avertit les amants. Ernest n'a qu'à crier : « Une minute, j'arrive », faire sortir Ulla, et gagner le premier étage comme si de rien n'était ! Ce qui peut représenter un exploit, il faut bien le reconnaître.

Le romantisme est réservé aux conversations sur ondes courtes, entre « roseau bleu » et « camélia blanc ». On ne peut tout avoir en même temps.

De son côté, l'épouse est nerveuse, les discussions à propos du chat et du canapé se sont raccourcies mais envenimées chaque jour un peu plus. Comme si le chat avait deux fois plus de griffes à user et Erica en perd l'appétit. Elle se sent fatiguée et elle s'ennuie. Mais ce n'est pas grave, tout simplement un peu d'anémie dit le docteur qui ordonne un petit traitement. Des piqûres pour le foie, une par jour, et du repos.

Désormais donc, chaque soir, une brave infirmière viendra administrer à Erica V une bonne piqûre d'extrait de foie. C'est une bonne infirmière de l'hôpital voisin, d'une conscience professionnelle irréprochable. Et de l'extrait de foie en bonne et due forme, en provenance de la pharmacie du coin.

Cette nouvelle rapportée par « X 25 roseau bleu » à « X 3 camélia blanc » sur ondes courtes, un soir de juin 1957, par-dessus la frontière suédo-norvégienne, provoque un petit silence de la part de « camélia blanc » qui inquiète « roseau bleu » :

« X 3 camélia blanc, tu me reçois ? »

X 3 camélia blanc reçoit très bien. Cinq sur cinq. Elle reçoit si bien qu'elle a une idée.

« Rendez-vous avancé, demain matin à l'ouverture, j'ai une idée. »

Les radios amateurs sont des passionnés, de véritables mordus, capables de passer des heures à l'écoute du monde. C'est un plaisir extraordinaire pour eux de se faire des amis inconnus, en échangeant un indicatif. Car la plupart du temps ils n'échangent que des informations banales du genre : qui êtes-vous ? Quel temps fait-il, et rendez-vous demain à la même heure.

Jorgen Irge est un sans-filiste acharné, et d'autant plus passionné qu'il habite un endroit isolé. Il exerce en effet le métier de forestier. Le jour il parle aux arbres, le soir il discute sur ondes courtes. Mais surtout il aime écouter. Les écouteurs rivés sur les oreilles, ses doigts fixés aux boutons de son poste, il écoute passionnément les voix inconnues qui traversent la nuit et il imagine. Ce soir-là, comme d'habitude, Jorgen Irge laisse traîner ses oreilles à l'écoute du monde. Il a le temps, il a rendez-vous avec un lointain correspondant à 22 heures précises, alors il musarde sur les ondes. Pour plus de facilité, Jorgen enregistre toujours sur magnétophone ses émissions. La bande ronronne à côté de lui, et n'enregistre pour l'instant que des crachotis sans intérêt. Tout à coup, au milieu des crachotis, Jorgen entend distinctement :

« Je répète, je n'ai pas compris... A toi... »

Un ou deux crachotis, dans l'intervalle, et la réponse arrive :

« X 25 roseau bleu, je répète : Elle a eu sa dose, cela fait de l'effet, elle se sent plus mal ! »

Et à nouveau des crachotis. Curieuse cette phrase. Jorgen reste à l'écoute, il voudrait bien entendre l'autre correspondant, mais impossible de comprendre ce qu'il dit. Jorgen tatonne, règle, fouille le silence, retombe sur les crachotis, rien à faire. Alors il se rabat sur la bande enregistrée : « X 25 roseau bleu, je répète, elle a eu sa dose, ça fait de l'effet, elle se sent plus mal ! » Qu'est-ce que c'est que cette phrase ? Qu'est-ce qu'elle veut dire ? Pourquoi cette contradiction : « Ça fait de l'effet, et, elle se sent plus mal. » Jorgen se demande si un mot ne lui a pas échappé. Il réécoute attentivement sur le magnétophone, la phrase complète, les crachotis sont avant et après, mais la phrase est complète. Il n'y a pas de doute c'est une phrase entière, isolée et étrange.

Deux soirs plus tard, Jorgen capte à nouveau la conversation de X 25. Et cette fois, il entend distinctement :

« Ça ne va pas durer longtemps, elle ne se lève plus. »

Et la réponse, quelques secondes après :

« Sois prudent. »

Aucun doute, c'est la voix de l'autre jour, et son correspondant qui a répondu : « sois prudent » est une femme... C'est anormal. C'est bizarre, c'est même inquiétant, si l'on rapproche les deux émissions... « Elle a eu sa dose, ça fait de l'effet, elle se sent plus mal, ça ne va pas durer longtemps, elle ne se lève plus. » Conclusion : « Sois prudent. »

Pour Jorgen c'est évident, X 25 roseau bleu, et sa correspondante, dont il ignore l'indicatif, sont en train de tuer quelqu'un. Mais qui ? Et que faire ? Identifier X 25 est un jeu d'enfant, mais après ? Prévenir la police, bien sûr, mais pas par radio. Si les autres entendaient, tout serait fichu.

Il est 10 heures du soir, Jorgen n'a plus qu'une chose à faire, prendre sa voiture et filer jusqu'à la ville, une bonne trentaine de kilomètres, avec sa bande magnétique. Avec la neige, il en a pour une bonne heure. Et sur la route il a le temps de penser. Qui est cette femme, cette « elle » qui a eu sa dose et qui n'en a plus pour longtemps ? Qui va peut-être mourir, qui meurt peut-être en ce moment ? La femme de X 25 ? Sûrement. L'équation est facile à résoudre. Un homme et une femme complice, tuant une autre femme, ça ne peut être que la femme de l'homme. Et s'il parle de dose, c'est qu'il s'agit de poison. Voilà, c'est tout simple. C'est si simple, que Jorgen manque de passer pour un fou exalté en débarquant au poste de police :

« Un homme, X 25, est en train d'empoisonner sa femme, j'ai la preuve là. Et sa maîtresse est sa complice. Il s'appelle roseau bleu, il émet de Norvège, à moins de 100 kilomètres d'ici. Dépêchez-vous !

— Oh là, oh là, doucement. »

Au bout d'un quart d'heure d'explication, on réveille le commissaire pour lui faire écouter la bande amenée par Jorgen. Il la trouve effectivement troublante. Mais c'est vrai aussi que le commissaire de police est impuissant. Impuissant parce que suédois, et que X 25 roseau bleu est norvégien. Son indicatif d'émission le confirme. Et Jorgen n'a pas eu la chance d'identifier la correspondante. Dommage, puisque camélia blanc, elle, est suédoise. Seulement le commissaire l'ignore.

Alors il y a INTERPOL. INTERPOL aussi a son réseau radio, qui n'est pas amateur celui-là, et dont la fréquence est hors de portée des criminels amateurs justement. Entre Oslo et Stockholm, un radiotélégramme raconte l'aventure de Jorgen et réclame l'identification du correspondant de X 25, cela ne prend que quelques instants. C'est camélia blanc. INTERPOL à Oslo informe ensuite la police locale de la ville morne et triste où Ernest V s'ennuyait jadis, tandis que son chat griffait le canapé du salon. Ernest est bien connu de la police locale, c'est un commerçant honorable, et il faut peu de temps pour compléter son dossier. Sa femme est malade, une brave infirmière lui fait chaque soir une piqûre. Mais elle est insoupçonnable. Et le médecin confirme qu'il n'a prescrit que de l'extrait de foie, en ampoules de verre. Le brave officier de la police locale n'est pas habitué à résoudre de pareils problèmes, mais il a sa petite idée et demande à Olso « de se renseigner sur les possibilités d'introduire un poison quelconque dans une ampoule d'extrait de foie ».

Il s'est passé quarante-huit heures depuis que Jorgen a surpris le dernier message. Madame V va plus mal, et les amants sans-filistes mis sur table d'écoute n'ont pas donné d'informations supplémentaires. Ils ont continué à se parler ces deux derniers jours, mais sans rien dire de plus que : « Tu vas bien ?... Oui, et elle ?... Ça continue ! Bon courage... »

Le bureau d'Oslo demande à son tour conseil au secrétariat général de Paris et la réponse arrive enfin, assortie d'un conseil. L'introduction d'un poison dans une ampoule de verre contenant un médicament connu est possible. On a répertorié à INTERPOL une manière de procéder que l'on nous pardonnera de ne pas indiquer ici. Et le conseil est le suivant : demander à l'infirmière de faire un échange d'ampoule sans le dire. Injecter à la malade de l'extrait de foie en provenance d'une boîte remise par le médecin traitant, et ramener à la police l'ampoule provenant de la boîte conservée au domicile de la malade. Continuer ainsi en attendant les résultats de l'analyse. Il n'y a rien d'autre à faire pour l'instant.

Ce qui est dit est fait le soir même. Et la première ampoule subtilisée par la brave infirmière, tremblante de côtoyer le crime d'aussi près, est envoyée d'urgence à l'analyse.

C'était ça. Depuis onze jours exactement, la brave infirmière en question empoisonnait régulièrement sa malade à chaque piqûre mais sans le savoir ! Elle s'en est évanouie de peur rétrospective.

Ernest V était un bon bricoleur. Il avait dans son matériel radio ce qu'il fallait pour remplacer l'extrait de foie revigorant par un extrait de cactus, un poison insidieux, lent, mais efficace, qui aurait fait dire au médecin quelques jours plus tard :

« Madame V est morte d'une anémie pernicieuse. »

De plus le suc de cactus avait le triste avantage de prendre une couleur brun rougeâtre au contact de l'air, la même que celle de l'extrait de foie. La pauvre infirmière ne pouvait y voir que du feu. Erica V serait morte de sa main. Le crime était parfait. Presque parfait. Il aurait pu être parfait. Mais Ernest V était aussi bête que méchant, et beaucoup trop bavard, même sur ondes courtes. Et comme il était bavard, il a tout avoué bien gentiment. Même le mobile. Les discussions à propos du chat qui griffait le canapé violet à marguerites jaunes étaient devenues insupportables, soi-disant.

« Pas du tout, a ronchonné sa femme, qui allait beaucoup mieux, Dieu merci. Pas du tout ! Ça l'amusait ! Et depuis quelque temps ça ne l'amusait plus, j'avais trouvé ça bizarre. »

LES NOCES D'OR DU PROCUREUR

M. de Roëm, haut fonctionnaire du gouvernement, demeurant à Liège, vient demander la main de Mlle Céleste à ses parents grands diplomates à Bruxelles, pour son fils Charles-Edgard. Charles-Edgard, le futur, est promis à un bel avenir dans la magistrature. Céleste la fiancée, amènera dans la corbeille de mariage, une dot honorable, et son titre de baronne. Le mariage aura lieu en mai de l'année 1910, pour le meilleur, pour le pire, et surtout pour les conventions. Ce sera un beau mariage, un solide mariage catholique pour la vie. Il va durer cinquante ans. De 1910 à 1960. Car on ne divorce pas dans la famille. On ne défraie pas la chronique des faits divers. On ne connaît pas la police, elle ne sert qu'à faire traverser les enfants et arrêter les voleurs de grands chemins. On est comme ça chez les Roëm. Et Charles-Edgard dans son habit de jeune marié, offre son bras à Céleste, en robe de dentelle. Le bras seulement. Pas le cœur. C'était au soir d'une cérémonie guindée, tous deux pénètrent dans l'hôtel particulier offert par la famille, et la porte se referme sur eux. Pour cinquante ans.

Cinquante ans plus tard, la maison a vieilli, et ils sont toujours là. La façade est devenue grise, on dirait qu'elle a rétréci, encadrée par les nouveaux immeubles, et le béton environnant. Charles-Edgard, quatre-vingt-un ans, a eu son bel avenir de magistrat. Il est procureur à la retraite. Et Céleste quatre-vingt-quatre ans lui a donné une fille unique. Mais cet effort a épuisé la baronne qui souffre depuis des années de maladies diverses autant que mystérieuses. Mlle de Roëm la fille unique a quarante-cinq ans, et ne quitte pas ses parents. Tout porte à croire que c'est par affection pour sa mère. Famille heureuse, honorable, sans problème... Mais où est la faille ? Où est la lézarde sur cette façade honorable de cinquante années de bonheur officiel et sans histoire. Par où va sortir le scandale ?

Mlle Charlotte vient de prendre son petit déjeuner. Il est un peu tard ce matin-là, car la veille, la famille de Roëm a fêté les noces d'or de ses parents avec tout le cérémonial dû à une pareille réussite. Charles-Edgard a offert à sa femme une alliance en diamants et un prie-Dieu. Quand il lui a baisé le front sous les applaudissements de la famille, Mlle Charlotte a versé deux larmes d'émotion. Un neveu a pris des photos du vieux couple, un oncle prêtre les a bénis, c'était beau. Le matin même, Mlle Charlotte se drape dans sa robe de chambre, et va frapper à la porte de sa mère. A son âge, une soirée pareille est éprouvante, et Mlle Charlotte entrebâille la porte, et jette un œil précautionneux en direction du lit. Maman dort. Tout va bien, et pénétrant dans la cuisine, Mlle Charlotte annonce à la domestique :

« Maman dort, ne la réveillez pas avant onze heures, elle doit être lasse. Où est père ? »

La domestique ne sait pas. Charles-Edgard de Roëm, malgré ses quatre-vingt-un ans, a l'habitude de se lever tôt. Depuis quelques années d'ailleurs, il a aussi l'habitude de disparaître plusieurs jours sans dire où il va. Cela ne regarde pas la domestique, et cela ne regarde personne apparemment, car ni la fille, ni la mère n'en parlent autrement qu'à mots couverts, ou dans l'intimité. A onze heures, Mlle Charlotte va réveiller sa mère, comme prévu, et comme d'habitude. C'est-à-dire qu'elle prépare un plateau de médicaments divers, gouttes, cachets et tisane. La chambre est sombre, tendue de velours grenat. Près du lit, le prie-Dieu des noces d'or : acajou du XVIIIe, tapisserie française, un bijou. Sur la table de chevet, dans son écrin de soie, l'anneau de diamants symbolique. Et dans le lit, visage pâle, nez pointu, la vieille dame de Roëm, enfouie sous les édredons. Mlle de Roëm n'a sûrement jamais hurlé de sa vie. On ne hurle pas dans cette maison. C'est pourquoi la domestique la trouvera évanouie sur la descente de lit. La vieille demoiselle a ôté l'édredon, et n'a pas supporté le spectacle. Sa mère est morte, poignardée de trois coups de couteau. L'arme est encore là, fichée au côté gauche.

M. de Roëm étant absent, la domestique affolée, prend ses jambes à son cou, et porte la nouvelle jusqu'au commissariat le plus proche. Aussitôt une armée d'inspecteurs envahit l'hôtel particulier. Un crime chez le procureur de Roëm se traite avec toute la célérité et le respect dû à la magistrature, même à la retraite. Hélas, l'enquête s'annonce momentanément difficile. La domestique ne sait rien, M. de Roëm est parti très tôt, on ne sait où. Quant à Charlotte, le médecin a bien du mal à la sortir de son évanouissement. D'ailleurs elle ne sait rien de plus. Elle bégaie, et s'offre la crise de nerfs de sa vie. Rien n'a été volé. Aucune effraction. Mais le couteau est un couteau de cuisine, la domestique l'a reconnu. Il a servi la veille, ironie macabre, à découper le gigot de l'anniversaire de mariage.

L'inspecteur principal n'aime pas ça du tout. S'il n'y a pas eu effraction, s'il n'y a pas eu vol, tout porte à croire que l'assassin est un familier. Or qui sont les familiers ? Le procureur, quatre-vingt-un ans, sa fille, quarante-cinq ans et une domestique sans âge. Le médecin légiste annonce ses premières constatations : la mort remonte à quelques heures à peine. Aux environs de sept ou huit heures du matin. Ce qui restreint les possibilités et les confirme en même temps. Il y a pire. De l'avis du médecin, l'assassin est un homme, car les coups ont été portés avec force, à trois endroits vitaux. Trachée, poumons, cœur. Conclusion : le premier suspect est le mari, le procureur, le seul homme de cette maison, dont tout le monde connaît la haute stature, et la force, malgré son âge. De plus il a disparu tôt le matin, de plus son lit n'est pas défait. Soigneusement examiné, le couteau révèle des empreintes digitales assez nettes, que l'on retrouve dans la chambre du procureur, sur ses objets de toilette par exemple. C'est donc lui l'assassin.

Drôle d'histoire. Pourquoi un noble vieillard de quatre-vingt-un ans a-t-il poignardé sa femme de quatre-vingt-quatre ans, après cinquante ans de mariage et au lendemain de leurs noces d'or ? Un crime passionnel ? Ridicule. Un crime d'intérêt ? Ridicule. Un accident ? Une bagarre ? Ridicule. Tout est ridicule. Jusqu'à la manière de tuer, et l'absence de précautions. Venant d'un magistrat de sa qualité, ancien procureur et habitué aux affaires criminelles, c'est de la provocation : un couteau de « sa » cuisine, avec « ses » empreintes. Ou alors, cela n'avait plus d'importance. Mais pourquoi ?

En fin d'après-midi, il est évident pour les enquêteurs que M. le Procureur a disparu, et que cette disparition est liée à la mort de la baronne son épouse. L'avis de recherches est diffusé avec le maximum de discrétion, la presse est informée succinctement. Et le commissaire chargé de l'enquête doit attendre patiemment d'interroger Mlle Charlotte, que le médecin a dû endormir pour la calmer. Or, interroger Mlle Charlotte sur la vie privée de ses parents n'est pas une mince affaire. L'essentiel de ses réponses pincées devant tant d'indiscrétion, se résume à une litanie :

« Mère était une sainte. Elle souffrait beaucoup. Père et elle étaient très unis. »

Pour les détails, le commissaire est donc contraint de s'adresser ailleurs. Et notamment au médecin de famille.

Selon lui, l'état de santé de la vieille dame était alarmant. Une congestion cérébrale, il y a trois semaines, a bien failli l'emporter. Depuis, elle marchait avec difficulté, et n'avait plus toute sa tête. Toujours de l'avis du médecin, Mme de Roëm n'avait guère longtemps à vivre. Une affaire de mois, de semaines peut-être. Cet interrogatoire rend le crime encore plus mystérieux. Pourquoi tuer quelqu'un qui va mourir ? Euthanasie ? Le médecin hoche négativement la tête :

« Sûrement pas. Au couteau ce serait pour le moins étrange. Mme de Roëm était environnée de drogues et de somnifères. Il aurait suffi d'augmenter la dose. D'ailleurs, la famille est très catholique et l'euthanasie est impensable chez eux. »

L'euthanasie est peut-être impensable, mais pas le crime apparemment. Avec la domestique qui a passé quarante ans dans la famille, le commissaire en apprend un peu plus sur le caractère des personnages. Selon elle, Madame était méchante, méchante avec tout le monde. Elle l'a toujours été. Sauf avec sa fille.

« Et avec vous ?

— Oh non pas moi. Je ne l'intéressais pas assez. D'ailleurs je m'en moquais bien et elle le savait.

— Alors, qui est-ce tout le monde ?

— Monsieur ! Elle était méchante avec Monsieur !

— Par exemple ?

— Je ne peux pas dire, elle ne l'aimait pas, et lui non plus a mon avis.

— Depuis quand ?

— Depuis toujours. En tout cas depuis que je les connais.

— Ils n'ont jamais parlé de divorce ?

— Jamais Monsieur, un divorce chez eux ? Ça aurait fait un beau scandale. »

Cinquante ans de mariage et ils ne s'aimaient pas depuis toujours dit la domestique.

Mais pourquoi un homme attendrait-il cinquante ans pour tuer une femme qu'il n'aime pas. Pourquoi attendrait-il d'avoir quatre-vingt-un ans ? Et pourquoi la tuer alors que tout porte à croire qu'elle va mourir ? Seul le procureur pourrait répondre à ces questions, s'il est coupable. Or il est introuvable depuis une semaine maintenant, et si la presse reste discrète, si on le qualifie toujours de « présumé coupable », un certain nombre d'informations curieuses voient le jour dans les colonnes des grands journaux. Les « on-dit » fleurissent en l'absence de l'ancien magistrat. Des « on-dit » que le commissaire vérifie bien entendu, et qui une fois vérifiés ne servent qu'à épaissir le mystère. Depuis sa mise à la retraite en 1957, l'ancien procureur se conduisait parfois d'une manière étrange. Par exemple : sa qualité de magistrat nommé à vie, lui donnait droit au transport gratuit sur toutes les lignes d'autobus. Et il usait de ce droit régulièrement, car il avait horreur des voitures. Or, à plusieurs reprises les contrôleurs de sa ligne habituelle, avaient été surpris de son comportement. C'était à un clochard qu'ils demandaient de montrer sa carte de transport gratuit. Et les contrôleurs n'en croyaient pas leurs yeux. Un procureur, un haut fonctionnaire, riche, habillé comme un misérable ! Étrange tout de même.

On l'a surpris également mendiant à la sortie d'une église. Enfin, Mlle Charlotte veut bien reconnaître que son père faisait des fugues. Où allait-il, elle ne sait pas. Et la domestique non plus. Mais il disparaissait pour plusieurs jours. Certains de ses collègues l'ont aperçu se promenant dans les environs de Liège, au bord de la Meuse. Il semblait aimer ce paysage de marécages, de genêts et de bruyère. Quelle solitude traînait-il ainsi. Quel désespoir incommunicable à ses proches ?

Pour la police, M. de Roëm toujours introuvable, a dû se suicider en se jetant dans la Meuse. Mais le courant est rapide au printemps, et le corps a pu gagner la mer. C'est même certain, car plus de quinze jours ont passé, et on l'aurait déjà retrouvé. Le mystère que le procureur a emporté probablement jusqu'en mer du Nord, c'est le mystère d'une adresse en France. INTERPOL à qui on ne cache rien la découvre pour le commissaire liégeois, qui s'y rend avec curiosité. Mais à cette adresse il n'y a plus personne depuis six ans. La dame qui habitait là, est morte. Elle avait soixante-dix ans, elle n'était pas mariée, et pourtant elle avait une fille. C'est en la retrouvant au collège où elle est professeur de philosophie à trente-cinq ans, que le commissaire connaît enfin la vie privée de M. de Roëm :

« Ma mère est morte il y a six ans. Ils s'aimaient depuis quarante ans. J'ai rarement vu mon père, ses voyages étaient toujours courts, et je suis allée très tôt en pension. Mais ma mère l'adorait, et lui aussi je crois. Pendant toutes ces années, il a beaucoup souffert de ne pas vivre avec elle. Mais chaque fois qu'elle parlait de divorce, il avait toujours la même réponse : « Dans ma famille, on ne divorce pas. » Ces dernières années, il venait plus souvent, mais nous n'avons jamais su où vivait l'autre famille. Il ne m'a même pas donné son nom. A dire vrai je crois que ma mère est morte de chagrin. Et lui a très mal supporté sa disparition. Il me disait toujours : « Je n'ai pas fait ce qu'il fallait pour vous rendre heureuses. Je suis un lâche. » Il voulait vivre près de moi, les derniers temps. Mais il n'arrivait jamais à s'organiser. C'était ce qu'il disait.

« Votre mère n'a jamais manqué de rien ?

— Jamais. Sinon de sa présence. Elle l'attendait. Elle passait sa vie à l'attendre. Chacune de ses visites était une fête pour elle, et chaque fois qu'il partait elle se cachait pour pleurer. Moi je n'aurais pas pu. Une fois nous nous sommes même disputées à ce sujet. Je lui ai reproché d'être trop passive, et d'avoir gâché sa vie. Elle m'a répondu qu'on ne gâchait pas sa vie à aimer. C'était sa manière à elle d'aimer. Dans la soumission totale. Sans exigence.

— Croyez-vous que sa femme légitime était au courant ?

— Je crois que oui. Maman m'a toujours dit que ma naissance avait failli provoquer le divorce. Failli seulement. Et les derniers temps, quand il venait me voir il était bizarre. Il s'habillait comme un clochard.

— Pourquoi ?

— Il me disait que cela l'aidait à passer inaperçu pour venir ici. Moi je crois qu'il avait l'impression d'être un autre homme, en faisant cela. D'ailleurs depuis la mort de ma mère, il avait beaucoup changé.

— Quand l'avez-vous vu pour la dernière fois ?

— Il y a trois semaines environ.

— Comment était-il ?

— Triste. Il m'a dit : « Bientôt je ne retournerai plus là-bas. Je ne peux plus. Que ta mère soit morte alors que « l'autre » vit encore, est insupportable. C'est avec ta mère que j'aurais dû fêter mes noces d'or. C'est ici que je dois vivre, avec toi. »

— Il a parlé de suicide ?

— Non. Il m'a dit « au revoir et à bientôt, la prochaine fois je ne te quitterai plus ».

— Vous l'avez cru ?

— Non.

— Pourquoi ?

— Il disait cela depuis quarante ans, vous savez. »

Il disait cela depuis quarante ans à une femme qu'il aimait et le lui rendait bien. Et il supportait depuis cinquante ans une femme qu'il n'aimait pas, et qui le lui rendait bien aussi.

Le corps du procureur n'a jamais été retrouvé. Et si le dossier, vieux de plus de dix ans maintenant, peut être classé, il ne peut l'être que sous l'appellation de crime passionnel. Appellation totalement incontrôlée bien entendu.

UNE NUIT DANS MANHATTAN

Les rues de Manhattan, la nuit. Dans les fumées qui montent des trottoirs, les sirènes de police, lointaines, ininterrompues, un homme marche. Il longe les vitrines closes, courbé comme un ivrogne, balbutiant comme un ivrogne. Les passants le croisent indifférents ou peureux, s'écartant par réflexe ou par prudence. Maintenant l'homme s'assoit par terre, adossé à la vitrine d'un magasin, et ramène frileusement sur lui les pans d'un imperméable froissé. La nuit à Manhattan, un homme assis par terre n'est pas un spectacle insolite. C'est un ivrogne, un drogué ou un clochard de plus, tassé dans un coin d'ombre. Cet homme-là pourtant n'a rien bu depuis vingt-quatre heures, et rien mangé non plus. Une drogue quelconque, lui ferait présentement le plus grand bien. Et sous sa chemise, sale, il porte cinq mille dollars en billets de cent. Il n'ose pas entrer dans un snack-bar, il n'ose pas demander de l'aide aux passants. Il n'ose même pas prendre une chambre d'hôtel. Il vient de s'évanouir doucement, les jambes allongées, la tête tombant sur la poitrine. Une balle a pénétré son flanc droit, elle est ressortie dans le dos juste sous la dernière côte. Il a le nez tuméfié, la pommette ouverte, et une bonne dizaine de contusions multiples. Depuis trente ans qu'il est né, il n'a jamais eu aussi mal, ni aussi peur de sa vie.

Il y a quelques semaines encore, Philipp D. menait une existence sans problèmes, mais sans but précis. Vendeur de voitures, représentant en pharmacie, camelot sur les marchés, employé d'assurances, gérant malheureux d'une station-service, barman, plagiste, trente-six métiers, trente-six misères.

La condition de chômeur professionnel ne lui convenant pas, Philipp a toujours eu l'air d'être prêt à tout, et de faire n'importe quoi pour gagner sa vie. Il habite un meublé à Marseille, et ne possède en propre que deux valises. A trente ans, c'est loin d'être la réussite, mais il n'a pas la mentalité d'un truand, et n'a jamais crevé de faim au point de voler un croûton de pain. Son casier judiciaire est donc vierge. La vue d'un policier à un carrefour ne lui pose pas plus de problème qu'à quatre-vingt-quinze pour cent des Français. La politique est pour lui lettre morte, et s'il a gardé un mauvais souvenir de la guerre d'Algérie, il n'est pas le seul. Ni médaille, ni fierté, simplement l'impression d'être un homme un peu différent. Qui a appris à se battre, et côtoyé la mort sans l'avoir voulu. Il y a quelques semaines donc, Philipp se demandait quoi trouver pour assurer le quotidien. Tout l'été il avait loué des parasols et des pédalos, louvoyé entre des corps enduits de produits solaires. L'ennui était venu avec l'automne, l'insouciance était partie avec le soleil. Vaguement, Philipp s'inquiétait de l'avenir. Une rencontre allait en décider. Un type qui propose d'un air innocent :

« Cinq mille dollars, et un aller pour New York, ça t'intéresse ? »

D'abord Philipp sourit et fait non de la tête. Il a trente ans, il lit les journaux, il va au cinéma, ce n'est pas à lui qu'on va faire le coup du petit transport discret. C'est trop gros. Ça n'arrive qu'aux autres dans les romans de gare. Il sourit et fait non de la tête, mais un petit frisson le secoue. Ça existe donc vraiment ce genre de choses ? Il y a donc vraiment des gens qui jouent à ça ? Il répond tout de même :

« Moi, tu sais, c'est pas mon genre. Et en plus, on se fait toujours prendre. »

Et l'autre rétorque :

« On ne parle que de ceux qui se font prendre. Pas de ceux qui réussissent. »

Philipp en convient volontiers. Mais il n'aime pas ça. C'est trop dangereux ces histoires de drogue.

« Qui te parle de drogue ? Moi non plus je ne touche pas à ces trucs-là.

— Ah ? Alors c'est quoi ton truc ?

— Si ça t'intéresse on en parle. Sinon pas la peine. D'ailleurs c'est pas moi qui décide. »

La prudence voudrait que Philipp s'en aille. Qu'il paie la tournée et oublie ce type qu'il n'a d'ailleurs rencontré que deux ou trois fois, dont il sait tout juste le nom, et qui tout à coup n'est plus aussi sympathique qu'il y a quelques minutes. Mais l'ennui et la curiosité, le besoin aussi de ne pas avoir l'air d'un trouillard, ou d'une poule mouillée, maintiennent Philipp et le poussent à continuer la conversation. Il apprend ainsi, qu'il s'agirait, en principe d'œuvres d'art. Des bijoux anciens, très anciens, achetés par un amateur, et qui ne doivent en aucun cas supporter des droits de douane. Sinon l'affaire ne serait plus intéressante. Là encore, on ne prend pas Philipp pour un nouveau-né. Bijoux anciens, il n'y croit pas. Bijoux volés oui ! Mais l'autre ne se démonte pas :

« Tu crois ce que tu veux. Mais de toute façon ça ne regarde pas le passeur. Tout ce qu'il a à faire, c'est de prendre l'avion avec le paquet dans sa poche. A l'arrivée quelqu'un l'attend. Il donne le paquet, prend son argent et disparaît. Où est le risque ? On ne fouille pas les touristes ! »

Alors Philipp croyant marquer le point final demande ce que demanderait n'importe qui à sa place :

« Et pourquoi ne le fais-tu pas, au lieu de le proposer à d'autres ?

— Parce que ce genre de voyages, il vaut mieux ne le faire qu'une fois. Je l'ai fait. J'ai gagné beaucoup d'argent, je ne veux pas entrer dans le circuit, c'est là qu'on finit par prendre des risques. »

Cinq mille dollars pour une fois. Une petite fois. Des millions de gens fraudent la douane régulièrement pour des misères. Qui n'a pas caché une bouteille d'alcool ou une cartouche de cigarettes en plus. Où est la différence ?

La différence, elle est énorme. La différence, c'est la marge qu'il y a entre un père de famille en vacances, et un gangster ! Entre une tablette de chocolat suisse et un paquet de pierres précieuses. Entre une amende de cent francs et dix ans de prison ! Philipp ne se rend pas compte qu'il a déjà commencé à céder en réfléchissant au problème. Et l'autre le sait bien. Et c'est un peu comme ça, bêtement, que Philipp s'est retrouvé dans un avion pour New York, avec un petit paquet sous sa chemise, un drôle de petit paquet presque plat, de la dimension d'un paquet de cigarettes. Le voyage s'est passé sans histoires. Juste un petit frisson en récupérant passeport et valise. Mais le regard du douanier n'était soupçonneux que par habitude.

Ensuite tout s'est précipité. Comme dans un film à vitesse accélérée. Un homme dans le hall attendait Philipp. L'homme l'a entraîné dans un coin, a pris le paquet, donné l'argent, et disparu.

Philipp sort de l'aéroport et accomplit tout le circuit compliqué de bus, et de taxi qui l'amène dans le centre de Manhattan, jusqu'à un hôtel que lui a indiqué son employeur du moment. L'employeur a même ajouté, qu'il avait intérêt à y séjourner jusqu'au lendemain, car il y recevrait la visite de quelqu'un qui lui proposerait la même affaire pour le retour en France. De quoi doubler sa mise.

Arrivé dans sa chambre, Philipp pose donc sa valise, cache l'argent sous sa chemise, sort, tourne deux coins de rues, et deux hommes lui sautent dessus à bras raccourcis, pour l'entraîner dans une voiture. La voiture file, pendant que Philipp prend des coups de poing. Arrivé dans une sorte de garage, à peine trois minutes plus tard, Philipp réussit à se dégager en sortant de la voiture et met KO l'un de ses agresseurs, d'un coup de pied sournois. L'autre sort une arme, la lutte est courte, il tire, Philipp sent comme un coup de poing au côté droit et s'effondre. Il entend vaguement l'homme galoper, et la voiture repartir. Ensuite le noir total. Un réveil brumeux dans une mare de sang, et personne. Ils ont dû le croire mort. Philipp trouve un passage, puis la rue, et depuis il marche.

Mais que voulaient-ils ? L'argent ? Ils ne l'ont pas pris. Peut-être n'ont-ils pas eu le temps, mais Philipp n'arrive pas à comprendre. D'ailleurs il arrive tout juste à réfléchir. Il n'ose pas entrer dans une pharmacie, car pour tout arranger il ne parle pas un mot d'anglais. Il a vu son visage dans les glaces des vitrines. Même rafraîchi à une fontaine publique, il a l'air d'un monstre : lèvres tuméfiées, œil fermé. Nez en sang. S'il n'y avait que ça, il aurait pu inventer une histoire d'agression et se faire soigner dans un hôpital quelconque. Mais il y a la blessure au côté droit. Un médecin verrait tout de suite qu'elle est l'œuvre d'une balle, même si la balle n'y est plus. Alors police, enquête, questions. Et l'argent ? On lui demanderait d'où vient cet argent. Il serait facile de vérifier qu'il a atterri le jour même à *Kennedy Airport,* et qu'il n'a pas changé autant de dollars.

Voilà pourquoi Philipp s'est traîné de rue en rue toute la nuit, la tête tourbillonnante, plié en deux par la douleur. Il a beaucoup saigné, et pour comprimer la plaie, il a improvisé un pansement avec son mouchoir, ses chaussettes et sa cravate pour tenir le tout. Que faire ? Où aller dans cette ville immense où il ne connaît personne ? S'évanouir sur le trottoir, est une solution provisoire et dangereuse, mais les forces de Philipp ont leurs limites.

Il est quatre heures du matin, ce 20 septembre 1957, et les passants ne voient sur le trottoir qu'un ivrogne endormi. Si l'avenir est sombre pour Philipp, il a la chance d'avoir encore le temps d'y réfléchir. Mais s'il savait ce qui se trame dans les bureaux de deux polices du monde, la française et l'américaine... S'il savait que son signalement est déjà diffusé par INTERPOL, que l'on a déjà perquisitionné sa chambre d'hôtel, où un policier l'attend vainement depuis des heures, il en conclurait qu'il n'a plus d'avenir du tout, et il aurait raison.

Pour l'instant il vient de reprendre conscience. Il ne sait pas combien de temps il est resté évanoui, une minute ou deux sûrement. Car il a un voisin. Une espèce de gringalet, mal peigné, s'est assis près de lui, une bouteille de bière à la main, et lui tient un discours incompréhensible. Philipp voudrait se lever et partir, mais l'autre l'en empêche, en parlant toujours. Il a l'air de poser des questions, de demander si ça va. Alors Philipp fait signe qu'il ne comprend pas et dit :

« Français. Comprends pas... »

Ce qui a pour effet de déclencher un grand sourire chez le gringalet. Le gringalet connaît le français. Enfin il en est persuadé. En réalité il parle un français petit nègre, avec un accent si épouvantable, qu'il s'agit presque d'une langue inconnue. Mais Philipp arrive à comprendre quelques mots, l'autre aussi. « Bagarre » par exemple. « Oui », dit Philipp, qui de toute façon aurait du mal à le cacher, vu l'état de son visage. Mais cela n'a pas l'air d'impressionner le gringalet, et au bout de quelques minutes d'un dialogue pénible, Philipp se laisse aller à quelques confidences prudentes. Il dit qu'il n'a pas d'argent et pas de chambre, et l'autre lui propose immédiatement de le conduire chez lui. Pourquoi pas. Le seul problème est de ne pas montrer l'argent, il ne manquerait plus que de se faire dévaliser. Le gringalet n'a pas l'air méchant, mais un type aussi sale, qui n'a pas peur de s'asseoir par terre pour discuter avec un inconnu, à tête de boxeur KO, n'est sûrement pas recommandable lui-même. La méfiance de Philipp l'emporte tout de même sur la perspective d'un abri, et peut-être d'un lit. C'est fou ce que le besoin d'un lit peut devenir obsessionnel dans ces cas-là.

A quelques rues de là, dans un immeuble crasseux, au bout d'un escalier interminable, derrière une porte sans nom, il y a un lit. Philipp s'y écroule avec précaution, après avoir bu un verre d'eau. Comme il grelotte de froid, le gringalet lui donne une couverture, et annonce d'un air entendu :

« Dormir. »

Cela dit, il disparaît dans une autre pièce, et pour Philipp, c'est le trou noir. Ce n'est que plus tard dans la matinée du lendemain, qu'il découvre l'appartement. C'est celui d'un peintre ou d'un musicien. Il y traîne partout des toiles et des instruments de musique. C'est sale, en désordre, pratiquement dépourvu de meubles, mais il y a un cabinet de toilette. Ayant constaté que son hôte ronfle comme un sonneur dans la pièce voisine, Philipp entreprend de récupérer figure humaine. L'argent est toujours là. La blessure aussi, pas trop vilaine, mais douloureuse en diable. La chemise, déchirée, fait un pansement propre. Philipp trouve du sparadrap, de quoi se laver, et emprunte à son nouvel ami un pull-over informe. Sa veste est trouée mais a tenu le coup, et l'imperméable cache le plus gros du désastre. Philipp se sent le courage d'affronter la civilisation. Manger, avaler de l'aspirine, boire un café, trouver une solution à cette situation de fou. Si quelqu'un s'inquiète de son visage qui tourne au violet, il parlera d'un accident. L'essentiel est de marcher, de réfléchir et d'essayer de se soigner. Avec des papiers d'identité et de l'argent un Français peut se débrouiller à New York.

Philipp a presque oublié sa panique de la veille. Un peu de repos, et une journée neuve lui font voir les choses différemment. Après tout, que risque-t-il ? Ses agresseurs ne savent pas où il est, il n'y a plus qu'à gagner la France par le premier avion. Il n'y a qu'à oublier Marseille et ses gangsters. Se perdre dans Paris par exemple, et voir venir. Voir venir avec cinq mille dollars, c'est possible.

Sur la pointe des pieds, Philipp quitte l'appartement, laissant le gringalet accueillant, cuver sa bière dans un coin. Les heures qui suivent lui redonnent confiance. Finalement ce n'est pas si terrible de se faufiler dans une foule américaine, d'acheter des vêtements et de la pharmacie dans un drugstore et d'avaler un hamburger à un comptoir. Il va beaucoup mieux, et se sent capable de tenter le tout pour le tout : un taxi et l'aéroport.

Pour compléter sa silhouette, un chapeau, une paire de lunettes et une valise où il bourre n'importe quoi, dans une boutique free-taxes. Trois heures d'attente avant le vol pour la France. Un vol direct pour Paris. Philipp s'absorbe dans un journal français, et peu à peu la sensation d'être un homme traqué s'estompe. Il s'endort même un moment, ne se réveillant que pour changer de position, et déplacer la douleur qui tiraille toujours son côté droit. Il n'a pas vu l'homme à l'autre bout de la salle. L'aurait-il vu d'ailleurs qu'il n'aurait pas pensé à un policier car l'homme lui tourne le dos. Et pourtant il est allé s'assurer de la liste des voyageurs. Il a identifié son « client », il attend lui aussi l'avion de Paris, surveillant Philipp du coin de l'œil à travers les grandes vitres de la salle de douane. L'homme est un agent du Narcotic Bureau. La veille il attendait déjà Philipp à l'aéroport. Il a observé sa rencontre, et la remise du paquet. Philipp a été filé sans s'en douter jusqu'à l'hôtel, et ce n'est pas de sa faute si la police a perdu sa trace. Son enlèvement a été si rapide ! Autre chose que Philipp ne sait pas. L'homme qui lui a remis les cinq mille dollars, son complice, a été arrêté dix minutes plus tard, dans son appartement new-yorkais. Il était porteur du petit paquet, qui contenait bien des diamants, lesquels diamants étaient censés régler une précédente livraison de drogue. Formule inhabituelle dans ce genre de trafic, qui intéresse particulièrement INTERPOL.

Et que s'est-il passé ensuite ? Les nouvelles de l'arrestation d'un truand vont vite, même exécutée avec le maximum de discrétion. Le milieu réagit très vite. On a arrêté X, qui venait de rencontrer Philipp à Kennedy Airport, c'est donc que Philipp est un donneur. Donc on va éliminer Philipp, d'où l'agression dont il se sort par miracle. On peut même dire que si l'opération n'avait pas été tentée dans l'affolement, elle aurait réussi. Et ça c'est au tour de la police à ne pas le savoir, ayant perdu la trace de Philipp depuis son départ de l'hôtel. Après une conférence au sommet, et des accords téléphoniques entre

Paris et New York, il a donc été décidé de mettre un agent « en planque » à l'aéroport, car il était évident que Philipp allait repartir. Ordre a été donné à l'agent de le suivre jusque dans l'avion, et de passer le relais à un collègue français à Orly. Un détail technique, entre autres, motive cette filature d'aussi près. Philipp est inconnu au fichier d'INTERPOL, et les photos prises de lui à son insu, alors qu'il était encore à Marseille, n'ont pas la qualité des photos anthropométriques... Ensuite la police se doute qu'il s'agit d'un amateur et les amateurs ont des réactions inattendues dont les professionnels se méfient.

Et le professionnel justement, de faction dans le hall d'attente, à cinquante mètres de Philipp, se pose des tas de questions au sujet de son « amateur ». Il a remarqué le visage tuméfié, la démarche raide, et les crispations involontaires de la bouche, tous signes révélateurs de quelqu'un qui souffre. Et il se demande ce qui a pu se passer. Règlement de compte ? Déjà ? Mauvais pour l'enquête ça. Il se pose tellement de questions, le policier, qu'il va d'ailleurs les poser directement à ses chefs, d'une cabine téléphonique, sans perdre Philipp de l'œil. Le voilà rassuré, et nanti de nouveaux ordres.

« S'il monte dans l'avion, montez avec lui sans vous faire repérer comme convenu. Mais une fois en l'air, prenez contact directement, franchement. C'est psychologique. Allez-y d'un coup, proposez-lui le marché.

— Et s'il s'affole ? Il est peut-être armé ?

— Ça nous étonnerait. Ce n'est pas le genre. Prenez-le sur le ton confidentiel mais menaçant. Ne l'arrêtez que s'il y a du grabuge. Pas question de mettre les passagers en danger, mais il devrait marcher. Il doit marcher, c'est peut-être notre seule chance. Si on le met au trou, c'est fichu, les autres ne bougeront plus. »

Voilà les ordres. Et l'avion est là. Les passagers montent, l'escalier s'éloigne, les moteurs ronflent, l'énorme Boeing s'arrache du sol avec bruit. Paris est au bout du ciel, Philipp respire. Les passagers de ce vol-là, ne l'ont jamais su. Ils ne le sauront jamais. Rafraîchissements, musique douce, bavardages. Personne ne s'occupe de ces deux hommes qui parlent à voix basse. L'un a le visage penché, l'autre lui tient le poignet fermement.

« Écoutez-moi bien. Ne bougez pas. Police, Narcotic Bureau, ma carte. On vous a repéré depuis le début, pas de chance mon vieux, la filière est surveillée depuis des mois. A New York, c'est fini ou presque. Il nous manque l'autre bout à Paris. Ou vous collaborez et on en tiendra compte, vu vos états de service tout neufs, ou on vous arrête à l'arrivée, même ici dans l'avion. J'ai des ordres. Ça fera bien dix ans pour vous mon vieux. La drogue c'est cher ! »

Philipp a compris. Il n'est pas si bête. Et presque soulagé. Il ne tente même pas de protester. De la drogue ! Il s'est fourré dans une histoire de drogue, abruti qu'il était. Alors il raconte l'agression, les cinq mille dollars, sa nuit dans Manhattan. Il raconte parce qu'il est fatigué. Il accepte parce qu'il n'en peut plus, et que c'est la première fois, et la dernière.

C'est psychologique avaient dit les professionnels de la police. Philipp accepte de collaborer, il comprend qu'il n'a pas le choix. A Paris, il reprendra un vol sur Marseille, il retournera à son adresse, et il essaiera de provoquer le contact. C'est dangereux il le sait, tout le monde le sait. Mais il y a un homme quelque part en France, que la police n'a pas encore tout à fait identifié. Il manque une preuve. C'est lui le « gros bonnet » comme on dit. Voilà ce que Philipp va faire.

Le Boeing entre dans le brouillard parisien et amorce sa descente vers Orly. Philipp a peur de nouveau.

« Et s'ils m'ont repéré eux aussi ? Qui vous dit que dans l'avion il n'y a pas un type à eux ? Cette fois ils me descendront c'est sûr !

— Personne. On a vérifié la liste des passagers. Et à Paris, je vous lâche, INTERPOL a prévenu mes collègues. Vous êtes libre, ils ne peuvent pas se méfier de vous pour l'instant. Surtout ne changez rien à vos habitudes. On vous dira comment prendre contact. Et n'oubliez pas que vous n'êtes qu'en sursis. Pour l'instant c'est une collaboration. La justice fera ce qu'elle voudra, après, ça ne nous regarde plus. A vous d'améliorer votre dossier. Peut-être même de le faire oublier complètement, qui sait ? »

Paris, Marseille. Un jour, deux jours, trois, quatre, huit, dix-sept jours de sursis pour Philipp D.

Et puis le suicide de Philipp D. C'est cher pour un voyage à New York. C'est raté pour une collaboration psychologique. Sauf que tout de même, le « gros bonnet » n'y a gagné que quelques mois de sursis, car le « suicide » de Philipp D., c'était quand même une grosse erreur.

VINGT ANS APRÈS

Il y a une chose à laquelle on ne pense pas toujours en jugeant un homme, c'est à son âge. Un assassin de trente ans, sera-t-il toujours un assassin à cinquante ans ? Le même assassin ? Non, puisqu'il ne sera plus le même homme. Et c'est une drôle de chose de penser que même le crime vieillit. Dans les dossiers d'INTERPOL il y a quelques-uns de ces vieux crimes poussiéreux et impunis. Ils ont perdu leur horreur. Ils ne sont plus que des dossiers non classés, mais classés tout de même. Et dans l'un d'eux il y avait une photo. Celle d'un bellâtre, qui voici vingt ans tenait la une des journaux français : chasse à l'homme, photo et empreintes digitales diffusées dans le monde entier, contrôle aux frontières et plus rien. Le temps qui passe et l'oubli.

Or, il y a vingt ans... Léonard Willot regarde défiler le Front populaire en 1936. Il se moque bien des problèmes sociaux. Il ne comprend même pas que l'on puisse crier dans la rue, une pancarte à la main en réclamant du travail et la lumière sur l'affaire Stavisky. Car Léonard Willot est un marginal. Et son terrain d'action c'est le bal musette. Il a l'œil de velours qu'il faut. La raie au milieu sur des cheveux calamistrés, un magnifique costume pied-de-poule, et un feutre mou du plus bel effet. Il ne fréquente ni le grand monde, ni le petit. Il ne côtoie que le monde du milieu. Mais il le côtoie c'est tout. Aucune bande de truands organisés ne peut dire que Léonard Willot travaille pour elle. Aucun gangster ne peut dire qu'il le connaît. Aucun souteneur ne boit l'apéritif en sa compagnie. Aucun policier ne s'en sert comme indicateur. Et pourtant, Léonard Willot a des revenus non déclarés. Pas de profession, et il échappera plus tard aux filets policiers avec une grande facilité. Une étonnante, une curieuse facilité.

Ce soir de juin 1936, donc, Léonard Willot chasse la gourde, dans les bals musette. Il a décidé de ne plus vivre en célibataire. Et il lui faut une gourde. Ce qu'il appelle une gourde, c'est une jeune fille, tendre, jolie, fraîche, naïve et manquant totalement d'expérience sur le plan masculin. Point de ces professionnelles qu'il connaît trop. Point de ces jeunes garçonnes libérées aux cheveux courts. Non. Léonard Willot veut se mettre en ménage en toute tranquillité. Il n'a rien à faire d'une discuteuse, d'une suffragette, ou d'une danseuse de java. Une gourde, c'est une gourde qu'il lui faut, et il en voit une. Elle ne sait pas qu'elle est gourde, car tout dépend de la manière dont on voit les choses. Henriette est une jeune fille tendre, jolie, fraîche, naïve et qui manque totalement d'expérience sur le plan masculin. Dans son milieu, on n'appelle pas cela une gourde. Henriette a été bien élevée par des parents ouvriers, qui sont fiers d'avoir une gentille fille comme elle. Elle est coiffeuse dans un salon des boulevards à Paris. On y apprécie sa douceur, son talent à frisotter les cheveux des dames, et elle est si jolie, si patiente. Dans ce bal musette du samedi soir, Henriette est une proie toute désignée pour Léonard Willot, qui fait son œil de velours pour demander :

« Vous venez souvent ici ? »

Qui se fait enveloppant pour insinuer :

« Vous habitez chez vos parents ? »

Qui se fait désarmant pour susurrer :

« Je n'ai jamais rencontré une femme comme vous. »

La statistique l'a démontré. Il suffit de traiter une jeune fille de « femme » pour qu'elle ait envie de le devenir, donc de succomber. C'est ainsi, à peu de chose près, que la jeune Henriette tomba dans les vilains bras de Léonard Willot en 1936. On pourrait s'étonner qu'un individu aussi louche et indéfinissable que Léonard Willot se consacre à une femme et à une seule, au point de l'épouser. Il suffit de voir la suite pour ne plus s'étonner du tout. Léonard Willot a tout simplement décidé de faire de sa femme une prostituée travaillant pour lui. Ainsi, pas d'ennuis avec la police, pas de problème de domicile, une petite industrie artisanale, sans frais généraux. La pauvre Henriette n'y a rien compris, et deux mois après son « mariage d'amour » avec le beau Léonard, elle a encore du mal à comprendre.

Alors commence une ronde infernale qui va durer deux ans. Henriette est battue, elle se sauve, Léonard la rattrape. Il va la chercher partout, chez ses parents, ses amis. Il la ramène par les cheveux, lui tape dessus à coups de matraque, il va même jusqu'à menacer ses parents d'une carabine, si on ne lui rend pas sa femme. Les parents déposent plainte, mais la police a autre chose à faire. Et puis Henriette doit vivre avec son époux au domicile conjugal, c'est la loi. Comment se défendre à l'époque ? En 1936 pas de MLF pas de Libération de la femme, pas d'association des femmes battues. En 36, une femme comme Henriette se débrouille ! Alors Henriette utilise l'astuce des faibles. Puisque son mari veut la prostituer, elle va céder, et se faire prendre en flagrant délit pour le dénoncer comme souteneur ! Léonard va donc en prison pour quelques mois, et Henriette respire. Mais elle en profite pour tomber amoureuse. C'est pour elle une rencontre inespérée : un diplomate hongrois. Un homme bien né, calme, fortuné, séduit par le charme triste de cette jeune Française. Il lui fait une cour discrète. Elle n'ose pas parler de son époux en prison, et il la croit divorcée. Henriette à vingt-deux ans rêve d'une autre vie. Mais vient le soir du 19 novembre 1938 : Henriette a accepté de dîner avec son diplomate, le cœur chaviré d'avance. Elle est redevenue malgré ses expériences brutales, une petite jeune fille naïve. Tout est beau, comme au cinéma. Le diplomate a envoyé une boîte d'orchidées. Henriette met sa plus jolie robe et sort de chez elle, ce 19 novembre 1938, à huit heures du soir. Mais chez elle, c'est encore le domicile conjugal. Et tandis qu'elle appelle un taxi, une ombre guette sur le trottoir d'en face. Elle ne la voit pas. Elle ne se méfie pas. L'horrible Léonard est en prison. Elle est en sursis de bonheur. Le taxi la dépose devant un grand restaurant des boulevards. Elle ne voit toujours pas l'ombre qui descend d'un autre taxi. Il est 20 h 30, le diplomate a baisé la main d'Henriette, il a commandé du champagne, et fait sa demande de mariage, dans les règles de la courtoisie et du romantisme le plus absolu. Le maître d'hôtel jette un œil attendri sur la table neuf. Il raconte en cuisine, que le client a sorti une petite boîte de sa poche, et a glissé au doigt de la jeune femme, un brillant somptueux qui l'a fait pleurer d'émotion. C'est joli, c'est réconfortant, et tout le personnel du restaurant s'en souviendra.

A 21 heures, le maître d'hôtel apporte le dessert, et se penche pour servir, un bon sourire aux lèvres. Personne n'a vu entrer, une silhouette sombre en pardessus, mains dans les poches. Léonard Willot, libéré de prison à 6 heures du soir, se plante devant la table neuf, à 21 h 30, ce 19 novembre 1938. Il sort de sa poche un revolver, l'appuie sur la poitrine de la jeune femme, tire trois fois, et disparaît. La scène a duré quelques secondes. Henriette a eu le temps de crier : « Léonard, non ! » Elle est morte, touchée au cœur par la deuxième balle. Chasse à l'homme, photo et empreintes digitales sont diffusées à toutes les frontières en quelques heures, pour rien. Léonard Willot disparaît pour vingt ans. Il est condamné à mort par contumace et son dossier dort dans les archives de la police française, orné d'une photo, celle de l'avis de recherches.

On y voit un bellâtre de trente ans, aux cheveux calamistrés. L'œil genre Rudolph Valentino. Et on l'oublie d'autant plus facilement qu'on est en 1939. D'autres assassins préoccupent le monde.

En 1956 à Montréal : un grand hôtel de luxe. Dans ce grand hôtel de luxe, le bureau du propriétaire, M. Lucien Lebrun. C'est un quinquagénaire aux cheveux grisonnants, dont l'estomac est aussi rond que le compte en banque. M. Lucien Lebrun a le front dégarni, une petite moustache d'homme d'affaires et des lunettes d'écaille. Il porte smoking et nœud papillon. C'est un homme honorable. Très honorable. Extrêmement honorable. Sa vie est ouverte. On sait qu'il a fait fortune dans une mine d'or du Canada. Non pas en cherchant de l'or, mais en ouvrant tout simplement une cantine pour chercheurs d'or. Puis un hôtel, bar, restaurant pour chercheurs d'or arrivés. M. Lebrun est un homme d'affaires, pas un aventurier de pelle et de pioche, et les banquiers lui font confiance. M. Lucien Lebrun n'a qu'un problème, et c'est une jolie femme. Il l'a rencontrée cinq ans auparavant, et lui a offert une vie de princesse. Fourrures, bijoux, appartement de luxe, elle a tout, il lui promet et lui donne tout, sauf le mariage, qu'elle réclame à cor et à cri. Et pourtant, il est amoureux, terriblement. Mais chaque fois qu'elle parle mariage, il détourne la conversation. Aujourd'hui en cette fin d'année 1956, M. Lucien Lebrun fait entrer dans son bureau directorial, un nouveau souci. C'est un jeune inspecteur des Impôts, une espèce de fouineur plein de zèle qui semble mettre en doute ses déclarations de bénéfices pour les cinq dernières années écoulées. Or, M. Lucien Lebrun est un homme d'affaires ni plus ni moins dissimulateur que les autres. Cela veut dire que sur le conseil de son avocat, il a évité de déclarer au fisc quelques broutilles sans importance, dont le réajustement ne devrait pas aller plus loin qu'une légère amende. Mais le jeune inspecteur des Impôts, parce qu'il est jeune justement, s'est mis en tête de dépouiller minutieusement la fortune des quelques milliardaires que l'opinion publique canadienne considère comme des profiteurs de guerre. Dans les années 50, au Canada comme en France, on a tendance à soupçonner tout homme ayant fait fortune dans les années difficiles, d'être un profiteur de guerre.

Le plus extraordinaire pour l'instant, est que la fortune de Lucien Lebrun ne doit rien à une « combine » de ce genre. Il est vrai que Lucien Lebrun est un homme honnête, dans la mesure où il a réalisé des bénéfices à force de travail, d'astuce et de sens des affaires. Normalement donc, la conversation entre l'inspecteur des Impôts et Lucien Lebrun devrait être claire et l'enquête devrait conclure à un simple réajustement, ce qui arrive tous les jours. Mais Dieu sait pourquoi, l'attitude de cet homme bedonnant et grisonnant derrière son bureau, paraît curieuse au jeune inspecteur des Impôts. L'homme n'a pas l'air sûr de lui, il étale des papiers, des factures, des dossiers, des livres de comptes, avec une aisance suspecte. D'autant plus suspecte que le numéro de son registre du commerce semble surgir du néant au début de l'année 39. Où était-il auparavant ? Dans une petite ville du Canada, dit-il, où ses parents sont morts et où il a fait quelques études dans un collège dont curieusement il ne se souvient pas du nom. Or, par coïncidence, le jeune inspecteur des Impôts, est lui-même originaire de cette ville, il y a fait ses études, et il comprend mal qu'on ne se souvienne pas du nom de l'unique collège qui porte le nom fort connu au Canada et pour cause de Jacques Cartier. Alors le jeune inspecteur des Impôts rentre dans son ministère, et non content d'avoir attribué à M. Lucien Lebrun une légère amende pénale de quelques milliers de dollars canadiens, le voila qui entreprend de vérifier l'identité de son client. Surprise ! Un Lucien Lebrun est bien né dans la ville en question, où il a vécu fort peu de temps, puisqu'il est mort à l'âge de cinq ans sans avoir eu le temps, bien entendu, de faire fortune et de payer des impôts. Le richissime Lucien Lebrun propriétaire d'une chaîne d'hôtels à Montréal, a donc emprunté cette identité pour des raisons que la police canadienne ignore et dont elle ne s'est jamais doutée.

L'homme parlant correctement le français nettement teinté d'accent parisien, il vient à l'idée de la police canadienne qu'il pourrait s'agir d'un réfugié politique, ou d'un collaborateur évadé de France, avant, pendant ou après la guerre. On consulte donc à Montréal l'ambassade de France, et c'est ainsi que d'administration en administration, la photo, les empreintes digitales de Lucien Lebrun, cinquante ans, homme d'affaires canadien, arrivent un jour dans les bureaux d'INTERPOL, et vont rejoindre un dossier poussiéreux vieux de vingt ans, celui de Léonard Willot, assassin en fuite, condamné à mort par contumace en 1938. Les autorités canadiennes font droit à la demande d'extradition formulée par le Gouvernement français et Lucien Lebrun arrêté, retrouve la France le 7 novembre 1956 pour y être jugé vingt ans après la mort de sa femme Henriette. Les témoins ont disparu, balayés par la guerre, les parents de la jeune femme sont morts, le diplomate hongrois, témoin principal du meurtre, est introuvable de l'autre côté du rideau de fer. Léonard Willot est donc seul devant des juges, quelque peu déconcertés d'avoir à juger le crime d'un jeune souteneur de trente ans, transformé en quinquagénaire apparemment inoffensif.

Effectivement, l'accusation ne se base que sur les procès-verbaux d'interrogatoires des témoins absents. Il y a vingt ans, une amie de la jeune Henriette affirmait qu'elle avait été témoin de menaces de mort. Il y a vingt ans, les voisins affirmaient que Léonard contraignait

Henriette à la prostitution. Il y a vingt ans, le maître d'hôtel du grand restaurant sur les boulevards, avait vu précisément les gestes du meurtrier. Aujourd'hui en 1956, tout cela a l'air d'une vieille histoire, d'un vieux roman sordide, et Léonard Willot reprend courage au fur et à mesure des débats. Il croit avoir trouvé un système de défense imparable.

« Monsieur le Président, dit-il, il s'agit d'un crime passionnel, j'étais jaloux ! Elle me trompait ! J'avais sorti cette fille du ruisseau et des maisons closes, j'en avais fait ma femme ! Elle m'avait fait condamner injustement, je n'ai songé qu'à me venger. Ce soir-là, son amant était armé, quand il m'a vu il a sorti un revolver et j'ai tiré par réflexe. C'est un accident ! J'étais jaloux mais je n'avais pas l'intention de tuer ! Il m'a provoqué ! Henriette est morte à cause de lui.

Mis à part ce plaidoyer malhonnête, Léonard Willot comptait également sur le talent de deux des plus grands avocats parisiens, spécialistes du crime passionnel, dont il avait les moyens bien entendu de s'offrir les services. Or il se passa une chose étrange ce jour-là, aux Assises de Paris. Il se passa, que les douze jurés ne crurent pas un seul des arguments ni une seule des pleurnicheries de Léonard Willot. Sous l'apparence de ce petit-bourgeois honorable à la larme facile, les douze jurés virent clairement, distinctement, se dessiner la silhouette de l'ancien bellâtre, veule, lâche, calculateur et méprisable. Ils ne se laissèrent pas tromper par son faux air de retraité accablé par un retour de manivelle imprévisible, et ils furent aidés en cela par un mystère : il y a vingt ans, Léonard Willot avait réussi une évasion spectaculaire. Comment avait-il échappé au contrôle de frontière ? Comment avait-il échappé à la diffusion immédiate de son signalement sur tout le territoire ? Comment, libéré de prison le jour même de son meurtre, sans argent et sans amis, prétendait-il, comment avait-il trouvé une arme pour tuer, de l'argent pour disparaître, comment ?

A tous ces « comment », Léonard Willot n'apportait aucune réponse. Il parlait de chance, de voyage clandestin sur un bateau, dans un port sans donner de noms, ni de précisions, avec un air d'en savoir plus. Et les douze jurés n'aimaient pas ça. Ils avaient nettement l'impression de ne découvrir qu'un minuscule coin du voile. Cette disparition miraculeuse, en bref, leur paraissait trop chanceuse pour être honnête. D'ailleurs, sur une question précise formulée par l'accusation : « Avez-vous bénéficié de complicités ? » Léonard Willot baissa sa tête grise, retira ses lunettes, les essuya d'un air satisfait et répondit : « Ce sont des complicités dont on ne parle pas. »

Malheureusement, on n'en sut pas davantage, car pour la justice ce n'était après tout qu'un détail. Léonard Willot condamné à vingt ans de travaux forcés a peut-être fini ses jours en prison. Peut-être a-t-il été libéré pour bonne conduite. Peut-être est-il aujourd'hui un vieillard retraité, dans son Canada d'adoption. Mais il a échappé ainsi à une sanction beaucoup plus grave, celle du tribunal militaire. Car évadé en 1938 il n'avait pas répondu à la mobilisation de 39, bien sûr, et la justice militaire elle, le recherchait pour désertion devant l'ennemi. Or, même vingt ans après, pour les militaires et vu le passé de Léonard, c'était la peine de mort.

Mais, lorsque les autorités militaires réclamèrent Léonard Willot aux autorités civiles en 1956, il leur fut répondu par une note de service : « C'est nous qui avons réclamé l'extradition, c'est nous qui avons retrouvé cet homme, c'est nous qui allons le juger, vous, vous n'y avez pas droit. Il fallait arriver avant nous. » L'Administration est intraitable.

LE CHIRURGIEN AUX MAINS BLANCHES

On a tendance à considérer dans notre vieille Europe que tout ce qui est extraordinaire se fait en Amérique. Depuis Christophe Colomb, les plumes des Indiens et Hollywood, l'Amérique est restée le pays des grandes merveilles comme des grandes horreurs. Elle ne nous a que rarement déçus, il faut bien le dire.

Et même si l'énergie de l'Amérique se dégrade un peu, en même temps que son dollar, nous ne voulons pas le savoir. Aux Amériques il se passe des choses qui ne se passent pas chez nous. C'est convenu.

Un exemple : Harvey Consentius J. Stoneley... Personne en Europe ne s'appelle Harvey Consentius J. Stoneley, d'abord. L'individu européen se contente de moins en général. Cet homme-là est né d'une mère mexicaine, elle-même issue d'un mélange d'espagnol et d'indien. Et également d'un père américain, lui-même dérivé de philippin et de new-yorkais. Un tel produit sur le plan ethnologique, serait irréalisable chez nous. En Amérique c'est un Américain moyen.

Au début de son ère, Harvey « etc », courait dans les rues de New York, et ne promettait guère de devenir ce qu'il est. C'est-à-dire un chirurgien réputé et riche à millions. Il l'est pourtant devenu indiscutablement en 1955.

Les preuves de sa réussite, sont au bas de ses notes d'honoraires, elles sont au bord de sa piscine en Californie, dans le jardin de sa maison mexicaine, sur la terrasse de son appartement new-yorkais, dans le regard des femmes qui le croisent. De la pointe de ses cheveux argentés, à celle de ses souliers, Harvey Consentius J. Stoneley, est un symbole de la réussite individuelle, à l'Américaine. Petit médecin accoucheur, après ses études il a choisi ensuite la clinique esthétique, beaucoup plus rentable. Ses clientes l'appellent « l'homme aux mains blanches ». Ces mains-là sont en effet très blanches, fines, extrêmement habiles à raccourcir le nez, débrider les yeux, arrondir les poitrines, sculpter la cellulite et effacer les rides. Harvey Consentius J. Stoneley à cinquante ans, n'a aucun mal à séduire les femmes.

Il est bel homme, mais il est surtout capable de rendre belle à peu près n'importe quelle femme. A peu près, car il s'agit d'argent bien entendu. Il n'est pas le seul aux États-Unis, où la chirurgie esthétique a fait des progrès considérables. On peut même dire que dans une certaine mesure, la chirurgie dite de réparation, pour les grands brûlés par exemple, a bénéficié de cette vague d'esthétique, fleurie dans les années 50. C'est à qui se fait refaire le nez, couper le menton, ou rattacher les oreilles. Ces divers complexes coûteux à recoudre, ont quand même permis de faire quelques progrès et si Harvey n'est pas le seul aux États-Unis, il n'en est pas moins rempli de talent, en ce domaine.

Voilà bien des années qu'il n'accouche plus les femmes. Cette basse besogne était bonne pour ses débuts. Et il faut lui reconnaître une grande intelligence, pour avoir brillamment passé entre trente et quarante ans, toutes les spécialités nécessaires à la chirurgie, alors qu'il n'y était pas préparé.

De tout cela il ne parle guère d'ailleurs. Harvey préfère oublier son passé médiocre pour la fréquentation du bottin mondain de New York ou de Mexico. Dans sa merveilleuse villa, au bord de sa merveilleuse piscine, le docteur Harvey reçoit quelques amis.

Il y a là, la jeune femme d'un homme politique, qui hier encore abordait la cinquantaine, et promène aujourd'hui un visage sans rides et sans âge. Un couple d'industriels, un acteur de cinéma en rupture de succès, une comtesse quelconque, dont le nez cent fois raboté, ressemble à celui de son pékinois, et une dizaine d'autres personnes, avocats, propriétaires d'haciendas, etc. C'est une sorte de garden-party, où chacun s'ennuie avec élégance. Le docteur Harvey, impeccable dans son smoking blanc, ses deux mains blanches posées sur les épaules de sa compagne du moment, est le point de mire de la fête. Et la plupart des femmes papillonnent autour de lui, dans l'espoir d'un vague conseil antirides.

L'une d'elles pourtant ne participe pas à ce déploiement bavard. Elle guette le moment d'aborder en particulier le docteur Harvey. Mais ce n'est pas à propos de ses rides. Mme Coraces, porte son âge comme elle a toujours porté sa vie. Avec morgue et distinction. C'est une femme d'un certain âge, au visage mat encadré de cheveux noirs. Elle et son mari sont de riches propriétaires terriens, et leur maison est voisine de la villa du docteur Harvey.

« Harvey, accordez-moi cinq minutes, mon cher, je voudrais vous parler de quelque chose de grave. »

Mme Coraces a prononcé cette phrase, les dents serrées, et en souriant à la cantonade. Car il est très important pour elle, que personne ne se doute de la démarche qu'elle va tenter. Donc, prenant l'air de bavarder de chose et d'autre, elle entraîne le docteur Harvey à l'écart, de l'autre côté de la piscine et va droit au but.

« Harvey, vous connaissez ma fille Isabelle. Cette petite idiote est enceinte ! »

Le docteur Harvey compatit élégamment.

« Je suppose que vous allez devoir la marier très vite, chère amie.

— La question n'est pas là. Isabelle ne sait même pas qui est le père !

— Ah bon ?

— Deux flirts en même temps ! Et bien entendu aucun des deux digne de faire un mari. Des traîne-savates !

— Et que puis-je faire pour vous aider ?

— La faire avorter, c'est la seule solution.

— Mais, chère amie, ce n'est pas mon métier, il y a certainement parmi mes confrères...

— Il n'en est pas question. La chose se saurait dans les minutes qui suivent, et Isabelle est fiancée, il n'est pas question que ce mariage rate.

— Et le fiancé ne peut pas endosser cette paternité ?

— Impossible. D'ailleurs il est incapable de tricher dans tous les sens du terme. Il ne connaît Isabelle que respectueusement, et elle est enceinte de quatre mois !

— Évidemment. Mais de toute façon, c'est bien tard, il aurait fallu intervenir plus tôt !

— Je sais. Et justement vous êtes le seul capable de faire cette opération. Sans risques et avec toute la discrétion nécessaire. Je paierai ce qu'il faudra. Faites-la entrer dans votre clinique nous dirons qu'il s'agit d'une cicatrice à faire disparaître, n'importe quoi.

— C'est impossible voyons, je ne fais pas d'avortements.

— Harvey, vous mentez, ne jouez pas au plus fin avec moi. Je sais qui et quand est passé dans votre clinique pour les mêmes raisons. Combien ?

— Je prends des risques, et elle aussi. A quatre mois, ce n'est plus une opération simple.

— Justement, combien ?

— Mille dollars.

— Quand ?

— Demain matin. Chaque jour compte. »

On peut bien sûrement se demander pourquoi, le docteur Harvey Consentius J. Stoneley, riche à millions, accepte de pratiquer ce genre de choses même pour mille dollars. Il n'a guère besoin de cet argent.

Et pourtant ce n'est pas la première fois, ni la dernière. Mais peut-être a-t-il le sentiment d'être le maître de cette microsociété. En refaisant les nez qui ne conviennent plus, en supprimant les enfants qui ne conviennent pas. En étant le dépositaire de tous les petits et grands secrets de ses semblables, peut-être prend-t-il une revanche sur un passé médiocre.

Mme Coraces, de toute façon s'en moque. L'essentiel est que sa fille Isabelle reste bonne à marier, et ne détruise pas l'association financière complotée entre sa famille et celle de son futur époux. Nous sommes au XXe siècle en Amérique du Sud, mais ce XXe siècle-là ressemble étrangement au XIXe de notre vieille Europe. Le lendemain donc, comme prévu, à 8 heures du matin, Mme Coraces et sa fille Isabelle pénètrent dans la clinique du docteur Harvey, le chirurgien aux mains blanches. Isabelle est un peu pâle. Sa vie de jeune fille riche et insouciante ne l'a guère préparée à ce genre d'épreuve. Elle a la lâcheté, la peur physique devant le mal, des gens habitués au confort et à l'égoïsme. Elle a dix-neuf ans. Dieu sait pourtant que la clinique du docteur Harvey est un modèle de confort. Alors, Mme Coraces mère, pousse légèrement sa fille par les épaules. Il n'est plus temps de reculer. Il fallait y penser avant, dit-elle. Et Isabelle disparaît dans la salle d'opérations, où par mesure de discrétion, le docteur Harvey fera seul, l'anesthésie et seul l'opération. Autrement dit, il est le seul dépositaire de ce mensonge mondain.

Depuis bientôt une heure, Mme Coraces attend. Mais la porte de la salle où opère le docteur Harvey, est toujours close. La mère tourne en rond dans le bureau climatisé du médecin, puis décroche le téléphone sur le bureau et appelle son mari. Elle n'est pas véritablement inquiète. Elle avait simplement demandé d'envoyer le chauffeur à midi, et s'inquiète de savoir s'il n'a pas oublié. Rassurée sur ce point, elle raccroche. Son objectif essentiel est de rester le moins possible à la merci des ragots ; d'emballer sa fille comme un paquet, et de l'enfermer à la maison jusqu'à complet rétablissement. Point d'attendrissement, ni de câlins. Pas de remontrances non plus. De l'efficacité.

Mme Coraces est-elle un monstre ? Pas du tout. Sinon un monstre d'inconscience. En effet, car une heure de plus s'étire, avant que le docteur Harvey, ouvre la porte de la salle d'opérations. Deux heures pour un avortement c'est beaucoup. Cela suppose des difficultés, ou des complications. Mais le docteur est calme, ses longues mains blanches dissimulées par des gants de caoutchouc, sa blouse impeccable. Il est calme, à peine ennuyé.

« Chère amie, je crains des complications. Je viens de demander une ambulance, pour faire transporter Isabelle à l'hôpital.

— A l'hôpital ? Mais c'est de la folie ! Tout le monde saura pourquoi elle y entre...

— Chère amie, il y a des limites à tout. Je ne veux pas risquer la vie d'Isabelle. Or, pour l'instant, c'est le cas. Je ne suis pas suffisamment équipé en réanimation. Le cœur flanche. Il m'est impossible de prendre seul une telle responsabilité. Comprenez-moi, ce serait la fin de ma carrière, et l'accident pour Isabelle. D'ailleurs, j'ai donné des ordres, l'ambulance est déjà partie. Je me doutais de votre réaction, mais rassurez-vous, j'ai mon idée.

— Qu'allez-vous faire ?

— La laisser à l'hôpital le temps de juguler le danger. Vingt-quatre heures pas plus. Ensuite, je la ferai transporter chez moi à New York.

— A New York ? En voilà une idée, et pourquoi ?

— Je ne vous ai pas tout dit. Une infection s'est installée. Je l'ai découverte en opérant. Elle risque gros. Alors dès que l'hôpital aura fait les premiers soins d'urgence, je la prends chez moi pour la suite du traitement. Elle partira avec moi, n'ayez crainte. Et si vous ne voulez pas de remous, ne vous manifestez pas. Confiez-la-moi, en toute sécurité. Je vous la rendrai dans trois semaines au plus tard, toute neuve.

C'est ainsi que Mme Coraces, quitte la clinique du docteur Harvey, dans sa Cadillac avec chauffeur, sans plus se poser de questions sur le sort de sa fille, sans même l'avoir vue, sans même s'inquiéter, le lendemain, ni le surlendemain. Pourvu que personne ne sache, c'est l'essentiel et personne ne saura, si elle n'a pas l'air de savoir non plus !

Le docteur Harvey, lui, quitte le Mexique. Officiellement il va s'occuper de son cabinet new-yorkais. Et nul ne s'inquiète de le voir annuler ses rendez-vous. Les nez, les rides et les mentons attendront son bon vouloir.

Quinze jours passent, trois semaines, puis un mois ! Un mois avant que Mme Coraces décroche enfin son téléphone et appelle à New York, le cabinet du docteur Harvey Consentius J. Stoneley.

« Votre fille ? Mais je ne l'ai pas revue ! Elle m'a quitté, voyons, il y a une dizaine de jours environ. Tout allait bien. Mais si, mais si, je vous assure chère amie, aucun problème, aucun. »

Mme Coraces raccroche, perplexe. Isabelle n'est pas du genre fugueur. Isabelle a trop besoin de son environnement naturel. Pourquoi n'a-t-elle pas téléphoné ou écrit ? Partie depuis dix jours ! C'est insensé ! Où est passée cette gamine ? Que raconter au fiancé, à la famille du fiancé, aux amis ? L'histoire de la petite cicatrice a fait long feu. Et d'ailleurs il n'est pas question d'inventer autre chose. Mme Coraces tient donc un conciliabule avec son époux, d'où il ressort qu'un voyage à New York s'impose. Leur premier point de chute est bien évidemment le cabinet du docteur Harvey. Il est vide. Une plaque sur la porte c'est tout. Plus de secrétaire, plus de téléphone, le docteur Harvey a disparu. Disparu aussi de son appartement de luxe. Et il n'a pas reparu au Mexique. Et que pense Mme Coraces ? Que sa fille est morte ou en danger ? Que cette disparition du médecin est par trop étrange ? Qu'il faudrait prévenir la police ? Point du tout. Mme Coraces, pense, imagine, se convainc d'une seule chose, qu'elle est victime d'un scandale de plus ! De toute évidence, cette petite gourde d'Isabelle s'est enfuie avec le docteur Harvey ! A six mois de son mariage avec la plus grosse fortune disponible à l'horizon des Coraces, la sale gamine a fugué avec son avorteur ! Voilà ce que pense la mère d'Isabelle.

C'est pourquoi tant de temps s'écoule avant la découverte de la vérité. Et c'est pourquoi Mme Coraces, et la police, ne sont pas du tout à l'origine de cette découverte.

Le docteur Harvey, lui, est en Europe. Avec une bonne partie de sa fortune, et il a déjà ouvert un cabinet prometteur en Suisse. Il est accompagné d'une jeune et jolie femme, et ce n'est pas Isabelle. Quatre mois après l'intervention pratiquée sur cette dernière, dans sa clinique mexicaine, un plombier fait une constatation étrange. Hernando Salides, le plombier, est un brave père de famille. La directrice de la clinique l'a appelé pour remettre en état le cabinet de toilette attenant au bureau du docteur Harvey. Elle s'est aperçue que les conduits étaient bouchés. Cela n'a rien d'urgent, puisque le docteur n'est pas là, et que le cabinet en question ne sert qu'à lui. Mais en prévision d'un retour du docteur, et de la reprise de ses activités, il convient de remettre les choses en état.

Hernando Salides, le plombier entreprend d'examiner l'installation et s'aperçoit qu'il faut démonter tous les conduits d'écoulement pour comprendre ce qui se passe. Et il démonte. Et il comprend vite. Et ce qu'il voit, ce qu'il découvre, est beaucoup trop horrible pour le décrire en détail. C'est ce qu'il reste d'Isabelle et de ses dix-neuf ans. Il fallait la technique d'un chirurgien, pour découper un corps avec autant de minutie. En si petits morceaux. Et il fallait la bêtise d'un criminel prétentieux, pour penser que les égouts feraient disparaître entièrement la victime. Un chirurgien est souvent un très mauvais plombier.

Que s'était-il passé ? *A priori,* Isabelle avait succombé à une opération d'avortement trop tardive, et le chirurgien s'était affolé, par peur d'un scandale. Mais pas trop affolé pour entamer, dans la salle d'opérations et dans le cabinet proche, un découpage monstrueux et précis de médecin légiste. Et ce, à dix mètres à peine de la mère d'Isabelle, qui attendait dans son bureau, le retour de sa fille. Il faut un sang-froid de serpent pour ce genre d'acte. Deux mois après cette découverte et l'identification du corps, INTERPOL localisait en Suisse le chirurgien aux mains blanches, et les États-Unis demandaient son extradition.

Mais le docteur Harvey Consentius J. Stoneley, bénéficia de la liberté sous caution de cinquante mille dollars. Il s'installa à Indianapolis, et en attendant son procès, se lança dans les affaires. Deux ou trois ans passèrent. Et vint l'heure de payer. Le procès dura quarante-huit heures. Le chirurgien aux mains blanches, plaida d'abord non coupable. Puis, sur les conseils de l'un des plus grands avocats new-yorkais se décida à plaider coupable, pour meurtre au second degré. C'est-à-dire homicide involontaire. Ce qui pour l'observateur est déjà plus satisfaisant. Mais ce qui ne l'est pas vraiment c'est le verdict : dix ans de réclusion, trois années de remise de peine, donc sept ans de prison pour avoir découpé une jeune fille de dix-neuf ans, selon les règles de l'esthétique du chirurgien aux mains blanches. On a l'impression d'avoir un peu les mains sales, à ce tarif.

FORTUNATO PREND SA RETRAITE

Cortina d'Ampezzo, est une station touristique, c'est une affaire entendue, dans les dépliants d'agences de voyage. C'est beau, c'est riche, et on y passe des vacances délicieuses. Mais le touriste ne trouvera sur aucun dépliant le merveilleux site que voilà : « Notre asile de vieillards, sa chapelle, son cimetière »... Cela n'intéresse d'ailleurs pas les touristes. Cela n'intéresse que les vieillards et il faut reconnaître le côté démoralisant de la chose : l'asile, la chapelle, le cimetière. Comme le chemin de croix inévitable.

Et Fortunato est démoralisé. Fortunato a quatre-vingt-onze ans, et sa famille vient de lui conseiller gentiment de s'offrir un petit séjour à l'asile, car il devient trop encombrant, trop capricieux. Un nouveau-né a besoin de sa chambre. C'est en tout cas la raison officielle. Voilà pourquoi Fortunato Cristovitch, Italien, né en Autriche, d'origine russe, et vieillard de surcroît, est démoralisé car de toutes les fenêtres du dortoir de l'asile, on a une vue imprenable sur le cimetière. La certitude de n'avoir qu'un court chemin à faire pour dormir de son dernier sommeil, n'a rien de réconfortant en soi. Et Fortunato à quatre-vingt-onze ans, ne se sent pas vieux. La vie est toujours aussi belle, il a toujours autant d'appétit, l'œil clair et la jambe alerte. Seulement voilà. Il n'a pas d'argent, et un vieillard sans argent ne peut aller qu'à l'asile. Le voilà donc à l'asile, maugréant comme un gamin mécontent.

« C'est sale, y'a que des vieux, mon lit n'est pas dans le bon sens, je suis sûr que vous mettrez du lait dans mon café, qu'on mangera de la bouillie et de la compote, je déteste ça ! et je veux une armoire pour moi tout seul ! »

La Mère Supérieure, Mère des Anges, est une directrice remarquable. Elle a par contre la fâcheuse habitude de traiter les vieillards comme des bambins de cinq ans.

« Eh bien, eh bien, nous n'allons pas faire une colère n'est-ce pas ?

Nous allons être sage, et remercier Dieu de nous accueillir dans cette petite communauté, où nous nous ferons des amis. Vous verrez. Allons, nous allons prendre une bonne douche, et nous mettre au lit bien gentiment. Le docteur viendra voir si tout va bien. »

Pauvre Mère des Anges. Elle ne peut pas savoir à qui elle a affaire. Et elle qui craint tant le diable, va faire sa connaissance. Car Fortunato c'est le diable, et il n'a pas du tout envie de prendre sa retraite à quatre-vingt-onze ans.

Bon gré, mal gré, il est passé par la douche, on lui a offert une jolie camisole, et intimé l'ordre de se mettre au lit, en attendant le médecin. Une infirmière l'aide à s'installer, et le vieillard grogne :

« Mais je ne suis pas malade !

— Bien entendu vous n'êtes pas malade, mais c'est le règlement !

— Quand est-ce qu'on mange ici ?

— Vous dînerez à 6 heures du soir, coucher à 7 heures, extinction des feux à 8 heures.

— Quelle heure est-il ?

— 5 heures.

— J'ai faim, je veux manger.

— Allons grand-père, soyez raisonnable !

— Ah, ne m'appelez pas grand-père hein ! Non mais qu'est-ce que ça veut dire. Je ne suis pas un vieillard gâteux. Et je ne suis pas raisonnable, j'ai dit que j'avais faim, et je vais manger, non mais sans blague ! »

Et voilà les débuts de Fortunato, à l'asile de Cortina : un vieillard courant en chemise dans les couloirs, à la recherche de la cuisine poursuivi par une infirmière affolée. Inutile de préciser que le médecin qui arrive tout de même à l'examiner, ne trouve rien d'anormal dans l'état de santé de ce vieillard alerte. Rien d'anormal en effet, sauf, un œil égrillard. Est-ce normal ? Fortunato a quatre-vingt-onze ans. Il n'est pas interdit à quatre-vingt-onze ans d'avoir l'œil égrillard. Cependant, dans une institution de vieillards, dirigée par des religieuses, servie par des infirmières orphelines et méritantes, c'est ennuyeux à constater. D'autant plus que cet œil égrillard n'est que la face visible de l'iceberg, en quelque sorte. Le médecin, un brave homme de médecin, considère donc qu'il s'agit d'une affaire d'hommes, et n'en fait part à personne, sauf à l'intéressé qui rétorque noblement :

« Je ne suis pas encore mort, et un homme est un homme pas vrai ? »

Quoi qu'il en soit, Fortunato est bien obligé de se plier au règlement minimum : sortie interdite. Interdiction de courir dans les maisons closes. Il faut être un vieillard digne. Et Fortunato s'ennuie.

Le 1er novembre 1961, une vieille dame rejoint la communauté, et en l'apercevant au réfectoire, Fortunato se dit :

« Il ne manquait plus que ça. Ma belle-mère ! »

La tradition veut que gendre et belle-mère soient toujours à couteaux tirés, mais dans le cas de Fortunato, c'est encore pire. Premièrement sa belle-mère est plus jeune que lui, elle n'a que quatre-vingt-deux ans, et c'est irritant. Deuxièmement, sa belle-mère a toujours raconté à la terre entière, qu'il avait fait le malheur de sa fille. Troisièmement, le deuxièmement est parfaitement exact.

Fortunato, marié et père de cinq enfants, s'est montré mari indigne, père indigne, et même grand-père indigne. Sa pauvre femme en est morte de chagrin. La belle-mère ne lui a jamais pardonné, or la voilà, à 2 mètres, mangeant sa soupe de vermicelle au réfectoire de la maison de repos. Le 30 novembre 1961, Anna Scofonato, la belle-mère, rend son âme à Dieu, à l'heure du petit déjeuner. Son passage n'a été que de courte durée.

Fortunato retrouve le sourire. Et Fortunato promène maintenant un œil égrillard sur l'infirmière de service. Elle a vingt-quatre ans, le nez pointu et les jambes maigrichonnes, mais elle a vingt-quatre ans. La vieille Alma Geddina, quatre-vingt-six ans, s'en étrangle d'indignation, en voyant Fortunato faire des ronds de jambe dans les couloirs :

« Vous n'avez pas honte, vieux décati ! »

Mais le 28 décembre 1961, Alma Geddina, rend son âme à Dieu, à l'heure du petit déjeuner.

Fortunato et son œil égrillard suivent à nouveau de près la jeune infirmière au nez pointu, lorsque Annibal, un voisin de lit, qui a du mal à marcher, demande gentiment l'aide de l'infirmière pour gagner la salle de repos, lui apporter son journal. La jeune infirmière va jusqu'à distraire quelques minutes de son temps précieux pour lui remonter le moral. Fortunato n'aime pas ça. Il est jaloux. Mais le 17 janvier 1962, Annibal rend son âme à Dieu, à la faveur d'un infarctus, toujours au petit déjeuner.

Anna la belle-mère, Alma, Annibal, trois décès en trois mois, trois cortèges funèbres sur les 500 mètres qui séparent la maison de repos de son cimetière. A vrai dire cela n'inquiète personne. L'âge, n'est-ce pas ! Guido, soixante-dix-sept ans, sollicite à son tour les soins particuliers de l'infirmière au nez pointu. Une piqûre par jour est nécessaire au bon fonctionnement d'un rein défectueux. Fortunato observe d'un œil jaloux ce petit cérémonial. Cela n'a rien de romantique, on s'en doute bien, mais Fortunato aimerait tellement être à la place de ce vieux Guido. Ça l'énerve, ça l'énerve de voir les jolies mains tamponner d'alcool ce vieux derrière ridé ! Mais le

27 février 1962, hélas, Guido rend son âme à Dieu, à l'heure du café au lait. Pendant ce temps, les affaires de Fortunato n'avancent guère. Il a beau se dépenser en compliments, aligner les entrechats, accumuler les sous-entendus, la jeune infirmière au nez pointu, poursuit impassiblement son chemin pavé de vertu.

Elle se dévoue pour Albertino, quatre-vingt-dix ans, que les rhumatismes ont plié en deux. Mais le 6 mars 1962, Albertino rend son âme à Dieu, après le petit déjeuner. Elle soigne Giancarlo, quatre-vingt-six ans, atteint d'eczéma et l'aide à faire sa toilette. Mais Giancarlo rend son âme à Dieu, le 22 avril 1962, après le petit déjeuner. La voilà qui promène Roberto, paralysé, dans les jardins de l'asile. Pas longtemps, car ce pauvre Roberto rend son âme à Dieu le 15 mai 1962. Le malheureux Estevo sollicite à son tour l'aide attentive de la jeune infirmière, ses pauvres yeux ne sont plus ce qu'ils étaient. Estevo les ferme pieusement, et rend son âme à Dieu, le 23 juin 1962.

Par contre, tout va bien pour Fortunato. Bon pied bon œil, premier à table, dernier au lit. Son seul regret, est de ne pouvoir y inviter la jeune infirmière au nez pointu, dont la vertu est décidément un roc. Alors Fortunato décide le grand jeu. C'est l'été à Cortina, et les soirées sont douces, la jeune infirmière accepterait-elle d'accompagner Fortunato, pour contempler le panorama, sur la promenade des touristes ?

« Monsieur Fortunato soyez sérieux. Vous n'avez pas besoin de moi pour vous promener.

— Un homme a toujours besoin d'une jolie femme Giuseppina, pour se promener. Et pour le reste hein ? Qu'en dites-vous ?

— Oh ! Monsieur Fortunato, vous devriez vous confesser ! »

Et Giuseppina la charmante infirmière au nez pointu, s'en va consoler un pauvre pensionnaire qui n'a plus de famille et dont c'est justement l'anniversaire aujourd'hui. Gustavo fêtait ses soixante-quinze ans au fond de son lit. A soixante-quinze ans et un jour, le lendemain, Gustavo rendait son âme à Dieu en s'étranglant avec sa tasse de café au lait.

Anna, Alma, Annibal, Guido, Albertino, Giancarlo, Roberto, Estevo, et Gustavo, neuf ! Neuf âmes rendues en quelques mois, à l'heure de la tasse de café au lait.

« C'est bizarre, dit l'infirmière, tout à coup songeuse.

— C'est bizarre », répond le médecin, qui cette fois hésite à délivrer le permis d'inhumer, demande une autopsie, et l'analyse du café au lait. Pour voir, comme ça, sans idée préconçue.

Il est évident que la dernière tasse de café au lait avalée par Gustavo au lendemain de son anniversaire est responsable de sa mort.

L'analyse le confirme c'est du poison. Un insecticide concentré, mélangé à du produit de sulfatage des vignes.

Et les autres ? Les huit autres ? Les huit cafés au lait précédents ? Arrêt cardiaque, avait déclaré le médecin sur le permis d'inhumer ! Le voilà bien obligé, en toute conscience, d'avertir la police, et la police est bien obligée en toute conscience de demander l'exhumation. Qui dit poison, dit assassin : Giuseppina, la jeune infirmière au nez pointu, se voit suspectée par le commissaire de police décidé à mener rondement l'affaire.

« Allez, avouez mon petit. J'en ai vu d'autres des infirmières envoyer *ad patres,* les pensionnaires d'un asile. Pour l'héritage, hein ? Ces vieux qui n'ont plus de famille ? »

Giuseppina cherche dans sa tête désespérément. Et le dénominateur commun à toutes ces morts subites, lui apparaît soudain...

« Monsieur le commissaire, c'est Fortunato. J'en suis sûre, il est jaloux. Il ne supporte pas que je m'occupe des autres, il fait des scènes. Et puis, il me fait la cour, c'est un vieux diable.

— Un grand-père de son âge ? Trouvez autre chose, mon petit.

— Je vous jure qu'il m'a fait des propositions. Il a un drôle de regard, il est méchant. Vous pouvez demander à tout le monde, on le déteste. Il ne parle que de « ça ». C'est un sadique ! »

Sans y croire, mais par mesure de précaution, le commissaire demande au fichier, de vérifier si le nommé Fortunato Cristovitch a déjà eu maille à partir avec la police. Car en dehors de l'infirmière, il n'a pas de suspect.

Le premier rapport est surprenant : Cristovitch, Fortunato, né en 1869. Déserteur de l'armée austro-hongroise en 14/18, réfugié à Bergame. Condamné à trente ans de prison pour le meurtre d'une femme, meurtre commis en 1908, jugement prononcé à Messine en 1919. Incarcéré, il est un des rares survivants de l'effroyable tremblement de terre qui détruit la ville. Il bénéficie d'une remise de peine pour ne pas avoir tenté de s'échapper en la circonstance. En 1924, il est donc libéré. 1925, condamné pour outrage aux mœurs. 1926, vol à main armée. 1928, viol... Accusation non prouvée, libéré. 1929, tentative de vol. 1930, outrage aux mœurs. 1934, 1935, 1940, 1947, vol, outrage à la pudeur, recherché, recherché, recherché par toutes les polices. Fortunato Cristovitch est fiché à INTERPOL, avec demande de diffusion rouge pour contrebande active entre le Maroc et l'Italie, susceptible d'être mêlé à la destruction par explosif de deux bateaux dans le port de Tanger. Etc. Au total, presque quarante ans de prison sur quatre-vingt-onze, c'est une bonne moyenne.

Le commissaire ne sait par quel bout prendre le dossier de Fortunato, quatre-vingt-onze ans, assassin, violeur et gangster patenté, réfugié tout bonnement dans un asile de vieillards. Mais le fait est qu'il dispose tout à coup, d'un suspect extraordinaire. Un suspect que ses hommes lui amènent menottes au poignet, un suspect qui vitupère comme un beau diable.

« C'est honteux de maltraiter un vieillard de mon âge ! »

Le voilà vieux tout à coup, et digne. Mais Fortunato ne peut faire illusion. Chapeau, cravate, costume noir, visage glabre, il a bien le visage de ce qu'il est : la bouche est mince, allongée de deux plis amers, le regard est dur et froid. Il a beau avoir quatre-vingt-onze ans, il n'est vieux que de rides.

« Alors grand-père, par quoi on commence ?

— Vous n'avez pas le droit de me traiter de cette façon, je ne suis plus en activité. J'ai pris ma retraite, je n'ai plus longtemps à vivre moi, j'ai le droit de me reposer. »

Fortunato le prend sur ce ton pendant deux ou trois heures, jusqu'au moment où un inspecteur ramène de sa perquisition à l'asile, une boîte de poudre bizarre. Il l'a trouvée dissimulée dans les chaussons de Fortunato, sous son lit. L'analyse révélera le mélange explosif, d'insecticide et de sulfate, dont il arrosait les petits déjeuners de ses victimes.

« Alors grand-père, pourquoi, demande le policier. »

Dignement, Fortunato déclare :

« Monsieur, c'est un crime passionnel. Je réclame les circonstances atténuantes. Je suis amoureux de Giuseppina. J'ai supprimé tous mes rivaux !

— Et votre belle-mère ?

— Elle aurait pu révéler mon passé à Giuseppina.

— Et l'autre vieille dame ?

— Elle était jalouse !

— D'accord, Don Juan, à quatre-vingt-onze ans hein ? L'intrigue amoureuse à l'hospice ! Vous voulez me faire croire que vous êtes gâteux ? »

C'est ce que voulait faire croire Fortunato. Ensuite il s'est rétracté, il a accusé n'importe qui, a mené une vie d'enfer dans sa cellule, tenu une conférence de presse, posé devant les photographes à son procès, rendu les juges à moitié fous, provoqué des interruptions d'audience, et fait s'évanouir Giuseppina de honte en prétendant qu'elle était l'infirmière la plus « sexy » de l'asile.

Un détail supplémentaire figure au procès. Si la famille de Fortunato ne voulait plus de lui, s'il avait échoué à l'asile de Cortina, c'est qu'il tournait de trop près autour d'une petite nièce de quinze ans. Il lui avait tout bonnement proposé de partir avec lui en Amérique.

Condamné à la prison à vie (la belle affaire à quatre-vingt-onze ans), il a réussi une évasion spectaculaire et du plus grand classicisme, en se cachant dans une camionnette de livraison, six mois plus tard. On ne l'a pas retrouvé. On n'ose cependant pas affirmer à l'heure d'aujourd'hui, en 1979, qu'il a rendu son âme au diable. Mais qui sait ?

LES VOYAGES DE M. THU

Aujourd'hui M. Thu part en week-end et comme dit sa concierge, pour un étranger M. Thu est bien discret. Et comme ajoute sa concierge : pour un veuf, M. Thu mène une vie bien rangée. Si l'on demandait à la concierge de M. Thu, par exemple : quel âge a-t-il ? et de quel pays vient-il ? elle répondrait sûrement :

« Quel âge ? Sans âge, entre trente et cinquante, peut-être, allez donc savoir, ces Chinois ça n'a pas d'âge ? »

Et M. Thu aborde les cinquante-cinq ans, et il n'est pas chinois du tout, il est malais. M. Thu est né à Sumbava, d'un père hindou et d'une mère japonaise. L'Européen a tendance à confondre tous ceux qui ont les yeux bridés, et à les qualifier de chinois sans distinction. Si l'on demandait encore à sa concierge de le décrire, elle en serait incapable. Pour elle, M. Thu est petit, et il a les yeux bridés, sans plus. Or M. Thu a le teint jaune clair et la peau lisse, ni rides, ni barbe. Ses cheveux sont noirs et raides, ses yeux ne sont pas bridés, mais obliques, ses pommettes saillantes, et ses lèvres minces. Ce sont des détails qui ont leur importance sur une fiche de police par exemple. M. Thu parle malais, bien sûr, anglais évidemment, et français en plus, avec un léger zézaiement. Il est de religion bouddhiste, et a fui son pays lors de l'occupation japonaise, pendant la dernière guerre. En France, il est administrateur de société. Ce qui lui laisse du temps de libre. Ce que fait M. Thu pendant ce temps libre. Sa concierge croit le savoir. M. Thu peint des éventails, des foulards et des paravents de soie. Il en a offert un à sa concierge. En dehors de cela, il part en week-end. Et si sa concierge savait en quoi consistent les week-ends de M. Thu, elle en aurait la chair de poule. Mais les concierges ne savent pas grand-chose en général, contrairement à une idée reçue.

M. Thu est sur le quai d'une gare, impeccable dans son pardessus bleu marine à col de velours, cravate de soie, chaussures vernies.

D'une main il tient une petite mallette de voyage en cuir noir. De l'autre une boîte de confiseries. M. Thu ne voyage qu'en première classe. Il s'installe dans la voiture à destination de Genève et attend sagement que le contrôleur poinçonne son billet. Il attend ensuite que ses compagnons de voyage aient gagné leurs couchettes, et qu'ils s'endorment à la faible lueur de la veilleuse bleue. Ensuite il se lève, doucement. Il n'a pas quitté son pardessus bleu, ni sa mallette, ni sa boîte de confiseries. Ayant refermé soigneusement la porte du compartiment de première classe, M. Thu, inspecte le couloir, où par sécurité il allume une cigarette à bout doré. Lorsque la voie est libre, il se dirige vers la voiture de deuxième classe, d'une allure tranquille et cherche une place dans un compartiment. Il la cherche avec soin, examinant attentivement les visages de ses futurs compagnons de voyage avant de s'installer poliment sur un siège libre, fait un petit sourire d'excuse et ne bouge plus. Comme dirait la concierge de M. Thu, « c'est fou ce qu'il est poli cet homme-là ». Et ainsi vont les week-ends de M. Thu, depuis des mois, des années peut-être. Du vendredi soir au dimanche : Paris-Genève, Genève-Paris, Paris-Genève, Genève-Paris. Une mallette, une boîte de bonbons, un billet de première, un voyage en seconde.

Étrange M. Thu. Le restant de la semaine, il fréquente assidûment le bureau de la grande société commerciale, où il est administrateur. Il a une secrétaire charmante et respectueuse, avec laquelle il entretient des rapports purement conventionnels. Élise a trente ans, et M. Thu cinquante-cinq. Elle est grande, belle et intelligente, et son patron est petit, jaune et insondable. Il n'est pas question d'idylle entre eux. Jamais au grand jamais Mlle Élise n'a eu à se plaindre de son patron. Il n'a qu'une petite manie agaçante, mais à vrai dire innocente, M. Thu frotte silencieusement ses mains. Il se tient immobile dans son grand fauteuil, son œil oblique n'exprimant rien de précis, et il frotte ses deux mains l'une contre l'autre en dictant. Ce qui énerve Mlle Élise, c'est qu'il ne fait pas de bruit. Ses doigts glissent bien à plat les uns contre les autres, sur toute leur longueur, et sans bruit, comme de la soie. Avec précaution et lenteur. Un geste qui pourrait exprimer la satisfaction, s'il ne durait que quelques secondes. Mais il peut durer des heures, et rien n'est plus éprouvant pour les nerfs. La vie parisienne de M. Thu est réglée comme du papier à musique. A 5 heures tous les soirs, il prend son parapluie, ajuste son chapeau et regagne son appartement. Il salue courtoisement la concierge, et va se plonger dans les délices de la peinture sur soie. M. Thu peint des oiseaux de paradis, des arbres de rêve et des fleurs étranges. Jamais de personnages. Les humains ne semblent pas l'intéresser. A 8 heures et demie tous les soirs il gagne un petit restaurant où il dîne en silence. A 10 heures il est au lit. Lundi, mardi, mercredi, jeudi, et vendredi se ressemblent. Une suite de jours feutrés, comme les pas de M. Thu. Jusqu'au week-end Paris-Genève et retour.

Le 30 novembre 1954. Dans un petit hôtel de Genève justement, il arrive quelque chose de tout à fait étonnant, et qui n'a rien à voir avec M. Thu, puisqu'il ne s'agit pas de lui, que ce jour est un lundi, et que M. Thu est à son bureau parisien comme d'habitude. Il est 10 heures du matin. L'hôtel est un hôtel correct, d'une vingtaine de chambres, dont quelques-unes donnent sur le lac. Une jeune femme regarde ce lac, de la fenêtre de la chambre douze, l'une des meilleures. Elle est ébouriffée, et frissonne un peu dans sa chemise de nuit, pas très réveillée. Elle s'appelle Christine, elle est française. Une jeune femme de chambre vient de la réveiller et a déposé sur le lit un plateau garni d'un merveilleux petit déjeuner suisse : petit croissant, beurre frais, confitures, toasts grillés, crème fraîche et jus de cassis. Il y a même une rose unique et fraîche dans un vase.

« Bonjour, madame, je vous souhaite une bonne journée.

— Pardon ?

— Je disais bonne journée, Madame.

— Qui êtes-vous ?

— La femme de chambre, Madame...

— Quelle femme de chambre ?

— Eh bien la femme de chambre de l'hôtel.

— Ah...

— Quelque chose ne va pas, Madame ? Vous avez bien demandé le petit déjeuner à 10 heures ?

— Moi ? J'ai demandé le petit déjeuner à 10 heures ?

— C'est marqué sur votre fiche, Madame, il y a peut-être une erreur ? »

Erreur ? Comment savoir s'il y a eu erreur ? Christine ne sait même pas où elle se trouve, et ce qu'elle fait là. Elle regarde la femme de chambre d'un air stupide.

« Où sommes-nous ?

— Mais à l'hôtel, Madame.

— Quel hôtel, dans quelle ville ? »

Croyant comprendre que la nuit a été difficile pour cette jolie cliente, la femme de chambre répond sur un ton uni, qu'il s'agit de l'hôtel « machin » à Genève. Elle ajoute même que le soleil va briller, que la brume sur le lac va se lever, et que Madame n'aura qu'à sonner quand elle pourra faire la chambre. Cela dit, la brave femme prend discrètement la porte, et s'en va conter l'anecdote au patron de l'hôtel qui ne s'en émeut pas outre mesure. Ce en quoi il a tort. Environ dix minutes plus tard, une furie échevelée, en chemise de nuit de dentelle, l'agresse littéralement :

« Appelez la police ! Qu'est-ce que c'est que cette maison de fous ! Qui m'a amenée ici, où sont mes affaires ? Ça ne se passera pas comme ça... La police, je veux la police immédiatement. Escroc ! Voleur ! Je veux savoir ce qui se passe, qui êtes-vous d'abord ? »

Et autres insultes tout aussi étonnantes dans un hôtel de cette catégorie. Scandale. Jamais de mémoire d'hôtelier, le propriétaire n'avait vu une chose pareille. Une cliente en tenue légère, ameutant le monde, réclamant la police à cor et à cri, et ayant l'air de considérer son établissement comme l'antre des pires turpitudes. Il ne se fait guère prier pour appeler la police d'ailleurs, car il en va de sa réputation. Et il conseille à la jeune femme de se couvrir, car il en va de la sienne. On ne reçoit pas un commissaire de police, même suisse, avec cent francs de dentelles transparentes pour tout vêtement !

Lorsque le commissaire Bruner se présente à l'hôtel, accompagné de deux adjoints, il est trop tard, pour profiter du charmant spectacle de dentelle, Christine P. a retrouvé sa valise dans l'armoire de la chambre, elle est vêtue de pied en cap, calmée, mais contemple avec angoisse les gens qui l'entourent.

« Que se passe-t-il Mademoiselle, vous avez des ennuis ?

— Je ne sais pas. Je n'arrive pas à comprendre comment je suis arrivée ici.

— Vous avez pourtant rempli une fiche dans la nuit de samedi à dimanche. Il y a tout, même votre numéro de passeport, je peux voir vos papiers s'il vous plaît ? »

Simple formalité, car les indications portées sur la fiche correspondent exactement aux pièces d'identité de la jeune femme. Le propriétaire de l'hôtel ajoute que Christine P. était accompagnée d'un homme à son arrivée, lequel homme est reparti très tôt le dimanche, après avoir payé la note, et commandé le petit déjeuner pour 10 heures. Christine a l'air étonné. Elle tente de rassembler ses souvenirs. Un homme ? Elle était avec un homme ? Elle ? Étrange. Elle se rappelle parfaitement être partie seule de chez elle.

« Vous alliez où ? demande le commissaire.

— Chez mes parents à Lyon.

— Pourquoi êtes-vous descendue à Genève ?

— Je ne sais pas.

— Où est votre billet ?

— Là, dans mon sac je suppose. »

Or, dans le sac de Christine P. il y a bien un billet de train, mais un billet Paris-Genève. Alors qu'elle voulait dit-elle descendre à Lyon.

« C'est impossible, je l'ai acheté moi-même, dans une petite agence près de mon bureau. J'ai payé un Paris-Lyon.

— Essayez de vous souvenir. Vous n'avez pas eu un accident, reçu un choc quelconque ?

— Commissaire je ne suis pas folle. Je ne connais personne à Genève, je n'avais aucune envie d'y aller. Quelqu'un m'a amenée ici.

— L'homme qui est arrivé avec vous à l'hôtel ? Vous ne le connaissez pas ?

— Mais je ne me souviens de rien. De rien du tout. Je suis montée dans le train à Paris, je me suis assise, et je ne sais plus.

— Vous étiez seule dans le compartiment ?

— Non, il y avait, attendez, il y avait trois ou quatre personnes, deux ou trois femmes je crois.

— Vous leur avez parlé ? Il s'est passé quelque chose de particulier, faites un effort, essayez de vous souvenir !

— Je ne vois rien de spécial, j'ai dû m'endormir.

— Vous avez bu quelque chose ?

— Non.

— Quelqu'un vous a accostée ? Quelqu'un vous a parlé ?

— C'est vague. Je n'ai pas fait attention. Ah si ! Quelqu'un est entré alors que le train roulait déjà depuis longtemps. Un homme. Il a dit bonsoir et excusez-moi, c'est tout, je crois. Ah non ! Il a offert des bonbons.

— Et tout le monde en a pris ?

— Je crois bien.

— Après ? Qu'est-ce qu'il a fait après ?

— Je ne sais pas. J'ai dû m'endormir.

— Décrivez-moi cet homme.

— C'est difficile, je n'ai pas bien fait attention. On avait déjà éteint la lumière dans le compartiment. Un étranger je crois. »

Christine secoue la tête, comme si elle cherchait le souvenir dans sa tête, quelque chose la tracasse tout d'un coup, elle frissonne.

« Commissaire. C'est, c'est drôle. J'ai l'impression d'avoir rêvé. C'est irréel, et en même temps, je revois des images précises. Elles me reviennent lentement depuis mon réveil.

— Comme si on vous avait droguée ?

— C'est ça. Je me vois marcher. Il y a quelqu'un près de moi, qui parle, qui parle sans arrêt, mais je ne me souviens pas de ce qu'il dit. Je me vois manger. Je vois un restaurant.

— Toujours avec quelqu'un ?

— Je crois. Oui, il y a quelqu'un.

— Quoi encore ?

— C'est flou. C'est difficile. Et j'ai si mal à la tête. »

Christine P. tout à coup a l'air gênée. Elle se lève, marche de long en large, rougit, pâlit, se rassoit, se tord les mains, cherche, cherche. Mais ce qu'elle ressent est impossible à exprimer. Tout ce qu'elle trouve à dire, la gorge serrée est pourtant révélateur.

« Commissaire... Cette chemise de nuit, n'est pas à moi, j'en suis sûre. Et je désire porter plainte.

— Pour quelle raison ?

— On a abusé de moi, j'en suis sûre aussi.

— Comment en êtes-vous si sûre ? Vous dites vous-même que vous ne vous rappelez de rien !

— Je le sais, je le sens. Des images, des sensations. Je ne peux pas vous dire comment je le sais, mais je le sais.

— Avez-vous le souvenir de violences ? Portez-vous des marques de coups ?

— Non, non. Pas de violences. Un rêve. Je vous dis que c'est un rêve. »

Après avoir vérifié avec Christine P. qu'on ne lui a rien volé, le commissaire perplexe va vérifier la fiche remplie par l'homme qui l'accompagnait la veille, et qu'elle dit ne pas connaître. Le commissaire se méfie. Ce ne serait pas la première fois qu'une femme affirmerait qu'elle ne connaît pas « ce monsieur », alors qu'elle le connaît parfaitement. Mais pourquoi Christine inventerait-elle une histoire aussi abracadabrante ? Elle n'a pas l'air d'une hystérique. Mais au contraire d'une jeune fille tout à fait convenable.

La fiche remplie par l'homme, porte un nom et un numéro de carte d'identité bidon. Le veilleur de nuit qui a accueilli Christine et son compagnon, se souvient fort bien d'eux. L'homme était petit, élégant, il avait l'air riche et chinois. Le Chinois et la femme semblaient en excellents termes. Il a demandé le petit déjeuner pour 10 heures, et averti qu'il partirait plus tôt que la femme. Il a tenu à payer d'avance. Le couple est monté se coucher, il était minuit passé, plutôt 1 heure du matin. C'est tout. Pas de bruit, pas de cris, rien. Le calme.

Alors, où est le problème ? Il est que Christine a réellement pris un billet pour Lyon, où ses parents l'attendaient réellement, et se faisaient réellement du souci. Christine est bien partie seule, le contrôleur a bien poinçonné son billet pour Lyon, elle était toujours seule. Par contre, à Genève, au contrôle des passeports, elle était accompagnée d'un Asiatique, qui la tenait par le bras. Il lui parlait, elle répondait. Ils avaient l'air d'un couple comme les autres. L'homme s'est chargé des formalités, il portait une valise. Le douanier peut préciser le signalement mais guère plus, car tout était en règle. Un petit homme, sans âge, Chinois ou Vietnamien, vêtu d'un pardessus bleu marine à col de velours, et muni d'une mallette de voyage, que personne n'a inspectée. Qu'est-ce que c'est que cette histoire ? Espionnage ? Que viendrait faire Christine P. dans une histoire d'espionnage ? Une vendeuse en parfumerie, fiancée à un employé de bureau, qui allait rendre visite à ses parents lyonnais, n'a rien à voir avec un réseau d'espionnage.

Le commissaire Bruner de Genève a donc besoin d'interroger INTERPOL. S'il y a quelque part en France ou ailleurs, quelque chose sur un Asiatique et des bonbons, INTERPOL le sait.

Il y a une vague plainte qui date de deux ans. Une histoire non éclaircie de voyage en train, entre Paris et Genève. Un homme a offert des bonbons à une femme qui a porté plainte le lendemain pour tentative d'enlèvement. Elle se prétendait droguée. L'affaire n'a pas abouti, car la femme a retiré sa plainte. L'homme a donc été gardé à vue, puis relâché. La police française n'a pas très bien compris, sinon que la femme était mariée et a dû avoir peur du scandale. Ou alors a inventé l'histoire pour couvrir une fugue quelconque. L'homme gardé à vue, était un directeur de société, sans aucun antécédent, qui a prétendu que la femme était hystérique. Quant aux bonbons qu'il avait sur lui, ils étaient normaux. D'autres gens en avaient mangé, sans inconvénient.

Le dossier d'INTERPOL intéresse vivement le commissaire Bruner, et quelque temps plus tard, M. Thu reçoit sa visite et celle d'un inspecteur de police parisien. La secrétaire, Mlle Élise a introduit les policiers dans le bureau de M. l'Administrateur, qui se frotte doucereusement les mains, et répond d'une voix calme :

« Des bonbons ? C'est vrai, j'adore les bonbons, et j'aime en offrir. J'en ai toujours avec moi en voyage. Que dit cette dame ? Des bonbons drogués ? Quelle curieuse histoire. »

M. Thu ne perd pas son calme, pendant la confrontation avec Christine P. C'est Christine P. qui le perd. Voir, devant elle, le visage de cet homme fait brusquement jaillir des souvenirs, des images. Elle affirme que c'est bien lui, l'homme qui lui a offert un bonbon. Elle le revoit, elle le revoit la nuit, dans la chambre d'hôtel, ouvrant sa petite mallette, et lui offrant la chemise de nuit de dentelle. C'était horrible ! M. Thu nie tout bien entendu. Il a même le culot de supposer que si vraiment cette « chose » est arrivée à cette jeune femme, cela n'a rien de si horrible. Hélas pour M. Thu, l'enquête est prolongée, le temps nécessaire, pour retrouver une bonne douzaine de femmes, jeunes et jolies, qui veulent bien l'identifier. Qui veulent bien porter plainte. Mais qui n'avaient pas tellement insisté à l'époque, car ce ne sont pas des choses que l'on raconte volontiers.

C'était cela les week-ends de M. Thu. Toujours sur la même ligne, toujours avec une boîte de bonbons, dont un seul était drogué : le bonbon destiné à la dame de ses rêves, à la « complice » de son choix, pour une folle nuit d'amoureux, qui lui coûtait cher finalement. Un voyage aller et retour, Paris-Genève, une chemise de nuit de la plus fine dentelle, à chaque fois, et des bonbons délicieux. On est délicat, ou on ne l'est pas. Mais M. Thu a toujours nié. Bien que l'on ait trouvé chez lui une seringue et des poudres bizarres, et supposé qu'il injectait délicatement dans les bonbons fourrés, une dose d'un narcotique de sa composition. Lequel laissait sa victime endormie debout, et consentante, sinon au courant de la situation. Un narcotique sans danger pour la santé, sinon pour la pudeur. Et comme a dit la concierge de M. Thu, en apprenant la nouvelle :

« C'est pas croyable. Remarquez bien, tout compte fait, moi à leur place, je me serais méfiée. On a pas idée d'accepter un bonbon de n'importe qui par les temps qui courent ! »

SIX JAMBONS ET DOUZE SAUCISSONS

C'est un matin de mai 1935 dans la salle commune d'une ferme en Allemagne. Deux hommes assis sur un banc de chaque côté d'une table rustique se mesurent du regard. D'un côté de la table, le propriétaire de la maison : le vieux August Munch, assisté de ses deux fils, le grand et le petit Munch. Le vieux Munch n'a que cinquante-cinq ans. De taille moyenne, c'est un costaud aux mains calleuses. Son visage porte déjà des rides profondes. C'est un travailleur économe à l'esprit quelque peu rudimentaire. Les fils : grand Munch et petit Munch sont le portrait craché de leur père, l'un en grand format, l'autre en plus petit.

En face d'eux, le menuisier Stanfen. Physiquement et moralement il est le contraire du vieux Munch. Grand et plutôt malingre. Le visage rond et rose, des cheveux presque longs, d'artiste fainéant, alcoolique et prodigue. Mais il est infiniment plus malin que le fermier.

Pour le moment, les deux hommes s'observent. Le menuisier est venu rendre visite au vieux Munch pour lui demander d'accepter le mariage de son fils petit Munch avec sa fille Erna. Mais le fermier sans jeter un regard sur petit Munch, sans quitter des yeux le menuisier, sans dire mot, secoue lentement et négativement la tête. Le menuisier se tourne alors vers Mme Munch, qui dit simplement :

« Vous savez bien que c'est August qui décide et que je pense toujours comme lui.

— C'est bon, dit le menuisier dont les yeux deviennent froids, et dont les lèvres se pincent. Et vous pouvez me dire pourquoi ? »

Pourquoi ? Les Munch sont incapables de l'expliquer, ils ne savent pas faire de discours. C'est impossible, voilà tout. Ils ont une ferme qui a belle allure, deux fils en âge de se marier, ils hébergent un orphelin de quinze ans, Carl, un brave garçon d'origine polonaise, leur vie est tracée dans un sillon honorable.

Le menuisier, lui, n'est propriétaire ni de sa maison, ni de son atelier. Il n'a pour toute descendance que cette fille de quinze ans. Une belle fille certes, et qui a une certaine maturité, mais une aguicheuse. De plus, le menuisier vit au jour le jour. Il n'a pas comme les Munch un peu d'argent à la banque et une petite fortune dans l'énorme armoire qui bouche le mur de la pièce commune. Il n'a pas dans son garde-manger des jambons et des saucissons en réserve pour des mois et des mois. Et puis surtout, contre les Munch il n'y a rien à dire, ils ne doivent rien à personne. La justice n'a jamais entendu parler d'eux et les gendarmes n'ont jamais mis les pieds dans leur ferme. Ils y ont certain mérite. Il y a dix ans, un missionnaire s'est installé au village. Amadouant les fermiers par de saintes paroles, il se fit remettre leurs économies, soi-disant pour les faire fructifier en Suisse. Un beau matin, il s'en fut de l'autre côté de l'Atlantique et les Munch durent hypothéquer leur ferme et repartir à zéro. Ils ont travaillé, travaillé « jusqu'à la renverse » comme on dit dans le pays, pour racheter leur bien. Mais ils ne le doivent à personne.

Le menuisier Stanfen, cet ivrogne, a vu trois fois les gendarmes venir le chercher, et trois fois, il a été condamné à des peines de prison comme incendiaire. Dans ces conditions, il paraît inutile aux Munch d'expliquer pourquoi ce mariage est impossible. C'est l'évidence même. Et leur silence est une politesse. Mais le menuisier insiste :

« Donc, vous ne voulez pas me dire pourquoi ? »

Le fermier se contente de secouer à nouveau la tête.

« Mais je veux savoir pourquoi. »

Devant cette insistance la femme du fermier tente de résumer la situation :

« Ce serait le mariage de la carpe et du lapin, Monsieur Stanfen. »

Alors le menuisier se lève, jette à la figure du fermier son verre de vin blanc et petit Munch traite son père d'imbécile. Ce à quoi le fermier riposte en saisissant le menuisier par le col pour le pousser hors de la ferme.

« Fiche le camp, incendiaire ! »

A partir de cet instant, les quatre hommes sont devenus des ennemis mortels. Vieux Munch et grand Munch d'un côté, petit Munch et le menuisier de l'autre. Depuis des semaines, le drame couvait chez les Munch. Pourtant, tout aurait dû être si simple : grand Munch, l'aîné, aurait la ferme, et petit Munch aurait l'argent qui lui permettrait d'épouser la fille d'un fermier. Dès qu'ils ont vu que petit Munch tournait autour de la fille du menuisier, ça n'a été qu'un seul cri du père et de la mère :

« Par tous les saints du paradis, ne touche pas à cette gamine ! »

C'était l'expression d'une psychologie tellement élémentaire, tellement instinctive, qu'elle ressemblait à de le superstition.

« Pourquoi ? répondait petit Munch, ce n'est pas une sorcière ! »

Les deux vieux ne savaient que répéter :

« Ne touche pas à cette gamine ! »

Le fermier, vraiment, n'était pas doué pour la discussion. Si cette rigidité sans commentaire avait réussi avec grand Munch, elle échoua complètement avec petit Munch. Car dans la soirée du 11 juin 1935, petit Munch frappe à la porte de ses parents. Erna devenue sa femme, est à sa droite et le menuisier devenu son beau-père est à sa gauche. Mais le fermier refuse de leur ouvrir sa porte, il perd ainsi définitivement son fils, mais il perd aussi sa ferme, qui brûle la même nuit de fond en comble. Au petit matin vieux Munch, sa femme, grand Munch et Carl, l'orphelin blondinet qu'ils hébergent depuis cinq ans, retournent du bout du pied les poutres noircies. Il ne reste qu'une petite grange, le fournil et le puits. Les villageois consternés, qui ont fait la chaîne toute la nuit pour se passer les seaux d'eau sans parvenir à éteindre l'incendie se tiennent quelques pas en arrière, curieux, silencieux, et circonspects. Déjà certains murmurent :

« Ce n'est pas un accident, c'est un incendie volontaire. »

C'est alors qu'apparaît un personnage aux cheveux en brosse sur un crâne et une cervelle de bois : le policier du village. Le policier du village a des principes : Premièrement, tout le monde peut être coupable. Deuxièmement, ce sont les gens les plus respectables qui font les plus belles crapules. Troisièmement, il faut avant tout considérer à qui le crime profite. Or, dans cette affaire, à qui l'incendie profitait-il, sinon au fermier Munch, dont la ferme était assurée. Donc, ce pourrait bien être lui qui ait volontairement allumé l'incendie, selon le policier du village. Le voilà donc, qui interroge en premier l'orphelin blondinet. C'est un Slave que la mort brutale de ses parents et une enfance difficile ont rendu craintif. Il est impressionné par l'attitude du policier.

« Je ne sais pas ce qui s'est passé, j'étais dans la chambre que je partage avec grand Munch. On dormait tous les deux. Tout d'un coup on a entendu en bas, claquer une porte. J'ai ouvert les yeux, on voyait à travers la fenêtre des arbres, éclairés par les flammes. Alors on s'est levés et on a sorti les bêtes de l'étable.

— Et vieux Munch, qu'est-ce qu'il faisait ?

— Je ne me souviens pas bien. Je crois qu'il commençait à tirer de l'eau du puits. »

Puis le policier s'adresse au fermier :

« Il y a quelque temps vous avez assuré votre ferme. Maintenant qu'elle a brûlé, vous allez toucher la grosse somme ?

— C'est vrai, s'exclame le fermier, mais l'assurance ne me remboursera pas tout, et j'ai tout perdu dans cette affaire.

— Tout perdu, tout perdu, pas vos bêtes.

— D'accord, j'allais pas les laisser mourir pour vous faire plaisir ! D'ailleurs, ce sont les gosses qui les ont sorties. Et puis c'est tout ce qui me reste. »

Est-ce vraiment tout ce qui lui reste ? Pour vérifier ce détail, le policier se rend sur les lieux de l'incendie accompagné des autorités, du fermier et des villageois. Après quelques minutes de fouille minutieuse, on l'entend pousser un cri de triomphe.

« Tenez ! Là, regardez ! »

Et il montre la porte du fournil qu'on aperçoit plein de charcuterie. Il compte en les sortant l'un après l'autre :

« Un jambon, deux jambons, trois jambons, quatre, cinq, six... Et les saucissons maintenant : un, deux, quatre, six, douze saucissons ! Ah ! Ah ! il disait avoir tout perdu. »

Et le policier, qui se sent devenu un grand détective, explique aux autorités ébahies et admiratives :

« Ça, c'est la preuve qu'il a mis le feu à la ferme. Et pour vivre en attendant que l'assurance paye, il a caché tous ses jambons et ses saucissons dans le fournil.

— Peut-être qu'il a eu l'idée de les mettre à l'abri quand il a vu éclater l'incendie, fait remarquer l'un des spectateurs.

— Non, puisque l'orphelin a dit que lorsqu'il est descendu le fermier était déjà en train de tirer de l'eau du puits. »

On cherche du regard dans l'assistance le fermier pour lui poser la question. Mais il n'est plus là.

« De toute façon il mentirait, dit le policier. C'est l'orphelin qu'il faut interroger, c'est lui qui détient la clé de cette affaire. »

De retour au village, on cherche partout l'orphelin, le seul témoin de foi, qui peut infirmer ou confirmer la thèse du policier, selon laquelle, avant de tirer l'eau du puits, vieux Munch n'a pas eu le temps de sortir les jambons et les saucissons de la maison pour aller les mettre à l'abri dans le fournil. Malheureusement on ne trouve pas le gamin, on le cherche partout dans le village, puis on bat la campagne aux environs : il a disparu. Par contre, on trouve vieux Munch dans la taverne, attendant, la tête dans les mains, la suite des événements.

La suite des événements, ce sont les Assises de Munster un an plus tard, où le vieux Munch paraît fermé comme une huître, muet comme une carpe. Sa pauvre femme affolée, regarde les juges, les avocats, les jurés et les greffiers avec une stupeur légitime. L'aîné de leurs fils, grand Munch copie conforme du vieux, se tient droit et impassible à leur côté : ils sont accusés tous trois d'avoir volontairement mis le feu à leur ferme et assassiné l'orphelin pour l'empêcher de témoigner contre eux.

C'est le policier à la tête de bois qui ouvre les hostilités et les jurés l'écoutent avec un certain étonnement, voire un certain amusement. Il est difficile de faire reposer des accusations aussi graves sur la présentation comme unique pièce à conviction de six jambons et douze saucissons. C'est donc dans un silence glacial que le policier à la tête de bois quitte la salle, vexé comme un pou, sa théorie dans la poche et son mouchoir par-dessus. Puis l'accusation présente comme principal témoin à charge, le plus jeune des fils, petit Munch.

« Vous avez déclaré à l'instruction être convaincu que vos parents et votre frère ont mis eux-mêmes le feu à leur ferme. Pourquoi ?

— Parce qu'ils me l'ont dit. Ils m'ont dit qu'un jour, ils mettraient le feu à leur ferme pour toucher l'assurance.

— Mais pourquoi est-ce que tu dis ça ? hurle Mme Munch. Tu nous détestes à ce point-là ? »

Le vieux Munch, pâle, serre dans ses mains calleuses la rambarde du box des accusés. Grand Munch murmure dans l'oreille d'un avocat :

« C'est à devenir fou. »

Les jurés sont relativement scandalisés par l'attitude de petit Munch. Mais malheureusement, personne n'a l'idée de lui demander pour quelle raison il lance de telles accusations contre ses parents. Et personne n'essaie d'obtenir la moindre explication des trois pauvres bougres qui se taisent dans leur box. Il n'est donc question ni du menuisier incendiaire, ni du mariage de leur fils avec sa fille. Ce qui est fort dommage, pour la suite de l'histoire. Mais la démonstration du policier et l'accusation de petit Munch n'ayant pas convaincu le jury, et faute de preuve, les accusés sont acquittés.

Cependant, les Munch sont condamnés ultérieurement à trois mois de prison pour escroquerie à l'assurance : n'ont-ils pas omis de déclarer qu'ils avaient soustrait à l'incendie six jambons et douze saucissons ? Ensuite, lorsqu'ils retournent au village, c'est pour y retrouver cette fois, un ennemi mortel de plus : le policier à la tête de bois.

« Vous vous en êtes sortis cette fois-ci. Mais vous avez tué l'orphelin, affirme le bonhomme. Je le prouverai et je vous ferai pendre. »

Dans les vicissitudes, la famille Munch a toujours fait front courageusement, les trois Munch, qui ont respectivement cinquante-sept, cinquante-six et vingt-trois ans, reconstruisent leur ferme. Ils la construisent même un peu plus grande que la première, de façon à lui ajouter un petit logement que les deux vieux pensent habiter losqu'ils ne pourront plus travailler. En attendant ce jour, ils le louent à un mécanicien fraîchement venu au village et qui ne se soucie pas de leur mauvaise réputation. Et pour cause : c'est un cambrioleur qui exerce son art dans les châteaux des environs. Pris en flagrant délit, il conduit les policiers à son logement où l'on trouve une partie de son butin. Et le policier à la tête de bois n'a pas de peine à faire passer les Munch pour complices. Ne sont-ils pas déjà des incendiaires et des assassins ?

Pour recel, le fermier Munch est donc condamné à six mois de prison et sa femme à un an. Cette fois, si le fermier n'est pas vraiment vaincu, sa femme commence à perdre les pédales, ce dont va profiter dans le camp adverse son propre fils, le petit Munch. Petit Munch se rend à la prison accompagné de son beau-père. Toujours menuisier, toujours alcoolique et plus fainéant que jamais. Petit Munch s'adresse à sa mère en ces termes :

« Mère, vous croyez tous que je vous déteste. Ce n'est pas vrai. J'ai voulu me venger du mal que vous m'avez fait. Maintenant tout ça est fini. Vous êtes dans le malheur, je voudrais vous aider. »

Bien entendu, la seule pensée lucide de Mme Munch est pour la ferme.

« Comment va notre ferme ?

— Mal. Grand Munch n'a plus de goût pour s'en occuper. La terre ne donne pas. Une vache est morte et il n'a pas fini de poser la toiture : tout est inondé. Je pourrais m'en occuper si tu me signes ces papiers, moi je me sens capable de la sauver. »

La pauvre femme, à moitié folle de désespoir, signe. Et lorsque les Munch rentrent chez eux, la ferme est occupée par des gens inconnus, ils ne reconnaissent plus leurs bêtes, grand Munch travaille comme domestique dans une ferme voisine : petit Munch et son beau-père le menuisier, ont tout vendu. Et le policier à la tête de bois est toujours là. Petit à petit, avec le temps, il est parvenu à retourner le village. Cent kilomètres à la ronde, il n'est pas un paysan pour saluer les Munch, ne serait-ce que d'un signe de tête.

Mais le policier à la tête de bois ne s'en tient pas là. Il harcèle tant et si bien le procureur que celui-ci délègue un jour un commissaire. Ayant entendu les uns et les autres et vu les trois malheureux Munch, vivant comme des bêtes dans une cabane de planches, il conclut :

« Ce sont des gens inutiles et néfastes à votre communauté. Je vais m'appliquer à vous en débarrasser. »

Car nous sommes en 1936 et il y a dans l'air comme une odeur de SS. Un second procès d'Assises a donc lieu à l'initiative de ce commissaire efficace. Les malheureux Munch récusent d'avance tout ce qui va être dit au cours de ce procès (leurs déclarations ont été falsifiées ou obtenues par la violence). Le défilé des témoins est une mascarade horrible. Certains venant déclarer que si l'on n'a pas retrouvé le cadavre de l'orphelin, c'est parce que les Munch ont dû le donner à manger à leurs cochons. Mais le tribunal se déclare toutefois convaincu qu'ils ont assassiné le gamin pour faire disparaître un témoin gênant. Toutefois ne pouvant en établir la preuve, il ne condamne les Munch qu'à dix ans de prison comme incendiaires.

Alors la vieille Madame Munch perd la raison et doit être internée dans un asile. Le vieux Munch et son fils errent de prison en camp de concentration et regardent le monde s'écrouler autour d'eux, avant de rentrer une fois de plus dans leur village au mois de novembre 1948. Et là, enfin, le regard des villageois n'est plus le même. Ils ont vu tant de drames, tant de souffrances, tant de morts et tant de criminels. D'ailleurs ces deux-là sont-ils vraiment des criminels ? Il y a dans le village, un nouveau policier, jeune, tout frais sorti des écoles. Un jour, le vieux menuisier Stanfen, complètement ivre lui donne une tape sur l'épaule.

« Faudra que je vienne vous voir un jour, je vous ferai des révélations sur l'incendie de la ferme Munch. »

Quelques semaines plus tard, le vieux menuisier fait appeler le jeune policier, qui arrive trop tard, le vieillard agonise. Alors, par curiosité, le jeune policier étudie l'affaire et arrive à la conclusion logique : les Munch ont été condamnés parce que l'on n'a pas retrouvé le jeune orphelin. Le dossier dit qu'on l'a cherché dans toute l'Allemagne. Mais hors d'Allemagne ?

C'est une idée qui n'est venue à personne ! Pourquoi aurait-on cherché aussi loin ce gamin de quinze ans qui n'avait pas d'argent ? Alors le jeune policier a l'idée d'envoyer à INTERPOL une fiche sur cet orphelin disparu il y a bientôt vingt ans. Et sans difficulté, sans recherche particulière, par le simple travail routinier de ses innombrables correspondants, INTERPOL le retrouve.

Il est marié et vit à Bergame, en Italie. S'il s'est enfui il y a vingt ans, c'est parce qu'il ne comprenait rien à ce qui se passait et que le policier à la tête de bois lui faisait peur.

« Est-ce que vous croyez que les Munch ont mis le feu à leur ferme ?

— Non, c'est absurde. Leur ferme, c'est ce qu'ils aimaient le plus au monde, je m'en souviens. »

Le policier tente d'aller plus loin dans ses souvenirs.

— Est-ce que, lorsque vous êtes descendu, le vieux Munch était déjà en train de tirer de l'eau du puits ? C'est loin je sais mais ce détail est important.

— Oui, c'est possible. Mais, avant je crois bien qu'il a été dans le fournil, mettre à l'abri de la charcuterie. C'est la première image qui me revient en tout cas !...

— Je m'en doutais, conclut le policier en soupirant : six jambons et douze saucissons ! »

Un simple réflexe de paysan, en somme, qui avait coûté cher aux Munch. Le vieux avait mis sa charcuterie à l'abri, comme il avait récupéré son bas de laine avant de jeter le premier seau d'eau. C'est donc bien qu'il n'avait pas mis le feu lui-même à sa ferme. Pas à sa ferme, mais aux poudres.

UN HOMME COMME LES AUTRES

Le décor est sordide. Sordide par l'horreur et le sadisme qu'il représente. Par le côté définitif de cette mort surprise. La femme est étendue, tête renversée, les yeux révulsés, dans un fouillis de draps et de linges froissés. Un sadique vient de la tuer. Au-dehors c'est le printemps. C'est l'Italie. Celle des autoroutes, et l'on entend gronder au loin, l'autoroute de Gênes. Le commissaire Camogli vient d'être appelé à 10 heures du matin dans ce grand appartement au troisième étage d'une maison bourgeoise de la banlieue. En passant du soleil éclatant à l'obscurité de l'appartement, il lui faut presque écarquiller les yeux pour deviner le médecin légiste et les spécialistes qui s'affairent à relever les empreintes et les indices, à photographier le cadavre sur toutes les coutures. C'est celui d'une femme de cinquante-cinq ans, bien conservée, dont le sobre maquillage a coulé avec quelques larmes. Ses cheveux noirs ne sont pas décoiffés.

Effondré sur une chaise, son fils — un homme d'une trentaine d'années — en pyjama, regarde ce va-et-vient avec étonnement :

« Mais pourquoi tout ça ? demande-t-il à plusieurs reprises. Puisque je vous dis que c'est Pierre. Je suis sûr que c'est Pierre. »

Le commissaire Camogli, qui ne connaît encore rien de l'affaire demande qui est ce Pierre.

« C'est un nain. Enfin, il est tout petit, il m'arrive là. »

Et l'homme en pyjama qui n'est lui-même pas très grand, se lève et montre son épaule. Le commissaire se tourne alors vers le médecin légiste qui réfléchit quelques secondes avant de confirmer que la chose est possible. La femme a été étranglée à l'aide d'un soutien-gorge, le larynx est brisé et elle a des fractures du sternum et des côtes.

« Et vous croyez qu'un nain peut faire ça ? demande le commissaire au médecin.

— Bien sûr. Il y en a de très forts. D'ailleurs, d'après ce que dit

Monsieur, ce Pierre ne serait pas forcément un nain comme on l'entend généralement. Il est difforme ou simplement petit ?

— Il est petit mais il est normal.

— Et il est fort ?

— Oui... très fort... Il fait de la gymnastique et du karaté.

— Vous voyez, commissaire, poursuit le docteur. Il peut parfaitement avoir étranglé cette femme. Les nains sont des gens comme les autres. Mais toute leur vie, par un moyen ou par un autre, ils essayent de surmonter cette infériorité, d'autant plus injuste qu'elle n'est qu'apparente et due à la bêtise des autres. Alors ils sont souvent d'une susceptibilité exacerbée. Même s'ils ont eu la chance d'avoir une enfance et une éducation parfaites, il est bien rare qu'ils s'en tirent sans complexe. C'est pour cela que nous sommes violemment contre l'abus de ces expressions : " nains " ou " nabots ". Elles désignent un homme qui est finalement comme vous et moi, simplement plus petit que la moyenne. »

Le commissaire, pendant les explications du docteur, furetait dans l'appartement. Il tombe en arrêt devant un tiroir ouvert.

« C'est exprès que ce tiroir est ouvert ?

— C'est exprès, Monsieur le commissaire, explique un policier. On l'a trouvé comme ça. Il paraît qu'il y manque des choses.

— Oui, dit l'homme en pyjama. Le salaud m'a pris 100 000 lires, un canif, une montre, des papiers et mon permis de pêche. Et il a volé le bracelet-montre que maman avait au poignet. »

Le commissaire Camogli demande alors à l'homme en pyjama de le suivre dans la cuisine, s'assoit en face de lui et lui demande de lui raconter l'histoire en détail. Le garçon frissonne, redresse le col de son pyjama d'un geste dérisoire et triste, puis commence son récit.

« Hier, j'ai rencontré Pierre Boultrain tout à fait par hasard dans un café. C'est un Français que j'ai connu sur un bateau allemand. A l'époque, je naviguais et on était très copains. On ne s'était pas vus depuis sept ans. Il était si petit, à l'époque, que je l'avais imaginé plus grand après ces années et j'ai été surpris. Pourtant, il était devenu costaud et s'était laissé pousser une moustache. Je lui demandais comment il allait. Il m'a répondu qu'il allait " comme çi comme ça ", que depuis sept ans il avait fait des tas de bêtises, qu'il était toujours matelot et qu'il était à Gênes pour trouver à s'embarquer. Il n'avait pas trop l'air de savoir où aller. Je lui ai proposé de venir chez moi, où il n'y avait que maman, pour pouvoir bavarder tranquilles. Mais, hier soir, maman était fatiguée. Elle est serveuse dans un restaurant. Elle est debout toute la journée.

— Quel âge a-t-elle ?

— Cinquante-cinq ans... Mais vous avez vu, elle était encore très bien. »

Le commissaire laisse le garçon en pyjama pleurer quelques instants et, brusquement, l'interrompt :

« Ça suffit, mon garçon ! Il faut avoir du courage. Si vous voulez que le salaud qui a tué votre mère soit puni comme il le mérite, il faut m'aider, allez racontez-moi la suite.

— Je vous l'ai dit. Maman était fatiguée. Elle s'était étendue sur un divan. Tout ça est d'autant plus bête qu'elle a été très gentille avec Pierre. Elle le connaissait à peine, mais je ne sais pas ce qui s'est passé. Elle a eu pitié de lui, je crois. Elle l'a mis en confiance. Et voilà qu'il s'est mis à lui parler pendant des heures, à lui raconter sa vie... La vie d'un nain, enfin d'un homme aussi petit, c'est pas drôle. Moi, je n'écoutais pas. Je n'ai fait attention que lorsque maman s'est mise à parler de moi. Elle lui disait que tous les hommes avaient des problèmes. Que moi, par exemple, je buvais beaucoup trop, qu'un jour ça me jouerait des tours. Elle m'a crié : " Aldo, tu vois, tu devrais prendre exemple sur Pierre. Il ne boit pas, lui ! " Peu après, maman m'a encore appelé : " Tu entends, Aldo, Pierre fait de la gymnastique ! " Puis j'ai entendu Pierre qui me criait : " Tu devrais en faire aussi, au moins une fois par semaine ! " Enfin, ma mère m'a appelé une dernière fois : " Viens voir, Aldo, ce qu'il sait faire. " Quand je suis entré dans la pièce, Pierre était en train de faire des tractions tout en faisant le poirier. Il en était à la douzième. Après ça, il a fait des tractions sur le côté, sur un bras. C'était ridicule ! J'avais l'impression qu'il voulait épater ma mère. Sans arrêt, il me disait : " Tiens, est-ce que tu sais faire ça ? " ou bien : " Je parie que tu ne peux pas ramasser une assiette par terre avec tes dents ! " Cela avait quelque chose de gênant, d'écœurant, un côté cirque, un peu malsain. Alors je suis allé me coucher. Le lendemain matin, Pierre n'était plus là et j'ai trouvé ma mère comme vous l'avez vue. Je n'ai rien entendu. »

Le commissaire prend des précautions pour poser sa question :

« Vous n'avez aucune idée de ce qui a pu se passer ?

— Non. Enfin, j'imagine. »

On peut imaginer c'est vrai. Point n'est besoin d'être devin. Devant la sympathie que lui témoignait la mère de son ami, Pierre a peut-être voulu pousser la compréhension un peu plus loin. Elle a refusé. Tout autre homme n'aurait pas insisté mais, pour lui, c'était une vexation gratuite. Si, quelques instants plus tôt, une femme le comprenait et l'admirait, pourquoi refusait-elle ensuite de faire l'amour ? Pour peu que à bout d'arguments, la mère l'ait finalement traité de nain...

La photo du suspect est diffusée le soir à la télévision et publiée le lendemain dans l'ensemble de la presse italienne. Étant donné son signalement, il est difficile à Pierre Boultrain de se fondre dans la foule. Mais trois jours passent et il n'a été vu nulle part, le commissaire Camogli en déduit qu'il a peut-être gagné l'étranger, et sans doute la France puisqu'il est français et que c'est là que vit sa famille.

Une demande de recherches arrive à INTERPOL Paris. Et dans les archives de la documentation criminelle on trouve un dossier très épais. Si épais qu'un enquêteur est expédié chez les parents du suspect, immédiatement.

Chez les parents de Pierre, c'est une maison de mineurs. La mère, une femme de cinquante-cinq ans avec des cheveux blancs, le visage fatigué. Le père un homme grand et sec, avec une voix gutturale et des manières sévères : ils ont six enfants, tous de taille parfaitement normale. Pourquoi le développement physique de celui-là a-t-il été insuffisant ? C'est pour eux un douloureux mystère. Ils ont fait ce qu'ils ont pu. Au début, lorsqu'il était tout petit, ils ne se sont pas rendu compte. Puis, au fil des mois, il leur a fallu admettre que Pierre serait petit et fragile. Les années passant, malgré la gymnastique, les piqûres et les fortifiants l'enfant accusait un retard de taille de plus en plus grand. Il grandissait, explique sa mère, mais si peu que, par rapport aux autres, il donnait l'impression de rapetisser. Moralement, il était tout à fait normal mais, deux ans de scolarité lui donnèrent tant de complexes qu'il fallut le mettre dans un établissement spécial. En sortant de l'école, Pierre est descendu dans la mine, comme son père le souhaitait. Mais, un an plus tard, la direction l'a congédié en raison de son mauvais caractère. C'était comme un engrenage sans fin. Comme il avait mauvais caractère, il se disputait. Et dès qu'il se disputait, on le traitait de « nain » ou de « nabot », ce qui lui donnait encore plus mauvais caractère. Jusqu'à l'âge de vingt-trois ans où il a rencontré le grand amour.

De l'avis du père, sa vie aurait pu être à peu près normale s'il n'avait jamais rencontré cette fille. Il avait vingt-trois ans. Elle en avait dix-huit. Elle était ravissante mais avait déjà un enfant de trois mois. Ils se sont épousés très vite, beaucoup trop vite. Le jour de ses noces, comme la fête s'éternisait et qu'il l'attendait, seul, dans la voiture, il est parti à sa recherche. Il a trouvé sa femme dans les bras d'un cousin, et n'a jamais pu l'oublier. Ce jour-là, après des reproches bien compréhensibles, Pierre s'est entendu dire qu'on l'avait épousé pour donner un père à l'enfant. Et que jamais sa femme n'avait eu l'intention de passer ses nuits avec une « demi-portion ». La douleur de Pierre fut une douleur rentrée, mais terrible. Il divorça quelques mois plus tard, et prit tous les torts à sa charge. Il voulait tout oublier aussi vite que possible, et il est parti pour l'Allemagne.

Le policier veut savoir, au cas où Pierre se réfugierait chez ses parents, s'ils accepteraient de l'aider.

« Non, dit le père.

— Nous lui pardonnons comme nous avons toujours pardonné, dit la mère. Mais le revoir est au-dessus de nos forces. »

Alors il ne viendra pas se réfugier chez eux. C'est évident. Il est parti pour ne plus revenir. Et la suite de sa course slalom entre ses complexes et les affronts des autres se trouve dans le gros dossier d'INTERPOL.

Il se fait engager comme matelot et s'entraîne au karaté. On le voit dans les bars de la côte, de Hambourg à Endem où, pour se faire remarquer, il dépense l'argent à tort et à travers. Dans un café un jour, il plaque avec bruit son portefeuille sur le comptoir et s'écrie : « Je t'achète toute la baraque ! Combien est-ce qu'elle vaut ? » Et comme un soulard lui répond : « Puisque t'es si riche, donne-moi de l'argent ! », il lui glisse cent marks dans la poche. Pierre cherche à se prouver une puissance égale à la taille des autres.

C'est à Endem qu'il rencontre Madeleine Jung, âgée de trente-six ans, et mère de deux enfants. Elle tombe follement amoureuse du matelot Pierre Boultrain et l'installe chez elle. Comme il est alors sans travail, elle l'entretient complètement, bien qu'elle ait du mal à joindre les deux bouts. Ils vivent pendant trois semaines des nuits passionnées jusqu'à cette nuit de novembre où la femme, lassée de trop d'empressement, le repousse. Ils se disputent et Pierre manque de l'étrangler. La femme arrive à se libérer, parvient à la porte qu'elle ouvre en criant : « Tu es trop prétentieux pour un nabot ! Va prendre l'air, ça te remettra d'aplomb. » Puis elle prévient la police.

Aux Assises de Brême, Pierre est condamné à un an et six mois de prison pour coups et blessures volontaires. Mais c'est sa deuxième chute en amour, et personne ne s'occupe de savoir jusqu'où il est blessé lui-même.

Et le dossier d'INTERPOL suit à travers l'Europe la course éperdue de Pierre. En prison il a laissé pousser une moustache trop longue. C'est une manière comme une autre de se cacher, et d'avoir l'air d'un homme. Il trouve du travail sur le port, à Anvers, en sortant de prison. Après quelques semaines, il fait la connaissance de Monica Van Lee, une splendide Flamande aux cheveux de lin. Malheureusement, leur première nuit est un désastre. Pierre ne parvient pas à la satisfaire. Et cet incident qui peut parfois prendre de l'importance, même chez un homme normal, plonge Pierre dans le gouffre d'un désespoir affreux. Monica a la stupidité de rire cette nuit-là en faisant une plaisanterie de mauvais goût : « J'aurais dû me douter qu'un nabot comme toi ne saurait pas aimer ! » Elle est là, sur le lit, grande, insatisfaite, méprisante, symbole vivant des angoisses de Pierre. Alors il arrache un lambeau de sa chemise de nuit et s'en sert pour l'étrangler. Aux Assises, le jugement déclare : l'accusé a tué cette femme parce qu'elle l'offensait. Pierre est condamné à quatre ans et demi de prison.

Dans les prisons belges, à force de gymnastiques diverses, le petit être fragile est devenu définitivement un athlète. Il ne mesure toujours qu'1,38 mètre, mais il est trop tard : il vole, escroque, s'enivre et récolte en France dix mois de prison pour vol commis avec effraction. Alors, il revient chercher la paix chez les seuls êtres au monde qui ne le traiteront jamais de « nabot » : ses parents. Ceux-ci l'hébergent jusqu'au jour où il part pour Gênes, rencontre son ami Aldo et tue sa mère.

Le cercle est infernal. Il ne s'en sortira plus et il faut l'arrêter avant qu'il ne recommence à tuer... Une semaine s'est écoulée depuis le meurtre de Gênes. Si l'on n'a pas retrouvé Pierre, il n'est pas très difficile de suivre sa trace. La police a pu établir que le soir du crime il a pris le train en direction de la France. INTERPOL le suit à la trace jusque sur la Côte d'Azur. Il est descendu à Monte-Carlo à 2 heures du matin. Un inspecteur a retrouvé Mme Léontine Rivarolo, chauffeur de taxi, qui se souvient très bien avoir chargé à la sortie de la gare le « nain à la moustache », comme elle l'appelle. Elle a rapporté sous serment le dialogue qui s'est établi entre elle et son client. En montant dans le taxi, il a demandé : « Où est-ce qu'on peut s'amuser cette nuit ? » Elle a proposé le *Jimmy's* ou le *Café de Paris*. « Le nain, dit-elle, a choisi le *Café de Paris* et il m'a raconté qu'il venait de Gênes, qu'il s'était disputé avec une femme et avait failli la tuer. Il s'est vanté de faire du karaté et de ne plus sentir sa force dans les moments de colère. » Pour plaisanter, la conductrice du taxi lui a demandé s'il ferait la même chose avec elle, mais il a répondu galamment : « Non pas avec une aussi jolie femme que vous. »

Au *Café de Paris,* Pierre Boultrain semble vouloir attirer l'attention de tout le monde par ses vantardises et ses gestes spectaculaires. Il met un billet de banque dans le décolleté d'une serveuse, offre des cigares au gérant et des tournées à des inconnus. Il paye en lires italiennes et disparaît au petit matin. Et lorsque l'enquêteur arrive au *Café de Paris,* c'est pour s'entendre préciser tous ces détails, mais perdre la trace de Pierre en même temps.

Quarante-huit heures passent. Pierre Boultrain, dont le signalement a été distribué à toutes les polices, a été vu à Carmaux dans la journée, un inspecteur de police et le commissaire Camogli surgissent au petit matin au domicile de ses parents. Les policiers ne l'auraient pas cru capable de se réfugier là. Mais il va venir, c'est certain. Il n'est pas venu en ville pour autre chose. Mme Boultrain, ses cheveux blancs défaits, défigurée par l'angoisse, tel un automate, a fait du café comme tous les matins. Son mari demande au commissaire :

« Vous êtes sûr que c'est lui qui a tué cette femme ?

— On a relevé des fibres textiles sur le cadavre. On sera fixé en analysant ses vêtements.

— Et vous croyez qu'il va venir ?

— Je n'y croyais pas au début, mais il ne sait plus où aller. Il n'a que la police ou vous. »

Alors la mère éclate en sanglots, elle se jette dans les bras de son mari, en hurlant qu'elle ne veut pas voir son fils. Elle ne pourra pas le voir. C'est au-dessus de ses forces. Elle ne peut pas admettre avoir fait un monstre. Le père, le visage en larmes, essaie de la calmer :

« Il faut, voyons. C'est nous qui l'avons fait comme il est. »

Soudain, tout le monde sursaute, se tait. Il y a des pas dans l'escalier, puis sur le palier, et l'on frappe à la porte. C'est la mère qui crie la première :

« Va-t-en ! »

Elle a crié va-t-en, comme on chasse un chien. Puis la gorge serrée, elle a redit :

« Va-t-en ! Ici, c'est plein de policiers. »

Et cette fois, elle l'a dit comme on chasse son chien pour lui éviter un danger. Alors, une voix, une voix d'homme grave et plutôt belle, passe à travers la porte.

« Où veux-tu que j'aille, maman ? »

C'était étonnant cette voix derrière la porte. Cette voix d'homme normal. Les guetteurs ne s'y attendaient pas. Ils attendaient une voix nasillarde ou ridicule. Ce qu'ils croyaient être la voix d'un nain. Le policier français, par réflexe professionnel s'est alors plaqué contre le mur pour ouvrir la porte d'un seul coup. Comme on fait pour les gangsters de taille normale. Le commissaire lui, était juste devant la porte. Ses yeux bleus, durs et froids n'ont pas rencontré tout de suite le regard de Pierre. Le commissaire Camogli, grand et légèrement arrogant a d'abord regardé devant lui comme il a l'habitude de le faire. Puis son regard a glissé vers le bas, encore plus bas.

A 1,38 mètre du sol, il a croisé le regard de Pierre Boultrain. Et c'est là seulement qu'il a compris qu'il n'était pas un homme comme les autres. En baissant les yeux pour le voir. Car il n'y a rien à faire contre 50 centimètres de différence. Parce qu'un homme qui a toujours l'impression de parler au niveau du nombril des autres, a du mal à ne pas prendre le sien pour le centre et le malheur du monde.

Sadique, oui. Assassin, oui. Mais pas comme les autres non plus. Pierre a retrouvé les Assises pour la troisième fois. Mais c'était trop. Cette fois, il a été condamné comme les autres.

UN TOUT PETIT MORCEAU D'ÉTOFFE GRISE

Joe Hopper a trente-cinq ans. Il est grand, brun, aux yeux bleus et les cheveux en brosse. Il a tout à fait l'air de ce qu'il est : un officier de la marine marchande, qui s'est marié il y a trois jours. Il est d'ailleurs normal qu'un bel officier de marine ait épousé Janet, l'une des plus jolies blondes de San Diego. Tout à fait normal qu'en voyage de noces ils vivent depuis trois jours dans un isolement total, tout là-haut au 26e étage d'un petit appartement posé sur un toit comme une boîte d'allumettes et dominant ce désert de pierre qu'est Chicago. Rien, absolument rien ne les intéresse qu'eux-mêmes. Le monde peut s'écrouler, ils n'en sauront rien. L'homme d'étage remporte chaque matin le journal resté plié sur le plateau du petit déjeuner. Il pleut sur Chicago depuis trois jours.

Le quatrième jour, Joe Hopper doit pour la première fois s'arracher à sa jeune épouse. Il a rendez-vous avec un camarade de collège, célibataire, établi comme médecin dans le sud de la ville. Ils doivent enterrer ensemble la vie de garçon de Joe Hopper. Joe comprend ce que cette petite cérémonie a de ridicule, mais c'est une réunion prévue de longue date, et, bien que sa femme lui demande d'y renoncer, il n'ose pas faire de peine à son vieux copain. Résultat : première bouderie conjugale qui ne sera pas le plus grave. Joe Hopper, malgré son manque d'enthousiasme, arrose consciencieusement cette première et pourtant brève séparation. Il commande péniblement un taxi et vers 22 h 30, quitte son camarade. Alors qu'il attend sur le trottoir, il regarde arriver une chienne amoureusement suivie de trois chiens, parmi lesquels un magnifique animal. Un grand colley, ces chiens dont le museau ressemble à celui du lévrier et doté d'un abondant pelage fauve et blanc en forme de crinière. L'animal est superbe. Les colleys sont les chiens préférés des Américains, dont l'enfance a été bercée par la célèbre série de télévision « Fidèle Lassie ».

Lorsque le chien passe, Joe se penche pour le caresser. Mais au moment où sa main s'enfonce dans la crinière, il tourne la tête brutalement. Deux fois ses crocs claquent dans le vide et la troisième fois, la bête recule, tirant de toutes ses forces sur la jambe qu'elle a saisie. Puis elle fait un écart lorsque le taxi se range au bord du trottoir, et s'enfuit. Joe regarde son pantalon déchiré et grimace de douleur. En colère, il crie au chauffeur :

« Mais il m'a mordu ! Il m'a mordu ! »

Ce cri de douleur et de rage parvient jusqu'aux oreilles de Scott White, assoupi dans son petit fauteuil dans sa petite maison basse au milieu de son petit jardin, et qui regardait la télé, non loin de là. Il a entendu l'aboiement furieux de plusieurs chiens parmi lesquels la grosse voix de Butch, son chien, un magnifique colley qu'il a laissé sortir dans la rue il y a un quart d'heure. Mais lorsqu'il se lève et ouvre la porte pour l'appeler, le menuisier ne voit que l'ombre de l'homme qui a crié. Puis l'homme monte dans un taxi qui s'éloigne. Butch, haletant, rejoint son maître et crache sur la moquette, avec un peu de boue, un tout petit morceau d'étoffe grise. Scott White, menuisier et brave homme de son état, hoche la tête avec réprobation, et retourne s'assoupir devant sa télévision.

Le lendemain matin, dimanche, Joe Hopper hoche la tête en regardant la pluie qui continue de tomber sur Chicago. Janet, les cheveux blonds retenus sur la tête par un élastique tire la langue avec application pour essayer de recoudre, d'une façon très provisoire, le pantalon gris qui a souffert de l'aventure de la veille. Au retour de son mari penaud, Janet a bien ri, en découvrant son mollet ensanglanté. C'est de nouveau le rire de sa femme qui a sorti Joe Hopper d'un sommeil lourd.

« Non mais si tu avais vu la tête que tu faisais hier soir avec ton pantalon déchiré ! Pour une fois que je te laisse sortir seul. Tout à l'heure on ira dans une teinturerie pour le faire stopper. »

Pour ne pas entendre plus longtemps les sarcasmes de la jeune femme, Joe ouvre la radio.

Ce même dimanche matin, le menuisier Scott White remarque l'attitude bizarre de son chien. L'animal se cache sous la table et, lorsque le menuisier s'approche, il s'écarte pour se terrer dans un coin. Par moment il est agité et se met à aboyer sans raison.

Dans le petit appartement, Janet demande :

« Si on arrêtait cette radio ? »

Elle n'aime ni la radio ni la télévision. Janet est une jeune femme moderne et énergique, qui lit et étudie beaucoup. Elle estime que la radio, la télévision et les kyrielles de journaux illustrés sont des agents de dispersion de la pensée. Elle ne veut pas que Joe, pendant leur lune de miel, pense à autre chose qu'à eux, et à eux seuls.

« D'accord ! dit Joe. Mais il pleut. Si on allait au soleil ?

— Ah ! ça, je serais d'accord, dit la jeune femme. Mais où ? »

Pendant que se déroule cet important dialogue, stupeur du menuisier Scott White : il promène son chien Butch lorsque celui-ci tire brutalement et si fort sur sa laisse qu'il lui échappe. L'animal se précipite alors sur un tas de pierres et les avale. Scott White en reste pantois.

Dans la chambre d'hôtel, Joe Hopper récapitule les possibilités de soleil : les Caraïbes, tu connais. La Floride, tu connais. La Californie, c'est là que nous allons vivre. La France, c'est pas la bonne saison. Donc, nous avons le choix entre l'Espagne et l'Italie...

Janet réfléchit quelques instants et décide :

« Je choisis l'Espagne. »

Et le dimanche pluvieux s'écoule à Chicago.

Le lundi vers 10 heures du matin, le menuisier Scott White, ayant constaté que Butch devenait agressif et cherchait à mordre son entourage, le conduit — solidement tenu en laisse — chez le vétérinaire.

« C'est dommage, dit le vieux vétérinaire chevelu, grisonnant et barbu comme le Père Noël... C'est une belle bête... Il faut prévenir l'Administration.

— Mais bonté divine, qu'est-ce qu'il a ?

— Il a la rage, dit le vétérinaire. »

Joe Hopper et Janet, en imperméables ruisselants, ont remonté Washington Avenue pendant 400 mètres pour s'engouffrer dans une agence de voyages où des affiches de toutes les couleurs proposent du soleil. L'employé a beau leur suggérer une croisière sur un mirifique paquebot, un séjour de milliardaire dans un hôtel d'Acapulco, ils s'en tiennent à leur idée première : l'Espagne, et ils sont pressés. L'employé établit donc l'itinéraire le plus rapide : un vol pour Madrid le lendemain à 8 heures du soir. A Madrid, où ils arrivent le matin, correspondance pour Malaga, la navette de l'hôtel *Les Pyramides* les conduira sur la Costa Del Sol. Ils jouiront d'une chambre avec terrasse donnant sur la mer. Plus qu'une journée avant le soleil.

Au 6e étage d'un building de Chicago, se tient une petite conférence improvisée entre le directeur de la Santé et quelques-uns de ses collaborateurs. On étudie le rapport du menuisier Scott White. Pour conclure, le directeur de la Santé se tourne vers Al Binder, le collaborateur généralement chargé des affaires de dépistage, où il faut être tout à la fois médecin et détective.

« Al... C'est clair, dit-il, un homme a été mordu par un chien enragé. Et tu dois le retrouver. »

Comme toute sa garde-robe légère est restée en Californie, Janet Hopper, suivie de son mari, qui porte les paquets, achète un pantalon de toile blanche, un corsaire, une petite robe légère et un maillot de bain. A leur retour au pigeonnier, elle suggère tout en préparant les bagages :

« Si tu écrivais un petit mot à maman ? »

Joe n'aime pas tellement écrire. Surtout des lettres, et surtout à sa belle-mère. Il aime bien sa belle-mère, mais sans plus. Il lui trouve l'esprit critique. Elle se targue d'être une littéraire alors que lui en est plutôt resté au style colonie de vacances : « Je mange bien. Je dors bien. Je m'amuse bien. »

« C'est plutôt à toi de lui écrire », dit-il à sa femme.

Janet hausse les épaules, sort du papier à lettres pour y jeter quelques lignes, l'avertissant de leur départ en Espagne. Puis montre la feuille à son mari.

« Sois gentil, mets-lui un mot.

— Mais qu'est-ce que tu veux que je lui dise à ta mère ?

— N'importe quoi. Ça lui fera plaisir. Raconte-lui par exemple comment tu as été mordu par un chien. »

Devant la moue de son mari, Janet, vexée, décide :

« Eh bien, c'est moi qui vais lui écrire. »

Les journaux de Chicago se sont jetés sur l'affaire juteuse. Ils en ont fait une manchette en première page, suivie d'articles du genre dramatique et pompier, tels que celui-ci :

« Plus que dix jours à vivre et un arrêt de mort en poche »... « Un inconnu qui, dans la soirée du 10 octobre, a été mordu par un chien devant une maison au 115 Brandon Avenue, doit se présenter immédiatement à la clinique la plus proche. Ce chien, un grand colley, est enragé. Ce qui signifie que l'homme qui a été mordu mourra dans dix jours : le 24 octobre, d'une mort pénible, s'il ne se fait pas vacciner à temps. Quatre précieuses journées sont déjà passées. L'incubation de la rage met quinze jours à devenir mortelle. »

Toute la journée du lendemain, dans leur pigeonnier, le temps semble long à Joe et Janet Hopper qui doivent partir ce soir. Il pleut toujours à Chicago où l'ennui devient mortel. Une fois ou deux, Joe a louché vers le journal mais il sait que ça ne plairait pas à Janet. Quant à la radio, il la met de temps en temps mais chaque fois que la musique s'interrompt et que le moindre bla-bla commence, il tourne le bouton.

La veille à la demande du chef de la Santé, toutes les émissions radio sur tous les émetteurs (et il y en a une trentaine à Chicago) ont été interrompues une douzaine de fois pour lancer un appel de recherche. En vain ! Nul ne se présente dans aucun hôpital.

« Ce n'est pas facile, explique le chef de la Santé aux journalistes. Il y a 3 680 000 habitants à Chicago. Nous en cherchons un seul, nous ne savons rien de lui, et pour le retrouver, nous n'avons plus que dix jours. »

A 6 heures de l'après-midi, Janet et Joe Hopper montent dans un taxi et partent pour l'aéroport.

« C'est tout ? a dit le chauffeur en saisissant l'unique valise.

— Oui, c'est tout. On n'a pas besoin de vêtements. On va au soleil » dit Joe.

Le chauffeur, en souriant, les regarde dans le rétroviseur. Ils ont l'air de ce qu'ils sont : deux jeunes mariés heureux qui partent pour leur voyage de noces.

Pendant ce temps, toutes les voitures de police disponibles quadrillent Chicago et lancent des messages par haut-parleurs. Mais dans l'aéroport de Chicago, aux couloirs interminables et grouillant de monde, Joe et Janet se dirigent vers la salle d'embarquement. De çi de là, quelques voyageurs lisent un journal grand ouvert devant eux. Joe aperçoit les gros titres, mais, depuis quarante-huit heures que les recherches sont en cours, la presse ne leur consacre déjà plus la première page.

A 20 heures précises, le Boeing de la Panam décolle de Chicago en direction de Madrid, emportant Janet et Joe Hopper en voyage de noces au soleil.

La rage devient mortelle après quinze jours d'incubation. Al Binder, le médecin légiste chargé des dépistages par le chef de la Santé de Chicago, se rend une fois de plus auprès de Scott White, le propriétaire du chien qui ne s'est pas encore remis de la mort de son pauvre Butch. Quand il en parle, il a les larmes aux yeux. C'est tout juste s'il a entrevu la silhouette de l'homme qui a été mordu. Par contre, il se souvient qu'en rentrant dans la maison, Butch a craché avec de la salive, un tout petit bout d'étoffe.

« Où est-il ce bout d'étoffe ?

— Je l'ai jeté. Je ne savais pas ce que c'était.

— Quelle couleur ?

— Grise.

— Uni ?

— Oui.

— Quel genre de tissu ?

— J' connais pas grand-chose dans les tissus... C'était un tissu dans le genre costume d'homme quoi.

— L'homme était mordu où ? Quelle partie du corps ?

— De la façon dont il est monté dans le taxi en se tenant la cuisse, j'ai l'impression qu'il a été mordu à la jambe.

— Donc, l'homme portait un pantalon gris. »

A tout hasard, Al Binder fait interroger les pharmacies et dispensaires. Et il y en a des milliers à Chicago ! A part un homme qui a été mordu par son propre chien, un fox-terrier, aucune autre piste.

Le sixième jour. Un chauffeur de taxi vient trouver Al Binder. Il travaille de nuit et, comme il écoute des cassettes dans sa voiture, il écoute peu la radio. C'est donc seulement ce matin qu'il a lu dans le journal, un entrefilet selon lequel un homme que l'on recherchait pour une morsure de chien enragé, n'était toujours pas retrouvé. Or il se souvient qu'il y a six jours, il a chargé un client qui venait de se faire mordre par un chien.

« Et où l'avez-vous descendu.

— Au carrefour de Washington Avenue et de Well Street West. »

Le carrefour est en plein centre de Chicago. Autant dire que le renseignement est un peu vague. A proximité immédiate, il y a plusieurs hôtels. Mais aussi deux buildings d'appartements dont certains sont des « meublés » à louer. Autant chercher une aiguille dans une botte de foin !

Septième jour. Al Binder a une idée de génie. D'après Scott White, le morceau de tissu ayant été arraché probablement au pantalon de l'homme, ne pouvait donc pas être recousu. Par contre on pouvait espérer lui faire un stoppage. Le voilà donc faisant le tour des teintureries du quartier. Et dans l'une d'elles, un employé se souvient qu'un jeune couple lui a apporté un pantalon à stopper. Les dates concordent. La demande s'est faite le lendemain de l'accident. Mais pour le stoppage, l'employé ayant demandé une semaine, le couple n'a pas accepté car il devait partir en voyage très prochainement.

« Où ça ? Est-ce qu'ils vous auraient dit où par hasard ?

— Non, ils avaient l'air de ne pas être décidés. Je crois qu'ils en avaient assez de la pluie et qu'ils voulaient aller au soleil, mais c'est tout ce qu'ils ont dit. »

Dans les hôtels, on fournit volontiers la liste des clients partis les jours précédents, mais aucun ne semble avoir été mordu par un chien. En désespoir de cause Al Binder rassemble tous ses effectifs disponibles pour faire du porte à porte dans les deux buildings d'appartements du quartier.

Le huitième jour, dans l'un d'eux, un homme qui assure le service d'étage au 26e, se rappelle avoir descendu la valise d'un couple de jeunes mariés. Le manager de l'immeuble n'a qu'à jeter un coup d'œil sur son registre. Il s'agit de Joe et Janet Hopper, demeurant à San

Diego, Californie. A leur adresse il n'y a personne bien sûr. L'enquêteur va donc vérifier l'état civil, et noter la date du mariage : 9 octobre, le nom et l'adresse de la belle-mère, à qui il s'empresse de téléphoner. Il se contente de dire qu'il recherche le couple pour information, sans parler de rage pour ne pas affoler la pauvre femme. De plus il n'a pas de temps à perdre. Nanti de l'adresse en Espagne indiquée dans la lettre de Janet, Al Binder téléphone à l'hôtel « *Pyramides* » à Fuengirolla. Mais Janet et Joe Hopper ne sont plus à l'hôtel. Selon les registres, ils sont partis hier.

« Où sont-ils allés ? »

Le concierge de nuit n'en sait rien.

« Mais pourquoi sont-ils partis ? »

Il ne sait pas non plus. Étant concierge de nuit, il ne peut pas savoir ce qui se passe le jour.

Al Binder est effondré. Cette fois, c'est fichu. Le neuvième jour est largement entamé. Il faudrait plusieurs jours pour retrouver la trace du couple en Espagne. Il ne reste qu'une chance : prévenir INTERPOL.

Dans le courant de la neuvième journée, Washington transmet donc au Bureau d'INTERPOL à Madrid, un avis de recherche d'urgence. Dans la soirée, les policiers qui opèrent à la demande d'INTERPOL dans la ville même de Malaga, retrouvent la trace du jeune couple. Janet et Joe se sont installés dans un hôtel assez médiocre en pleine ville. Mais leur chambre ne répond pas. Leur clé est au tableau. Ils ne sont pas rentrés de la journée.

Cette fois, il faut prévenir la famille. Et Al Binder rappelle Mme Windsor qui n'a pas d'autres nouvelles. Il raconte son enquête et conclut :

« Je n'ai plus que dix heures pour retrouver votre gendre.

— Quoi, c'était lui ? »

Al Binder a déclenché un véritable flot de paroles affolées, à peine compréhensibles. Pourtant il en sait assez. De l'autre main il décroche un autre téléphone et appelle directement la police de Malaga. Lorsque enfin il l'a au bout du fil, il ne dit que quelques mots :

« Cherchez dans les hôpitaux. »

Et c'est ainsi que le dixième jour, la police de Malaga retrouve Janet Hopper souriante au chevet de son mari en observation depuis deux jours dans un hôpital de Malaga.

Lorsque Janet avait écrit à sa mère, elle lui avait brièvement raconté l'épisode de la morsure. Mme Windsor s'est empressée de répondre par retour du courrier, en disant à peu près : « Je m'étonne qu'à Chicago tant de gens soient mordus par des chiens. Qu'est-ce que fait la fourrière ? Joe se fait mordre alors qu'on cherche partout un homme mordu par un chien enragé, comme vous avez dû le lire dans les journaux. Même ici à San Diego le journal paroissial de dimanche a raconté l'affaire. »

La lettre étant arrivée le huitième jour à l'hôtel « *Pyramides* », Janet et Joe Hopper, horrifiés, se précipitèrent à Malaga dans le premier hôpital venu où l'on administra un vaccin à Joe. Puis Janet retourna à l'hôtel prendre sa valise pour louer une chambre à côté de l'hôpital.

« Tu vois ! a dit Janet à Joe, tu vois qu'il faut tout dire à maman ! »

Et ils furent heureux avec belle-maman.

IN VINO VERITAS

La salle du théâtre est vide, mais la scène est illuminée pour une répétition. Sur cette scène, Arne Dreyer, qui tient l'un des rôles principaux de la pièce, annonce son texte en répétant les jeux de scène. Sa maîtresse est au troisième rang. Grande, blonde, jolie, elle porte la trentaine avec beaucoup de charme. Elle n'a pas vu arriver le policier dans son dos. Il arrive de Zurich, délégué par INTERPOL, et il a demandé madame Jacobsen à l'entrée, en montrant sa carte. Le planton lui a désigné une opulente chevelure blonde, de dos, et il avance dans l'allée centrale jusqu'au troisième rang.

« Madame Jacobsen ?

— Oui.

— Madame, INTERPOL m'a demandé de vous transmettre une nouvelle... Une mauvaise nouvelle. Votre mari est mort dans sa maison, en Provence. On pense qu'il s'est suicidé. »

La femme a pâli, mais reste muette. Le policier qui l'observe se demande ce qui l'a frappée le plus, de l'idée de la mort ou de celle du suicide. Il poursuit :

« On a trouvé trois lettres à son chevet. Deux, adressées à son notaire de Copenhague. L'autre vous est destinée. Le commissaire de police de Nîmes la tient à votre disposition.

La femme s'est levée d'un bond, elle crie :

« Arne ! Arne ! »

Sur la scène, l'un des comédiens se fige. C'est son amant : un grand gaillard brun au « physique de théâtre classique » : un mélange d'aisance et de prestance qui peut recouvrir aussi bien le talent que l'immense bêtise.

« Qu'est-ce qu'il y a, demande-t-il d'une voix profonde et retenue.

— Hans s'est suicidé. »

Le 6 octobre 1934, à 10 heures du matin, Birgitte Jacobsen est reçue par le commissaire de police de Nîmes. Elle a retiré sa toque de fourrure et secoué l'avalanche de ses cheveux blonds. Le commissaire l'a regardée faire, derrière ses binocles, il attend qu'elle parle la première :

« Vous êtes sûr que c'est un suicide ? demande la jeune femme.

— Certain. Je pense d'ailleurs que cette lettre vous le confirmera. »

Birgitte Jacobsen retire ses gants de chevreau pour ouvrir l'enveloppe d'une main tremblante. Elle lit les quelques phrases que lui destinait son défunt mari et serre les dents pour retenir ses larmes. Puis répond calmement aux questions.

Il suffit de quelques minutes au commissaire pour apprendre ce qui lui est nécessaire : Industriel à Bruxelles, Hans Jacobsen à soixante-cinq ans s'était retiré, très fortuné, dans un mas des environs de Nîmes, entouré de vignes, de champs de lavande et de bois. Il aurait pu y vivre des jours paisibles près de sa jeune et jolie femme et de ses chères bouteilles. Amateur très éclairé de bons vins, il avait religieusement réuni les meilleurs crus dans une cave voûtée, vaste et silencieuse comme une église. Malheureusement, il avait un neveu : Arne Dreyer, Danois lui aussi, et comédien. Arne enviait tout ce que possédait son oncle : le mas, la cave et la femme. Prétentieux, disert et sûr de lui, ayant un avis sur tous et sur tout, Arne Dreyer s'acharnait à séduire Birgitte Jacobsen. De sa voix sonore et creuse comme celle des tambours, il répétait à l'infini :

« Vous perdez votre temps avec ce vieillard. »

Tant et si bien que ce qui devait arriver arriva. Birgitte Jacobsen à la fin du dernier été, s'en fut avec le neveu au physique de théâtre. Hans Jacobsen s'est alors suicidé, laissant les trois lettres : l'une à sa femme lui expliquant qu'il se supprimait pour qu'elle soit libre ; la seconde à son notaire, l'avertissant qu'il faisait de sa femme sa légataire universelle et la troisième, également adressée au notaire, spécifiant que ce dernier ne devait l'ouvrir que dix années plus tard, le 29 septembre 1944.

Birgitte Jacobsen sort du bureau du commissaire qui a compris que la jeune femme, malgré son remords, malgré le scandale, épousera dans quelques mois Arne Dreyer. Mais cela ne le regarde pas. Pendant deux ans on ne reparle plus de l'affaire.

En septembre 1936, un policier danois entre au Théâtre Royal de Copenhague et demande à voir le comédien Arne Dreyer. On lui présente le grand garçon brun de trente-sept ans au physique de théâtre. Et une étrange scène se renouvelle.

« Monsieur Arne Dreyer ?

— Oui.

— Monsieur, INTERPOL m'a demandé de vous transmettre une

nouvelle. Une mauvaise nouvelle. Votre femme est malade dans votre maison de Provence. Ses jours sont en danger. On craint qu'elle soit empoisonnée. »

Le lendemain en fin de matinée, Arne Dreyer descend du taxi devant la merveilleuse vieille bâtisse. Les cigales chantent dans les lavandes, le vent fait frissonner les feuilles du vignoble qui laissent apercevoir de belles grappes bien mûres. Un homme calme, en melon et en redingote malgré le soleil, attend assis sur un banc à la porte du mas : c'est le commissaire de police de Nîmes qui le regarde d'un œil un peu dur derrière ses binocles.

« Monsieur Dreyer. Votre femme n'est plus là. On a dû la conduire hier à l'hôpital. Malgré tous les efforts des médecins, elle est morte dans la soirée. »

Écrasé par cette nouvelle affreuse, après une journée et une nuit passées debout dans un train glacial, le comédien pâle et fripé sous le soleil, ressemble à un pantin tremblant et bredouillant :

« Morte... Mais de quoi ?

— On pense qu'elle a été empoisonnée. Les premiers malaises l'ont saisie il y a quelques jours. A l'hôpital, on lui a fait un lavage d'estomac. Et avant-hier, les malaises ont repris.

— C'est la première fois que nous étions séparés, gémit le comédien.

— Depuis quand vous êtes-vous installés en Provence ?

— Il y a deux mois.

— Et pourquoi vous êtes-vous séparés ?

— Je dois jouer une pièce à Copenhague. Birgitte restait là pour profiter de l'automne. »

Le commissaire en déduit que l'amour avait fait long feu entre Birgitte et Arne. A l'enterrement cependant le comédien promène un visage hagard, aux traits mous et sans caractère. Il trébuche sur les pierres du cimetière et gémit comme un enfant. Les jours suivants, on voit souvent sur le chemin du mas le melon et la redingote du commissaire. Il fait fouiller la vieille bâtisse, analyser les résidus de cuisine, interroge les voisins et la bonne, le jardinier et le facteur : sans résultat. Un moment, il pense même au vin. Mais les domestiques en buvaient aussi et ne sont pas malades. Alors après quelques mois, l'enquête est abandonnée. Entracte assez long. Puis le rideau se lève sur le troisième acte.

Trois ans après le suicide de Hans Jacobsen, un an après la mort de Birgitte, une ambulance emmène Arne Dreyer à l'hôpital où il meurt malgré des traitements énergiques. L'autopsie révèle qu'il a été empoisonné à l'arsenic.

Cette fois, il n'y a plus d'autres personnes à prévenir, que le commissaire de police de Nîmes. Et une fois de plus, le policier au chapeau melon et à la redingote prend le chemin du mas. Il a l'impression d'entrer tout éveillé dans un cauchemar. Bien sûr les cigales chantent toujours dans les champs de lavande, mais les grappes pourrissent sur le vignoble et les volets claquent sur les murs de la vieille bâtisse. Il doit faire chercher par les gendarmes la bonne et le jardinier qui ont fui la propriété.

« Que s'est-il passé ? demande le commissaire en observant derrière ses binocles la pauvre femme, affolée.

— Je ne sais rien, monsieur le Commissaire. Je ne sais rien. »

Elle ne sait rien sinon que Arne Dreyer, depuis quelques mois, se portait mal, sujet à des crises de fatigue extrême qui cessaient rapidement.

« Monsieur Arne, explique le jardinier, était persuadé qu'on voulait l'empoisonner. Il nous faisait goûter tous ses plats. Mais comme il continuait à être malade, il a décidé de préparer lui-même ses plats. Même que, des fois, il lavait ses verres et son assiette avec du vin qu'il débouchait lui-même.

— Et ce vin, vous en buviez ?

— Oui.

— Et vous n'avez jamais été malades ?

— Non. »

De son côté, le médecin reste sur une prudente réserve :

« Oui, c'est vrai. Au début, Arne Dreyer m'a fait venir plusieurs fois.

— Il avait des malaises ?

— Plutôt des passages à vide, qui duraient quelques heures, parfois une journée ou deux.

— Vous n'avez jamais soupçonné un empoisonnement ?

— Si. Et lui aussi. Et à cette époque, je lui avais conseillé de vous avertir. Mais apparemment il n'en a rien fait. Depuis je ne le voyais plus. Il ne me consultait plus et je n'avais guère envie de lui rendre visite, ni moi ni personne d'ailleurs. Les gens d'ici ne l'aimaient pas : à la campagne, on a de la mémoire.

— Comment vivait-il ?

— En reclus. Il avait pris dix kilos. Son corps était noyé dans une graisse flasque. Il avait renoncé au théâtre et traînait dans le mas, en se consolant avec la fortune et la cave.

— Il n'avait pas de problème d'argent ?

— Aucun. Le notaire de Copenhague respectait les engagements pris par son oncle. »

Le notaire ! Le commissaire se jette sur son chapeau melon et sur sa redingote, sort du mas, appelle les gendarmes et se précipite vers la voiture. Le notaire ! Il avait oublié le notaire et la fameuse lettre à n'ouvrir qu'en septembre 1944. Le problème est de savoir, si par l'intermédiaire d'INTERPOL à Copenhague et sur commission rogatoire, le notaire peut ouvrir la fameuse lettre. En 1937, ce genre de démarche ne s'effectue pas en quelques heures. Et les jours passent.

Pendant que les jours passent, le 6 août, la police de Nîmes est appelée par un habitant de la ville. Il loue un appartement (si l'on peut appeler ainsi cet ensemble de mansardes vétustes) à un couple d'ivrognes notoires aux ressources mystérieuses. Depuis deux jours, ils n'ont pas donné signe de vie. Pourtant ils sont chez eux, le propriétaire en est sûr : il les a vus entrer avec des paquets. C'est vrai. Et on les trouve tout simplement dans leur lit, ivres morts, ensevelis sous des tas de bouteilles de vin vides.

Ils sont tellement ivres que, le soir, ils n'ont pas encore repris totalement connaissance. Tellement ivres que, dans la nuit ils vomissent tripes et boyaux. Pour supporter une « cuite » pareille, il faut vraiment de l'expérience, et un foie qui n'en est plus un. Le lendemain, l'homme et la femme émergent enfin : hâves, pâles, et titubants. Les jours suivants, les voisins les rencontrent en pleine forme. Et le lundi, ils recommencent. Ils ont dû boire samedi et dimanche comme des trous et on les retrouve cette fois tellement malades qu'il faut les conduire à l'hôpital où on leur fait un lavage d'estomac. A tout hasard, on analyse, et stupeur ! Les deux ivrognes ont avalé une copieuse dose d'arsenic.

En apprenant l'incident, le commissaire de Nîmes se précipite dans la soupente des deux ivrognes. Là, dans un désordre indescriptible un ramassis d'objets hétéroclites, résidus sans valeur de larcins minables, au milieu de loques crasseuses, de trognons de pain et de verres sales, il fait une étrange découverte. Et son enquête prend une tournure tout aussi étrange :

« Allô ? Le restaurant *Imperator ?* Est-ce que je pourrais parler au sommelier ? Allô ! Vous êtes le sommelier ?

— Oui, répond une voix enjouée.

— Ici le commissaire de police. Je voudrais un renseignement. On me propose quelques bouteilles. Je voudrais savoir ce que ça vaut.

— Je vais essayer, monsieur le Commissaire. De quoi s'agit-il ?

— Eh bien voilà. J'ai sous les yeux une bouteille. Je vous lis l'étiquette : « Suduiaut — commune de Prégnac ».

— Oui, dit le sommelier. Je connais. C'est un sauterne premier cru. Quelle année ?

— 1928. »

Le sommelier fait entendre un sifflement admiratif.

« Premier ordre ! dit-il. Vous pouvez prendre les yeux fermés. Mais ça doit être très cher.

— J'ai aussi un « Pauillac — Château Latour ».

— Remarquable ! Surtout si c'est une bonne année.

— Attendez... Je crois bien que j'en ai deux bouteilles : une 1929 et une 1934.

— Ce sont les meilleurs depuis le début du siècle. C'est intéressant. Vous avez autre chose ?

— Oui... Dans les bourgogne maintenant : j'ai un « Clos de la Perrière, commune de Fixin ».

— Oui, c'est un Côte de Nuits... Quelle année ?

— 1923.

— Fameux ! Vous pouvez prendre.

— A votre avis, demande enfin le commissaire, où peut-on trouver des vins comme ceux-là ?

— Oh, dans les grandes caves. Dans les très grandes maisons ou chez les amateurs très, très éclairés, et très fortunés.

— Mais ces vins ne viennent pas de chez vous ?

— Non. Nous n'avons aucun de ceux que vous m'avez signalés.

— Vous avez connu, je pense, Hans Jacobsen ? C'était un amateur, je crois...

— Oui, bien sûr. Mais il est mort il y a quelques années.

— Je sais. Pouvait-il avoir des vins comme ceux-là ?

— C'est très possible. »

Le temps de passer au laboratoire pour faire analyser le fond des bouteilles et le commissaire prend une dernière fois la route du mas abandonné.

Là, dans la cave où règne une température égale, à la fois froide et douce, dans une bonne odeur de terre et de bouchon, vaste et silencieuse comme une nef d'église, le petit homme en redingote et chapeau melon se détourne des rangées interminables des vins vulgaires pour concentrer le regard de ses binocles, sur les bouteilles portant de somptueuses étiquettes. Il a compris.

Quelques jours plus tard, le notaire de Copenhague le lui confirmera : Hans Jacobsen, ainsi qu'il l'explique dans sa lettre, connaissant le goût de son neveu pour les bons vins qu'il hésiterait à partager, sachant que les domestiques n'auraient droit qu'aux vins vulgaires, avait empoisonné ses meilleures bouteilles. Dieu sait ce que cela avait dû lui coûter ! Il en fournit d'ailleurs la liste interminable. On peut lire, par exemple : « Pomerol, Château Petrus 1915 » : empoisonné. « Morey-Saint-Denis Clos de la Roche 1923 » : empoisonné.

Sachant que sa femme n'appréciait guère les grands crus mais ne dédaignait pas le porto, il ne l'avait pas oubliée.

Le jour où il fallut détruire ces vénérables bouteilles en les vidant dans une fosse à purin, la petite histoire raconte que plus d'un gendarme en eut les larmes aux yeux.

Assassiner au vin millésimé, il faut bien reconnaître que c'est du gâchis.

CE PAUVRE CHARLES

Les deux maisons de granit, coiffées d'ardoises centenaires, se dressent comme deux jumelles de chaque côté de la route, à la sortie de Slaney Falls en Irlande. Elles donnent chacune sur une prairie : l'une traversée par une rivière à truites, l'autre par un chemin creux, bordé de vieux chênes vingt fois mutilés par la foudre et le vent. Un ancêtre des Payne les fit jadis construire pour ses deux enfants. Dans l'une habitent encore des Payne qui ont six enfants et dans l'autre un Hongrois. Il est bien brave, on lui voudrait plutôt du bien, mais c'est un étranger. Et en Irlande un étranger reste un étranger. Il s'appelle M. Charles K. En ce mois de janvier 1967, Thomas Payne invite pourtant son voisin, l'étranger de la maison jumelle, au baptême de son dernier-né. C'est une réception à l'Irlandaise où la bière coule à flot. Dans le murmure de la pluie glacée qui tombe sur le village désert, on entend chanter dans la petite maison de granit des Payne. Toute la population s'y est rassemblée, et l'on se souviendra longtemps du baptême du petit Gregory Payne.

Dans la fumée des pipes et les vapeurs de la bière irlandaise, Charles K. passe à peu près inaperçu. Les hommes ne lui trouvent rien d'extraordinaire, car tout paraît fragile en lui : la santé, le moral, le nez, la bouche, tout est délicat. Lorsqu'il s'est enfui de Hongrie en 1956, c'était un peu comme s'il laissait sa raison de vivre derrière lui. il avait trente-huit ans et Katarine, la seule femme qu'il eût jamais aimée, venait d'être tuée à ses côtés au cours du soulèvement de Budapest par une balle soviétique. Katarine était rousse et possédait les plus beaux yeux du monde. Elle était fille d'un Hongrois et d'une Irlandaise. C'est pour cela que Charles est venu se réfugier en Irlande et y exerce pendant treize ans son métier d'ébéniste. Pendant treize ans, inconsolable, il a évité soigneusement la fréquentation des femmes parmi ses quelques relations à Slaney Falls. Jusqu'à ce baptême chez

Thomas Payne. Jusqu'à ce que la sœur de Thomas Payne venue d'Angleterre pour le baptême apparaisse.

Rousse comme Katarine. Des yeux bleus comme Katarine. Le même visage aux pommettes légèrement saillantes, comme Katarine. Quinze centimètres de plus que Charles, grande et musclée comme Katarine. Charles K. s'est figé sur place comme cueilli au vol par un rayon paralysant : et devant sa stupeur manifeste, tout le monde s'est tu.

« Je te présente ma sœur, a dit Thomas Payne. Elle aussi s'appelle Katarine. »

Alors pour la première fois depuis treize ans, au son de l'accordéon, dans la grange des Payne, Charles invite une femme à danser. Il la prend dans ses bras et il en est déjà amoureux. Elle est un peu plus grande, un peu plus forte, un peu plus lourde que sa Katarine mais il en est amoureux. Et plus elle boit, plus elle chante, plus elle danse, plus elle explose de joie, plus il est amoureux.

Nul ne s'étonnera de voir ces deux-là se marier comme s'ils avaient un train à prendre. Mais au mois de septembre 1967, Thomas Payne vient trouver la police locale, pour lui faire part de son inquiétude. Sa sœur Katarine s'est disputée avec son mari Charles K. et elle est partie depuis dix jours, sans donner de nouvelles. Le constable O'Brien s'en va donc dans le village, de porte en porte, pour mener sa petite enquête. Mais on n'aime pas beaucoup la police à Slaney Falls et O'Brien n'apprend rien. Sinon que depuis quelque temps les disputes étaient fréquentes entre Charles et sa femme.

Charles K., hâve, presque hagard, gémissant et malheureux comme les pierres, ne cesse de répéter indéfiniment :

« Elle est partie. Vous vous rendez compte, constable, elle est partie ! Mais je l'attends, elle a les clés. Elle reviendra quand elle voudra... Mon Dieu elle est partie... »

Bien que l'on puisse s'attendre à tout de la part d'une Irlandaise, la disparition de Katarine, mariée depuis six mois, paraît suffisamment anormale pour justifier une demande de recherches du Bureau central national d'INTERPOL de Dublin, diffusée dans la zone « I » c'est-à-dire toute l'Europe.

Trois jours après cette diffusion, Thomas Payne reçoit un télégramme de sa sœur Katarine : « Suis à Londres chez tante Margrette. Rentrerai bientôt. » INTERPOL vérifie : la tante Margrette confirme... Mais Katarine quitte la tante Margrette et ne reparaît pas à Londres. Étrange. Cinq mois plus tard, une lettre de Katarine, en provenance cette fois de Paris, laisse entendre qu'elle voyage, accompagnée d'un ingénieur suisse à propos duquel elle fait peu de commentaires. Encore plus étrange. Six mois encore et, cette fois, la lettre de

Katarine vient de San Remo en Italie. Elle y explique qu'elle a honte de la façon dont elle a quitté le village et honte de sa nouvelle vie. Mais elle n'a besoin de personne, et ne veut revoir personne. De plus, les termes sont désagréables. Katarine laisse transparaître une personnalité vulgaire et veule, accablant de critiques perfides Mme Payne sa belle-sœur, qu'elle accuse presque d'avoir tenté de nouer avec son mari des relations coupables ! Cette fois, Thomas Payne et sa femme enfilent leurs habits du dimanche, prennent l'autocar pour Dublin et sont reçus au Bureau central national d'INTERPOL par un constable qui enregistre avec soin leur déposition.

« Selon vous, il se pourrait que les deux dernières lettres de votre sœur Katarine ne soient pas authentiques ?

— Oui, c'est ça, répond le brave Thomas Payne, intimidé. »

Sa femme l'est moins : Prolixe et véhémente, elle explique :

« C'est pas selon nous. C'est certain. Nous ne reconnaissons pas du tout son écriture. Regardez et comparez. Voici une lettre qu'elle nous a écrite avant son mariage et les deux dernières. C'est imité ! Je suis sûre que c'est imité ! Et puis, toutes ces sottises qu'elle raconte. Jamais Katarine n'aurait écrit des choses pareilles. Ce n'est pas une sainte. Oh ! là, là, il y aurait même beaucoup à dire, malgré ce qu'en pense mon mari. Mais de là à insinuer ce qu'elle insinue ! »

Quelques instants plus tard, ayant admis que les deux lettres sont très probablement des faux assez grossiers et donc qu'il peut s'agir d'une affaire grave, le constable conduit Thomas Payne et sa femme dans le bureau du surintendant Scott Kerron. Le surintendant écoute calmement son rapport, puis demande aux Payne :

« Vous pouvez me dire quelques mots sur ce mariage ? Les circonstances, s'ils s'entendaient bien. S'ils voulaient des enfants.

— Bien sûr que ma sœur voulait des enfants ! dit Thomas Payne. Elle voulait cinq garçons et six filles !

— C'est ce qu'elle disait ! précise en haussant les épaules Mme Payne. Mais, souillon comme elle était, je me demande comment elle aurait pu les élever. C'est comme pour la cuisine, avant son mariage avec ce pauvre Charles, elle lui a fait des tas de petits plats parce qu'elle le savait gourmand. Avant le mariage elle avait toutes les qualités, aimable, douce etc. Mais après ! »

Mais le surintendant voudrait surtout savoir si Katarine est femme à se suicider. Ce qui provoque une nouvelle explosion de Mme Payne :

« Katarine, se suicider ? Vous voulez rire ! C'était pas son genre. Quand elle avait un coup de cafard, elle avalait une bouteille de whisky. Et ça allait beaucoup mieux après.

— Elle n'était pas malade ?

— Malade ! Malade ! Katarine, malade. Non, mais il fallait la connaître, Monsieur. Je l'ai vue dans un concours avaler une douzaine de grives, six irish coffee et même du scotch. Eh bien, Monsieur elle était derrière la table comme je vous vois, droite comme un i.

— Est-ce qu'ils s'aimaient ? »

Le brave Thomas Payne, ses favoris en pointe dardés vers le policier arrive à placer un mot, ce qui n'est pas facile depuis le début.

« Oui, Monsieur le surintendant. Je pense qu'ils s'aimaient. Et pour Charles, j'en suis sûr.

— Oui, siffle Mme Payne, qui s'empresse de reprendre l'avantage. Pour ce qui est de ce pauvre Charles, on peut en être sûr. Et, c'est pas ce qu'il a fait de plus intelligent dans la vie ! Parce que, pour ce qui est de Katarine, moi je pense qu'elle l'a jamais aimé. Elle voulait se marier, c'est tout. Rendez-vous compte, Monsieur, que cette fille était belle. Très belle ! Eh bien, vous me croirez si vous voulez mais, à vingt-neuf ans, il y a pas un homme qui voulait d'elle, tellement elle avait un fichu caractère. Pour la chose, oui, ils étaient tous d'accord. Mais pour le mariage, pas question ! »

Thomas Payne en tant que frère et Irlandais se sent vexé :

« Si on t'écoutait, c'était presque un laissé-pour-compte !

— Mais c'était un laissé-pour-compte ! Quand elle a rencontré le pauvre Charles, un bel homme et sérieux, elle a pas hésité. C'était sa seule chance de pas rester vieille fille. D'ailleurs ça n'a pas traîné. Ils se sont mariés deux mois après s'être rencontrés au baptême de notre dernier. Et vous savez où, Monsieur ? A l'église Saint-Patrick à Cork. Et vous savez pourquoi ? Elle a voulu montrer à toute la ville parce qu'elle est connue là-bas, qu'elle pouvait se marier. Parce que là-bas tout le monde pensait qu'elle ne pourrait jamais se marier. Et moi, en les regardant, je me disais : « Pauvre Charles ! »

Cette fois, Thomas Payne se fâche :

— Tais-toi ! Tu exagères ! Lui-même reconnaissait qu'elle lui était bien supérieure. Lorsqu'ils ont décidé de se marier, Charles a eu besoin qu'elle l'aide pour écrire sa demande. D'ailleurs c'est elle qui a fait toutes les démarches pour le mariage. »

Depuis le début de cet entretien, le surintendant Scott Kerron observe la réserve de Thomas Payne qui défend sa sœur comme il peut. Et la rage de sa femme qui prononce chaque fois les mots « Pauvre Charles ! » avec une émotion évidente.

« Mais pourquoi parlez-vous toujours de Mme K. au passé, demande tout à coup le surintendant.

Une grosse boule monte dans la gorge de Thomas Payne qui sort un immense mouchoir tandis que sa femme laisse tomber d'une voix glaciale :

« On en parle au passé, parce qu'on est sûr qu'elle est morte, Monsieur le surintendant.

C'est au tour du policier cette fois d'être véhément :

— Écoutez, Madame Payne, vous allez peut-être un peu vite ! Si je vous comprends bien, vous pensez qu'on l'a tuée ? Et selon vous, qui l'aurait tuée ? Son mari ?

— Non, Monsieur le surintendant, convient Thomas Payne. Il aimait trop ma sœur. Et puis, il est tellement malheureux depuis.

— Pauvre Charles, souligne sa femme une fois de plus.

— Alors qui ? se fâche le surintendant.

— On ne sait pas qui l'a tuée, dit lentement Mme Payne. Mais on sait qui a écrit les lettres. »

Elle laisse un temps pour savourer cette révélation puis ajoute :

« Oui, c'est sûrement, Mlle Kelly. C'est une vieille fille, la fille du pasteur. Depuis toujours, elle est amoureuse de ce pauvre Charles. Et quand il s'est marié, elle s'est mise à détester Katarine. Elle ne voulait même pas lui parler. Elle traversait la rue quand elle la voyait. Et je suis sûre que c'est elle qui a écrit les lettres. Elle est riche, elle voyage beaucoup et chaque fois qu'on a reçu une lettre, elle était en voyage. La première fois, on a rien pu lui demander parce que je suis fâchée avec elle. Mais on a reçu cette lettre hier et elle est à Saint-Raphaël sur la Côte d'Azur. Si INTERPOL va la voir et si on compare les écritures, on verra bien que c'est elle ! »

Saint-Raphaël sur la Côte d'Azur : une piscine d'eau javellisée, un jardin encombré de voitures sous trois palmiers poussiéreux, et c'est l'hôtel derrière la voie de chemin de fer où le policier de Nice dépêché par INTERPOL retrouve Mlle Kelly. Il entre dans une chambre et se baisse pour saluer une petite demoiselle, en jupe et en corsage marron dont les yeux bleus s'écarquillent et dont les mains tremblent, puis il referme la porte.

L'hôtelier éberlué, attend. Il va attendre longtemps : une heure, deux heures.

Dans la chambre, Mlle Kelly est en larmes. Le policier, assis dans un minuscule fauteuil depuis deux heures ne cesse de lui poser des questions auxquelles, depuis deux heures, elle s'obstine à ne pas répondre.

La vieille fille est atteinte d'un léger bec-de-lièvre et tripote sans arrêt le petit crucifix, pendu sur sa poitrine, comme si elle en attendait tous les secours. Sur la table, sont alignées quelques feuilles de papier qu'elle vient d'écrire sur la demande du policier. Il n'est pas graphologue mais il ne lui a pas été difficile de constater que les Payne ont probablement raison. C'est Mlle Kelly qui a écrit les lettres de Katarine, d'une écriture contrefaite. Mais bien sûr, elle nie et elle pleure. La seule chose qu'elle veut bien reconnaître, c'est la haine qu'elle ressent pour Katarine, qu'elle décrit comme un monstre, et dont le souvenir a le don de faire cesser ses larmes :

« Elle buvait, Monsieur. Le jour même de ses noces, elle s'est saoulée. M. K. a mis ça sur le compte de l'émotion mais, pensez comme il a dû être malheureux quand il s'est aperçu que ce n'était pas un accident. Quand il s'est rendu compte de son erreur, et de la stupidité de ce mariage. Imaginez sa douleur quand il a compris que Katarine n'était qu'une menteuse, une paresseuse, qui dormait jusqu'à midi, passait ses après-midi à boire et rentrait ivre, passé minuit. Ce mariage était un cauchemar, Monsieur. Quand il lui faisait des remarques, elle l'envoyait promener. Elle le traitait de minus en lui disant qu'il avait eu bien de la chance d'épouser une femme comme elle. Bien de la chance d'avoir été accepté par les Irlandais, peuple de Dieu, alors qu'il n'était qu'un pauvre immigré. Voilà comment cette moins que rien parlait à M. K. ! »

Et la vieille fille de repleurer séance tenante. Mais avec quelle expression de passion contenue, la petite demoiselle au bec-de-lièvre parle-t-elle de « Monsieur K. » ! Et avec quelle haine décrit-elle Katarine ! Enfin Mlle Kelly demande après un silence :

« La police va aller voir M. K. ?

— Certainement. »

La demoiselle a blêmi.

« Ce n'est pas lui, Monsieur. Je suis sûre que ce n'est pas lui.

— Vous en parlez comme si elle était morte. Comme Mme Payne. Or, vous n'en savez rien !

— Quoi qu'il lui soit arrivé, c'est une punition de Dieu pour ses péchés. Et elle ne mérite pas qu'on s'occupe d'elle. »

Le rapport d'INTERPOL sur la vieille fille au bec-de-lièvre est d'une belle simplicité : elle a écrit et posté les lettres. Elle paraît éprise de Charles K. et semble vouloir égarer les soupçons.

Muni de ces précisions, le surintendant Scott Kerron commence son enquête à Slaney Falls. Il y arrive en voiture et se gare entre l'église et le bazar Rolley. Dans le soleil de ce merveilleux automne irlandais, il jette un regard autour de lui. Partout, les villageois l'observent. Ils ont compris. D'une maison à l'autre, par les fenêtres, par-dessus les haies, le message court : « C'est INTERPOL. C'est des gens d'INTERPOL qui arrivent. » Accompagné d'un policier en uniforme, le surintendant descend la rue principale à la recherche de la maison de Charles K. : « C'est là », murmure un galopin, ému, qui s'enfuit à toutes jambes.

Devant la maison de granit au toit d'ardoise, l'herbe est haute. Aux fenêtres, les vitres sont sales, et malgré le soleil éclatant, les volets du premier étage sont fermés. La maison a l'air morte. L'homme qui ouvre la porte au surintendant est bien tel qu'on le lui a décrit, mais il ne voit rien dans cet homme plutôt chétif, hâve, maigre et mal rasé qui explique la tendresse, voire la passion avec laquelle ces dames parlent de lui. Le surintendant se présente, et Charles K. l'invite à entrer sans mot dire.

Une couche de poussière recouvre le dallage du couloir. Les pas de l'homme solitaire y ont formé comme un sentier. A droite, dans la salle commune, le soleil éclaire un désordre indescriptible de vaisselle posée sur les fauteuils et d'outils traînant sur la table. Dans la cheminée, un mètre cube de cendres. Ce désordre, dans l'odeur fade qui règne, exprime bien plus que l'abandon, il évoque le désespoir et la mort. Par la porte de gauche, le surintendant entrevoit dans la cuisine : sur une table, une boîte de sardines ouverte, une fourchette, un pain sans doute rassis dans lequel on vient de mordre à pleines dents.

Charles K. hésite, il ne sait où introduire le surintendant, et c'est ce dernier qui décide :

« Allons dans la cuisine, si vous voulez... »

Charles K. dégage une chaise encombrée d'un vieux carton, sur lequel le policier s'asseoit. Il reste debout, et demande gauchement :

« Vous venez pour Katarine ? Je vous attends depuis longtemps. »

Et tout d'une traite, comme si, depuis des mois et des mois, il avait ruminé cet aveu, Charles K. bafouille :

« Elle est morte. C'est moi qui l'ai tuée. La nuit du 7 septembre 1967. Quand elle est revenue de Londres après sa fugue. »

Cet aveu ne semble même pas le soulager. Il reste debout et attend la suite avec indifférence. Le surintendant prévient par téléphone la Brigade Criminelle et monte au premier étage, pour y découvrir un spectacle macabre. Tout est resté exactement dans l'état de cette nuit de septembre 1967. Katarine était rentrée de Londres ivre-morte, à deux heures du matin et son mari lui avait annoncé que son retour dans cet état le confortait dans sa décision : ils devaient se séparer. Elle s'était jetée sur lui avec un couteau de cuisine. Il était parvenu, les forces décuplées par la rage et le désespoir à le lui arracher et, à moitié conscient de ce qu'il faisait, le lui avait plongé dans la gorge. Charles raconte cela en promenant sur la chambre un regard las.

Le couteau est encore là, couvert d'un sang séché où la poussière s'est agglomérée. Il y a aussi de grandes balafres brunes sur le mur. Le sac de Katarine est resté entrouvert sur le tapis, sa valise est encore fermée, et le lit où elle l'a posée il y a deux ans, n'a pas été touché.

« Je dors dans la cuisine, dit Charles K.

— Et le corps ? Qu'est-ce que vous avez fait du corps ?

— J'ai eu peur d'être déporté en Hongrie si on le retrouvait. Je l'ai coupé en morceaux à la hache. Vingt morceaux que jour après jour, j'ai enterrés dans la prairie, le long de la rivière à truites. Depuis ce jour, ma vie dans cette maison est un enfer. Je préfère que vous soyez venu. C'est mieux. Mais vous avez mis du temps. »

Toutes les femmes de Slaney Falls sont venues au procès témoigner en faveur de Charles K. Y compris Mlle Kelly. Elle n'avouera jamais avoir écrit les fausses lettres de Katarine. Mais sa déposition est cousue de fil blanc. Ayant compris que ce « pauvre Monsieur K. » l'avait tuée, elle avait eu l'idée, lors de ses voyages, d'écrire les fameuses lettres. Elle espérait ainsi sauver l'homme qu'en secret elle avait toujours aimé. Grâce aux femmes de Slaney Falls, Charles K. n'aura que quatre ans de prison et ne sera pas déporté en Hongrie. Et il remerciera ses juges en disant :

« Merci. Elle hantait mes jours et mes nuits. En prison elle me laissera enfin tranquille... J'en suis sûr... »

Pauvre Charles. On est jamais sûr d'être débarrassé d'un fantôme.

LE JARDINIER DU LAC

La barque semble posée sur un miroir bleu, et c'est à peine si les rames troublent la surface du lac, à peine si l'on entend le léger clapotis de l'étrave et la respiration du rameur. Mais lorsque le gendarme plonge sa gaffe dans l'eau du lac, il se forme tout autour de petits cercles concentriques. La gaffe a accroché quelque chose et le gendarme a une exclamation : « Ça y est je l'ai », dit-il. Alors le rameur abandonne ses rames, son pas résonne dans la barque, il vient aider le policier. Sous leur poids et celui du cadavre qu'ils sortent de l'eau, l'avant de la barque est presque au ras de la surface bleue. Car c'est un cadavre qu'ils sortent du lac Tegernsee. Un cadavre ruisselant, gonflé, alourdi par une pierre énorme attachée à son cou par un fil de fer. C'est un homme qui porte encore ses lunettes à monture métallique d'un modèle ancien. Et ces lunettes ont quelque chose d'attendrissant et de sordide. D'étrangement impudique aussi. L'homme n'a pas de blessure, seulement quelques éraflures au visage et aux mains. Sorti de l'eau bleue et froide, le cadavre à lunettes se retrouve sur une table blanche d'autopsie.

A Munich, le médecin légiste établit que l'homme est mort d'asphyxie par immersion. Il se pourrait qu'il s'agisse d'un suicide à la façon dont la pierre était attachée au cadavre. Les mains altérées par le séjour dans l'eau, permettent malgré tout de relever les empreintes digitales. Le cadavre est photographié et comme cela se fait couramment en Allemagne, un communiqué, accompagné de la photo et d'une description sommaire, est envoyé à la presse : « Age moyen, trente-cinq à quarante ans, costume et blouson en tissu gris-vert usagé, émanant d'un magasin de Munich; chemise grise, chaussures montantes de cuir noir. Dentition complète avec couronne en acier sur une prémolaire, petite cicatrice à la lèvre supérieure, trace ancienne de fracture à la cuisse gauche, mains calleuses. »

Et le jour même de cette parution un vieil homme et sa femme, viennent trouver le policier chargé d'identifier le cadavre du lac Tegernsee, découvert en juillet 1953. Ils ont reconnu l'homme pour être leur jardinier Franck. L'un et l'autre secouent leurs têtes blanches avec l'énergie de la conviction.

Ce cadavre, c'est bien Franck. Il a disparu depuis six jours et les deux vieux sont obligés de s'occuper eux-mêmes du potager. Ils l'ont reconnu à son costume gris-vert et au blouson, celui qu'il mettait le dimanche. Ils ne savent pas si le blouson a été acheté à Munich mais, dit le vieux « il y a son visage » !

« Et ses lunettes ! ajoute la femme. Franck avait des lunettes exactement pareilles, des lunettes en fer comme on en faisait il y a vingt ans.

— Vous croyez qu'il peut s'être suicidé ?

— Je ne vois pas pourquoi il aurait fait ça... Qu'est-ce que tu en penses, Gertrude, demande le vieil homme à son épouse.

— Je pense qu'il ne s'est pas suicidé.

— Il demeurait chez vous ?

— Non, non. Il ne venait que trois fois par semaine. Il habite 6 Schillerstrasse à Rottach-Egern. »

Le policier, un petit homme chauve laid comme un pou, mais malin comme un singe, note consciencieusement les détails que lui fournit le couple. Pourtant, lorsque les deux vieux s'en vont, il ne prévient pas l'État Civil pour signaler le décès de Franck le jardinier. Et le même jour en fin de matinée, le même policier décroche son téléphone pour entendre une femme lui déclarer qu'elle reconnaît sur la photo publiée par la presse, un ami très intime, dont elle était sans nouvelles depuis une semaine. Pour elle aussi il s'agirait d'un certain Franck, exerçant la profession de jardinier et demeurant : 6 Schillerstrasse à Rottach-Egern et elle aussi doute qu'il se soit suicidé.

« Pouvez-vous venir l'identifier ? demande le policier. »

L'après-midi, à la morgue, la femme affirme qu'il s'agit bien de son ami, sans le moindre doute. Mais le policier hésite encore à prévenir l'État Civil de la mort de Franck le jardinier.

Un chauffeur de taxi de Munich se présente alors avec sa jeune femme au Service des « personnes disparues » d'où on le conduit auprès du policier chauve et laid comme trente-six poux.

« J'ai vu dans les journaux la photo du noyé du Tegernsee. Je suis sûr que c'est mon sous-locataire Franck. C'est un jardinier qui logeait dans une baraque au fond de notre jardin à Rottach-Egern. Il y a six jours que nous ne l'avons pas vu. Je vous garantis que c'est lui.

— Qu'est-ce qui vous permet de le reconnaître ?

— Son aspect général, et puis il avait un ulcère variqueux à la cuisse gauche. Qu'il se faisait soigner d'ailleurs.

— Moi aussi, confirme la jeune femme. Je suis sûre que c'est lui.

— Avait-il des idées de suicide ?

Le couple est tout aussi formel, et tous deux haussent les épaules :

— Absolument pas, dit l'homme.

— Pas le moins du monde ! dit la femme. »

Pourquoi le policier chargé d'identifier ce cadavre reste-t-il assis derrière son bureau, silencieux et songeur ? S'il est chauve et laid comme trente-six poux, il est malin comme un singe, et n'a pas besoin de cela pour être à peu près convaincu qu'il s'agit bien du jardinier Franck demeurant 6 Schillerstrasse à Rottach-Egern. Mais il ne se presse pas de faire la déclaration au bureau de l'État Civil. Quelque chose le retient. Le quelque chose qui fait dire de lui justement, qu'il est malin comme un singe.

D'abord, le médecin légiste penche vers le suicide, ce que les déclarations spontanées des témoins ne semblent pas confirmer... Et puis si tous ces gens sont formels, leur conviction ne repose sur aucun détail vraiment précis. Il y a les vêtements bien sûr, mais un costume avec blouson en tissu gris-vert usagé, probablement taillé dans les stocks de tissus de l'armée, on en trouve dans tous les magasins de vêtements d'Allemagne qui en vendent par centaines. Le magasin de Munich d'où vient celui-là reconnaît en avoir vendu, à lui seul, une trentaine, la plupart payés en espèces par des clients dont on n'a gardé ni le nom ni les mensurations. Autre chose a frappé le policier : le médecin légiste signale une trace ancienne de fracture à la cuisse gauche alors que le chauffeur de taxi parle lui d'un ulcère variqueux à la cuisse gauche. L'une peut avoir entraîné l'autre, mais il vaut mieux le savoir d'un spécialiste. Le policier appelle donc le docteur qui, selon le chauffeur de taxi, soignait Franck le jardinier.

« C'est vrai, déclare le praticien. En voyant la photo du noyé dans la presse, j'ai cru tout de suite le reconnaître. Je le soigne depuis longtemps. Ce qui m'étonne, c'est que dans le signalement vous ne parlez pas d'une cicatrice de hernie qui devait se trouver au-dessus de l'aîne droite. »

Comme le cadavre attend toujours dans son tiroir de la morgue, il est procédé à un nouvel examen minutieux, qui ne révèle aucune marque post-opératoire à l'abdomen.

Le lendemain, le policier se rend au 6 Schillerstrasse à Rottach-Egern à la première heure. C'est une villa simplette d'une propreté méticuleuse avec des fleurs aux fenêtres du rez-de-chaussée. La jeune épouse du chauffeur de taxi vient lui ouvrir. C'est une petite femme qui serait d'aspect banal si un œil blessé pendant la guerre ne lui donnait un regard étrange. Elle guide le policier vers un jardin potager soigneusement entretenu où pas un centimètre n'est perdu.

Les tomates rouges luisent au solei, les haricots montent à l'assaut du grillage, et les rangées de salades s'alignent jusqu'à une petite bicoque en planches que l'on entrevoit entre un cerisier et un vieux hêtre récemment élagué.

« C'est là-bas, dit la jeune femme. Vous voulez que je vous accompagne ?

— Inutile.

— Alors voilà la clé. »

Le policier s'attendait à trouver dans cette baraque de jardinier, sinon du désordre, du moins un certain laisser-aller ou encore, sinon du mauvais goût, du moins beaucoup de naïveté dans le choix des meubles, et des objets. Il a eu tort. Tout, ici est d'une rigueur spartiate, et rationnelle. Comme la cellule d'un moine, ou la chambre d'un élève de l'école Polytechnique. Quelques traités sur l'agriculture et la culture potagère, voisinent avec un dictionnaire, et la collection complète d'un journal de Munich, augmentée d'un compte rendu du procès de Nuremberg. Un poste de radio et c'est tout. Pas un bibelot. Pas une photographie. Rien qui rappelle le passé de ce jardinier. Le policier fouille l'unique tiroir de la table qui devait servir à la fois pour les repas, la lecture, l'étude, le bricolage, car elle est posée contre l'unique fenêtre de l'unique pièce. Il ne trouve rien dans ce tiroir : ni documents, ni papiers d'identité. Simplement une ou deux lettres récentes, dont l'une vient d'une femme mais sans intérêt. L'autre retient l'attention. Elle semble émaner d'un ami qui mêle à quelques nouvelles banales, des réflexions d'une philosophie prudente. Le ton n'est pas du tout celui du courrier que l'on échange avec un jardinier. Malheureusement, l'adresse du correspondant ne figure pas sur la lettre et l'enveloppe a disparu.

« Vous avez déjà été chez lui ? demande le policier à la jeune femme, quelques instants plus tard.

— Jamais. Il faisait son ménage lui-même.

— Rien ne vous a jamais paru bizarre dans son comportement ?

— Non. Mais il était assez renfermé.

— Écoutez, Madame. Essayez de me comprendre. Est-ce que Franck avait vraiment l'air d'un jardinier ? Avec un langage de jardinier ?

— Oui, pourquoi ? Les jardiniers ont un langage spécial ? »

Le policier hausse imperceptiblement les épaules et s'en va. De retour dans son bureau, il fait vérifier la carte d'identité de ce « Franck jardinier ». Il veut notamment savoir par quel service elle a été délivrée.

En 1953, l'Allemagne se remet à peine des suites de la guerre. Beaucoup d'archives ont disparu. Des milliers de personnes ont été déplacées, et des centaines de milliers se font établir de nouveaux papiers. Vérifier une identité n'est pas toujours si simple. Pourtant, et c'est une chance, on retrouve rapidement le dossier de demande de carte d'identité de Franck. A première vue, la ressemblance entre la photo qui figure au dossier et le noyé est réelle. Encore que l'âge puisse donner lieu à discussion. Mais le médecin légiste est prudent. Il prétend qu'il faut tenir compte de la tuméfaction des tissus. Six jours dans l'eau modifient complètement la texture des chairs. La ressemblance du visage peut en être affectée. Il reste les empreintes. Celles du cadavre sont assez peu visibles mais le médecin pense que la comparaison est possible. Mais le lendemain, le rapport du service dactyloscopique est formel : l'empreinte de l'index droit, sur la carte d'identité est incomplète et celle du même doigt du noyé n'est pas très nette. Mais il existe assez de points caractéristiques pour affirmer qu'il n'existe entre l'une et l'autre, aucune similitude apparente. Franck le jardinier, n'a donc rien à voir avec lui-même.

La possibilité d'une confusion étant toujours possible au moment de l'établissement de la carte d'identité (cela s'est vu, et cela s'est vu souvent[1]) le policier fait appel au meilleur spécialiste de Munich. Celui-ci opère une visite minutieuse de la bicoque en planches où vivait le jardinier. Et là, on découvre sur une assiette d'excellentes empreintes. On les confronte à celles du noyé. Elles n'ont aucun rapport entre elles. Conclusion : Franck, le jardinier, n'a définitivement rien de commun avec le noyé du lac Tegernsee. Et les témoins se trompent.

Or, il se passe que le Bureau central national d'INTERPOL à Paris adresse une demande de renseignements à Munich, concernant un certain Wagner. Il s'agit d'un sujet allemand, désireux de gagner l'Argentine et ayant résidé récemment 6 Schillerstrasse à Munich. Sa carte d'identité a paru douteuse au service d'immigration, qui demande la vérification des empreintes. Le policier tout à fait subalterne qui enquête à Munich à la demande d'INTERPOL se rend donc au 6 Schillerstrasse et constate que le six est une usine. Il visite alors les maisons quatre et huit, sans succès.

Subalterne mais consciencieux, le policier ne se contente pas de ce maigre résultat. Il peut y avoir une erreur dans la rédaction de l'adresse, ou dans le nom de la rue. Des Schillerstrasse, il y en a partout, même dans les villes de banlieue. Quelqu'un connaissant mal la région peut avoir confondu un bourg ou une ville de banlieue, avec la ville elle-même. Alors le policier téléphone ici et là, s'égare dans les Schillerstrasse et au moment où il en a, comme on dit, « ras le bol »,

1. (Note de l'auteur.)

tombe, bien entendu, chez le chauffeur de taxi, Schillerstrasse à Rottach-Egern.

« Connaissez-vous un certain Wagner ?

— Non.

— Aucun Wagner n'a jamais demeuré ici ?

— Non. Nous avions un locataire. Il s'appelait Franck. C'est lui qu'on a retrouvé dans le lac à côté d'ici. »

Le policier n'a pas perdu sa journée, sans être une lumière, ce spécialiste de la marche à pied, se doute qu'il vient de lever un lièvre. Et en quelques minutes, les services de police de Munich sont en révolution. On compare la fiche dactyloscopique d'INTERPOL sur Wagner avec l'empreinte contenue dans le dossier de demande de carte d'identité du dénommé Franck. Elle colle parfaitement.

Ce Wagner, intercepté à Paris alors qu'il voulait se rendre à Buenos-Aires, serait donc le jardinier Franck. Et ce Franck est probablement un ancien SS ou nazi notoire, recherché par les polices allemandes ou alliées.

Alors qu'on l'interrogeait à Paris, pris de court, il a d'abord donné le nom de la rue, et le vrai numéro. Puis il a cru égarer les recherches en les situant à Munich. Ce qui n'aurait eu aucune importance car jamais la police n'aurait établi le rapprochement sans l'idée lumineuse du brave spécialiste de la marche à pied. Avoir identifié une carte d'identité, c'est bien. Le jardinier Franck s'appelle donc Wagner et il est vivant pour la justice. Mais alors, qui est le noyé du lac Tegernsee ? Ce pourrait être n'importe qui. Mais, une coïncidence interdit de le penser : comment admettre sans se poser de questions, que le soi-disant jardinier Franck ait disparu pour tenter de gagner l'Argentine, à peu près au moment où l'on retrouvait un cadavre lui ressemblant dans le lac Tegernsee ?

C'est le raisonnement que tient le policier de Munich, et il décroche le téléphone pour appeler les Services de l'Identité.

« Regardez donc si ce Franck n'avait pas un frère. »

Et Franck avait un frère, un ingénieur de trois ans plus âgé que lui, et qui avait épousé une Juive. Fait prisonnier sur le front russe pendant la guerre, il avait été libéré en mars 1951. D'abord en République Démocratique Allemande, il était passé en Allemagne de l'Ouest au début de l'année. On pouvait suivre sa trace, pas à pas, à travers l'Allemagne jusqu'à Munich où il travaillait comme mécanicien dans un garage depuis deux mois. Et puis plus rien.

Plus rien, car la comparaison des empreintes de ce frère et de celles du cadavre retiré du lac est positive, le frère de Franck le jardinier et le noyé sont une seule et même personne. Mais jamais la police ni les autorités judiciaires ne pourront établir formellement les faits car l'assassin n'avouera jamais la vérité. Craignant plus les tribunaux militaires alliés que la justice criminelle allemande, il s'acharnera à faire croire à un crime crapuleux. Mais il est normal d'admettre l'hypothèse suivante et le lecteur peut la faire sienne.

L'ancien SS avait travaillé dans un service dépendant de Eichmann. Mais après la guerre, il réussit à se faire délivrer une nouvelle carte d'identité sous le nom de Franck, et se cache alors au 6 Schillerstrasse à Rottach-Egern gagnant sa vie comme jardinier. Début juillet 1953, à Munich, son frère le retrouve volontairement ou non. Ce frère — qui a eu lui-même une épouse juive, morte en déportation — connaît son activité criminelle. Est-ce à la suite d'une dispute, ou par crainte d'une dénonciation, le faux jardinier assomme son frère et s'en va le jeter avec une pierre au cou dans le Tegernsee distant de quelques centaines de mètres. Méfiant, il ne rentre pas chez lui. Et si tout va bien, il reprendra sa place plus tard dans sa cabane de jardinier en prétextant un voyage.

Cette théorie est la plus simple, et la plus officielle. Mais il ne faut pas oublier que l'ancien SS avait pris soin de revêtir le cadavre de son frère, de son costume et de ses lunettes. De manière à ce que la vague ressemblance entre eux, puisse vraiment servir à une identification. C'est qu'il voulait peut-être faire croire à sa propre mort, pour disparaître plus facilement. Et où ? Là où sont allés tous les anciens nazis dont on a parlé en tout cas : en Amérique du Sud.

Pour celui-là, c'était raté. D'ailleurs le policier chargé de l'enquête, le petit homme laid comme un pou et malin comme un singe l'avait senti. Quand on est juif et que l'on a passé la guerre comme lui dans les camps de concentration, que l'on s'en est sorti par miracle... on sent ces choses-là, c'est bizarre.

L'ORGUE RENDRA UN SON NOUVEAU

Dans le patio d'une ravissante maison de Santa Cruz de Ténériffe, un jet d'eau fait entendre son bruit de grelot. Des oiseaux pépient et battent des ailes dans une volière. Tout était paisible il y a quelques secondes encore. Et brusquement, la foudre est tombée sur le propriétaire des lieux. Le docteur Trenkler, d'origine allemande, un genre de toubib militaire aux cheveux en brosse, et à la soixantaine passée, reste pétrifié. Il regarde et regarde encore, les yeux écarquillés, les deux hommes qui se tiennent devant lui. Ce sont le père et le frère d'une de ses jeunes employées. Ils sont venus la voir, lui dire quelque chose. Mais comme leur message n'a rien de secret, ils ont voulu en faire profiter le brave toubib à qui ils ont déclaré en allemand et le plus naturellement du monde, le fils d'abord et en zozotant :

« Nous venons de tuer ma mère et deux de mes sœurs.

Le père ensuite :

— Nous voudrions voir Sabine pour la prévenir que nous venons de tuer ma femme et ses deux sœurs. »

Les deux hommes sont couverts de poussière et de sang séché. Le fils, Frank Alexander, a seize ans. C'est un bel adolescent au visage fin, plutôt intelligent, vêtu de façon très stricte, une mèche blonde ondulée, rejetée en arrière, dégage son front. Le père, presque souriant, arbore une belle rangée de dents blanches. Harald Alexander ne fait pas ses quarante-neuf ans. Ses cheveux sont abondants et d'un beau noir lustré. Il est vêtu d'un pull-over en forme de blouson, sur une chemise blanche impeccable et une cravate de bon goût. Le père et le fils regardent avec les mêmes yeux noirs et paisibles le docteur Trenkler qui leur demande de répéter ce qu'ils viennent de dire. Le toubib espérait avoir mal compris, mais le père et le fils répètent qu'ils veulent voir Sabine car ils ont tué leur femme et mère, filles et sœurs. Le toubib est tellement décontenancé qu'il appelle

Sabine, sa secrétaire. Elle a dix-sept ans, de longs cheveux bruns ruisselant sur les épaules, les sourcils noirs et un charmant sourire.

Harald Alexander, le père, s'assied confortablement sur le canapé en rotin du patio et étreint la jeune fille. Frank s'assied et passe son bras autour des épaules de sa sœur :

« Sabine, dit le père, Frank et moi venons de tuer ta mère et tes sœurs.

Sabine pose sa joue sur la main de son père en prenant doucement le bras de son frère.

— Bien papa, dit-elle tendrement. Je suis sûre que vous n'avez fait que ce qui vous paraissait juste de faire. »

Un silence d'approbation envahit le patio où le jet d'eau fait tinter ses grelots.

Le toubib, la bouche ouverte, de plus en plus perturbé, sent qu'il perd les pédales. Il court dans son bureau, décoré de vieux meubles espagnols, et se jette sur le téléphone pour appeler son ami le consul d'Allemagne à Santa Cruz de Ténériffe. Pour appeler au secours et qu'on lui explique ce scénario auquel il a une peur terrible de croire. Et il attend l'arrivée de la police.

Trapu, la tête ronde, vêtu d'un costume de toile beige, suivi par une douzaine de policiers en uniforme, l'inspecteur Juan Hermandez entre dans la villa du docteur Trenkler comme un taureau, le front en avant. Ses lunettes à double foyer, sans doute mal ajustées, l'obligent à baisser la tête lorsqu'il veut regarder à quelques pas devant lui. Il y a là, assises dans les meubles de rotin du patio, trois personnes très calmes et deux fort excitées. Les trois personnes calmes sont : le père, le fils et la fille Alexander et les deux excitées sont le docteur Trenkler et le consul d'Allemagne.

« Voilà, dit le docteur Trenkler en désignant les trois Alexander, ce sont eux. »

Le père et le fils se lèvent et saluent.

« Vous maintenez votre déclaration ? demande l'inspecteur.

— Je vais traduire, si vous voulez, propose le consul. Car ils ne comprennent pas l'espagnol. »

La question leur étant cette fois-ci posée en Allemand par le consul, le père et le fils Alexander s'inclinent à nouveau et répondent ensemble : « Ya », tandis que Sabine se lève et leur prend la main pour les encourager.

« Donc, vous auriez tué Mme Alexander et deux de ses filles ? fait encore demander l'inspecteur. Tant il est vrai que l'on a du mal à y croire.

— Ya. Ma femme Dagmar et mes filles Marina et Petra. »

Le consul et le toubib se tournent alors vers l'inspecteur et attendent la suite. Mais la suite n'a rien de génial. L'inspecteur — qui en a pourtant vu de toutes les couleurs — tout de même interloqué, ne trouve rien d'autre à dire que :

« Mais quelle idée ! Pourquoi avez-vous fait ça ?

Ce que le consul traduit fidèlement en allemand. Et la réponse arrive encore plus étonnante :

— Dieu m'a demandé de leur percer le cœur. »

Que peut-on objecter à une raison comme celle-là ? L'inspecteur, pour gagner du temps, s'éclaircit la voix et détourne la conversation sur un plan technique.

« Et qu'est-ce que vous avez fait des corps ? »

Le consul, servant toujours d'interprète, le père Harald Alexander répond qu'ils vivent dans un appartement de la rue Jésus Cazanero à Santa Cruz et que l'inspecteur y trouvera les corps.

« Bien. Nous allons voir ça. En attendant, embarquez-moi tout ce monde !

— Mais la jeune fille n'a rien à voir là-dedans, fait remarquer le toubib. Elle n'a pas quitté ma maison.

— Dans ce cas, elle reste là. Et qu'on emmène les autres.

Mais dès que le consul explique à la jeune fille qu'elle va rester là, elle se met à hurler en allemand.

— Qu'est-ce qui se passe ? Qu'est-ce qu'elle raconte ?

— Elle refuse de rester là, explique le consul. Elle veut aller en prison avec son frère et son père.

— Dites-lui que je n'ai pas le droit d'arrêter une personne qui n'est ni auteur ni complice d'un crime et qui, qui plus est, est mineure.

Nouveaux hurlements allemands de la jeune fille.

— Qu'est-ce qu'elle dit ?

— Elle dit que si on l'oblige à rester ici, elle se suicidera. Elle préfère retourner chez elle.

L'inspecteur réfléchit très vite :

— Bon ça va. On va la conduire dans un couvent où elle sera gardée par les bonnes sœurs. »

Quelques secondes plus tard, dans la rue, les portières du panier à salade claquent. Et tandis qu'Harald Alexander et Frank sont conduits au commissariat, Sabine dans un couvent, l'inspecteur fonce au domicile des criminels. Si criminels il y a car, en réalité, il n'est pas encore réellement convaincu. Tout cela a tellement l'air d'une histoire de fous.

La rue Jésus Cazanero est une large avenue et l'immeuble où demeurent les Alexander est une bâtisse de quatre étages, ornée de balconnets grands comme des niches à chiens qui la font ressembler à un pigeonnier. Au troisième étage, l'inspecteur fait enfoncer la porte par un solide policier, et entre, selon son habitude tête baissée. Il entre dans le silence et l'obscurité. Les volets sont fermés. Mais il y a l'odeur fade du sang. Les yeux de l'inspecteur petit à petit, le voit partout ce sang. Il ouvre les volets et le soleil inonde un désordre inouï. Tout est répandu sur le sol et tout est taché de sang. Il y en a sur tout, partout, et dans le salon, au milieu de ce désordre, les cadavres de deux jeunes filles horriblement mutilées. L'inspecteur, qui vient d'être rejoint par le médecin légiste, entre avec lui dans une chambre à coucher. Les policiers les voient ressortir quelques instants plus tard. L'inspecteur a l'air absent, un peu hagard. Le médecin légiste, lui-même, en est complètement retourné.

« C'est la mère, dit-il. Ils lui ont ouvert la poitrine et transpercé le cœur avec un morceau de bois. »

Le spectacle est épouvantable. Les policiers restent ainsi quelques instants les bras ballants dans ce capharnaüm horrible et sanglant, ne sachant par quel bout commencer.

« C'est de la folie pure ! dit enfin l'inspecteur Hermandez. Téléphonez au commissariat qu'on sépare le père et le fils. Dieu sait ce qu'ils sont capables de faire ! Ils pourraient s'entre-tuer. (Puis il se tourne vers un de ses adjoints) : Vous, interrogez les voisins. Les murs sont très minces. Ils ont pu entendre quelque chose. Quant à vous, docteur, examinez les cadavres tout de suite, avant qu'on les emmène à la morgue. J'ai hâte qu'on en finisse. »

Près du cadavre des deux jeunes filles, il y a un marteau, un rasoir et des tenailles, tachés de sang. Dans la chambre à coucher de la mère, on peut lire une plaque, accrochée au mur dont l'un des policiers traduit le texte en allemand : « Réjouissez-vous. Réjouissez-vous de ma bonté car ma force est puissante en tout. Tout sera bientôt terminé. Ce sera bientôt la fin. »

Dans la pièce commune, une autre maxime : « Pour être vraiment libre, vous devez tuer ceux que vous aimez le plus au monde. » Partout des plaques, fixées au mur, et portant des maximes du même genre. Sur les meubles, des quantités d'objets apparemment religieux. Mais de quelle religion s'agit-il ? Apparemment pas très catholique. L'inspecteur se demande si les victimes se sont défendues, si elles ont criées... Sinon elles ont été droguées. On ne meurt pas ainsi sans lutter.

« Je ne crois pas, dit le docteur. Pour autant que je puisse m'en rendre compte, elles ont succombé sous les coups qu'elles recevaient. Les cadavres ont été découpés à coups de rasoir et de tenailles, mais je ne vois pas de signes de lutte. Rien non plus qui laisse supposer qu'elles étaient inconscientes au moment de leur mort. On dirait qu'elles se sont laissé faire.

L'inspecteur, comme à son habitude baisse la tête pour mieux regarder le médecin légiste.

« Qu'est-ce que vous en pensez ?

— Je ne sais pas encore. Le bois dans le cœur, ça fait penser aux vampires. Les assassins pouvaient penser que les femmes de la famille étaient des sorcières ou des vampires. On peut imaginer n'importe quelle hypothèse. Nous entrons là dans le domaine de la paranoïa, vous savez.

Là-dessus, réapparaît l'adjoint de l'inspecteur qui vient d'interroger les voisins.

— Les voisins n'ont rien entendu. D'ailleurs ils ne connaissaient pas la famille Alexander. Tout ce qu'ils ont remarqué, c'est l'orgue qui jouait. »

Il est là dans un coin, le petit orgue. Toutes les touches sont couvertes de sang. On a joué sur cet orgue avec du sang plein les mains. L'inspecteur réagit brutalement :

« Ces gens sont fous. Les pires fous que j'aie jamais rencontrés. Et s'ils sont fous, ici, ils devaient déjà être fous en Allemagne. C'est peut-être une famille tout entière qui s'est échappée d'un asile... Il faut prévenir INTERPOL. »

Les Alexander n'étant installés aux Canaries que depuis un an, il est impossible que la famille entière soit devenue folle en si peu de temps. Donc impossible qu'elle ne se soit pas signalée d'une façon ou d'une autre aux autorités allemandes. INTERPOL est donc chargé d'enquêter en Allemagne pour connaître ses antécédents, et mène rondement l'affaire. Il lui suffit de quarante-huit heures pour obtenir les renseignements suivants :

« Harald Alexander est né à Dresde en Allemagne de l'Est. De son premier métier, il était maçon. Il s'est enfui de la République Démocratique Allemande pour s'installer à Hambourg en 1963. Il semble ne pas avoir beaucoup de relations, à part un psychiatre qu'INTERPOL recherche à travers l'Allemagne. Ce psychiatre soignait un ancien charron devenu prédicateur et que son entourage prenait pour un prophète. Cet ancien charron était lui-même un disciple du mystique Jacob Lorber qui vécut entre 1800 et 1864 et fonda un groupe religieux appelé « la Secte Lorber ». On ne sait presque rien sur cette secte si ce n'est qu'elle appliquait des principes extrêmement stricts. Et son chef actuel prétend que la famille Alexander n'en faisait pas partie. Pourtant, à Hambourg, Harald Alexander semble avoir vécu sous l'emprise spirituelle de l'ancien charron prédicateur. Lorsque celui-ci mourut, il lui légua un petit orgue qu'il avait coutume d'utiliser dans les cérémonies religieuses. Harald Alexander avait plusieurs fois déclaré qu'un jour cet orgue rendrait un son nouveau. Alors, disait-il, ce sera le signal de la fin. Aux explications qu'on lui demandait à ce sujet, il ne faisait pas d'autre réponse : « L'orgue rendra un son nouveau. Ce sera le signal de la fin. » A part cela, les Alexander ne se distinguaient en rien des autres familles et c'est à la suite d'un héritage qu'ils quittèrent l'Allemagne pour Ténériffe en 1970. Ils craignaient une invasion des Russes, convaincus que ceux-ci les auraient exécutés. »

La suite, c'est donc à la police de Ténériffe de la reconstituer : les Alexander à Santa Cruz ne fréquentaient personne. Leurs volets presque toujours fermés, ils restaient dans le noir, sans le moindre contact avec le monde extérieur. Tout ce qu'on entendait, c'était le son de l'orgue. Jamais on ne les voyait ni à la plage, ni en promenade. Dans la Compagnie Maritime où travaillait le fils, il n'avait aucun contact personnel avec les employés et, bien qu'il ait un petit défaut d'élocution, personne ne le prenait pour un fou.

Dès réception du rapport d'INTERPOL, l'inspecteur Juan Harmandez chargé de l'enquête l'a d'ailleurs interrogé, le consul d'Allemagne lui servant d'interprète. Frank a maintenu ses aveux concernant la mort de sa mère et de ses sœurs. Son beau et fin visage ne reflétant aucune émotion, il a raconté :

« Nous étions dans la chambre. Papa était en pyjama. Ma mère et moi nous étions habillés. Les filles étaient dans le salon. Il était environ deux heures. J'ai remarqué que ma mère me regardait d'un air bizarre. J'avais le sentiment qu'elle n'avait pas le droit de me regarder comme ça. Alors, je lui ai donné une gifle. J'avais l'impression qu'il fallait le faire. Sous la violence du coup, ma mère est tombée et, en tombant, sa tête a heurté le sol et elle s'est évanouie. Alors, je me suis dit que, peut-être l'instant de la fin était venu. J'ai été jusqu'à l'orgue. J'ai fait quelques mesures sur les touches. Il rendait un son nouveau. Mon père l'a entendu. Nous ne nous sommes pas dit un mot. Nous savions ce qu'il fallait faire. Mon père a pris son lourd niveau de maçon et nous avons commencé à tuer les filles. »

Frank s'exprime calmement, comme s'il avait souvent réfléchi à cet événement avant même qu'il se produise, comme si ce meurtre avait été de toujours prémédité, mais sans haine ni passion, comme un acte absolument normal. Comme s'il faisait le compte rendu d'un événement extérieur à lui-même. Il précise que ses sœurs n'ont pas essayé de fuir et qu'elles ont à peine crié à cause de la douleur. Mais que tout a été très vite terminé. Sa mère qui avait repris connaissance pendant ce temps est restée sur le sol, et ils l'ont tuée ensuite.

C'est le policier qui s'énerve. Le calme de ce garçon est insoutenable :

« Et alors, après ? Qui a arraché le cœur de votre mère et celui de vos sœurs ? Et qui, pendant ce temps-là, jouait de l'orgue ? Votre père ou vous ?

— Tous les deux. C'est d'abord moi qui jouais de l'orgue et mon père qui travaillait. Et puis nous nous sommes relayés. Vous savez, c'était très fatiguant.

— Je m'en doute, murmure l'inspecteur qui, imaginant la scène, croit vivre un cauchemar. »

Pas un instant il ne pense que ce garçon pourrait mentir. Son récit est tellement épouvantable qu'il l'écoute comme s'il ne s'agissait pas d'un vrai crime, ni de vrais cadavres, ni de vrais criminels, mais d'une histoire d'un autre monde. Mais lorsque le garçon donne des détails, c'est le pauvre consul qui, depuis quelques instants transpirait abondamment, pâlit et s'évanouit brusquement. Faute d'un interprète sous la main, l'inspecteur met donc fin à l'interrogatoire et, tandis que l'on conduit Frank dans sa cellule, il demande au directeur de la prison de prendre des mesures spéciales :

« Ça ne m'étonnerait pas que le garçon cherche à se suicider. Il est tellement sûr de son bon droit et, il est tellement fou, qu'il faut se méfier. Qu'il mange avec ses mains. Je ne veux même pas qu'on lui donne une petite cuillère.

L'après-midi, l'inspecteur interroge le père.

— Mon fils est le représentant de Dieu sur la Terre, explique-t-il très simplement. C'est un prophète et quand il a commencé à battre sa mère et qu'il a joué de l'orgue, j'ai immédiatement compris que c'était le moment de tuer. On ne s'était jamais rien dit, mais on se comprenait très bien. Il fallait obéir aux ordres de mon fils. Ils étaient inspirés par Dieu. »

Pendant ce temps, INTERPOL retrouve en Allemagne le psychiatre qui a connu la famille Alexander.

« Délire logique. Folie mystique, déclare le docteur. Mais rien dans leur comportement ne justifiait une intervention quelconque. Je crois qu'ils avaient leur religion à eux. Mais ce qui m'étonnerait c'est que Harald et Frank aient été les promoteurs de ce carnage. Pour moi, c'est la mère qui paraissait la plus étrange. Vous devriez vérifier ça. »

C'est vrai, à Ténériffe, l'autopsie prouve qu'il se pourrait bien que ce soit la mère qui ait frappé le premier coup : elle a du sang plein les mains et ce sang est celui de sa fille Petra. De plus, c'est elle qui, quelques heures auparavant, était venue chercher Petra dans la maison où elle travaillait.

Quant à Sabine, elle ne savait rien avant le crime. Harald et Frank, placés en observation dans un asile, ne changent pas un iota à leurs déclarations. L'enquête ne peut donc aller plus loin.

Cela se passait en 1971. Ils sont toujours internés et ils le seront probablement jusqu'à la fin de leur vie. Et cela change quoi à quoi ? Rien à rien.

LA SERVANTE MAÎTRESSE

Miss Barbara Marshall est une femme très sympathique. Elle pose son journal, retire les lunettes qu'elle met pour lire, et réfléchit quelques instants : cette petite annonce qui recherche une gouvernante anglaise pour un château de la Nièvre en France, l'intéresse énormément. Être gouvernante, c'est son métier. Elle l'a toujours été. Le salaire paraît correct, le standing excellent et elle en a assez de vivre en ville. Enfin, le nom du signataire de la petite annonce a quelque chose de rassurant : Léon Arnaud de Flatigny. Décidément oui, Miss Barbara Marshall est très intéressée.

Miss Barbara Marshall est une grande brune, toujours vêtue d'un tailleur assez strict. Elle est assez plantureuse et même un peu grasse, avec un visage tout rond. Ni très élégante ni très jolie, mais avec des yeux noirs immenses et intelligents qui lui confèrent un certain charme.

Le jour même, elle répond à la petite annonce et en français, car elle possède parfaitement cette langue, et huit jours plus tard, elle part pour la Nièvre.

C'est un chauffeur, dans une vieille DS qui vient chercher Miss Barbara Marshall à la gare. Il est fort aimable, très soigné, conduit lentement et prudemment. Il aligne minutieusement sur son crâne les quelques cheveux qui lui restent d'une main soignée où grelotte une gourmette. Avec une telle minutie que Miss Marshall se demande si le brave garçon, bien que marié et avouant deux enfants, est un homme à part entière. Mais des gants et des gourmettes, on ne discute pas. Et des châteaux comme celui de Flatigny non plus. Il y a la double rangée d'arbres bien taillés. Au bout d'une vaste pelouse, l'harmonieuse et paisible architecture coiffée d'ardoise de la demeure ancestrale. Et les deux bras accueillants des deux volutes de son perron sculpté. Tout cela procure une sorte de paix de contentement même. C'est un repos pour l'esprit que de contempler quelque chose de bien fait, de raisonnable et d'équilibré.

A l'intérieur, les meubles sont rares mais beaux. Certains sont très anciens, ainsi que les tapisseries. Il y a bien sûr les inévitables portraits un peu trop dignes et un peu trop respectables dont la facture n'est pas toujours éblouissante. Mais les aïeux du maître de céans sont présentables et rassurants. Pas de trophées de chasse ridicules et mangés aux mites. Une bienséance élégante, cirée, vernie, inusable en quelque sorte.

Léon Arnaud de Flatigny fait à Miss Marshall une excellente impression et Miss Marshall suppose que ce sentiment est partagé. Adroitement, elle a fait deviner ce qu'elle est ou ce qu'elle croit être, c'est-à-dire, une femme instruite et intelligente ; gouvernante parce qu'elle aime tenir une maison, et maintenir un certain ordre, une certaine harmonie. Célibataire parce que les choses du sexe ne sont pas tout dans la vie. Elle déplore d'ailleurs que les hommes ne pensent qu'à cela, alors que les sentiments représentent l'essentiel. C'est pourquoi, avoue-t-elle, les hommes la dégoûtent un peu, et pourquoi elle les méprise un peu. Voilà l'impression que veut donner d'elle, Miss Marshall, voilà ce qu'elle croit être mais ce qu'elle n'est pas.

Léon Arnaud de Flatigny lui paraît être exactement l'opposé. Il a l'air d'un homme terrible et viril et cela ne lui déplaît pas. A cinquante-cinq ans, c'est un moustachu massif et grisonnant. Dans un visage creusé de rides profondes, mais généralement souriant, deux petits yeux bleus fixent Miss Marshall avec intensité. Il est célibataire, et Miss Marshall croit tout de suite en comprendre la raison. L'homme est trop indépendant. Il ne supporterait pas qu'une femme ait des droits sur lui. Par ailleurs, c'est un homme juste et qui veut bien donner à chacun son dû mais sans plus. Il veut donc devoir le moins possible et, pour cette raison, ne se marie pas. A ses manières un peu rudes et un peu paysannes malgré son éducation, Miss Marshall conclut qu'il doit trouver que les femmes de son milieu et les bourgeoises sont des mijaurées coûteuses et bonnes à rien. Or, cet homme n'est pas ce qu'il paraît, lui non plus. Et parce que ces deux êtres se trompent mutuellement, va naître un drame qui n'aurait pas dû voir le jour.

Dans les jours qui suivent, Miss Barbara fait connaissance avec les métayers qui exploitent la ferme attenante au château, un couple d'Italiens assortis d'une ribambelle d'enfants. La femme a un mot malheureux lorsque Miss Barbara se présente. Elle dit :

« Ah ! C'est vous la nouvelle ! »

Et Miss Barbara découvre qu'il y a eu, avant elle, quatre

gouvernantes au château ; dont une Espagnole et une Allemande. Les conclusions du métayer sont aussi peu réconfortantes :

« Le patron aime bien le “ genre ” étrangère. »

Au village, la postière scrute Miss Barbara avec intérêt :

« Vous êtes là pour combien de temps ?

— Je ne sais pas. Nous n'avons pas fixé de durée à mon emploi. Nous verrons.

— Mais vous êtes là depuis quand ?

— Depuis trois jours.

— Ah c'est ça ! »

Et Miss Barbara n'ose pas demander à la postière ce que cette exclamation veut dire.

Ce n'est d'ailleurs pas la peine. Elle va le découvrir très vite : Léon Arnaud de Flatigny, assez distant les premiers jours, devient rapidement plus loquace. Ils ont de longues conversations, dans la journée d'abord, et bientôt plus tardives. Enfin Miss Barbara découvre que ce sympathique et rude quinquagénaire la désire au point d'en être obsédé, tout simplement. Elle cherche alors à limiter les occasions de rencontres mais il connaît son château mieux qu'elle. Elle ne peut éviter au fil des jours qu'une intimité se crée. Et elle-même se surprend, lorsqu'elle est seule dans sa chambre, à penser que le robuste et souriant Léon Arnaud de Flatigny est seul dans la sienne.

Au bout de deux mois, devant l'insistance, la persévérance de l'homme, bref sous la pression des événements, ce qui devait arriver, arrive. Joue-t-on ici l'amant de Lady Chatterley à l'envers ? Non. Le lendemain, Miss Barbara est à la fois satisfaite et consternée : elle est classée cinquième servante-maîtresse de ce « Barbe-Bleue ». Car telle est la réputation, au village et chez les paysans des environs, de Léon Arnaud de Flatigny. Rien de flatteur en vérité. Et rien de stable non plus, car un jour, Miss Barbara Marshall réprimande un jardinier et celui-ci se détourne en maugréant :

« Oh ça va ! On en reparlera dans trois mois !

Cette fois, Miss Barbara le retient par le bras.

— Qu'est-ce que vous voulez dire ?

— Je veux dire que je suis là depuis dix-huit ans et que des femmes comme vous, j'en ai déjà vu quatre. Alors, c'est tout bon pour le moment, mais on en reparlera dans trois mois. Voilà ce que je veux dire. »

La cuisinière tenait autrefois le restaurant du village avec son mari. Devenue veuve, elle est entrée au service de Léon Arnaud de Flatigny. Mais elle a conservé une petite maison et un jardin et ne demeure pas au château. Elle doit à son indépendance une certaine liberté d'expression, qui atteint presque l'insolence.

« Mademoiselle, dit-elle un jour à Barbara Marshall, à votre place, je ne m'y prendrais pas comme ça.

La gouvernante la regarde stupéfaite.

— C'est pas un homme à qui il faut tout donner, explique la cuisinière. Pas tout d'un coup. Il faut faire durer le plaisir, si vous voyez ce que je veux dire. Et lui tenir la dragée haute. Sinon il vous marchera sur la tête.

— Mais je n'ai pas besoin de vos conseils, occupez-vous de ce qui vous regarde.

— Moi, ce que j'en dis, c'est pour éviter les drames. Moins on voit les gendarmes, mieux on se porte.

— Pourquoi les gendarmes ?

— Parce qu'on les a déjà vus deux fois. Une fois parce que Monsieur s'était battu avec un fermier des environs, et l'autre fois, parce qu'une gouvernante les avait appelés. Ils s'étaient disputés et il l'avait blessée qu'elle a dit. Mais quant à savoir la vérité, c'est autre chose. C'était une femme insupportable, hargneuse et têtue comme une bourrique. Tout de même, Monsieur a été deux fois en Correctionnelle, et ça doit être sur son casier judiciaire. »

Là-dessus, la cuisinière vaquant à ses affaires, laisse Miss Barbara songeuse devant son fourneau. Miss Barbara, son tailleur strict et son accent anglais, sa prestance et ses bonnes manières semblent vouloir écraser les gens du village qui ne l'aiment pas beaucoup. Et les conseils empoisonnés continuent de pleuvoir. Un jour, la pharmacienne lui dit alors qu'elle discutait de l'exécution d'une ordonnance :

« Si vous connaissez mieux la médecine que moi, Mademoiselle, prenez ma place ! Moi je sais que personne n'est irremplaçable. Les cimetières sont pleins de gens qui le croyaient. Et quand je dis le cimetière, je pèse mes mots. »

Qu'est-ce que cela veut dire ? Impossible d'en savoir davantage et Miss Barbara est malheureuse, sans savoir pourquoi. Elle se dit : « Je suis une sentimentale mais, justement, Léon et moi nous ne faisons pas de sentiment. Alors cette liaison ne devrait pas tirer à conséquence. Je suis libre. Je peux partir quand je le veux. Pourquoi cette angoisse ? »

La vérité, c'est que Miss Barbara se trompe sur elle-même. Elle n'est pas du tout sentimentale. Si elle est célibataire, ce n'est pas par crainte d'être déçue, mais parce qu'elle ne pourrait pas supporter la vie en commun. Elle est trop orgueilleuse, indépendante, dominatrice, pour supporter un mari. D'où cette angoisse de se sentir dominée par Léon Arnaud de Flatigny. Mais elle ne le sait pas. Quoi qu'il en soit, elle décide désormais de l'éviter, de se refuser à lui. Et lui, qui ne comprend pas, s'étonne, la presse, la poursuit, se met en colère et s'acharne.

Par curiosité, par simple curiosité, Miss Barbara cherche à savoir ce que sont devenues les quatre femmes qui en dix-huit ans l'ont précédée : l'Espagnole est partie on ne sait où, après que le château ait retenti pendant des semaines des rugissements de colère de Léon Arnaud de Flatigny. Une autre dut être hospitalisée un jour qu'il la maltraitait, paraît-il, alors qu'elle était enceinte de ses œuvres, et se trouverait actuellement à Paris. Et les deux autres ?

Miss Barbara pâlit en lisant dans le rayon d'un soleil printanier le nom de l'une d'elles sur une des tombes du cimetière. Et sa pâleur s'accroît quand le bedeau la conduit sur une autre tombe où repose la quatrième.

Le même soir, elle regarde Léon Arnaud de Flatigny d'un œil nouveau et interrogatoire : si cette simplicité n'était que brutalité ? Si cette autorité n'était que cruauté ? Cette rudesse, du sadisme ? Est-il possible qu'intentionnellement ou non, il ait tué deux de ses maîtresses ? Comme les villageois le laissent entendre ? A le voir, sourire sarcastique aux lèvres, à voir ces petits yeux bleus scruter sa poitrine et ses hanches, à voir le désir qui empourpre son front et la terrible colère qui semble le saisir, lorsqu'une fois de plus, elle se refuse, Barbara pense que c'est possible. Après tout, des « Barbe-Bleue » existent. Ils ont toujours existé. Ils existeront toujours et partout.

Ce soir-là, lorsque « Barbe-Bleue » frappe à la porte de sa chambre, elle n'ouvre pas. A l'abri fragile de la porte fermée à clé, elle écrit à une amie pour lui exprimer ses soupçons et lui demander conseil. Elle n'a pas encore assez peur.

C'est alors que les événements vont se précipiter. A Londres, l'amie qui reçoit la lettre va purement et simplement trouver la police. Et *Scotland Yard,* par l'intermédiaire d'INTERPOL, demande des renseignements sur le dénommé Léon Arnaud de Flatigny. Les renseignements reçus étant à la fois troublants et insuffisants, une enquête discrète est décidée. Mais dans le même temps, Barbara Marshall qui perd complètement son sang-froid quitte le château, traînant une énorme valise. Quelques minutes avant l'arrivée du train en gare, Léon Arnaud de Flatigny débouche sur le quai. Il s'efforce de rester calme :

« Pourquoi partez-vous ?

— Je ne supporte plus cette situation.

— Soit. Dans ce cas, je vous promets désormais de vous laisser tranquille. Tout cela n'est qu'un accident. Si vous le voulez toujours, dans quinze jours vous pourrez partir, mais laissez-moi le temps de me retourner. »

Comme Barbara hésite, Léon Arnaud de Flatigny se fait presque suppliant et s'empare de sa valise. Lorsque le train quelques minutes plus tard quitte la gare, il laisse sur le quai Miss Barbara Marshall, sa valise, Léon Arnaud de Flatigny, et un inspecteur en civil, débarquant tout droit de la rue des Saussaies. Le premier geste de l'inspecteur est de se rendre discrètement à la gendarmerie et de là au château où il demande à rencontrer Miss Barbara Marshall.

« Mademoiselle, vous avez fait part à une amie anglaise de certains soupçons. Le Bureau d'INTERPOL à *Scotland Yard* nous a demandé de faire un rapport. Pour cela, il est nécessaire que je connaisse les faits qui motivent vos soupçons. »

Miss Barbara Marshall rougit, très ennuyée, un peu vexée aussi d'avoir l'air d'une jeune fille affolée. D'autant plus que la démarche de Léon Arnaud de Flatigny l'a rassurée. Elle vient de réintégrer le château, et donc a retrouvé son calme. Malheureusement car elle va donner à l'inspecteur une fausse idée de la situation.

« En écrivant à mon amie, j'ai peut-être cédé à un mouvement de panique, dit-elle. Mais il y avait de quoi avoir quelques soupçons. Léon Arnaud de Flatigny est un homme bizarre, tout d'une pièce, violent. Vous savez qu'il a déjà eu des ennuis avec la police à cause de ça. Et, dans le pays, on raconte des tas de choses sur lui. Mais c'est tout ce que je peux dire. Et je regrette de vous avoir fait déplacer. »

C'est vers dix-huit heures que l'inspecteur, d'un pas léger, et rassuré, descend les marches du perron. L'accès de panique de la gouvernante anglaise lui paraît assez peu fondé. Impressions bientôt confirmées par les confidences plus ou moins farfelues que lui font les gens du village. Des ragots. Rien que des ragots, qui se contredisent et dont aucun ne tient debout. C'est ce que pense le policier. Demain, il s'inquiétera de connaître ce qu'il est advenu des deux gouvernantes qui ont quitté le château et des causes de la mort des deux autres. Juste de quoi remplir un rapport. Mais l'inspecteur ne sait pas que, demain, il sera trop tard... Il est à peine parti que Léon Arnaud de Flatigny se précipite à l'office où Barbara Marshall tente de reprendre en main la cuisinière. Il l'invite courtoisement à le suivre dans le salon et là, transfiguré, fou de rage, la pousse brutalement dans un fauteuil.

« Qui était cet homme ? C'est un flic, hein ? Je suis sûr que c'est un flic ! Vous avez appelé la police ! Vous me paierez ça ! »

Miss Barbara Marshall se repent amèrement d'avoir cédé à l'insistance de Léon Arnaud de Flatigny et de n'être pas montée ce matin dans le train. Maintenant elle serait loin, au lieu d'être assise sur son lit, dans sa chambre fermée à clé, écoutant la pluie qui bat la fenêtre et surtout guettant un éventuel grincement sur le palier. Car le grincement du vieux plancher sous la démarche pesante de Léon Arnaud de Flatigny est devenu sa hantise. Cent fois elle l'a entendu, autrefois le souffle court, tendue, coupable mais ravie. Maintenant, inquiète, tremblante, apeurée. Ce soir-là, Léon Arnaud de Flatigny a dîné seul, il avait l'air sinistre.

« Après dîner je voudrais vous parler, lui a-t-il dit. C'est sérieux. »

Ses yeux exprimaient une telle rage que Miss Barbara n'a répondu ni oui ni non, mais elle avait décidé que ce serait non. Avant de monter se coucher, elle a pris dans le tiroir du bureau, l'ancestral pistolet qu'elle savait y trouver. Il est maintenant sous son oreiller.

Pendant ce temps, dans sa chambre d'hôtel minable, sur une petite table entre le lavabo et l'armoire-penderie qui sent le moisi, l'inspecteur rédige son rapport : « Vu aujourd'hui le docteur Fasquelle qui a presque vu naître Léon Arnaud de Flatigny. C'est un homme de soixante-dix ans, qui ne transige pas avec le secret professionnel. Pourtant, il a bien voulu me dire, qu'à son avis, les bruits qui courent sur le châtelain ne sont nullement fondés. Léon Arnaud de Flatigny n'est pas du tout l'être dominateur et sadique qu'il paraît être, mais au contraire, un homme effroyablement timide et qui a peur des femmes. Il en a tellement peur qu'il n'a jamais pu faire les premiers pas auprès d'une inconnue. Il est incapable d'affronter une femme s'il n'est pas en position de force. Incapable de conduire une cour normale. Il faut qu'il ait le temps pour lui. Voilà pourquoi il séduit ses gouvernantes. C'est un homme coléreux. Ses colères sont d'autant plus redoutables qu'elles sont inattendues, et d'autant plus inattendues qu'elles se déclenchent toujours longtemps après le motif qui les a provoquées. Mais il n'y a rien de sadique chez cet homme, il est ridicule, selon le docteur, de lui attribuer le moindre geste criminel. » Et l'inspecteur va se coucher.

Mais au château de Flatigny, les grands yeux noirs de Barbara Marshall se sont écarquillés. Le palier a grincé. Léon Arnaud de Flatigny frappe à la porte.

« Barbara, répondez-moi.

Barbara se mord les lèvres, et ferme les yeux pour se donner du courage.

— Allons, Barbara, ne soyez pas stupide. »

Longtemps Léon Arnaud de Flatigny insiste, menace, supplie. Il frappe durement la porte du poing et gémit avec des sanglots dans la voix. Il est aussi ridicule que terrifiant. Mais malheureusement Miss Barbara le trouve seulement terrifiant. Tellement terrifiant qu'elle a glissé la main sous l'oreiller pour y serrer la crosse du pistolet. Et quand Léon Arnaud de Flatigny crie qu'il va enfoncer la porte, une femme normale ne devrait pas avoir peur. Si Miss Barbara allait tranquillement lui ouvrir en disant : « Bon, qu'est-ce que vous voulez ? » tout s'arrangerait immédiatement. Car, ce qu'il veut, Dieu sait que ce n'est pas si terrible et Barbara le lui a déjà donné souvent. Elle le lui donnerait une fois de plus, qu'elle n'en souffrirait guère. Mais elle perd complètement les pédales, elle crie :

« Si vous enfoncez la porte, je vous tue. »

Alors, Léon Arnaud de Flatigny enfonce la porte. Et elle le tue. Cinq ans de prison, avec sursis de deux ans pour Barbara. Léon Arnaud de Flatigny est enterré non loin de ses autres gouvernantes. Il a fait de sa vie et de sa mort, le roman du village.

LES BONBONS

Tommy s'en va à l'école. Il a huit ans. De charmants yeux bleus et des culottes courtes. Il tient par la main sa sœur Carolyn. Carolyn a cinq ans, de charmants yeux bleus, et des boucles blondes, Tommy et Carolyn ne sont pas des enfants pauvres. Leur maman est riche. Riche d'une pension alimentaire confortable, versée par un mari lointain. Tommy et Carolyn vivent à Los Angeles en Californie, dans un immeuble luxueux. Pour aller en classe, ils longent un boulevard ensoleillé, bordé de palmiers nains. Mme Gavin, la mère de Tommy et Carolyn, est une jeune femme ravissante de vingt-six ans, qui s'était mariée très jeune, a eu des enfants très jeune, et a donc divorcé très jeune. Issue d'un milieu aisé, et nantie d'une pension alimentaire qui n'a d'alimentaire que le superflu, Mme Gavin n'a pas de soucis matériels. Une femme de ménage entretient quotidiennement son appartement de cinq pièces avec terrasse et cuisine robotisée. Il y a un téléphone dans chaque pièce, un appareil de télévision dans la chambre, un dans la cuisine, et un dans le living-room.

La salle de bains est un rêve de catalogue. Baignoire-piscine au ras du sol, robinetterie dorée, peignoir d'éponge soyeux, stéréophonie au plafond. Tout cela sert de décor à une femme ravissante. Teint mat et bronzé, cheveux noirs, regard de chat et silhouette à l'avenant. L'arsenal de ses produits de beauté n'y est pour rien. Mme Gavin passe pourtant sa vie à contempler, entretenir et améliorer cette beauté tombée du ciel. Massages, bains de soleil, bains d'huile, salon d'esthétique, coiffeur, manucure et garde-robe, abondance de biens ne nuit pas. Pourtant, lorsque Tommy et Carolyn vont à l'école le matin, Mme Gavin émerge péniblement d'un sommeil artificiel. Elle ne s'endort le soir, qu'après avoir avalé un comprimé de barbiturique, le plus souvent noyé dans un verre d'alcool. Il y a gros à parier que dans quelques années, et à ce rythme, le jolie visage de Mme Gavin aura du mal à se défriper le matin. On pourrait croire qu'une femme, au comportement à ce point narcissique et superficiel ne s'occupe pas de ses enfants et c'est vrai. Pas de tendresse, pas de ronron maternel pour Tommy et Carolyn qui avalent tout seuls leur petit déjeuner : corn-flakes et lait froid. Pendant ce temps, leur mère reprend lentement contact avec la réalité matinale, dont ils sont exclus. Cependant, elle s'occupe toujours de leur cartable et fait mille recommandations à ce sujet. Cette préoccupation venant d'une femme comme elle, est bizarre. Mais depuis la rentrée des classes 1967, Tommy et Carolyn vont bien sagement à l'école, nantis des recommandations de leur mère, à propos du contenu de leurs cartables. Personne n'en apprendrait davantage, si Tommy, le petit Tommy, huit ans, ne tombait tout à coup amoureux de sa voisine de classe. Que celui qui n'a jamais été amoureux à huit ans, lui jette la première pierre, d'autant plus que la voisine de classe de Tommy est une gravure de mode, une poupée, une Shirley Temple numéro deux dont elle porte le prénom. Précieuse comme une dentelle, rose comme une dragée, et aguichante comme une professionnelle du charme. Tommy a déjà fait beaucoup pour elle. Il s'est battu avec un grand de dix ans. Il lui a offert sa collection de porte-clés, et s'est engagé à lui apporter tous les jours une bouteille de Coca à la récréation de 11 heures.

Aujourd'hui, il va faire une chose plus importante. Une chose qu'il n'a pas le droit de faire, il le sait vaguement, car sa mère en sera très fâchée. Mais l'amour est le plus fort ; c'est décidé, il le fera quand même.

La maîtresse est au tableau. Elle tourne le dos à la classe, occupée à dessiner des images : la mer et un soleil, pour expliquer aux enfants les mystères de la condensation. Tommy se pencha vers l'objet de ses amours :

« Eh, Shirley, j'ai un cadeau pour toi.

Shirley jette un regard faussement dédaigneux vers son compagnon.

— C'est quoi ?

— Un bonbon !

— Un bonbon ? Tu parles d'un cadeau ! »

Apparemment, il faut plus d'un bonbon pour impressionner la jeune Shirley. Mais Tommy, sûr de son fait, argumente à mi-voix :

« Tu sais, c'est un bonbon qui vaut très cher.

Shirley fait une moue dubitatrice.

— Combien ?

— Soixante dollars !

— C'est pas vrai. Un bonbon ça vaut pas soixante dollars ! »

Mais en disant cela, Shirley a tout de même tendu la main,

discrètement. Alors Tommy fouille dans son cartable, en sort un petit paquet de bonbons, prend un bonbon, minuscule, d'un joli rose, et le dépose délicatement dans la main tendue. Si ledit bonbon vaut réellement soixante dollars, c'est un gâchis que de l'avaler tout rond et aussi vite, que le fait Shirley. Tommy n'a pas le temps de dire ouf, plus de bonbon. Et Dieu sait qu'il vient de faire un sacrifice important, dont il connaît les conséquences. Il lui faudra expliquer ce soir qu'il a perdu un bonbon, car sa mère les compte soigneusement tous les jours. Au tableau noir, la maîtresse termine son explication. Elle a dessiné le soleil à la craie rouge, les nuages en blanc, la mer en bleu. Shirley se lève soudain, toute droite dans sa jolie robe, l'air égaré. Elle regarde autour d'elle, et tout d'un coup se met à crier. A hurler même, puis la voilà qui se jette par terre, tape du poing, rit comme une folle, se redresse et se jette sur ses camarades les plus proches. Le tout n'a pris que quelques secondes, et la maîtresse, sidérée, n'a pas eu le temps de réagir. Shirley s'acharne maintenant sur une petite fille, à qui elle semble avoir décidé de crever les yeux. La maîtresse se précipite, libère la malheureuse enfant, et, saisissant Shirley à bras-le-corps, la secoue et la gifle pour la calmer. Jamais de sa vie, elle n'a vu une furie pareille, c'est de l'hystérie pure. Mais aussi soudainement qu'elle s'était déclenchée, la crise passe, et Shirley s'immobilise. Elle s'immobilise beaucoup trop. La voilà transformée momentanément en statue de pierre. La maîtresse la lâche avec précaution, inquiète.

« Shirley, tu es malade ? Parle-moi. Qu'est-ce que tu as ? »

L'enfant est muette, prostrée, le regard fixe. Alors la maîtresse la confie à ses camarades et sort de la classe en courant pour demander de l'aide à l'infirmerie, réclamer un docteur, et prévenir les parents. Du bureau de la directrice, où elle est en train de s'expliquer trente secondes plus tard, elle entend de nouveaux hurlements. Shirley a recommencé. Et la classe tout entière fuit devant ce petit monstre déchaîné, qui griffe, mord, déchire les robes, tire les cheveux, et se roule par terre en vociférant des horreurs. C'est un spectacle insupportable. Et puis à nouveau Shirley s'immobilise, raide, pâle comme une morte, et s'évanouit d'un coup. Personne n'a compris ce qui s'est passé, bien entendu. Et Tommy non plus. Il ne lui vient pas à l'idée de faire le rapprochement entre la crise de folie subite de Shirley, et son bonbon rose à soixante dollars. C'est que Tommy ne se permettrait jamais d'en manger lui-même. Il n'en a pas le droit. C'est défendu. Car il est tenu d'emporter les bonbons le matin, et de rapporter autant de fois soixante dollars qu'il a de bonbons roses. Et autant de fois cinq dollars qu'il a de bonbons blancs. S'il avait offert à Shirley un bonbon à cinq dollars, sa crise aurait peut-être été différente, moins grave. Ramenée chez elle en ambulance, Shirley est déposée dans son lit, avec l'explication suivante : « crise de colère subite. » Parents perplexes. Médecin perplexe, observent Shirley qui dort une journée entière et se réveille un peu nauséeuse mais sans plus.

Et là encore, le mystère aurait duré longtemps, s'il n'y avait pas eu une petite fille jalouse de l'amour de Shirley et de Tommy. Quelqu'un a vu le manège. Quelqu'un a vu Tommy offrir un bonbon à Shirley, et ne l'a pas dit à la maîtresse. Elle ne l'a pas dit car elle a huit ans elle aussi, la petite Rosalind, et elle ne peut pas imaginer qu'un bonbon rende malade, bien sûr, mais elle est jalouse de Shirley, et en rentrant le soir, Rosalind raconte à sa maman, Mme Russel, l'événement de la journée. La crise de Shirley. Et à maman on raconte tout.

« Tommy lui a donné un bonbon. A moi il ne veut jamais m'en donner. Je sais pourquoi, il les vend.

— Tommy vend des bonbons ?

— Tous les jours, c'est des bonbons que lui donne sa mère.

— Il les vend à l'école ?

— Non. C'est des bonbons très chers. Il les vend à des grandes personnes.

— Où ça ?

— Dans la rue, tiens !

— Et tu es sûre qu'il a donné un bonbon à Shirley ?

— Sûre, j'étais derrière eux. Je l'ai bien vu.

— Rosalind, écoute-moi bien. Il ne faut jamais que tu en manges c'est promis ? Et ne dis rien à Tommy. Je m'en occupe. »

Rosalind n'a pas très bien compris. Mais l'essentiel est qu'elle n'en mange pas, et que la police fasse quelque chose immédiatement.

La mère de Rosalind, habite le même immeuble que Mme Gavin, à l'étage en dessous. Les deux femmes se connaissent peu, elles n'ont d'ailleurs rien en commun. La mère de Rosalind s'occupe de sa maison, de son mari et de ses enfants. Elle est toujours là quand Rosalind rentre de l'école.

Mme Gavin, elle, à cette heure-ci, traîne dans les salons d'essayage, ou les cocktails. Il n'est jamais que cinq heures. Elle ne rentrera pas avant le coucher du soleil. Mme Russel appelle la police, et raconte l'histoire de sa fille. L'officier de police réfléchit. Il est prudent. Trop prudent au goût de Mme Russel.

« Je vous assure que ma fille ne raconte pas d'histoires. Je suis sûre que cette femme vend de la drogue par l'intermédiaire de son fils.

— Il faudrait en être sûr ! Nous ne pouvons pas perquisitionner chez elle, sur une simple dénonciation, il faut une preuve pour que le coroner délivre un mandat.

— Mais l'enfant, la petite Shirley a été malade. Ce n'est pas une preuve, ça ?

— Certainement, mais comprenez-moi. Si nous avertissons l'école, et les parents de Shirley maintenant, cette femme sera convoquée par le directeur de l'école, elle se méfiera, et nous n'aurons jamais la preuve de son trafic. A moins que vous nous aidiez.

Mme Russel est immédiatement d'accord. Que faut-il faire ?

— Essayez d'acheter vous-même ces fameux bonbons.

— D'accord. »

Mme Russel, transformée en détective, met immédiatement en œuvre le conseil du policier. Elle raccroche, et va sonner à l'étage en dessous. Si la mère est rentrée, contrairement à son habitude, elle inventera n'importe quoi. Mais si Tommy est seul, elle a une chance. Mme Russel sonne à la porte, et c'est Carolyn, cinq ans, la sœur de Tommy qui ouvre.

« Ta maman est là ?

— Non Madame.

— Et Tommy ?

— Il est sorti.

— Dis-moi Carolyn, je voudrais acheter des bonbons, ton frère en vend n'est-ce pas ?

— Oui, Madame. Mais moi aussi je peux vous en vendre. J'en ai vendu ce matin. Je n'en ai plus, mais je sais où Tommy range les siens, il en a encore. Vous voulez du LSD ou de la Benzédrine ? »

Et Carolyn, haute comme deux pommes, va fouiller dans le cartable de son frère. Elle en sort un petit paquet de plastique, et tend l'un des « bonbons » roses.

« Voilà ! Vous me devez cinq dollars ! »

Mme Russel, épouvantée, donne cinq dollars à Carolyn, qui les range dans le cartable de son frère, puis raccompagne sa « cliente » à la porte. Mme Russel saute sur le téléphone et raconte la scène au policier.

« Vous dites que l'enfant vous a parlé de LSD et de Benzédrine ? Comment sont les pilules ?

— Celle-là est rose et j'en ai vu d'autres blanches.

— Essayez de vous procurer les autres et rappelez-nous, je vous attends. Plus il y aura de preuves, mieux ça vaudra. »

Mme Russel raccroche, retourne à l'étage inférieur et sonne. Cette fois, c'est Tommy qui ouvre, il est rentré, pendant l'intervalle et il pleure.

« Qu'est-ce qu'il y a Tommy ?

— Ma sœur vous a vendu un bonbon, pour cinq dollars ? Elle s'est trompée. C'est pas sa faute, elle ne vend que des bonbons à cinq dollars. Celui qu'elle vous a donné vaut soixante dollars. Si je ne les donne pas à maman, elle va me battre, déjà qu'il m'en manque un.

— A quelle heure rentre ta maman ?

— Vers sept heures.

— Alors ne pleure pas, nous allons arranger cela. Prends tes bonbons, et viens avec moi, ta sœur aussi. Je connais un monsieur qui va les acheter. On va lui téléphoner, et ta maman s'arrangera avec lui. »

« S'arranger » avec le monsieur, c'était une autre affaire. Quand Mme Gavin est rentrée, l'officier de police l'attendait devant sa porte. La jolie jeune mère de famille l'a pris de haut.

« Comment ? En voilà une plaisanterie ! Vous ne pensez tout de même pas que mon fils... Et patati et patata... il a inventé cette histoire... je ne suis au courant de rien, c'est un scandale, etc. »

Malheureusement pour la mère, Carolyn, cinq ans, qui ne comprenait pas très bien la situation, sauf qu'elle avait mis son frère dans l'ennui, a fourni une explication convaincante et courageuse pour une petite pomme de son âge.

« Écoute maman, il ne faut pas battre Tommy. C'est ma faute. J'en avais plus de bonbons à cinq dollars. J'ai pris ceux de Tommy. Je savais pas que tu lui avais dit de vendre plus cher, les roses. J'en ai jamais vendu des roses, moi. T'as qu'à lui en donner un autre à la dame.

— Carolyn, tais-toi, je n'ai jamais eu de bonbons comme tu dis !

— Mais si maman, y' en reste encore dans ton tiroir. »

Pour en rester, il en restait. Tous les matins, Mme Gavin, mère de famille consciencieuse, remettait à Carolyn cinq ans, les bonbons blancs à cinq dollars, et à Tommy, huit ans, les blancs à cinq dollars, et les roses à soixante dollars.

Sur le chemin de l'école, les acheteurs de ce réseau enfantin se fournissaient en toute tranquillité, et glissaient discrètement l'argent dans les deux cartables. S'ils n'étaient pas payés, Tommy et Carolyn étaient battus, et le lendemain, n'avaient plus de bonbons à vendre aux clients. Et Tommy avait pris un gros risque en offrant, par amour, un bonbon rose à soixante dollars. Le risque d'une bonne trempe. Après vingt jours d'un procès difficile Mme Gavin, l'horrible jeune et jolie femme, a été déchue de la puissance maternelle. C'était le moins que la Justice pouvait faire pour les enfants. Mais elle aurait pu faire mieux, quatre petits mois, ce n'est pas cher pour une horreur pareille !

DE LA LOGIQUE AVANT TOUTE CHOSE

La scène qui suit est d'une qualité médiocre, due essentiellement au ton de l'actrice principale. Ce ton est faux. Jamais lamentations n'ont été plus lamentables et dénuées de conviction.

Turin 1971. Une vieille dame se dresse, affolée, sur le canapé du living-room où elle dormait : sa fille, en chemise de nuit, les cheveux noirs ébouriffés, entre et pousse des cris stridents.

« Maman ! C'est affreux ! C'est horrible ! Ah ! là, là, c'est terrifiant ! »

L'interprétation est particulièrement mauvaise dans l'explication qui suit :

« Un homme était dans la chambre. Je l'ai vu. Je l'ai vu. Ah ! Mon Dieu, c'est terrible ! Je crois qu'il a tué Enzo ! Appelle le docteur ! »

Miléna Pasetti a pourtant un physique. C'est une belle quinquagénaire et il faut rendre à César ce qui appartient au passé. Le contact, la patine donnent aux choses un toucher d'une douceur incomparable. Miléna Pasetti est donc belle, comme certains objets qui ont beaucoup servi : l'œil noir, par contre, est resté jeune. Les cheveux tombent sur la dentelle de sa chemise blanche comme deux ailes de corbeau. La bouche fait une moue perpétuelle, vague souvenir de la mode Bardot, pieusement conservée. Bref, Miléna Pasetti emplit l'escalier de l'immeuble de ses trilles affolés, comme une cantatrice annonçant au public la mort de son héros. Elle va maintenant chercher secours auprès du voisin du dessus. Quelques instants plus tard, le docteur surgit et, dans une atmosphère de confusion, n'obtenant aucune explication, envoie l'homme à l'hôpital, à priori, et pour plus amples informations.

A l'hôpital, on constate l'entrée et la sortie d'une balle de revolver. L'entrée étant entre les deux yeux et la sortie dans la nuque. Auquel cas l'hôpital ne peut rien pour cet homme, qui n'a pas pris le temps d'être malade une seconde avant de mourir. Le commissaire Rissone fait donc son apparition au domicile de Miléna Pasetti. De l'étourdissante Miléna Pasetti, et il la considère avec un étonnement qui ne va pas cesser de croître, au fil des questions et des réponses.

« Senora, il y a plusieurs choses que je ne comprends pas », entame le commissaire, logique.

La Senora Pasetti, gémissante, tordant un mouchoir de fine batiste comme une serpillière, le regarde alors de ses immenses yeux noirs inondés de larmes. Il n'est pas beau, le commissaire : il est gras, adipeux, avec un gros nez et quelque chose de féminin dans la démarche et la façon de s'exprimer. Mais elle le regarde comme s'il était Mastroiani lui-même.

« Ce que je ne comprends pas, reprend le commissaire, c'est pourquoi vous n'avez pas dit au médecin que votre mari avait reçu un coup de revolver.

— Je ne l'ai pas dit ?

— Non.

— Eh bien, dans mon affolement, je n'y ai pas pensé. D'ailleurs, je n'étais pas sûre.

— Pas sûre ? (le commissaire est interloqué) Mais vous avez bien entendu les coups de feu ?

— Peut-être. J'ai entendu un grand bruit. C'est ça qui m'a réveillée. Ce devait être un coup de feu.

— Et votre mère ? »

La mère de la Senora Pasetti, voyant le regard du commissaire tourné vers elle, s'affole :

« Pardon ? Qu'est-ce que vous dites ? Qu'est-ce que c'est ?

Miléna Pasetti lui tapote l'épaule pour la calmer.

— Vous voyez bien, Monsieur le commissaire ! Ma mère est sourde comme un pot.

Le commissaire en convient, cherche sa logique, la retrouve et poursuit :

— Alors ce que je ne comprends pas, c'est pourquoi vous avez été prévenir le voisin du dessus et chargé votre mère d'appeler le docteur, si elle est dure d'oreille.

— Vous savez ce que c'est, Monsieur le commissaire. Je ne suis qu'une femme. Je m'affole. Dans ces cas-là, on a absolument besoin d'un homme.

— Mais pourquoi le voisin du dessus ?

— Mais c'est un homme, Monsieur le commissaire ! Et c'est le seul que je connaisse. Et puis, je ne suis pas raciste mais, dans cet immeuble, il n'y a que des Siciliens et un nègre. Où vouliez-vous que j'aille ? »

Le commissaire comptabilise les réponses, les classe par ordre d'inintérêt et réfléchit. Il y a aussi ce double de clé supplémentaire resté sur la porte. Mais réflexion faite, il se lève :

« C'est bon. Je vous demanderai de rester ici à ma disposition. Je vais voir le voisin du dessus. »

Le voisin du dessus a exactement la tête du voisin du dessus, tel qu'on l'imagine au-dessus de Miléna Pasetti : c'est Ramon Novarro, le séducteur des années 30. Brun, les yeux langoureux avec de longs cils. Il est peintre. Il est italien. Il a vingt-sept ans et il commence à se faire du souci pour son avenir. Cette tête de bellâtre agace tellement le commissaire que, pris d'une inspiration subite, et d'un culot monstre, il joue le tout pour le tout :

« Police ! Comment vous appelez-vous ?

— Eduardo Schepatti. Qu'est-ce qu'il y a ?

— La Senora Miléna Pasetti est votre maîtresse ?

Le peintre reste pétrifié. Son visage est une nature morte.

— Oui, dit le commissaire. Et vous n'auriez pas dû lui faire confiance ! Ça n'a pas été long. Je l'ai à peine cuisinée. Elle m'a tout avoué ! Pourquoi avez-vous fait ça ?

— Fait quoi ? »

Ça ne marche pas comme l'aurait souhaité le commissaire, et il s'ensuit une discussion orageuse de laquelle il ressort que le peintre n'est pour rien dans ce crime, lequel aurait été commis probablement par un Chinois, et financé par la belle Miléna Pasetti. En l'espace d'un quart d'heure d'enquête c'est extraordinaire comme résultat. Mais le plus extraordinaire, c'est que, lorsque le commissaire redescend faire part à Miléna de l'accusation du peintre, elle jure par tous les saints qu'elle n'est pour rien dans ce crime, lequel aurait probablement été commis par un Indonésien dont le bras aurait été armé par Eduardo Schepatti. Le commissaire qui est un amoureux de la logique et cherche toujours à la suivre avant toute chose, organise alors une confrontation, au cours de laquelle il assiste éberlué à un duel d'accusations précises.

« C'est toi qui as donné cinq millions de lires à Johnny l'Indonésien. Tu lui as même fait un chèque sans provision. Il a fallu que je te donne une bague.

— Menteuse ! réplique le peintre. C'est toi qui as payé le Chinois dix millions ! Dix millions, Monsieur le commissaire ! Et même qu'il a voulu être payé en francs suisses ! »

Pendant quinze jours, il est impossible à quiconque d'y voir clair. La seule certitude du commissaire sont les talons de chèques et les comptes en banque. Ils témoignent qu'il y a bien un Chinois, que ce Chinois a reçu dix millions de lires. Et un Indonésien, et que cet Indonésien a reçu huit mille cinq cents francs suisses. L'ennui, c'est qu'entre-temps tous deux ont disparu. Le Bureau d'INTERPOL à Rome demande donc au Secrétariat général à Paris de diffuser dans les zones « 2 » et « 7 » — c'est-à-dire l'Europe et l'Extrême-Orient — la fiche bleue priant les bureaux d'INTERPOL concernés de rechercher et d'interroger les deux suspects. Ce qui est fait avec une rapidité réconfortante pour le malheureux commissaire.

A Jakarta, le 8 mars 1972, par une pluie torrentielle, un inspecteur du Bureau d'INTERPOL indonésien replie son parapluie pour pénétrer dans l'hôtel Boro Budur. Quelques instants plus tard il est en présence d'un petit homme qui a l'air d'un marchand de tapis, mais est en réalité une fripouille notoire. Cette fripouille notoire a passé plus de temps en prison qu'au soleil, et le policier le sait.

« Tu as connu un dénommé Eduardo Schepatti ? Fais pas l'étonné. Nous avons la preuve que tu as encaissé un chèque au porteur de huit mille cinq cents francs suisses dans une banque de Lugano. Exact ?

— Oui. Mais le chèque était sans provision.

— C'est vrai, il était sans provision la première fois, mais tu y es retourné quelques jours plus tard et tu l'as bel et bien touché. C'était pour quoi faire cet argent ?

— Je devais rendre un service.

— Tuer un homme. C'est ça ?

L'Indonésien est hilare et l'inspecteur outré.

— Ça te fait rire l'idée d'avoir à tuer le malheureux mari de cette femme.

— Je ne l'ai pas tué !

— Alors, pourquoi as-tu accepté l'argent ?

— Écoutez, comment voulez-vous qu'un homme comme moi refuse huit mille cinq cents francs suisses ?

— Et pourquoi ne l'as-tu pas tué ?

— Ce n'était qu'un acompte. Je devais en toucher autant après la mort du bonhomme. Mais vous comprenez que l'histoire du chèque sans provision, ça m'a pas inspiré confiance. D'ailleurs, j'ai jamais eu l'intention de le tuer. Ce peintre et la bonne femme sont de vrais clowns. J'ai pensé que le meilleur service à leur rendre, c'était de ne jamais tuer le mari. Ils étaient bien trop bêtes pour se tirer d'une affaire comme ça !

— Tu as raison, dit l'inspecteur. Ils ne s'en tireront pas. »

Les joues cuivrées de l'Indonésien deviennent grises. Son sourire se fige. Les rides autour des paupières, les grosses lèvres, subitement, expriment l'inquiétude. Il ne savait pas que son « client » était mort. Il l'apprend brutalement et laisse échapper une série d'injures en cascade qui signifient d'abord l'étonnement, puis la colère et qualifient la bêtise du peintre et de sa maîtresse en termes choisis.

« Quand as-tu quitté l'Italie ? demande l'inspecteur d'INTERPOL.

— Il y a trois mois, le 18 décembre exactement. J'ai décollé de Rome.

— Avoue que ce n'est pas de chance. Tu pouvais tuer le 17 et t'envoler le 18.

— Ce n'est pas en cavale que j'ai quitté l'Italie. Je suis venu ici parce que mon père va mourir. Vous pouvez vérifier. »

Le soir même, le Secrétariat général d'INTERPOL reçoit de Jakarta le message suivant : « Avons interrogé suspect. Sa participation au crime est possible mais non démontrée. Compte rendu de l'interrogatoire suit. Vous prévenons que le délai de garde à vue ne pourra excéder 48 heures. Attendons d'autres informations. Signé : BCN INTERPOL Jakarta. »

A Amsterdam, le surlendemain. Le ciel est clair mais les toits sont couverts de neige et, dans certains canaux, l'eau dormante a gelé. Le Bureau d'INTERPOL de La Haye a dépêché un inspecteur auprès du Chinois. Il vient de prendre une participation dans un restaurant, chinois, comme il se doit ! Son casier n'est pas vierge. Comme il se doit. Mais c'est un malin. L'inspecteur et le Chinois restent donc seuls dans le restaurant désert pendant toute une partie de l'après-midi. Après moult dénégations et pressé de questions, le Chinois finit par admettre qu'il a bien touché dix millions de lires pour tuer Enzo Pasetti, mais qu'il ne l'a pas tué.

« Alors pourquoi as-tu quitté l'Italie ?

— Quand j'ai vu dans le journal qu'il avait été assassiné, j'ai compris que je risquais des ennuis.

— Donc, tu es parti après le crime ?

— Oui. Mais ce n'est pas moi qui l'ai tué.

— Qui alors ? »

Le Chinois est très embarrassé. Les yeux à demi fermés, il regarde les quatre murs du restaurant tout en réfléchissant.

« Qui a tué si ce n'est pas toi, insiste durement l'inspecteur. Donne-moi une bonne idée ou je t'embarque !

— Oui. J'ai compris, dit le Chinois excédé. Écoutez, j'ai jamais pensé sérieusement tuer ce type. D'ailleurs, tout ça, c'est une histoire de fous. Je crois que c'est son gigolo qui avait mis dans la tête de cette femme que son mari voulait la tuer. Il faut dire qu'ils se disputaient tout le temps. Le mari savait qu'il était cocu et, elle, elle voulait du fric, toujours plus de fric. Leur restaurant, c'est une affaire qui marche bien mais quand même ! Je suis venu plusieurs fois chez eux comme client quand les affaires allaient bien et puis je me suis retrouvé plongeur. Quand elle a su qui j'étais, la femme m'a donné un rendez-vous dans un café et elle m'a dit que son mari la détestait, qu'un jour il aurait sa peau, que c'était un homme terrible. Terrible, tu parles ! Un brave bistroquet qui a travaillé toute sa vie. Enfin, bref, c'était une question de vie ou de mort. Il fallait qu'il disparaisse. Elle m'a promis dix millions de lires d'acompte et dix millions après.

— En chèques, fait remarquer l'inspecteur. Ce n'est pas très sérieux.

— Évidemment. C'est ce que je lui ai dit mais elle ne pouvait pas me les donner en espèces. Mais je suis pas fou, dans ces conditions, tuer un type avec mon nom à la banque, c'était ridicule ! Je connaissais un petit voyou, vous savez un de ces petits fous sanguinaires. Je lui ai repassé la combine : il tuait le restaurateur et il touchait les dix autres millions de lires.

— Et, d'après toi, c'est lui qui l'a tué ?

— Peut-être. Mais ça m'étonnerait. D'après ce que j'ai lu dans les journaux, c'est pas dans sa manière. Lui, c'est dans le dos, au coin d'une rue plutôt que dans la maison, avec de fausses clés et tout le tremblement.

Le soir même, le Secrétariat général à Saint-Cloud reçoit un message du BCN de La Haye résumé ainsi :

« Chinois interrogé. Actuellement sous les verrous. C'est un assassin possible. Toutefois, sa participation directe au crime paraît peu probable. Il suggère d'interroger un jeune Sicilien de vingt-deux ans, dont signalement suit. »

A Turin, la police convoque donc le petit malfrat en question, qui lui aussi se défend. Après tout il en a le droit. Il n'a pas tué le Senor Enzo Pasetti. Mais, bousculé, houspillé, blême et voix sifflante, il finit par reconnaître qu'il a tenté par deux fois de réaliser « son contrat ». Le détail de ces tentatives est fort intéressant : La première fois, il s'est embusqué dans une porte cochère devant l'endroit où le restaurateur, d'habitude, garait sa voiture. Il a attendu une demi-heure. Ne voyant rien venir, il a été se renseigner au restaurant : tout à fait exceptionnellement la victime « potentielle » avait trouvé pour sa voiture une place de l'autre côté de la rue, juste en face de son poste de guet. Mais il ne l'avait pas vu. La seconde fois, il a tiré sur le restaurateur sans l'atteindre. Le brave homme fut si étonné qu'il ne pensa pas un seul instant que les balles lui étaient destinées. La presse publia d'ailleurs qu'il s'agissait d'un attentat contre des journalistes de « La Stampa » dont les bureaux sont à proximité. Et ce fut la dernière tentative. Par la Madone, le petit malfrat le jure.

La bonne logique du commissaire se perd dans les détails granguignolesques de ce meurtre de carnaval. Et il se rapproche de la dernière hypothèse : De guerre lasse, le peintre et sa maîtresse décidèrent de faire le travail eux-mêmes.

Mais la belle Miléna Pasetti, s'écroule sur un fauteuil avec une belle désinvolture, et un sanglot dans la gorge :

« Non mais, vous me voyez tuer mon mari ? »

« Il est vrai que la scène n'est pas tout à fait imaginable », pense le commissaire. « Sait-elle seulement ce qu'est un revolver ? » Quant au peintre, il tremble de tous ses membres. Et on ne le voit pas tirer à bout portant sur un homme, entre les deux yeux. Pourtant, le commissaire récapitule, en déroulant toujours sa petite logique portative.

« C'est vous qui avez fait faire un double des clés, soi-disant pour les donner au Chinois. Comme par hasard, on n'y trouve pas vos empreintes ni à l'un ni à l'autre, enfin, nous avons un témoin qui affirme vous avoir vendu un revolver. Donc...

— C'était pour l'Indonésien, intervient le peintre. »

Et le commissaire rengaine sa logique en attendant d'avoir par Jakarta, le détail sur la fourniture du revolver. Il était temps, car l'Indonésien arrivait au bout de la garde à vue. Il n'en est que plus tranquille pour affirmer :

« Le choix d'une arme, c'est du sérieux. On ne passe pas par des amateurs, et surtout ceux-là. Je me le serais procuré moi-même, si j'en avais eu besoin. »

Alors le commissaire retourne auprès des deux amants farfelus et tremblants, les secoue d'importance, se fâche et les écoute enfin dans leurs aveux du dernier acte.

Ayant dépensé vingt millions de lires pour rien. Ayant compris qu'ils étaient menés en bateau par les uns et par les autres et devant les échecs successifs du petit malfrat, ils ont donc décidé d'agir eux-mêmes. La mise à mort devait être pratiquée pendant le sommeil du mari. La femme fournit un après-midi les clés de la maison pour en faire un double ainsi qu'un plan de l'appartement que le peintre devait graver dans sa mémoire.

Dans la nuit du 16 avril, le peintre entre dans la maison et parvient jusqu'à la porte de ce qu'il croit être la chambre à coucher, qu'il ouvre doucement. Mais au lieu d'y trouver le couple endormi, il débouche sur la grand-mère en train de prendre une petite collation dans la cuisine. Celle-ci lui tourne le dos. Sourde comme un pot, elle n'a rien entendu.

Alors, le lendemain 17, le peintre s'introduisit de nouveau dans l'appartement et réalisa cette fois son exploit avec un succès qui l'étonna lui-même et lui valut l'admiration de sa maîtresse quinquagénaire.

Le commissaire Rissone a embarqué un peintre tremblotant, et une femme échevelée qui se jetait à ses genoux dans la meilleure tradition du plus mauvais théâtre, en réclamant pitié pour son jeune amant. Et c'était très mauvais, sur le plan artistique.

C'ÉTAIT LORS D'UNE FAMINE EN CHINE...

C'est un petit vieillard qui descend de voiture dans un quartier pauvre de New York. Il est plutôt petit, maigre, il a soixante-cinq ans. De loin il paraît doux et timide avec ses cheveux blonds striés de blanc bien coiffés, et son costume sombre. Mais il a des lèvres bien rouges, et c'est le plus horrible criminel du siècle, qui traverse la Dixième Avenue. L'ennui c'est que rien ne ressemble plus à un horrible criminel, qu'un individu normal traversant la Dixième Avenue.

C'est donc un individu normal qui se présente chez la famille Budd un dimanche à New York. Le logement est modeste. Le père, est à la fois borgne et concierge d'une importante maison de commerce. La mère, brave femme, un peu vulgaire, s'occupe des soins du ménage et de l'éducation de ses trois enfants : Edward, quinze ans, grand, maigre, énergique ; Béatrice, vivante réplique de sa mère et la dernière : Grâce, douze ans, pâle et frêle, jolie comme un ange. Les Budd sont sans fortune, donc sans histoire. Edward qui cherche à se placer a fait paraître il y a quelques jours une annonce dans les journaux. Il voudrait un emploi de garçon de ferme dans une exploitation agricole près de New York. C'est le seul événement marquant de la vie des Budd pour l'instant. Et c'est à cet instant que l'on frappe à la porte. Madame Budd ouvre la porte à un vieillard affable et souriant :

« Je m'appelle Frank Howard. C'est moi qui vous ai envoyé un télégramme au sujet de l'annonce parue dans les journaux. Je viens plus tôt que prévu. Puis-je voir quand même votre fils ?

— Quel malheur ! s'exclame la brave madame Budd en retirant son tablier, Edward est absent. Il ne rentrera pas de la journée. »

Tandis qu'elle débarrasse la table et installe le vieil homme dans un fauteuil, celui-ci s'informe d'abord sur le garçon puis il explique :

« Je possède d'assez vastes propriétés. Je cherche un jeune homme débrouillard, intelligent. Comme je n'ai pas d'enfants, je m'occuperai paternellement de lui, je lui enseignerai les méthodes modernes de l'élevage et de l'agriculture et sait-on jamais, peut-être qu'à ma mort, il pourrait prendre ma suite. »

Madame Budd boit du petit-lait. Grâce qui revient de l'école est présentée à l'honnête vieillard envoyé par le ciel pour faire le bonheur de la famille. La fillette a une robe rouge qui fait ressortir la fraîcheur de son teint et le charme de son corps d'enfant. Le vieil homme lui en fait compliment, et il a si bien conquis la sympathie de tous qu'on le retient à déjeuner. Mais sur la fin du repas, il paraît embarrassé. Il hésite à demander une grande faveur : Sa sœur habite un appartement près de la Cinquième Avenue. Le quartier le plus riche de New York. Elle s'occupe beaucoup des enfants et a organisé cet après-midi une fête pour les amis de ses petits-enfants. Le vieux monsieur peut-il y emmener Grâce ?

« Oh oui maman, s'exclame la fillette ravie. »

Sa mère, débordante de gratitude, s'empresse donc d'aller chercher la jolie robe blanche que Grâce portait le jour de sa première communion, et quelques instants plus tard, le vieillard et la fillette partent en automobile. De ce goûter en robe blanche, la petite Grâce ne reviendra jamais.

Frank Howard la tient par la main dans le couloir du train. Il a l'air d'un grand-père attentif. Mais de plus près son visage a la pâleur des gens habitués à vivre la nuit. Ses yeux ont une teinte bizarre, couleur de verre fumé et personne ne pourrait lire dans ses pensées. Une pauvre moustache dissimule partiellement la bouche aux lèvres rouges. Sa chemise est le seul vêtement à ne pas être noir. A côté de ce vieillard gris, Grâce a de grands yeux lumineux et vifs. Le train a quitté la gare centrale il y a quarante-cinq minutes et ralentit pour s'arrêter dans une petite ville calme des environs de New York. Il est 4 heures de l'après-midi.

« Oh ! monsieur Howard, s'écrie la petite fille, vous oubliez votre bagage ! »

La langue du vieil homme humecte ses lèvres rouges. Il se précipite et saisit son bagage. C'est un paquet enveloppé de tissu brun, de cinquante centimètres de long qui rend un son métallique lorsqu'il le prend sous son bras. Vingt minutes plus tard, le vieil homme et l'enfant, en sueur car il fait très chaud, empruntent une route poussiéreuse et sauvage pour rejoindre un sentier qui s'enfonce dans une forête épaisse.

« C'est encore loin ? demande la petite fille.

— Non, ma chérie. Seulement quelques minutes. »

Dans une clairière se dresse une maison de trois étages. Les fenêtres n'ont plus de carreaux depuis longtemps. Les volets pendent et claquent, sinistrement. La peinture a subi le ravage des saisons. Seule note de gaieté, le tapis de fleurs sauvages qui l'entoure. La petite fille regarde la maison, avec étonnement.

« C'est là qu'est la surprise-partie ? demande l'enfant.

— Oui, c'est là, répond le vieil homme en passant sa langue sur ses lèvres rouges. Tout est calme dans la maison parce que nous sommes les premiers. Je vais prévenir. Toi tu attends ici et tu cueilles des fleurs. Je t'appellerai bientôt. »

Puis il saisit solidement son bagage, se dirige vers la maison et cinq minutes plus tard tout est prêt. Le vieil homme appelle la petite fille de la fenêtre, et elle court gaiement vers lui. C'est fini.

Ce n'est que le soir, vers 22 heures que les parents Budd se rendent au commissariat. Les yeux de la mère sont rouges et son visage enflé tant elle a pleuré. Elle se retourne vers son mari et gémit :

« Parle, toi, moi je ne peux pas. »

Alors M. Budd explique au lieutenant de service qu'il vient signaler la disparition de sa petite fille. Le lieutenant note la déposition des parents et va prévenir ses collègues.

« Les gars, nous avons une drôle d'histoire sur les bras. Il y a un couple qui signale la disparition de leur petite fille Grâce, depuis 12 heures aujourd'hui. Ce n'est pas la routine, cette fois. Elle est partie avec un vieil homme. Bien que ce bonhomme ait promis qu'il raccompagnerait la petite à 18 heures au plus tard, ils ne les ont plus revus. Le vieux avait dit qu'ils allaient chez sa sœur, et que sa sœur habitait Columbus Avenue et Cent trente-septième Rue. Ils en viennent et cette maison n'existe pas. La Columbus Avenue s'arrête au Sud de la Cent trente-septième. »

Les malheureux parents ne peuvent rien dire de plus. Leur petite fille a disparu, ils n'ont rien d'autre à dire, que leur désespoir. Ils n'ont même plus le télégramme envoyé par le vieil homme, et annonçant sa visite. En effet, peu après le déjeuner, M. Howard leur a demandé de lui montrer ce télégramme. Il voulait vérifier si la poste de chez lui envoyait correctement les messages. Mme Budd le lui a donné. Le vieux s'est alors souvenu qu'il avait apporté du fromage de sa ferme. Il a été le chercher et quand il est revenu, il n'avait plus le télégramme.

Chez les Budd, la police fouille l'appartement de fond en comble et relève les empreintes. Durant toute la nuit, les parents tentent en vain de reconnaître Howard, sur les dizaines de photos qu'on leur présente. Et plus les heures passent, plus il est évident que l'enfant n'a pas été enlevée pour une rançon. Et si les policiers n'osent pas le dire, ils n'en pensent pas moins, que le vieux grand-père est probablement à ranger dans la catégorie des sadiques.

Dans la forêt des environs de New York, là où se dresse la maison délabrée dans la clairière, aucune lumière ne brille jamais, et c'est un rendez-vous calme et tranquille pour les amoureux. La nuit du 5 juin, une jolie femme mariée et un homme qui n'est pas son mari s'y sont donnés rendez-vous. En arrivant dans la clairière, les deux amoureux ont la surprise désagréable de voir une faible lueur dans la maison. Pendant que la jeune femme attend au coin du bois, l'amoureux s'approche. Il distingue une forme qui va et vient, semble changer de pièce et apparaît sur le seuil. Dans la nuit noire comme de l'encre, l'amoureux ne peut apercevoir le visage de celui qui tient la lampe, et court tout à coup pour disparaître dans les bois. Pas tranquilles du tout, les deux amoureux rebroussent chemin et décident de ne plus revenir. Malheureusement ils n'en parlent à personne.

Après beaucoup de recherches, le lieutenant de police finit par retrouver le bureau de poste d'où un télégramme a été envoyé, le samedi matin, et rédigé en ces termes : « Suite petite annonce Edward Budd. Stop. Ai situation à proposer. Stop. Mais retenu à Jersey pour le travail. Stop. Viendrai lundi. Signé : Frank Howard. »

L'écriture un peu tremblée, est celle d'un homme âgé, dont personne ne se souvient dans le bureau de poste. Les jours passent. Puis les semaines, les mois et les années. M. et Mme Budd scrutent chaque visage, et sursautent chaque fois qu'une petite fille leur rappelle Grâce. Il leur arrive de suivre un homme des heures durant, parce qu'il ressemble à ce vieil homme, dont la visite fut si courte. Et si cruelle. La police a mis en œuvre tous les moyens de recherche possibles et imaginables. INTERPOL a été alerté, et l'on recherche le dénommé Howard du Canada au Mexique. Chaque fois que l'on demande au lieutenant de police s'il y a du nouveau dans l'affaire, il répond non bien sûr. Mais il ajoute qu'il est sûr que cet Howard fera parler de lui.

C'est vrai, le vieil homme aux yeux gris comme la fumée et aux lèvres rouges fait parler de lui quatre ans plus tard. Il envoie une lettre, puis deux lettres, puis trois et, pendant un temps, une lettre par jour à M. et Mme Budd. Les lettres sont écrites au stylo. Mais depuis que le stylo a été inventé personne n'a jamais écrit des lettres pareilles ! Elles n'ont pas l'air vrai. Leur contenu est si étrange, que le lieutenant de police qui tient enfin une piste avec ces lettres, est persuadé avoir affaire à un fou.

La première lettre a été envoyée dans une enveloppe commerciale dont l'adresse imprimée a été rayée. Il s'agit d'une petite entreprise de taxis new-yorkaise. Cette entreprise emploie trois cents conducteurs de taxis. On enquête parmi ceux âgés de plus de cinquante ans, mais les comparaisons d'écritures ne donnent rien. Le président de la société est interrogé. C'est lui qui garde les enveloppes dans son bureau. Il se souvient en avoir jeté quelques-unes dans sa corbeille à papiers où l'un de ses collaborateurs les a récupérées. Ce dernier, un jeune homme un peu tremblant, bafouille qu'il a dû les laisser dans la chambre où il habitait, au numéro dix de la East Cinquante-deuxième Rue. En interrogeant la logeuse, le policier apprend que le dernier locataire de la chambre, qui a succédé au jeune homme tremblant, était un vieux peintre décorateur du nom de Fish. Albert Fish. Un homme bizarre, qui ne recevait jamais de visites et restait dans sa chambre presque tout le temps. Il est parti sans laisser d'adresse. Il ne recevait pas de courrier sauf un mandat, le 15 de chaque mois.

Alors, le 15 du mois, l'inspecteur s'asseoit dans le petit bureau de la logeuse, en bras de chemise. Il joue aux cartes avec un joyeux policeman au visage rubicond. De temps en temps, il jette un regard dans le miroir, placé de manière à surveiller la porte d'entrée. Et vers midi, la porte s'ouvre. Un petit vieillard gelé entre. Visage craintif, allure hésitante. Il appelle :

« Madame Snyder ! Madame Snyder !

La logeuse apparaît :

— Ah vous voilà, monsieur Fish.

Alors l'inspecteur bondit et ferme d'un geste sec sur le poignet du vieux, la mâchoire luisante d'une menotte.

— Votre nom ?

— Albert Fish.

— Votre âge ?

— Soixante-cinq ans.

— Vous êtes seul ?

— Je suis marié, monsieur, j'ai six enfants. »

Au commissariat, on interroge le vieil homme, isolé sur une estrade et éclairé par des projecteurs. Sous la violence de la lumière, la peau de son visage maigre paraît grise. Les rides y creusent de profonds sillons. Et, par instants, il passe dans ses yeux une lueur gênante. C'est un homme traqué sûrement. Mais pas un fauve, plutôt un rat. Un rat au profil allongé, au corps ramassé en boule. Un rat gris. Un rat qui parle aux policiers comme dans un salon.

« Je suis peintre décorateur. Je fais surtout les grandes fresques murales. Avez-vous visité l'église Presbytérienne ? C'est moi qui l'ai décorée. Ce que j'aime peindre surtout, ce sont les anges. Avez-vous remarqué comme ils sont beaux les anges que j'ai peints ? On dirait des enfants ! »

Le vieil homme s'est soulevé de son siège et une lueur trouble a envahi ses yeux. Cela ne dure que quelques secondes. Le médecin légiste qui conduit l'interrogatoire a entre les mains la lettre écrite par Howard à la famille Budd et il sait à quoi s'en tenir. Il ne peut s'empêcher de frissonner. Un policier demande :

« Vous êtes religieux ?

Le vieil homme paraît scandalisé par cette question :

— Bien sûr que je suis religieux !

— Dans votre dossier, je vois que vous avez été poursuivi pour outrages publics aux mœurs.

— Cela n'a rien à voir avec la religion.

— Si vous savez les « Commandements de Dieu », récitez-les.

— Homicide point ne feras... »

Il s'arrête soudain, et ses mains posées à plat sur ses genoux maigres se mettent à trembler. Le médecin légiste agite alors la lettre d'Howard.

« C'est vous qui avez écrit cette lettre ! C'est vous qui avez tué Grâce Budd !

A voix basse, le vieil homme confesse :

— Je regrette d'avoir tué Grâce Budd. Mais je ne pouvais pas faire autrement.

— Pourquoi avez-vous tué cette enfant ? demande le médecin légiste.

— C'est une idée qui m'est passée par la tête, je suppose.

— Pourquoi avez-vous tué cette enfant ?

— Je n'avais pas l'intention de tuer la petite. C'est pour emmener son frère que j'étais venu. Mais elle s'est trouvée sur mon chemin. Quand je l'ai vue, la tentation s'est installée en moi. C'est tout. »

Il s'interrompt, ferme les yeux comme saisi d'une somnolence brutale. Sous le feu des projecteurs, on dirait un corps sans vie, et le silence est pesant. Le médecin légiste s'approche, se penche vers le vieil homme et demande une dernière fois, car il lui faut la réponse, absolument :

« Pourquoi avez-vous tué la petite Grâce ? »

Alors, d'une voix blanche, sans timbre, dans un souffle, le criminel laisse échapper l'aveu inimaginable :

« Pour la manger... »

Dans le silence effrayant qui a suivi, le médecin légiste a mis ses lunettes :

« C'est bien vous qui avez écrit ça ? Et il lit : " C'est durant une famine en Chine que j'ai appris à aimer la chair humaine. Il y a longtemps de cela. Je peux en décrire exactement le goût : cela ressemble au veau, au poulet aussi. Simplement, la chair humaine a plus de goût. La meilleure viande, celle qui est la plus tendre, c'est celle des enfants. Celle des petites filles est plus parfumée que celle des garçons. Depuis longtemps, j'avais une faim de chair humaine. Il me fallait absolument assouvir ce désir. C'est pourquoi je feuilletais chaque jour les petites annonces "... »

Le médecin n'a pas besoin de poursuivre. D'ailleurs la suite de la lettre, est illisible à voix haute, Surtout quand on la sait adressée aux parents de la petite Grâce. Albert Fish n'a aucun respect de l'amour paternel, de la douleur d'une mère et de la pudeur d'une femme. Il s'étale avec une grossièreté épouvantable sur le viol de l'enfant, semble prendre on ne sait quelle sadique jouissance à salir sa victime, et raconte qu'il en a mangé pendant neuf jours. De mémoire de policier, jamais au grand jamais, on n'a connu un monstre pareil ! La plupart des membres de sa famille sont fous ou malades. La mère de ses six enfants, qui n'a vécu que quelques années avec lui et ses six enfants eux-mêmes, viennent témoigner qu'ils le savaient capable de tout, mais le savaient-ils capable de cela ? Il s'est marié trois fois. Il a exercé son métier de peintre dans vingt-trois villes différentes de l'Amérique du Nord. Et il sait que le kidnapping est le pire crime aux États-Unis, car il s'empresse d'ajouter à ses aveux :

« Je ne suis pas un kidnappeur. Je demande toujours la permission quand j'emmène une petite fille avec moi. »

Albert Fish est soupçonné d'avoir plus d'une fois satisfait ce besoin de chair humaine. Il avoue lui-même, au dernier moment, qu'avant de violer et d'assassiner Grâce Budd, il avait dévoré un petit garçon. Cet homme représente toute la gamme des déviations psychiques et sexuelles. L'accusation lui attribue cent attaques sur des jeunes filles et quinze assassinats : Mais peut-il être considéré comme responsable ? C'est la question qui sera longuement examinée au cours du procès. Après une discussion passionnée, les jurés admettront que le monstre " savait distinguer entre le bien et le mal ". Il sera donc condamné à mort et montera calmement de lui-même sur la chaise électrique.

Albert Fish était accessoirement sadomasochiste. Et il aimait à se faire mal lui-même. On a retrouvé planté dans son corps, au moment de son arrestation, vingt-neuf aiguilles...

Ce n'était pas assez. Ce n'était rien que cette minable tentative d'autodestruction. Mais qu'avait-il d'autre à sa disposition ? Rien. Les malades mentaux ne vont jamais s'enfermer d'eux-même à l'asile.

UN MOBILE VIEUX DE MILLE ANS

Le 18 mai 1972, les passants affolés s'abritent dans les portes cochères de la Viale Mazzini à Rome. Une voiture qui attendait à la sortie d'un immeuble vient de redémarrer brutalement, en même temps qu'une longue rafale de mitraillette. Un homme en costume clair, s'appuyant sur deux béquilles de métal s'est écroulé, mortellement atteint. La victime est le professeur Enzo Carnossa, cinquante-trois ans, archéologue et grand voyageur. Il n'appartient à aucun parti politique et cet attentat n'est pas revendiqué.

Quelques jours plus tard, à Lugano en Suisse, tout un quartier de la ville est en émoi après une autre rafale de mitraillette. La victime est, cette fois, un antiquaire. Il vient d'être abattu alors qu'il arrosait ses fleurs sur sa terrasse légèrement en contrebas d'une rue assez fréquentée. Une camionnette, qui stationnait là depuis quelques heures, est retrouvée abandonnée. Elle a dû servir de cachette à l'assassin pour y guetter sa victime. Il s'est enfui ensuite dans une autre voiture. C'est un travail de professionnel et l'enquête ne donne aucun résultat.

Un mois plus tard, vers 7 h 30 du matin, sur la portion d'autoroute reliant Milan à l'aéroport de Linatte, une voiture est criblée de balles par un autre véhicule circulant en sens inverse. La voiture effectue une série de tête-à-queue et s'écrase contre un camion. Le conducteur, un homme d'affaires de Milan, membre influent de la Démocratie chrétienne, meurt trois jours plus tard à l'hôpital malgré tous les efforts faits pour le sauver. L'attentat est plus ou moins revendiqué par deux organisations extrémistes, ce dont la police n'est pas convaincue. Car il arrive que ces organisations mal organisées, revendiquent n'importe quoi pour faire parler d'elles.

Enfin, au mois d'août de la même année, un chriscraft est retrouvé, dérivant au large du Cap Ferrat sur la Côte d'Azur. A son bord : une jeune femme blessée et le propriétaire de l'embarcation un négociant italien, connu pour être grand collectionneur. Il est mort criblé de balles. La jeune femme raconte qu'ils ont été abordés par un autre chriscraft conduit par deux hommes. L'un a brandi une mitraillette et ouvert le feu sans explication ni sommation. Elle est incapable de fournir aucun autre détail et déclare ne pouvoir identifier les assassins. Il s'agit encore de travail de professionnel. Plusieurs balles ayant été retrouvées dans le cadavre et une dans la coque en bois de l'embarcation, elles sont photographiées et les photographies sont adressées au Bureau d'INTERPOL à Rome, afin que l'arme qui les a tirées puisse être identifiée. Si on la retrouve jamais.

Mais surprise ! Après plusieurs semaines, la police italienne découvre que la même arme a servi pour ces quatre assassinats qui, jusqu'alors ne semblaient avoir aucun lien entre eux. C'est sans doute l'erreur fatale des criminels : dans une série d'assassinats comme celle-là, un très grand professionnel, un technicien, un artiste du crime aurait changé d'arme à chaque fois. C'est donc *a priori* du travail d'amateur, même s'il est bien fait. Dans les carnets de rendez-vous ou dans le répertoire téléphonique de trois des quatre victimes, on retrouve également un nom identique : celui de la première victime : le professeur Enzo Carnossa, l'archéologue. Par contre, si les trois victimes connaissaient le professeur Carnossa, elles ne semblent pas s'être connues entre elles. Conclusion : le défunt professeur est le lien commun entre les quatre assassinats. Cela suffit pour qu'INTERPOL entrevoit plusieurs pistes dont l'une retient particulièrement l'attention des Italiens : le professeur était archéologue et les trois victimes étaient : l'une antiquaire et les deux autres collectionneurs.

Dans les trois collections figurent des objets mayas : figurines de terre cuite, jade sculpté et, surtout, un objet revient dans les trois listes avec la même appellation : fragment de stèle maya, époque classique. Or, le professeur Enzo Carnossa était un spécialiste de l'histoire et de l'art mayas. Chaque victime avait donc sa petite stèle maya époque classique. Un spécialiste de cette époque examine alors pour INTERPOL la photo des trois objets que la police italienne lui fait parvenir. Les photos représentent des blocs de pierre couverts de sculptures symboliques et tarabiscotées, au milieu desquelles on distingue difficilement des têtes de dragon et des visages humains. Le spécialiste en histoire maya, un grand bonhomme d'origine russe, barbu et moustachu est penché — une loupe à la main — sur les trois photos. D'un air ravi, il murmure en regardant la première, puis la deuxième et la troisième :

« Pas mal, pas mal... »

Le policier qui attend son verdict, et ne connaît rien à l'art maya se permet d'interrompre sa contemplation pour demander un peu plus de précisions.

« Ce sont trois fragments de la même stèle maya, dit l'expert. Et c'est une chance car ils se suivent.

— Mais ça représente quoi, ces stèles ?

— Ce sont des monuments élevés de leur vivant, à la gloire des grands chefs mayas. Ils y figurent sculptés avec des chapeaux extraordinaires de deux mètres de haut. Il y a toutes sortes de symboles sur ces blocs de pierre. Ils sont généralement de forme rectangulaire et destinés à être dressés, debout comme des menhirs. On les retrouve souvent renversés dans les sites mayas d'Amérique centrale. Certains mesurent deux mètres, d'autres atteignent huit mètres. Difficile de dire la dimension de celle-là. D'après sa largeur, elle devait mesurer entre trois et cinq mètres.

— Est-ce que vous pouvez me dire d'où elle vient ?

— Étant donné le style de la sculpture, on peut supposer qu'elle vient du Yucatán, plus précisément de la forêt vierge de Petén. Elle ressemble à celles qu'on trouve près du site de Seïbal.

— Vous ne savez pas exactement ?

— Non, parce que, à ma connaissance, celle-ci est inconnue. Elle ne figure pas dans les nomenclatures officielles. Sans doute a-t-elle été volée ou, plus simplement, disons qu'elle n'a pas été déclarée par celui qui l'a trouvée. Vous savez, on en trouve une par mois dans le Yucatán !

— Mais, si je comprends bien, ça pèse plusieurs tonnes. Comment peut-on voler des objets pareils ?

— On les scie, pour les transporter par morceaux. Celle-ci a été sciée dans le sens de la largeur. Ces trois morceaux se juxtaposent parfaitement. Il doit y en avoir cinq ou six autres morceaux de par le monde. C'est d'ailleurs absolument criminel !

— Est-ce que ça vaut cher ?

— Oui et non. Ça n'a pas de prix. Bien que celle-ci soit particulièrement belle sur le plan de la sculpture, ce n'est pas un simple objet d'art, mais un objet d'étude. On espère grâce à ces stèles, découvrir les secrets de l'histoire maya, qui nous est presque complètement inconnue puisqu'on n'a pas encore déchiffré leur écriture. Je peux quand même vous donner son âge, grâce à ces glyphes.

Devant l'air ahuri du policier qui note ces informations, l'expert se voit contraint d'expliquer ce qu'est un glyphe.

— Un glyphe vient de hiéroglyphe : « hiéro » du grec qui veut dire « sacré » et « glyphe », écriture. On appelle « glyphes » les écritures qui ne sont pas sacrées. Par exemple les Mayas connaissaient le zéro mais n'avaient pas de système décimal. Un point voulait dire « 1 », deux points « 2 », trois points « 3 », jusqu'à « 5 ». Pour figurer le chiffre « 5 », ils traçaient un trait. Donc un trait et un point, fait « 6 ». Deux traits et trois points, ça fait « 13 ». Ainsi, conclut l'expert, je puis dire que cette stèle a été érigée en l'année 3708 de l'ère maya, ce qui correspond pour nous à l'an 903 après Jésus-Christ. »

Après avoir suivi ce cours inattendu sur l'histoire et l'archéologie mayas, le policier fait son rapport et INTERPOL lance une demande de renseignements au Mexique et au Guatemala, pour déterminer s'il y a eu vol ou disparition.

Les deux pays répondent qu'il y a malheureusement un trafic clandestin permanent des objets d'art mayas portant sur des millions et des millions de dollars et qu'une stèle peut avoir été découverte sans que les autorités en aient été informées. A tout hasard, Guatemala City signale qu'en 1969, le métis qui gardait, au milieu de la forêt vierge, le site maya de Dos Rios a été assassiné ainsi que le compagnon qui était avec lui. Mais rien n'avait été volé sur le site et les assassins n'ont jamais été retrouvés. Mais avec les renseignements que lui fournit INTERPOL, le lieutenant Olméro Zamora de la police guatémaltèque se décide à réouvrir le dossier de cette affaire et à reprendre personnellement l'enquête. Zamora est un homme d'environ cinquante ans, à la chevelure argentée et au visage rude. A un journaliste qui lui demande quel lien il y a entre les quatre assassinats de personnalités italiennes et l'assassinat des deux malheureux métis dans la forêt vierge du Petén, il répond avec un grand bon sens :

« Aucun lien précis. Mais dans les deux cas, il se pourrait que ces assassinats recouvrent un trafic d'objets d'art maya. Or, si les trafiquants d'objets d'art mayas sont nombreux, j'espère que ceux qui tuent sont plus rares. J'espère même qu'il n'y en a qu'un. C'est pourquoi il a peut-être tué dans les deux cas ? »

Dans l'immeuble de style hispano-arabe qui jouxte le palais du Gouverneur et où a lieu cette conférence de presse improvisée, se trouvent les correspondants de plusieurs journaux d'Amérique latine. Pour eux le trafic des objets d'art aztèques, mayas ou incas, olmèques ou toltèques est ce qu'on appelle en terme journalistique un « marronnier ». C'est-à-dire que la presse en parle chaque fois qu'il n'y a rien d'autre à dire, ou qu'elle veut distraire l'attention du public, d'un sujet plus grave. Cette fois il y aurait mort d'hommes cependant. Le « marronnier » est donc plus intéressant que d'habitude, mais pourquoi un seul trafiquant aurait-il tué quatre Italiens ? Les journalistes sont assez peu convaincus.

« Lieutenant, est-ce que vous ne croyez pas que c'est un peu tiré par les cheveux ?

— Ça peut paraître rocambolesque mais ça se tient. D'ailleurs nous allons comparer la photographie des balles qui ont tué les Italiens et celles qui ont tué les métis. »

Le soir même, le lieutenant prend place avec les touristes dans l'avion qui relie Guatemala City à la petite ville de Florès au coeur de la forêt vierge du Petén dans la presqu'île du Yucatán. Le lendemain, la Land Rover de la police le conduit au Rio de la Passion, où il embarque sur une pirogue à moteur. Il débarque trente kilomètres en amont, dans la région de Seïbal, au lieu-dit : Hatucon. Là, vit dans une case, entourée de quelques arpents de maïs et de haricots, un ivrogne noir aux cheveux gris qui lui sert de guide jusqu'au site maya de Dos Rios à quinze kilomètres dans la profondeur de la forêt. Quinze kilomètres sur un sentier à peine tracé où l'on bute sur les racines, où l'on s'étrangle dans les lianes, pour s'enfoncer jusqu'aux genoux dans le sol spongieux. Quinze kilomètres au bout desquels il débouche dans une petite clairière où sont couchées, vaguement protégées par un petit toit de chaume, trois stèles mayas, qu'on a débarrassées de la mousse qui les recouvrait. C'est là qu'ont été tués, quatre ans plus tôt, le métis, gardien du site et son compagnon.

Le nouveau gardien, taciturne, la machette pendue à la ceinture, et qui ne quitte pas son fusil, lui fait l'honneur de sa case : une marmite, des allumettes, une assiette et un verre, un couteau, une fourchette et une cuillère, un seau, une houe et un hamac, des cochons, deux énormes chiens. C'est toute sa fortune. Il a pris la succession du précédent gardien. Et c'est là que le lieutenant Zamora, entrevoit la solution du puzzle maya. En retournant à la civilisation, il envoie ses conclusions au Bureau d'INTERPOL de Mexico, et au mois de décembre 1972, il se rend dans une somptueuse villa au bord d'une plage des environs d'Acapulco. Il est en civil car les règlements internationaux lui interdisent d'agir sur un territoire étranger, mais accompagné d'un inspecteur mexicain. Ils sont reçus par un personnage maigre, au visage dur, une sorte de sale type, majordome-chauffeur-garde du corps, bref homme à tout faire d'un très riche collectionneur d'antiquités précolombiennes [1]...

Il est de notoriété publique que cet homme, d'origine belge a réuni ses collections à l'aide d'un trafic, parfois officiel, mais souvent clandestin, qui dure depuis trente ans. Bien qu'il n'ait gardé que le quart des objets inestimables qui lui sont passés entre les mains, ses collections ont une telle valeur et constituent une telle provocation que le Gouvernement l'a contraint à en faire don à sa mort au Musée d'art et d'anthropologie de Mexico. Mais il n'est pas encore mort, et son

1. Le nom de ces deux hommes n'est pas cité volontairement.

homme à tout faire reçoit les deux policiers avec nonchalance, un cigare planté au coin des lèvres.

« Qu'est-ce que vous voulez ?

— Je suis inspecteur de la police mexicaine. INTERPOL m'a prié d'obtenir quelques renseignements auprès du Senor X.

L'homme se déplace avec désinvolture et marmonne :

— Bon. Je vais voir s'il est là.

— Un instant. Nous voudrions, le lieutenant Zamora de la police du Guatemala qui est présent comme témoin, et moi-même, vous poser quelques questions. »

Entre les lèvres de l'homme, le cigare n'a pas tremblé. Il fait signe aux policiers de s'asseoir dans ce hall immense, orné de statues mayas, aztèques et d'énormes plantes grasses. L'inspecteur montre une photo assez floue, sans doute un agrandissement, où l'on distingue néanmoins les traits du sale type, qui leur fait face, et demande :

« Vous vous reconnaissez sur cette photo ?

— Si vous me dites que c'est moi, je veux bien me reconnaître, mais ce n'est pas évident.

— Vous vous appelez bien X ?

— Oui.

— Vous êtes au service de votre patron depuis combien de temps ?

— Plus de quinze ans.

— Et vous vous intéressez pour son compte à l'archéologie maya.

— Si vous voulez.

— A ce titre, vous êtes-vous rendu sur le site de Dos Rios ?

— Non.

— C'est curieux car en 1968 on y a découvert des vestiges intéressants.

— Peut-être, mais j'ai eu autre chose à faire.

— Alors, comment expliquez-vous que nous ayons cette photo en mains ? C'est l'agrandissement de la photo Polaroid d'un groupe d'archéologues ayant visité le site de Dos Rios au mois d'avril 1969. Nous le savons grâce au vieux cahier qui sert de livre d'or et que les visiteurs ont signé ce jour-là. Comme il n'y a qu'une ou deux visites par mois, il n'a pas été difficile de les retrouver. Quant à la photo, elle faisait partie des biens personnels du malheureux métis qui a été assassiné quelques semaines plus tard. »

L'homme ne fait montre d'aucune émotion. Il hausse les épaules et répond :

« Et alors, qu'est-ce que ça prouve ? C'est vrai. J'ai été à Dos Rios. Tout le monde sait que nous cherchons des antiquités mayas partout où on peut en trouver. Mais comme nous ne sommes pas les seuls, lorsque je sens une bonne piste, je ne vais pas le crier sur les toits. »

Les deux policiers, pour essayer de coincer cette anguille, s'apprêtent alors à faire un énorme mensonge :

« Vous savez que nous avons comparé les balles qui ont tué les Italiens et celles qui ont tué les deux métis ?

— Je sais. Je lis les journaux. Vous n'allez pas me dire que ce sont les mêmes ?

— Pourquoi ?

— Parce que ce n'est pas possible.

— Comment le savez-vous ?

— Je suppose que si le même homme a commis ces crimes, il n'a pas traversé l'Atlantique avec une mitraillette dans sa valise. Une mitraillette, ça se trouve partout, même en Europe. »

Là-dessus, l'homme anguille a raison. Les balles ne sont pas les mêmes. Et une heure plus tard, il est toujours aussi souriant, sarcastique et nonchalant. Les deux policiers, à bout d'arguments, demandent alors à être reçus par M. X.

L'entrevue se passe dans un vaste bureau, sorte de capharnaüm, où les étagères et les meubles croulent sous un amoncellement de figurines de terre cuite, de poteries précieuses, de jades sculptés, de masques aux yeux de rubis, et de fragments de stèles. Le richissime trafiquant a soixante-dix ans. Il a l'air d'une vieille fouine perdant ses cheveux gris. Ses mains tremblent au-dessus de ses trésors accumulés. Il écoute d'un air mécontent et agacé la thèse des policiers : au cours d'une visite à Dos Rios, le dénommé Fidel Anitua aurait découvert dans les environs une stèle inconnue. Quelques semaines plus tard, un hélicoptère — comme cela s'est déjà produit — serait venu chercher la stèle. Les voleurs, ayant été surpris par le gardien du site et son compagnon, les auraient abattus. De ce fait, la possession de la stèle devenait un danger pour son receleur. Débitée en morceaux elle a été vendue en Europe. Le professeur Enzo Carnossa — qui s'intéresse à tout ce qui concerne l'art maya — a découvert trois morceaux de cette stèle chez un antiquaire et deux collectionneurs italiens. Comme il vient souvent au Guatemala et suit pas à pas toutes les découvertes qui concernent l'archéologie maya, il s'est enquis de l'origine possible de la stèle qu'il situait dans la région de Seïbal. Il a donc connu l'assassinat des deux gardiens métis de Dos Rios. Dans son enquête, il a dû interroger M. X, ou son homme de main. Ceux-ci n'avaient d'autre solution que de supprimer le professeur et les trois acquéreurs que ce dernier avait contactés car ils pouvaient, à tout moment, révéler le nom de leur vendeur.

Le vieillard ne bronche pas. Derrière lui, son homme à tout faire non plus. Ils ont encaissé l'accusation avec un tel calme, que les policiers savent d'avance que la partie est perdue. Le vieux collectionneur, enfin se lève. Tremblant de la tête et des mains. Sénile, sucrant non pas les fraises mais les antiquités mayas, et bien décidé à continuer, il toise les deux hommes :

« Votre théorie est absurde, et impossible à prouver. »

Et c'est vrai. Cela se passait en décembre 72. Depuis ni la police guatémaltèque, ni la police mexicaine n'ont réussi à le prouver. Et c'est dur quand on est sûr d'avoir raison.

LE VIEUX LOCATAIRE

Il est minuit dans la Ruhr. La lueur d'un phare de vélo s'éteint devant une petite maison de brique, moitié maison de coron, moitié ferme. Georges Skaner, mineur, trente-neuf ans, pousse le portail d'une main, tenant le guidon de son vélo, de l'autre. Il n'a pas relevé la dynamo. Le phare jette une lueur vague et intermittente tandis qu'il traverse le jardin. Soudain, Georges Skaner s'arrête, soulève le guidon et fait tourner la roue à la main, dirigeant le phare dans la direction de sa cave à charbon : il aperçoit un amas blanchâtre, et l'on dirait un corps. Le mineur croit avoir reconnu Julius Hofen, un homme de soixante et onze ans, son locataire. Il l'appelle mais comme celui-ci ne répond pas, le mineur s'approche un peu plus et se penche pour le secouer doucement du bout de la main, puis la retire précipitamment en poussant un juron : elle a touché quelque chose de gluant.

Quelques instants plus tard, la police est là, et parmi les différents spécialistes, un homme reste songeur : c'est l'inspecteur de la Criminelle. Dès les premières constatations, il a senti qu'il ne s'agissait pas d'une simple affaire de routine. Le vieillard ne craignait pas le froid car il porte des vêtements d'intérieur : un pantalon, une chemise et des chaussons. Le médecin légiste a compté sur son crâne, fracassé sans doute par un outil, huit blessures. Il a aussi d'autres plaies dans le dos, qui semblent provenir d'un engin plus tranchant. A côté du cadavre, le seau à charbon, en plastique, à moitié plein, renversé et une pioche. Le cadavre a longtemps saigné, il est complètement rigide, le crime doit donc avoir été commis assez tard dans la soirée. Point n'est besoin d'être Sherlock Holmes pour deviner que le vieillard a été frappé de dos, alors qu'il remplissait son seau à charbon.

Personne n'est entré dans la maison. Madame Skaner, qui dormait dans sa chambre de l'autre côté de la maison, n'a rien entendu. Et le vieillard n'a pas d'argent sur lui. On n'emmène pas une fortune pour aller remplir un seau à charbon.

L'inspecteur Schmidt est un homme discret, qui a pourtant les deux qualités qui font un grand policier lorsqu'elles sont réunies, et c'est rare : la patience et l'intuition. Il a fait les deux guerres, et doit porter des lunettes noires pour dissimuler la déformation d'une orbite où l'œil est resté accroché par miracle.

Devant lui, le mineur. Il n'a plus que quelques mois à passer au fond, avant la retraite. Petit, sec, la peau mate, ses cheveux ont la blondeur fade des endives. Il est assis sur une chaise, car il a laissé le fauteuil à sa femme et à l'inspecteur le canapé, qui semble être le meuble principal de la pièce. Sa femme passerait inaperçue même si on la posait sur un piédestal, place de la Concorde. Sa carte d'identité indique : cheveux châtains, sans doute parce qu'il n'existe pas de terme pour indiquer l'absence de couleur. Le visage est régulier mais inexpressif, les yeux bleus perpétuellement inquiets. Pour le moment elle est blanche comme un linge et l'émotion précipite sa respiration.

« Vous avez trouvé quelque chose ? demande le mineur. »

L'inspecteur secoue négativement la tête. Il vient de passer une heure dans la chambre du vieillard, six mètres carrés à l'étage supérieur avec un plafond en pente. Tout lui a paru en ordre. Les petites économies étaient à leur place. Il n'y avait d'autre courrier qu'une lettre de son fils en Amérique du Sud, de la correspondance administrative et des publicités. Il y a un long silence où l'on n'entend que le tic-tac d'une pendule à carillon. L'inspecteur Schmidt regarde les fleurs du canapé. Sa voix est neutre quand il demande :

« Elle est à vous la pioche qu'on a trouvée à côté de ce pauvre vieux ?

— Oui, dit le mineur. N'importe qui peut s'en servir elle est toujours là.

— Où ça, là ?

— Souvent appuyée contre la grille du jardin, précise sa femme.

Dans un nouveau silence le carillon sonne solennellement 6 heures du matin. Le mineur a déjà raté sa nuit.

— Est-ce que je peux aller me coucher, monsieur l'Inspecteur ?

— Oui, bien sûr. Un petit mot quand même. Il y a combien de temps que vous lui avez loué cette chambre ?

— Il y a deux ans, à peu près.

— Quel genre de relations aviez-vous avec lui ?

— Vous savez, il n'était pas très causant. On se disait « bonjour », « au revoir » ! C'est à peu près tout.

— Pas de conversation amicale ?

— Non.

— Qu'est-ce qu'il faisait dans la journée ?

— Il était souvent dehors, sinon il avait une petite télévision. Il ne faisait pas beaucoup de bruit.

— Et vous ? Qu'est-ce que vous faites quand vous êtes là ?

— En ce moment, je laboure ou alors je bricole. Vous savez, on a quand même vingt arpents.

— Et vous, Madame ?

— Je m'occupe des enfants, et puis du bétail. On a une vache, deux chèvres, vingt-huit poules et des canards.

— Il allait souvent chercher du charbon si tard dans la nuit ?

— Ça lui arrivait. Il avait pas d'horaire. On le laissait faire parce que, dans la chambre, on ne l'entendait pas.

— D'une façon générale, est-ce qu'il avait l'air heureux ou malheureux ? Est-ce qu'il était gai ou triste ?

— Plutôt triste, dit le mineur après un long moment de réflexion. Comme si le bonheur ou le malheur était trop compliqué pour sa propre réflexion.

— Est-ce qu'il avait des amis ?

— Non, dit le mineur. Ou alors, on les voyait pas.

La femme du mineur s'est avancée sur le bord du fauteuil.

— Je peux vous dire quelque chose ?

— Bien sûr, madame.

— Eh bien voilà. Il y a une quinzaine, il est arrivé en voiture. Il était avec trois messieurs que je ne connaissais pas. Ils ne devaient pas être de la région.

— De quoi parlaient-ils ?

— Je ne sais pas. Ils ne sont pas rentrés. Ils sont descendus de voiture pour lui serrer la main, et puis ils sont partis.

— Il ne vous en a rien dit et vous ne lui avez rien demandé ?

— Non.

— Vous pouvez me décrire ces trois messieurs ?

— J'étais trop loin. Et je ne me rappelle plus. Il y en avait un qui avait un imperméable et les autres des costumes. C'étaient des gens de la ville, je crois. »

L'inspecteur Schmidt se lève. Il va laisser dormir ces gens et en attendant marcher dans le village, interroger les gens, deçà delà. On sait très peu de choses sur le vieillard assassiné. Il allait chaque jour à la taverne mais ne buvait jamais plus d'une bière. Il parlait de la pluie et du beau temps. Plus souvent de la pluie que du beau temps, car, dans la Ruhr le ciel est toujours gris. De politique il en parlait si peu que personne ne connaît ses opinions. Plutôt de droite sans doute. Mais d'après sa tête, uniquement d'après sa tête. Quelques villageois se souviennent qu'il y a une quinzaine, il est arrivé en voiture avec trois messieurs que personne ne connaît, et à qui personne n'a fait attention.

C'est tout ce qu'apprend l'inspecteur Schmidt. Et son impression générale est que l'on s'ennuie à mourir dans ce village, de toute façon. De retour dans la maison du mineur, l'inspecteur cherche. Par principe, sans même savoir lui-même ce qu'il cherche. Il n'a pas la moindre idée. Il furète sans faire de bruit car le mineur dort dans sa chambre. La maison est propre et, malgré les enfants, tout y est rangé, étiqueté comme dans la boutique d'une vieille mercière. Il y a des crucifix partout et beaucoup d'images pieuses. Un peu beaucoup, peut-être. Un peu plus que la normale. Cette débauche de « bondieuseries » doit être l'œuvre de la mère, et en y pensant l'inspecteur décide d'aller lui en parler. Mais il est midi, elle a été chercher les enfants à l'école et ils doivent être dans la cuisine. L'inspecteur cherche la cuisine et s'oriente difficilement dans la maison biscornue. Il se retrouve ainsi à l'étable.

« Tiens, se dit-il, il faut passer par l'étable pour aller à la cuisine ! » Une vache tourne la tête pour le regarder. Près de la grande porte qui donne sur les champs, se trouve un billot sur lequel une hache est plantée. L'inspecteur a un petit pincement au cœur. Il n'y touche pas mais s'agenouille pour la regarder de plus près. C'est une hache à manche court et la partie du tranchant qui n'est pas enfoncée dans le bois présente des petites balafres encore rougeâtres. L'inspecteur sort un mouchoir et, délicatement, l'arrache du billot. Puis il se dirige, pensif, vers la cuisine, au moment où les enfants sortent pour aller à l'école. Il retient la mère par le bras et lui montre la hache, sans préavis. En voyant l'outil, la femme a un haut-le-corps.

« Vous croyez qu'on l'a tué avec ça ?

— Peut-être, il y a du sang.

— Mais j'ai tué un poulet pour le dîner hier soir.

— Avec la hache ?

— Oui, pour lui couper le cou. »

C'est plausible, évidemment, mais l'inspecteur fait tout de même envoyer la hache à la Criminelle pour analyser le sang.

Vers 17 heures, l'inspecteur voudrait bien rentrer chez lui mais quelque chose le retient. Personne dans le village n'a remarqué hier soir d'allées et venues intempestives. Le crime n'était sûrement pas prémédité par quelqu'un de l'extérieur. Sinon, on ne se serait pas servi de la pioche qui n'était là que par hasard. C'est donc dans la maison que l'affaire doit être élucidée. Et dans la maison, rien, aucun indice, sauf la hache, qui, si elle est l'arme du crime, ne fournit pas le mobile. Or, le crime est apparemment sans mobile. Et apparemment un crime sans mobile aucun, ça n'existe pas. On ne rentre pas chez soi après un raisonnement pareil. Alors l'inspecteur, pour la cinquième fois, retourne dans la chambre du vieillard et recommence à fouiner. Il ne suffit pas de voir les objets, il faut réfléchir, procéder par association d'idées, comme si l'on entrait en transes, pour laisser parler la mémoire et l'intuition.

Le mineur a fini de dîner avec sa femme et ses gosses. Centimètre par centimètre, à la lumière électrique car la nuit est tombée, l'inspecteur regarde chaque objet comme s'il était unique et chargé de sens. Les lunettes, les livres. Tout, même les chaussettes et le verre où le vieillard déposait son dentier pour la nuit. Et c'est ainsi que dans un tiroir où sont rangés du papier, des crayons et un portefeuille, il tombe en arrêt devant une petite boîte en carton un peu écrasée. Une boîte vide. Que, pour un peu, il allait jeter dans la corbeille à papier. Elle est rougeâtre et grossière, enluminée d'arabesques aussi bariolées et tarabiscotées et dessus un seul mot : « Calcal ». L'inspecteur s'assoit sur le lit, tourne et retourne la boîte. C'est un emballage rudimentaire, comme il en vient des pays lointains. Un pays oriental peut-être. Les déformations du carton semblent indiquer qu'il a contenu des comprimés, serrés les uns contre les autres. Comme dans les anciennes boîtes d'aspirine.

L'inspecteur regarde autour de lui, mais il n'y a aucun comprimé nulle part, pas même un morceau ou une miette, ce qui voudrait dire que le vieillard aurait tout utilisé, et récemment sans doute, car, bien qu'écrasée, la boîte ne semble pas défraîchie. Du « Calcal ». Qu'est-ce que ça peut bien être que du « Calcal » ? Comme c'est le premier indice, l'inspecteur Schmidt se sent le droit de rentrer chez lui, et le soir même, INTERPOL de Wiesbaden demande par radio au Secrétariat général d'INTERPOL à Paris la nature et le pays d'origine d'un produit intitulé « Calcal », probablement oriental ou extrême-oriental, vendu sous forme de comprimés en boîte carton rouge.

A INTERPOL on connaît et l'on classe beaucoup d'informations bizarres sur les produits médicamenteux, poisons et autres drogues susceptibles d'intervenir dans les affaires criminelles. Mais aucun fichier ne connaît le « Calcal » et à quoi il sert. Un certain nombre de policiers des bureaux d'INTERPOL au Moyen-Orient doivent tomber des nues en recevant la demande de renseignements du Secrétariat général : « Connaissez-vous le « Calcal » ? Quelles sont ses propriétés ? Où le fabrique-t-on ? Urgent. Répondez. »

A 8 heures du matin : dans le petit village de la Ruhr, l'inspecteur Schmidt reprend son enquête. Avant de se rendre à la maison du mineur, il a fait lui aussi le tour des pharmaciens de la région. Mais aucun n'a jamais entendu parler de « Calcal ». Le mineur et sa femme non plus. Ils n'ont jamais vu la boîte entre les mains du vieillard. Ils ne lui ont jamais vu absorber aucun médicament. D'ailleurs, il leur a toujours paru particulièrement costaud, bâti à chaux et à sable.

Vers une heure de l'après-midi, tandis que l'inspecteur mange un sandwich, une voiture s'arrête devant la maison. C'est un homme de la Criminelle qui lui apporte l'expertise du laboratoire. Celui-ci conclut à la présence sur le fer de la hache de sang de poule avec quelques traces de sang humain, mais si minimes qu'on ne peut plus en déterminer le groupe. Les empreintes digitales sur le manche n'ont aucune signification : il y en a trop, et ce sont toujours les mêmes, celles du mineur et de sa femme.

Ayant terminé son sandwich, l'inspecteur se décide à les interroger séparément. Il commence par la femme car le mari est allé se coucher. Il a fait venir un greffier et sa machine à écrire. Et comme il fait très froid subitement, et pour que le bruit de la machine à écrire ne réveille pas le mineur, ils se sont installés dans la cuisine. L'inspecteur est obligé d'enlever fréquemment ses lunettes fumées pour essuyer la buée qui s'élève d'une marmite de soupe aux choux. La femme répète tout ce qu'elle lui a dit sur son emploi du temps, relit chaque page et signe. Plus il l'observe, moins l'inspecteur devine le mobile qui aurait pu pousser cette femme réservée, cette mère de famille pieuse et travailleuse, à tuer ce vieillard ? Et s'il s'est posé la question c'est par habitude.

Vers 4 heures, à nouveau, une voiture de la Criminelle s'arrête devant la maison. L'inspecteur va au-devant du policier qui amène cette fois la réponse d'INTERPOL sur le « Calcal ». Le policier a l'air rigolard, et aimerait bien en faire une devinette : mais Schmidt n'a pas l'air d'humeur, alors il résume : le « Calcal » est inconnu à Jakarta, inconnu à Manille, inconnu à Bangkok et à New Delhi, mais c'est fabriqué à Singapour. C'est un aphrodisiaque.

« Un aphrodisiaque ? murmure l'inspecteur. Un aphrodisiaque, puissant ?

— D'après le toubib, il n'y a pas d'aphrodisiaques puissants. Les aphrodisiaques sont bidons d'après lui. Aucun produit ne rend vraiment amoureux. Mais il y en a qui stimulent, qui énervent et c'est l'imagination qui fait le reste. C'est le cas du « Calcal », fabriqué avec les écailles d'un poisson qu'on trouve en Malaisie. »

Lorsqu'il retourne dans la cuisine, l'inspecteur s'asseoit à nouveau à la table, juste en face de la femme du mineur et la regarde d'un œil neuf. Ses yeux sont toujours aussi peu expressifs et ses cheveux n'ont pas plus de couleur mais c'est une femme, ni grasse ni maigre, que deux maternités n'ont pas abîmée. Elle a les mains un peu rouges, mais dans sa robe de laine bleue, c'est bien une femme, sans aucun doute, et pas moins désirable qu'une autre. Désirable par qui, voilà où est peut-être le problème.

« Madame, pouvez-vous me préciser la nature de vos relations avec la victime ? demande l'inspecteur en essuyant ses lunettes.

— Mais je vous l'ai dit, on se parlait à peine.

— Il y a des choses que l'on fait sans avoir besoin de parler ? »

Cette fois, les yeux de la femme expriment enfin quelque chose : l'horreur. A tel point que l'inspecteur se sent obligé de nuancer sa phrase :

« Écoutez, Madame, si je me trompe, il faudra me pardonner. Mais je fais mon métier. Et je dois tout envisager. Après tout, vous êtes seule la plupart du temps dans cette maison. Seule avec un homme, alors que votre mari travaille ou dort !

— Mais c'est un horrible vieillard, murmure la femme qui se tait soudain.

— Horrible ? Pourquoi horrible ? Je vous en prie, Madame, répondez-moi, pourquoi horrible ? Il avait soixante et onze ans, mais il était solide et en bonne santé. Alors pourquoi horrible ? »

La femme se cache le visage entre les mains comme si la vision qui s'impose à elle était insoutenable. La réaction est exagérée, anormale et l'inspecteur demande :

« Il vous a fait la cour ? Il vous poursuivait ? Hein, c'est ça ? »

Cette fois, la femme se met à hoqueter et fond en larmes. Mais sa réserve est vaincue. Quelques instants plus tard, elle passe aux aveux complets : le vieillard avait toujours été convenable. Mais, depuis quelques jours, en l'absence de son mari, il s'était mis à la poursuivre partout dans la maison, la harcelant de propositions malhonnêtes. Elle le repoussait, le fuyait et détournait son regard chaque fois qu'elle rencontrait le sien, sans oser en parler à son mari. Puis un jour, il se jeta sur elle dans la grange et la viola. Elle crut ne pas pouvoir survivre et, remâcha des idées de suicide. Si les enfants n'avaient pas existé, elle se serait tuée. La veille du meurtre, alors que son mari était à la mine, le vieillard se faufila à travers l'étable et la cuisine et se glissa dans sa chambre où elle dormait, pour la violer dans son lit. Dès cet instant, elle fut incapable de réfléchir. Le soir de ce même jour, alors qu'elle garnissait le râtelier de la vache, elle entendit le locataire qui s'en allait chercher du charbon. Elle sortit de l'étable, saisit la pioche près de la grille du jardin et frappa sans prononcer un mot. Comme il s'écroulait en râlant, et de peur qu'il se relève pour se jeter sur elle, elle prit la hache dans le bûcher et lui en asséna plusieurs coups sur la tête et sur le dos. Elle nettoya la hache avec de la paille et la reporta dans le hangar. Et alors seulement elle eut peur.

Aux Assises, le Procureur a requis la peine de mort. Mais après l'audition des experts, des médecins de la police, des psychiatres, et des témoins, l'avocat lui, a plaidé la légitime défense. Selon lui, bien qu'un jour et une partie de la nuit se soient écoulés depuis le viol, le moment était psychiquement toujours présent. La femme a donc en quelque sorte, agi au moment même. Ce que voulait démontrer l'avocat, en fait, c'est que le viol, met de toute façon une femme en état de légitime défense, et pour longtemps. Car c'est un crime psychique, beaucoup plus que physique dont la blessure est trop souvent inguérissable. Ce que ne comprendront jamais les violeurs, eux qui ne sont jamais violés. Madame Skaner a été acquittée, et l'État allemand a payé la procédure d'un jugement qui ne fut contesté par personne.

DOCTEUR CYANURE

Janvier 1948 : la neige, le général Douglas MacArthur et les maladies tropicales propagées par le retour des soldats japonais, règnent sur Tokyo. C'est un triple règne que tout le monde n'apprécie pas, à sa juste valeur.

Le docteur Shigeru Matsui, qui semble appartenir au service de santé, entre en fin d'après-midi dans une agence de la banque Yasuda. Sur ordre de l'État-Major de MacArthur, il demande à voir le directeur et lui remet sa carte. Puis il fait aligner les vingt employés, avec leurs tasses de thé de 5 heures dans lesquelles il verse un premier médicament extrait d'un flacon, portant sur une étiquette : flacon numéro un... puis un second, extrait d'un flacon marqué numéro deux. Il s'agit, d'après ce fonctionnaire, d'un médicament destiné à enrayer l'épidémie de dysenterie qui s'est déclarée dans la ville. Les braves gens font : « Pouah... Berkkk... Brrrr » et rentrent chez eux. Si le médicament ne leur a pas fait de bien, il ne leur a pas fait de mal, selon la formule consacrée et consolante.

Trois jours plus tard, un certain docteur Higushi Yamato, également du service de santé, demande à voir le directeur de la Mitsubishi Bank du quartier de Nakaï. Il sort d'une serviette un compte-gouttes et deux grands flacons de médicament. Là encore, il s'agit d'enrayer une épidémie de dysenterie. Mais le directeur, méfiant, pose tant et tant de questions que le docteur Higushi Yamato s'en va, menaçant dans une colère polie de se plaindre à l'État-Major du général MacArthur. Le directeur se souvient seulement que ce docteur avait une petite verrue sur la joue gauche et une légère cicatrice au menton. Mais les vingt employés de la banque pourront lui élever un buste quand ils sauront la suite.

Les employés de l'agence Shiina Machi de la banque Teikoku, quittent leur guichet et le planton s'apprête à fermer la grille, lorsqu'au dernier moment, un homme à lunettes se glisse dans le hall, secoue la neige sur son manteau et le retire avec soin.

« Docteur Jiro Yamagushi, je dois voir le directeur, dit-il au planton. »

Et il apparaît vêtu d'une blouse blanche, portant sur un brassard l'inscription : service de santé.

Quelques instants plus tard, le docteur entre dans le bureau du directeur et lui remet sa carte de visite.

« Monsieur le directeur, désolé de vous importuner, mais sur l'ordre de l'État-Major du général Douglas MacArthur, je dois immuniser le personnel ainsi que vous-même. Une épidémie de dysenterie vient de se déclarer. Il faudrait que chacun prépare une tasse de thé. »

Un ordre du général MacArthur ne se discute pas dans le Japon d'après-guerre. Bientôt les seize employés de la banque, à l'appel de leur directeur, entrent dans son bureau, leur tasse de thé à la main, comme pour la parade, les uns derrière les autres. Le docteur attend que les seize employés, planton et directeur compris, soient tous là. Mlle Masako Murata observe que le docteur a une petite verrue sur la joue gauche et une légère cicatrice au menton. Quand le docteur s'est assuré qu'il ne reste personne derrière les guichets de la banque, il s'adresse au petit groupe avec une autorité souriante :

« Je vais vous distribuer deux médicaments contre la dysenterie. Mais ils ne sont efficaces que si vous voulez bien les avaler l'un derrière l'autre et en une seule gorgée. Veuillez poser vos tasses de thé sur le bureau s'il vous plaît. »

L'une après l'autre, les tasses se posent sur le bureau. Avec un énorme compte-gouttes, le docteur Jiro Yamagushi verse dans chacune d'elles quelques gouttes d'un liquide pris dans une bouteille marquée « numéro un ».

« Je vous préviens, dit le docteur, ce médicament n'est pas très agréable à boire. Mais le goût passera lorsque vous aurez pris le deuxième médicament. Allez-y, buvez. »

Comme un seul homme, les seize employés, hommes, femmes, directeur et planton en uniforme compris, avalent leur boisson sans reprendre leur souffle. Puis tendent à nouveau leur tasse en faisant des pouah, des berkkk et des brrrrr. Mlle Masako Murata dit « Ça brûle la gorge », et le directeur tousse.

« Ne vous inquiétez pas, dit le docteur, en versant quelques gouttes prises dans le flacon numéro deux, lorsque vous aurez bu ça, vous vous sentirez mieux. »

D'un seul geste du bras, les seize employés, hommes et femmes, directeur et planton en uniforme compris, vident à nouveau leur tasse. Magnanime, le docteur les autorise, s'ils le veulent, à boire un peu d'eau. Alors, dans une précipitation respectueuse, chacun se dirige vers le robinet du lavabo attenant au bureau du directeur. Mlle Murata qui attend son tour, entend soudain un bruit derrière elle. L'employé qui la suivait vient de s'écrouler. Un bruit devant elle, celui qui la précédait a disparu. Il est sous le lavabo. Poussant un hurlement, elle retourne dans le bureau du directeur. Mais elle n'y voit plus que le docteur avec sa petite verrue et sa petite cicatrice, debout, au milieu des corps effondrés. Mlle Murata les rejoint alors sur le tapis.

Douze morts et quatre survivants, dont le directeur et Mlle Murata, tous empoisonnés par du cyanure de potassium, c'est le bilan. Et tout ceci, pour peu de chose. Avant de s'en aller, le docteur Jiro Yamagushi a raflé tout ce qu'il trouvait : cent soixante-quatre mille yens en espèces et un chèque au porteur de neuf cent-dix-sept mille yens, ce qui représente environ soixante mille nouveaux francs. Une misère pour une hécatombe. Quoi qu'il en soit les informations ne vont pas vite dans ce Japon de l'immédiat après-guerre. Car le lendemain, un caissier verse les neuf cent dix-sept mille yens à l'homme à lunettes avec petite verrue sur la joue gauche et cicatrice au menton, qui lui présente le chèque volé la veille à l'autre bout de la ville.

L'enquête démarre en trombe, immédiatement après. Le sergent Tamegoro Igli, qui en est chargé, est un détective chevronné. Son visage rond, plat et froid, exprime une patience, une méfiance et une ruse à toute épreuve. Il enregistre le signalement que lui donne Mlle Murata, et en examinant les deux incidents qui se sont produits quelques jours auparavant dans deux banques différentes, en déduit que, l'une était une répétition et l'autre une tentative manquée. Le sergent s'intéresse aussi aux cartes de visite que le « docteur » a distribuées si généreusement. Malheureusement, le mot « docteur » sur une carte de visite au Japon, ne signifie rien. C'est un titre excessivement répandu. Les trois noms employés par le criminel sont d'une banalité écœurante. Autant chercher Pierre Durand, Léon Dubois ou René Bertrand, en France, dans la débâcle de 40.

Cependant, un certain docteur Shigeru Matsui, honorablement connu celui-là, informé par la presse, se présente de lui-même au quartier général de la police dans l'intention de se disculper. Le criminel s'est servi de ses cartes de visite, car il en avait une centaine, et n'en a plus que trois ou quatre. Le sergent Tamegoro observe bien son interlocuteur. Il ne correspond pas du tout au portrait du faux docteur. Alors il lui demande d'essayer de dresser la liste des personnes à qui il a eu l'occasion de remettre des cartes de visite.

Dans la liste établie par le docteur, le sergent retient ensuite cinq ou six noms et parmi eux, celui d'un certain Sadamishi Hirasawa. Il s'agit d'un peintre aujourd'hui très pauvre que le médecin a rencontré sur le ferry-boat qui les conduisait dans les îles du nord du Japon.

Un commissaire de police de la ville où il réside rend visite à l'artiste. C'est dans une maison modeste, un petit homme tranquille, paisible et doux, qui sourit derrière de grosses lunettes. Il est vêtu d'un traditionnel peignoir de peintre assez usé, couvert de taches.

« Où étiez-vous fin janvier ? demande le commissaire.

— Ici.

— Vous allez quelquefois à Tokyo ?

— Assez rarement. J'y avais une maison, mais pendant la guerre, elle a été brûlée. Et comme tout est devenu très cher et qu'on n'achète plus ma peinture, maintenant je vis ici. »

Hirasawa sourit avec résignation. Il a, sur la joue gauche, une petite protubérance que l'on pourrait appeler une verrue, à la rigueur. Et sur le menton, ce que l'on pourrait appeler une petite cicatrice. Mais deux cent cinquante mille hommes au Japon peuvent avoir une petite verrue sur la joue gauche et une légère cicatrice au menton. Hirasawa a cinquante-six ans. Il est le fils d'un ancien gendarme, et n'a jamais exercé d'autre métier que la peinture. A seize ans, il avait déjà obtenu des prix dans les grands concours. Dans les années 20, il connut un grand succès, ses toiles se vendaient bien et il était riche. Il se maria et eut deux fils et trois filles. En parlant d'eux, Hirasawa garde son sourire résigné :

« Il y a bien longtemps que ma femme et mes enfants m'ont quitté. Je ne leur en veux pas, j'ai passé ma vie à être amoureux de toutes les femmes que je rencontrais, et maintenant je suis pauvre. Je vis seul. Je peins la nuit et je vends de moins en moins. Mais je n'ai plus besoin ni d'amour ni d'argent. Je peins pour peindre, pas pour vendre. »

Sur le rapport du commissaire, on peut lire que Hirasawa est un peintre doux, timide, et passionné par son art, qui malgré quelques apparences fortuites, ne peut pas être le criminel recherché. Mais trois mois plus tard, le sergent Tamegoro débarque du ferry-boat dans la petite ville où demeure Hirasawa. Toutes les autres hypothèses qu'il a examinées avec patience se sont effondrées. Et malgré le rapport du commissaire, Hirasawa reste le seul criminel plausible.

Le sergent trouve le peintre dans sa maison, en train de casser du bois. Il va le regarder vivre, pendant deux jours. Et l'homme lui offre le spectacle d'un être pauvre, modeste, qui mange peu, ne dort que quelques heures, fabrique lui-même ses peintures et ses toiles et dort sur une planche de bois, la tête sur un billot. Il est évident que vu sous cet angle, Hirasawa ressemble difficilement au criminel qui a tué douze personnes pour voler l'argent d'une banque, avec un sang-froid de serpent à lunettes. Mais il y a la ressemblance. Il y a cette petite verrue et cette légère cicatrice, ces lunettes, la taille, et il a eu en mains une carte de visite du docteur Shigeru Matsui. Alors patiemment pendant ces deux jours où il lui rend visite, le sergent observe jusqu'au moindre froncement de sourcil. L'homme modeste et timide laisse par moments, percer une redoutable intelligence. Il a l'air d'éviter les pièges, d'éluder les problèmes et les questions que lui pose, pendant quarante-huit heures, le sergent Tamegoro, semblent une épuisante série de coups d'épée dans l'eau.

Le sergent l'invite même pour un dîner qu'il s'efforce de rendre succulent et très épicé : un repas qui fait boire. Entre chaque verre de saké, il aiguille la conversation sur les peintres d'aujourd'hui, dont Hirasawa ne pense pas grand-chose. Sauf qu'ils n'ont pas de talent. Le sergent essaie de le pousser sur ce terrain où il croit deviner une jalousie, mais la réponse est prudente.

« Je mentirais en affirmant que le succès de ces jeunes imbéciles m'est indifférent. Mais je n'ai que cinquante-six ans, et je pense que le jour viendra où l'on jugera à nouveau ma peinture comme elle le mérite.

— En somme, vous êtes un jeune peintre dans un pays qui va renaître, plaisante le sergent.

— C'est un peu ça, acquiesce en riant Hirasawa, qui en est à son troisième verre de saké.

— Vous faites de la promotion pour vos œuvres ?

— J'essaie, mais je n'ai guère de moyens. Par exemple, je suis en pourparlers pour une exposition à Tokyo.

— J'ai des amis journalistes, remarque le sergent, si vous me donniez une photo de vous, je pourrais faire paraître un article dans la presse nationale. »

Le piège est bien tendu, mais qu'il le devine ou non, le peintre l'évite :

« Je n'ai pas de photo. Et je ne tiens pas à ce genre de publicité. »

Alors le sergent pense que pour un peintre qui veut promouvoir ses toiles, ne pas avoir de photos et refuser un article dans la presse nationale, est un comportement bizarre. En trinquant pour le quatrième verre de saké, et sous le prétexte de changer de sujet, il se fait expliquer la fabrication des peintures. L'alcool aidant, Hirasawa devient prolixe en ce qui concerne ses procédés de fabrication. D'ailleurs le sujet le passionne et il fait étalage de ses expériences sans se douter qu'il démontre une telle connaissance de la chimie qu'après le huitième verre de saké, le sergent lui demande :

« Dans ces conditions, vous connaissez tout sur le cyanure de potassium ? »

Il ne peut que répondre « oui ». Et « oui » aussi à la seconde question du sergent qui lui demande s'il en a déjà utilisé. L'aimable conversation en reste là, mais de retour à Tokyo, le sergent est convaincu que Hirasawa est son coupable. Sa thèse est simple. Il a eu du succès, il a été très riche. Passé de mode, il en veut à la terre entière de sa déchéance et de sa pauvreté. Le personnage du peintre doux et modeste, vivant comme un pauvre samouraï, n'est qu'une façade adoptée par obligation. En persistant dans les détails, le sergent découvre que la femme du peintre a déposé sur son compte en banque, quarante-quatre mille cinq cents yens. Enfin, si le peintre vit tellement retiré, c'est qu'il fuit deux maîtresses qui ne cessent de lui réclamer de l'argent. Fort de ses arguments, le sergent obtient l'inculpation de son peintre déchu.

Une foule immense envahit la gare de Tokyo lorsque la presse annonce l'arrivée du coupable, les menottes aux mains. On se souvient des douze morts. Et la gratuité de ce crime au cyanure paraît beaucoup plus effrayante au public qu'une fusillade, par exemple. Il ne fait pas de doute que l'homme capable de cela est un monstre. La foule se déchaîne toujours contre les monstres. Ou alors c'est un innocent, et la foule veut toujours aider un innocent. Un service d'ordre a bien du mal à maintenir le flot hurlant qui s'écarte à peine lorsque le train glisse le long du quai. Un flot fait de deux courants contradictoires qui bloquent pendant une heure le wagon où se trouvent le peintre et le policier. Les uns sont enthousiastes devant l'exploit du policier, les autres sifflent et montrent le poing, l'accusant d'avoir abusé de la naïveté d'un innocent.

Et les preuves s'accumulent pendant l'instruction. Au domicile de Hirasawa, le sergent retrouve une blouse blanche :

« J'ai été infirmier à Tokyo pendant la guerre, dit le peintre. »

Un sac noir semblable à celui dont s'est servi le faux médecin.

« Je l'ai depuis dix ans et il y en a deux cent mille comme ça au Japon, dit Hirasawa. »

Et la dernière trouvaille, accablante : un magot de deux cent mille yens soigneusement caché :

« Lorsque vous êtes venu me voir, je venais de vendre six toiles à deux soldats américains, affirme Hirasawa qui ne connaît pas le nom de ces soldats mais peut décrire minutieusement les toiles. »

Si ces toiles ont réellement été vendues et ont quitté le Japon, elles peuvent être aux États-Unis ou n'importe où dans le monde... INTERPOL fait donc distribuer leur description dans tous les pays affiliés. Mais lorsque le procès s'engage, les toiles n'ont pas été retrouvées. Dans un moment de désespoir, Hirasawa a avoué sa culpabilité. Mais il revient sur ses aveux, et les avocats affirment qu'ils lui ont été arrachés de force. Argument spécieux qui n'empêche pas le jury de le condamner à mort le 14 juillet 1950. En 1951 et 1955, la Cour d'Appel et la Cour Suprême confirment la sentence que l'adresse des avocats parvient à faire indéfiniment reculer.

Et voici le dernier doute : en novembre 1965, donc seize ans plus tard, INTERPOL découvre à Hong-Kong des toiles répondant au signalement précis de celles qu'Hirasawa aurait vendues aux deux soldats américains. Ses avocats peuvent donc faire entreprendre un nouvel examen de son cas par la Haute Cour, mais qui dit qu'il est innocent pour autant ? Personne, car aujourd'hui, à plus de quatre-vingts ans, Hirasawa est toujours en prison. Il écrit des poèmes et peint des tableaux, en jurant qu'il est innocent, et que s'il retrouve un jour la liberté, il se présentera aux élections japonaises pour y briguer un siège de député. S'il est coupable, il a de la suite dans les idées, le vieux Hirasawa.

QUAND MARGOT S'EN ALLAIT DANSER

Margot et Paula sont deux jeunes allemandes de dix-neuf ans, venues se perfectionner en français. Des joues roses comme des pommes, blondes comme les blés, des silhouettes droites et généreuses. Margot a, de surcroît, d'immenses yeux gris, et c'est une fleur splendide qui malgré son éducation protestante, ne demande qu'à rire en entrant dans le célèbre dancing parisien : le « Bal à Jo », un samedi de juin 1958.

Le même soir, elles rencontrent deux hommes tout à fait charmants d'environ trente ans, bien élevés, et très vite « affectueux ». L'un est propriétaire de garages dans le midi de la France. L'autre, Henri, est journaliste.

Dans le bonheur tout va très vite, et le temps passe sans compter : Paula disparaît un mois plus tard pour visiter les fameux garages dans le midi de la France, et Margot, follement amoureuse est demandée en mariage par Henri le journaliste.

Selon la tradition, pour se marier, il faut de l'argent. Or si Henri gagne bien sa vie, il n'a pas d'économies. Margot qui ne parle pas encore français, pourrait faire des ménages, mais l'ambition lui manque d'accéder à cette promotion. Le journaliste propose donc à la jeune fille une tournée de ballets à l'étranger, qu'un de ses amis, manager, est en train de mettre sur pied. Selon la tradition toujours, il a l'air extrêmement ennuyé de cette solution extrême :

« J'hésite, dit-il. Cela rapporterait bien sûr pas mal d'argent, mais il faudrait que nous nous séparions quelques semaines et ça m'ennuie beaucoup, ma chérie. »

Quoi qu'il en soit, le lendemain, au fond d'une cour de la rue Pigalle, Margot découvre six filles blondes, à peine habillées, posant pour des tableaux vivants. Le manager a des oreilles en pointe, la bouche dessinée d'un coup de canif, le nez en bec d'aigle et la mâchoire pointue. Margot, seule sur un petit podium, réalise que les quelques pas de samba qu'elle exécute n'ont rien d'artistique mais il faut aller au bout de l'examen, alors à la demande du manager, elle montre ses jambes :

« Vous êtes tout à fait le type de femme qui manquait dans ma troupe, dit-il sans avoir peur du ridicule. »

Margot se persuade que sa beauté lui sert de talent et comme elle est incapable de lire le contrat, Henri son fiancé l'étudie pour elle. Il discute point par point et fait modifier plusieurs clauses, avant que Margot ne signe pour une tournée de trois mois.

En apprenant la nouvelle par lettre, ses parents sautent au plafond et tentent d'interdire à la fois le voyage et le mariage. Mais par retour du courrier, arrive la réponse habituelle des enfants qui n'en sont plus, tout en méritant des fessées :

« Je ne suis plus une enfant et c'est à moi de décider des voies de mon bonheur. »

Et les malheureux parents n'entendent plus parler de leur fille. Mais ils entendent parler de son amie Paula dont le cadavre est retrouvé en mer, au large d'Antibes. Paula est morte d'une overdose et, comme si ce n'était pas suffisant, lardée d'une dizaine de coups de couteau. L'enquête conclut qu'il s'agit probablement d'une exécution. Malheureusement la police ne peut rien retenir contre « l'ami » garagiste en réalité proxénète notoire, et habile à ne jamais se laisser prendre en défaut d'alibi. Cet homme vit comme si chaque minute de son existence, devait un jour servir d'alibi. Paula est morte, mais ce n'est pas de sa faute, d'ailleurs il n'était pas là.

Dix-huit mois plus tard, c'est la Toussaint. Il fait froid et il vente sur la plage déserte de Lignano, près de Venise. Un petit curé jette un coup d'œil par une fenêtre de son presbytère. Il aperçoit sur la promenade, trois fantômes, giflés par le sable, transportant une jeune femme évanouie dans la direction d'un bar. Le petit curé ne fait ni une ni deux, il se précipite au-dehors, car il ne croit pas aux visions. Au bar, on allonge la jeune femme sur une table de marbre, et le petit curé remarque que cette magnifique créature blonde aux yeux gris, est à demi-nue sous son manteau. Un client s'exclame :

« Mais c'est une fille du Palacio d'Oro ! »

Le Palacio d'Oro est une maison close célèbre dans la région. Cela n'empêche pas le petit curé de faire vite pour cette Marie-Madeleine échouée. Il retourne chez lui chercher une couverture, prévient sa gouvernante, et commande un taxi pour emmener la malade à la clinique la plus proche. Mais, comme il commence à se douter de quoi il s'agit, et de peur que l'on essaye d'intercepter son taxi, il s'y installe avec sa gouvernante. En route, la malade reprend ses esprits.

« Vous êtes du Palacio d'Oro ? demande le petit curé.

— Oui.

— Comment vous appelez-vous ?

— Margot... Margot Studer, je suis allemande. »

A la clinique, elle semble épuisée. Le désespoir se lit sur son visage :

« Je n'en peux plus, ils me font “ travailler ”... toute la nuit. »

L'un des trois hommes qui accompagnaient Margot, les a suivis dans sa voiture. C'est sans doute un truand lui aussi, mais qui paraît bouleversé :

« Dis-leur que tu es malade, grogne le truand. Dis-leur que tu veux rester ici, je paierai tout.

— Laisse-moi, répond Margot. Tu sais ce qui m'attend si tu me fais parler. »

Une demi-heure plus tard arrivent deux rapaces : le patron et la patronne du Palacio d'Oro. Prévenus, ils ont compris ce qui s'est passé : dans un moment de désespoir et d'épuisement, Margot a voulu s'enfuir. Trois souteneurs s'en sont aperçus et l'ont suivie. Ils ont retrouvé Margot évanouie sur la plage, sans doute saisie par le froid et le vent. Les tenanciers du Palacio d'Oro s'accrochent à leur proie comme deux vautours, becs et griffes en avant.

« Qu'est-ce qu'elle a ? demande la tenancière.

La religieuse de garde interroge la tenancière.

— Vous connaissez cette jeune femme, Madame ? Qui est-ce ?

— C'est ma nièce, répond sèchement l'horrible femme. (C'est une habitude dans le milieu : “ tante ” et “ cousine ” désignent les tenancières et leurs rabatteuses. “ Nièce ” désigne la prostituée.)

Le petit curé glisse quelques mots à l'oreille de la religieuse qui reprend :

— Madame, cette jeune femme est très fatiguée. Je vais demander au docteur ce qu'il en pense. Je ne prends pas la responsabilité de la laisser partir. »

Mais en présence de la tenancière, Margot a changé de visage. Elle essaye de s'animer, la peur est plus forte que la fatigue.

« Mais non, ça va bien... Je viens, tante Inès. »

Ce brusque changement frappe la religieuse et le petit curé. Il est évident que cette jeune femme n'est pas libre de sa personne et qu'elle risque des représailles si elle ne retourne pas au Palacio d'Oro. Malheureusement, le docteur est un vieil homme pas très au fait de ces choses et lorsque le petit curé lui fait signe, il suggère sans grande énergie :

« Il faudrait peut-être qu'elle se repose ici... Vous ne croyez pas ?

— Elle se reposera chez nous, répond la tenancière d'un ton sec. »

Et Margot se lève d'elle-même pour la suivre. Elle ne peut pas faire autrement.

Dans les jours qui suivent, le petit curé se renseigne sur le problème de la prostitution au Palacio d'Oro. Il le connaît mal, bien entendu. On lui explique qu'il arrive que des prostituées ne soient pas totalement volontaires, que ce sont parfois de pauvres filles pas très intelligentes, prises dans un faisceau de contraintes, dont elles peuvent d'autant moins s'échapper, qu'elles n'en ont pas la force morale. De l'avis du curé, Margot ne paraissait pas sotte, elle semblait même douée d'un certain caractère, alors, il ne comprend pas et va poser le problème à la police, et l'officier des carabiniers qui le reçoit ne saute pas de joie. Il soupire de lassitude :

« Évidemment, vous ne connaissez pas le Palacio d'Oro ! »

Évidemment le petit curé ne connaît pas. La question est évidemment idiote.

« Dommage, poursuit le policier, sans complexe. C'est splendide ! Deux palais qui communiquent entre eux. Dans le premier : un dancing, un restaurant et un bar. C'est tout à fait somptueux, avec des œuvres d'art et des lustres en cristal. Quand la police arrive, un mur pivote, toutes les prostituées disparaissent dans l'autre palais où il y a encore un bar et des chambres. Si on entre dans l'autre palais, c'est le contraire, toutes les filles passent dans le dancing. Ça peut durer longtemps.

— Pourquoi n'entrez-vous pas dans les deux à la fois, puisque vous le savez ?

— Vous me prenez pour un imbécile ? Vous ne vous imaginez pas qu'un établissement comme ça peut exister en dépit de la loi, sans une large tolérance administrative. On ne fait jamais de descente dans les deux palais à la fois, on ne peut pas, comme ça les apparences sont toujours sauves. De toute façon, pour qu'on puisse faire quelque chose, il faudrait au moins que cette fille porte plainte. Mais elles ne le font jamais. Je sais d'avance ce qu'elle dirait : « Je suis là de mon plein gré, je fais des économies et quand j'aurai assez d'argent, je m'achèterai un commerce. » J'ai entendu ça mille fois.

— Alors, qu'est-ce qu'on peut faire ?

— Rien... Si, tout de même, donnez-moi son nom. Au cas où je trouverais un avis de recherche. On ne sait jamais. »

Dans les avis de recherches, pas de Margot Studer. Alors comme la fille est allemande, le carabinier pose la question au Bureau INTERPOL à Rome. Rome se renseigne à Paris, où Margot Studer a fait l'objet d'un avis de recherches, diffusé à la demande de ses parents en Amérique du Sud, au Moyen-Orient et en Afrique du Nord. Mais depuis cet avis de recherches, Margot est venue spontanément, et par deux fois, voir ses parents en Allemagne. Selon eux, Margot a épousé un journaliste français, elle a vécu pendant trois ans au Liban, assez heureuse semble-t-il, et mène depuis une vie sans histoire, à Venise avec son mari qui est, paraît-il, devenu écrivain. Comme cela se passe souvent dans pareil cas, les parents de Margot avaient omis de prévenir INTERPOL et l'avis de recherches est donc toujours valable. Hélas, depuis trois mois, Margot est majeure.

L'officier des carabiniers de Lignano convoque donc la jeune femme pour « régularisation de situation » puisqu'elle ne figure pas sur les listes de la commune et n'a jamais été soumise à aucun contrôle médical. Mais il prie aussi le petit curé de venir :

« A moi, elle ne dira rien, j'en suis sûr. Mais vous l'attendrez à la sortie. Si vous savez vous y prendre, à vous elle fera peut-être des confidences. »

Margot se présente à la maison des carabiniers, vêtue d'une robe grise sans aucun bijou ni ornement, ses cheveux blonds tirés en arrière, fatiguée, trop mince, mais toujours très belle. L'interrogatoire se déroule sans incidents. Le carabinier sait. Margot sait qu'il sait, et ils ne parlent que noms, prénoms, date de naissance, et nationalité. Comme prévu, la conversation qu'échangent ensuite l'officier et la jeune femme est d'une banalité prévue : elle est là de son plein gré, elle est majeure et elle peut revoir ses parents quand elle le désire. Même si Margot a dit à ses parents qu'elle vivait à Venise avec un mari écrivain, la loi italienne n'interdit pas de mentir à ses parents. Au revoir Madame dit le carabinier. Au revoir Monsieur, dit Margot.

Mais dans l'antichambre, il y a le petit curé. Il se lève, timide, embarrassé. Il mesure au moins dix centimètres de moins que Margot et il est obligé de lever le nez pour lui parler :

« Madame, est-ce que je peux faire quelque chose pour vous aider ?

— Non, Monsieur le curé.

— J'aurais tant voulu, Madame. »

Le petit curé a l'air tout malheureux, pour un peu il aurait les larmes aux yeux et il est attendrissant de bonne volonté.

« Vous êtes croyante, Madame ?

— Oui, mais protestante.

— Quelle importance puisque nous avons le même Dieu ?... »

C'est ainsi que la conversation s'engage car dans la vie, chacun joue des armes qu'il possède. Le petit curé sait qu'il a l'air d'un petit curé, touchant et inoffensif, en qui l'on peut avoir confiance. Il en use, et promet qu'il ne dira rien. Une confidence pourrait soulager la jeune femme, etc., etc. Et finalement, Margot lui raconte. Parce que c'est bon de raconter à quelqu'un.

Il y a dix-huit mois, elle est partie au Liban pour la soi-disant tournée artistique. L'établissement où elle devait se produire avec ses compagnes n'était autre qu'une boîte de nuit sordide où les ballets n'étaient qu'un simulacre. Pour vivre, il fallait jouer les entraîneuses et pousser les clients à boire. C'était d'ailleurs prévu noir sur blanc dans le contrat. Elle touchait l'équivalent de deux francs par consommation. Malheureusement il était aussi prévu dans le contrat, qu'elle ne serait payée qu'à son retour à Paris. Sa première idée fut de s'enfuir, mais dès le premier jour, on lui enleva son passeport. Alors elle écrivit à Henri son fiancé. Celui-ci lui demanda de patienter un peu, prétendant qu'il essayait, à Paris, de faire casser le contrat, et qu'il viendrait la chercher dans un mois.

En fait, elle attendit deux mois, s'apercevant entre-temps qu'elle était enceinte. Et lorsque le fiancé est arrivé, ce n'était pas pour la sortir de la boîte, mais pour se conduire comme un souteneur, qu'il était. Quand Margot l'a compris, il était trop tard. Pendant un temps, elle lui fut tout de même reconnaissante de l'avoir laissé accoucher de son bébé, un garçon qu'Henri a reconnu. Mais quand elle y repense, elle s'en cognerait la tête contre les murs, de rage. Car désormais, l'enfant servant d'otage, elle était pieds et poings liés. Et Henri la menaçait aussi de la faire punir comme Paula avait été punie, pour avoir refusé de se prostituer.

De très jeunes femmes, comme Margot, foncièrement naïves, prises dans un tel engrenage, obligées de rapporter de l'argent coûte que coûte, dormant le jour et vivant la nuit dans une atmosphère totalement relâchée, et obligées de boire et de faire boire, en arrivent à ne plus contrôler leurs actes. Monsieur le petit curé comprend, lui qui ne connaît de l'Enfer que le mot. Il reste un point important : vue sa beauté, une fille comme Margot vaut une fortune. Et bien managée, si l'on peut dire, elle peut rapporter six millions d'anciens francs par mois. On lui doit donc certains égards. Aussi lorsqu'elle a demandé à revenir en Europe, Henri s'est décarcassé pour trouver une solution rentable. Ce fut le Palacio d'Oro. Entre-temps, pour qu'il soit mis fin aux recherches d'INTERPOL, il lui a permis de revoir ses parents, sous réserve, bien entendu, de ne pas leur dire la vérité. Et pour être sûr de sa discrétion, à chaque fois, il cachait l'enfant.

Margot a fini de parler. C'est elle a présent qui regarde le petit curé avec espoir. Comme s'il pouvait quelque chose avec son Bon Dieu.

« Et cet enfant ? demande le petit curé. En ce moment, où est-il ?

— Je ne sais pas. Depuis la nuit où j'ai voulu m'enfuir, Henri se méfie. L'enfant n'est plus chez la nourrice.

— Si l'on retrouvait cet enfant, et qu'il soit en sécurité... Est-ce que vous auriez le courage de porter plainte ?

— Oui, dit Margot. Mais soyez prudent, quoi que vous fassiez. » Et elle retourne au Palacio d'Oro, tandis que le petit curé va raconter son idée au carabinier.

Il faut deux mois à la police italienne pour découvrir que chaque fois qu'il veut cacher l'enfant de Margot, Henri fait venir sa femme ! Car, il est marié, à une Française ! A laquelle il a raconté un boniment monstrueux pour qu'elle vienne garder l'enfant en Italie : « C'est l'enfant d'une maîtresse auquel il tient beaucoup mais sa maîtresse est un peu folle, elle veut l'enlever, et lui veut le protéger ».

En ce moment, l'enfant vit donc dans un hôtel de Milan avec la femme d'Henri, qui croit dur comme fer à cette histoire digne du plus mauvais roman-photo. Mais lui soustraire l'enfant serait faire courir des risques à Margot. Par l'intermédiaire du petit curé, l'officier des carabiniers suggère à la jeune femme de demander quelques jours de vacances pour aller voir ses parents. Comme les patrons du Palacio d'Oro veulent donner l'impression que Margot est tout à fait libre de ses actes, ils l'y autorisent. Et pendant que Margot est à Munich, chez ses parents, la police italienne fait une descente dans l'hôtel de Milan et reprend l'enfant.

Comprenant qu'il a perdu la partie, Henri réunit alors un véritable syndicat de souteneurs, et délègue un porte-parole auprès de Margot. Elle est abordée dans une rue de Munich par un individu qui lui tient à peu près ce langage :

« Tu as porté plainte contre Henri, il va y avoir un procès. Nous serons tous au tribunal et chacune de tes paroles sera notée. D'abord, tu dois minimiser les accusations contre Henri et le Palacio d'Oro. Ensuite, voici la liste des noms que tu ne dois pas citer. Si tu le fais, tu ne vivras pas huit jours de plus et si tu parles de la mort de ton amie Paula, nous tuerons ton enfant. »

Au moment du procès, Henri et les tenanciers du Palacio d'Oro répondent à plus d'une demi-douzaine de chefs d'accusation : proxénétisme, abus de confiance, etc. Le moindre étant d'avoir « porté atteinte aux mœurs en excitant, favorisant ou facilitant habituellement la débauche ou la corruption d'une jeune fille de moins de vingt et un ans ».

Mais, dans la salle, Margot reconnaît quantité de visages, depuis le manager des ballets de Pigalle, jusqu'aux souteneurs de Lignano et morte de peur, elle répond à peine aux questions qu'on lui pose. Le procureur a beau insister, elle reste évasive.

« Mais enfin, parlez ! s'exclame le procureur.

— Je ne peux pas.

— Pourquoi ?

— On m'a menacée.

— Ici vous pouvez parler, personne ne vous menace.

— Si, Monsieur... Dans cette salle.

— Les gens qui vous ont menacée sont dans cette salle ?

— Oui.

Le procureur se tourne vers le juge :

« Je demande à la Cour que l'on fasse fermer les portes de la salle d'audience.

— Accordé, répond le juge. Gardes, veuillez fermer les portes. »

Une fois les portes fermées, on entendrait les mouches voler. La voix du procureur tranche le silence comme un couperet :

« Madame, veuillez désigner à la Cour les personnes qui vous ont menacées. »

Jamais la justice n'a donné une telle chance à une prostituée : Alors sonne pour Margot l'heure de la vengeance. Tournée vers le public, elle désigne du doigt, l'un après l'autre : le manager des ballets de Pigalle, le soi-disant propriétaire des garages du midi de la France, les souteneurs de Lignano. C'est facile soudain. Comme à un jeu de massacre où l'on gagnerait à tous les coups. Chaque personne désignée est arrêtée. Les uns s'en tireront avec quelques mois de prison, pour d'autres, impliqués dans l'assassinat de Paula, ce sera beaucoup plus sérieux.

Mais Margot, pour être à l'abri de toutes représailles, a émigré aux États-Unis avec son fils. Elle est en train de détruire la légende qui veut qu'une prostituée ne gagne jamais la partie. La racaille des souteneurs a l'impression d'avoir le sens de l'honneur, dans ces cas-là, et comme ils sortent toujours de prison, un jour ou l'autre...

Mais si Margot disparaissait, son assassin serait trop visible. Il ne tentera pas de venger son honneur en forme de portefeuille. D'ailleurs il lui reste une femme à sa mesure, qu'il s'en contente et les brebis galeuses seront bien gardées. Comme aurait dit à peu près le petit curé.

UNE VIE DE REINE

L'hôpital central de Dresde en Allemagne est cerné par la police, le 18 novembre 1973. Dissimulés dans le parking, entre chaque voiture, des hommes en armes veillent sur chaque entrée. Trois inspecteurs en civil attendent, cachés dans le hall. Vers 9 heures et demie un homme jeune, d'allure décontractée, passe la porte d'un pavillon de cardiologie. L'un des inspecteurs vient au-devant de lui. L'homme le laisse approcher, les bras légèrement écartés le long du corps pour montrer qu'il n'a pas d'armes ou, du moins, ne désire pas s'en servir. Il n'a pas l'air surpris.

« Karl Ernsmeier ? demande le policier.

— Oui.

— Je t'arrête.

— D'accord. Mais laissez-moi voir ma mère.

Mais en voyant l'inspecteur sortir des menottes, l'homme demande :

— On ne pourrait pas éviter ça, si c'est possible ? »

L'inspecteur hésite. Karl Ernsmeier est peut-être un bon fils et sa mère vient d'avoir une attaque cardiaque, mais c'est aussi un bandit. Peut-être même est-il dangereux. Trois semaines plus tôt, avec l'aide d'un complice, il a contraint le transporteur de fonds d'une banque de Dresde à lui remettre deux millions de marks. L'homme insiste :

« Je vous donne ma parole de ne pas m'enfuir. »

Le policier accepte d'un signe de tête, et appelle deux inspecteurs qui viennent encadrer Karl Ernsmeier et le précèdent le long des couloirs jusqu'à une chambre. On lui fait signe de s'arrêter devant la porte et le policier entre seul. Une femme aux cheveux blancs est allongée sous une tente à oxygène.

« Je viens vérifier le chauffage, dit-il. »

En réalité, il s'assure d'un coup d'œil que la fenêtre est bien fermée, qu'on ne l'ouvre pas facilement, qu'il n'y a ni échelle de secours, ni terrasse, ni tuyauterie permettant une fuite, même acrobatique. Puis il revient dans le couloir et s'efface pour laisser entrer Karl Ernsmeier qu'une infirmière, éberluée, a rejoint. L'émotion rougit les traits de Mme Ernsmeier. Les yeux brillent, elle sourit à son fils :

« Karl enfin, mon enfant. Je crois que j'ai failli mourir et tu n'étais pas là. »

Karl ne murmure que trois mots de tendresse et prétend qu'il ne doit pas fatiguer sa mère. La visite est terminée, le panier à salade emporte Karl Ernsmeier.

Deux ans et demi plus tard, le tribunal de Francfort s'apprête à le juger. Pendant ces deux années et demie, la police a tout fait pour retrouver le butin du hold-up, en vain. Quelle que soit la peine qui va le frapper, Karl Ernsmeier retrouvera donc un jour ses deux millions de marks, chacun sait que la monnaie est bonne et qu'elle a fait des petits. Il y a des placements plus mauvais. C'est le boum sur le mark allemand. Karl décide d'en profiter immédiatement. A peine arrivé au tribunal, il saute par la fenêtre de la salle du bâtiment « B ». Profite de la foule dense du centre de la ville pour gagner la gare centrale. Là, grâce à quelques marks dissimulés dans la doublure de sa veste, il prend un billet de deuxième classe pour la Bavière, et disparaît.

Son signalement diffusé par INTERPOL, est celui d'un beau garçon : taille 1 m 78, vingt-huit ans, yeux verts, cheveux blonds foncés, mèche sur le front. Corpulence svelte. Barbe et moustache. Signes particuliers : cicatrice d'une longueur d'environ trois centimètres au dos de la main gauche et tatouage sur les deux bras et la poitrine.

Mais l'homme va plus vite que son signalement et son évasion est le point de départ de l'une des plus étonnantes courses poursuites disputées entre INTERPOL et le truand. Étonnante, car le truand est sympathique et solitaire. C'est si rare dans la réalité, que l'on hésite même à l'écrire. La police dispose d'une arme secrète, d'un avantage en quelque sorte, elle est sûre que Karl ne s'écartera jamais définitivement d'Allemagne tant que sa mère sera vivante. Tant qu'elle sera malade mais vivante, il reviendra régulièrement à Dresde et ne perdra pas le contact avec cette ville pour avoir de ses nouvelles. Autrement dit, la mère de Karl est un piège idéal pour la police allemande.

Mais quelques jours après l'évasion de Karl, INTERPOL Paris, vers le 10 février, localise le fuyard dans la région de Belfort. Le 21 février 1976, INTERPOL Rome à son tour communique la déclaration d'un architecte allemand. Il s'est présenté spontanément à la police de Gênes pour l'informer qu'il avait dîné, la veille, avec Ernsmeier dans un restaurant de la ville. Karl semblait disposer de beaucoup d'argent liquide et il avait un passeport autrichien au nom de Schoenemann. D'autre part, un témoin prétend avoir reconnu Karl à Gênes. Il portait une perruque noire ou foncée et s'embarquait sur un navire à destination du Maroc. Il était 9 h 30 du matin ce 21 février. Et pendant ce temps dans la petite maison de Dresde où son fils et elle ont vécu seuls, pendant près de trente ans, Mme Ernsmeier se dresse sur son lit. Elle porte la main à sa poitrine, et regarde autour d'elle avec angoisse. Le portrait de Karl, le seul être qu'elle aime est à côté du téléphone. Elle parvient à le décrocher, elle a encore la force d'appeler au secours. C'est ainsi que la police de Dresde apprend que la mère de Karl est victime d'une rechute cardiaque et réclame son fils. Elle demande aussitôt à la presse marocaine, par l'intermédiaire d'INTERPOL, de publier l'information, et attend que Karl tombe dans le piège.

Mais Karl a de la chance : il ne lit pas cette information, et pour cause, il n'a pas encore quitté l'Allemagne. Au contraire, il a rejoint son pays natal où un ami d'enfance lui a fourni une tente, du matériel de camping et des vêtements chauds. Il est loin dans les montagnes bavaroises, au fond d'un ravin obscur et glacial. Il vit sous la tente et fait sa popote, sans écouter la radio, sans lire les journaux. Il vit ainsi depuis deux mois. Mais un matin de mai, la police apprend qu'un homme a passé la nuit chez Mme Ernsmeier. Sans doute s'agissait-il de son fils qui n'a pas eu de chance, car il n'a pas pu la voir : elle était encore à l'hôpital et n'en est sortie que le lendemain.

C'est alors que commence pour Karl la grande « cavale ». Grâce à un faux passeport au nom de John Waller, il prend l'avion pour l'Irlande, muni d'une importante somme d'argent qu'il a dû puiser dans son trésor. En Irlande, il achète une maisonnette dont il va faire sa résidence principale. Ensuite il part pour la Turquie où INTERPOL le localise quelques semaines plus tard. Il a franchi la frontière du Pakistan vers l'Afghanistan. Puis on le signale en Iran. L'homme qui l'a reconnu a parlé toute une soirée avec lui. Karl lui a dit :

« Je visite ces pays pour réaliser un rêve d'enfance, mais j'aime le Nord. J'ai l'intention de m'installer comme fermier quelque part dans un pays du Nord. Le Canada sans doute car il n'y a pas de traité d'extradition. »

Puis il a longuement parlé à l'homme de ses inquiétudes, de toutes les fois où il a senti que les gens le dévisageaient ou le reconnaissaient, qui le faisaient s'en aller, abandonnant parfois dans sa fuite, ses bagages et même parfois les appartements qu'il venait de louer, les meubles qu'il venait d'acheter. Chacune de ses fuites entraînait le passage d'une frontière. Et Karl a dit combien ces moments étaient pénibles. Et il a surtout parlé de sa mère. Sans nouvelle et très angoissé à son sujet, il a demandé à son compagnon de voyage s'il avait des nouvelles d'Allemagne, et de sa mère : apprenant qu'elle était encore très malade et désirait le voir, il a paru se méfier d'un piège de la police. Mais ce qui le rend malheureux, c'est que sa mère soit au courant de ses méfaits. Du hold-up et de sa fuite.

« Pauvre maman, a-t-il dit. Il faut que je lui explique pourquoi j'ai fait ça. Je voulais qu'elle ait une vie de reine, pour effacer tant de sacrifices, tant de solitude, tant de chagrin. Je vais aller la voir. Il faut absolument que j'aille la voir. Je ne peux pas la laisser mourir sans l'avoir revue. »

En octobre 1976, pour aller voir sa mère, Karl Ernsmeier retourne donc en Allemagne. Il est sur le bac qui traverse la mer du Nord de Harwich à Hambourg. A proximité de la côte allemande, la nuit tombe avec une brume glacée. Les navires passent comme des fantômes, dans le grondement puissant des machines et le cri aigu des mouettes. Karl s'est réfugié au bar avec d'autres voyageurs. Il regarde distraitement la télévision. Pour pouvoir s'installer au Canada définitivement, il a décidé de vendre son appartement à Trim. D'ailleurs il devait le faire très vite de toute façon, car il existe un traité d'extradition entre l'Allemagne et l'Irlande. Il a trop longtemps tenté la chance, le danger menace. Il repense aussi au voyage qu'il vient de faire en Équateur et qui l'a fasciné. Au barman qui lui demande ce qu'il veut boire, il demande distraitement une bière, en revoyant les Galapagos, la solitude, les lézards géants, la mer à perte de vue. Le soleil partout. Ici le brouillard est partout.

Les voyageurs eux, n'ont d'yeux que pour la télévision. Et Karl se sent un peu détendu, ce qui est rare lorsqu'il se trouve en Allemagne, dans un lieu public. Et brusquement, il sursaute. Il vient de prendre un véritable coup à l'estomac et doit se cramponner au bar. Tandis que le barman posait sa chope de bière devant lui, il a levé les yeux sur l'écran de télévision et il s'est vu. Il a vu son visage tel qu'il était il y a un an, apparaître à la télévision ! Alors que tous les voyageurs, sauf le barman, regardent le petit écran. C'est un compte rendu du procès où il vient d'être jugé par contumace. Karl ne sait plus où regarder. L'écran ? Ou les gens qui regardent l'écran ? Son image ne disparaît pas, elle reste, s'installe. Elle lui semble être là depuis une éternité. Il voudrait tout à la fois qu'elle s'efface et en même temps il en a peur. Peur que les passagers se détournent et le reconnaissent. Juste au moment où le regard du barman se pose sur l'écran, la photo de Karl disparaît, remplacée par un commentateur déclarant qu'il a été condamné par contumace à douze ans de prison.

Karl regarde sa bière, immobile, le dos raide, la nuque glacée. Un bref instant, le regard des passagers décroche. Vingt regards errent dans le bar enfumé. Il les voit tous, guette chaque réaction. Chaque fois que deux yeux le croisent, il voudrait rentrer la tête dans les épaules. Il attend, rien ne se passe.

Tandis que le barman dit d'un air distrait : « C'est quatre-vingt-dix pfennigs », Karl prend une décision. Il n'en peut plus. Il n'a pas les nerfs assez solides pour rester plus longtemps en Allemagne où à chaque minute, il risque d'être reconnu. Cette fois encore, il doit renoncer à voir sa mère. Et puisqu'il ne peut aller voir sa mère, il faut que ce soit elle qui vienne à lui. Pour vivre définitivement ensemble, à l'abri des poursuites. Pour cela, il lui faut renoncer au Canada, trop froid pour sa mère. Karl décide alors de retourner en Irlande régler ses affaires et prendre l'argent qui lui reste. Puis ils iront tous deux se cacher définitivement en Équateur.

Rentré en Irlande, Karl écrit à sa mère, une longue lettre : « Maman chérie, je suis très malheureux de ne pas avoir réussi à te revoir, mais je pense à toi chaque jour. J'espère que tu me pardonnes ce que j'ai fait. Nous avons toujours vécu dans la misère. Peut-on vraiment me reprocher d'avoir voulu que cela cesse ? Après tout, je n'ai tué ni blessé personne et tu penses bien que je n'en avais pas l'intention. Je sais que tu te portes beaucoup mieux. Si tu souhaites comme moi que nous soyons à nouveau réunis. Si tu veux vivre le restant de ta vie avec moi et dans la paix, inscris-toi dans une agence quelconque pour un voyage organisé au Mexique dans les quinze premiers jours du mois de mai. La date est très importante. Il faut que ce soit entre le 1er et le 15 mai. Dès que tu seras en possession des documents de l'agence, indiquant les lieux de séjour et les dates des excursions, tu les communiqueras au porteur de cette lettre qui te remettra l'argent du voyage lorsqu'il reprendra contact avec toi. Ensuite, tu n'auras plus à t'occuper de rien, même si la police t'interroge même si les médecins sont réticents à te laisser partir. Si tu suis fidèlement mes instructions, maman chérie, fin mai, nous serons réunis définitivement. Je pourrai te serrer dans mes bras et te donner tous les baisers qui m'étouffent depuis si longtemps. Ton fils Karl. »

Le vendredi 17 mai 1977, dans une taverne près de l'aéroport de Dublin, en Irlande, Karl Ernsmeier fume cigarette sur cigarette. Il a déjà téléphoné trois fois à l'aéroport : l'avion en provenance des États-Unis a déjà une heure de retard. Or un Américain doit en descendre et venir dans cette taverne lui dire si la première partie de son plan a réussi. C'était la plus difficile à mettre au point et la plus risquée. En effet, tandis que Karl rongeait son frein en Irlande, cet Américain, Henry Huck, homme à tout faire et prêt à toutes les aventures pour quelques dollars, organisait au Mexique la disparition de sa mère. Il devait la prendre à son hôtel au cours d'une excursion pour l'emmener par avion-taxi jusqu'en Équateur et l'installer dans la maison que Karl y a achetée récemment. Ce n'est pas sans inquiétude que Karl a confié cette mission à Henry Huck, mais il ne pouvait pas l'accomplir lui-même. Au cas où sa mère aurait été surveillée par la police, il ne fallait pas tomber dans le piège. Henry Huck, lui, ne risquait rien.

Enfin, un taxi s'arrête devant la taverne et un grand type veule de cinquante-cinq ans environ, en descend et paye la course. C'est l'Américain et s'il est là, c'est qu'il a réussi. Karl l'avait mal jugé. Il a craint un instant qu'il disparaisse avec l'argent ou qu'il parle après une saoulerie quelconque. L'Américain vient à sa table souriant, visiblement très satisfait de lui-même.

« Alors ?

— C'est fait.

— Comment ça s'est passé ?

— No problem...

Pour un peu, Karl l'embrasserait sur les deux joues.

— Comment va-t-elle ?

— Très bien. Elle est aux anges. Lorsque je l'ai quittée, elle était en train de se demander si elle n'allait pas s'acheter un maillot et se baigner.

— Tu as fait nettoyer la piscine ?

— Oui, oui. Ne t'inquiète pas, tout est OK. Maintenant, c'est à toi de jouer. Ta mère t'attend.

Quelques instants plus tard, Karl monte dans sa voiture et invite l'Américain à s'asseoir à côté de lui.

— Nous allons faire une petite ballade, dit-il. »

Puis il se dirige vers Trim. A la nuit tombée, il quitte la Nationale, s'arrête dans un endroit désert et escalade un rocher. Henry Huck le voit sortir d'une fente du rocher un jerrican puis un deuxième qu'il jette dans la malle arrière. Vers 21 heures, les deux hommes montent l'escalier d'un petit immeuble de Trim et entrent dans l'appartement de Karl. La porte refermée, Karl pose les jerricans sur la table de la cuisine et entreprend de les éventrer avec un marteau et des ciseaux. L'Américain n'en croit pas ses yeux : par la fente du métal, il aperçoit des billets de banque. Karl les sort en se blessant les doigts et les compte, formant des liasses qu'il enfouit dans une valise. Il a compté en tout cinq cent quatre-vingt mille marks. Puis Karl enfile son smoking. Il a décidé de partir au petit matin, par l'avion de 9 heures pour Londres, et de là Caracas et l'Équateur. En descendant l'escalier, Karl donne rendez-vous à l'Américain pour le lendemain 5 heures. Ce soir, il est invité à une soirée chez une actrice irlandaise et préfère s'y rendre pour ne pas se faire remarquer. Mais lorsqu'ils sont dans la rue et que la voiture de Karl s'éloigne, Henry Huck — après avoir fait semblant de s'éloigner — opère un demi-tour et rentre dans l'immeuble.

A 2 heures du matin, Karl Ernsmeier, en rentrant de sa soirée, s'aperçoit immédiatement qu'on lui a pris son revolver, ce qui n'a aucune importance, mais surtout, qu'il manque près de deux cent cinquante mille marks dans sa valise. Le voleur ne peut être qu'Henry Huck et il va se cacher jusqu'au départ de Karl. Mais il serait bien étonnant qu'avant de disparaître il n'aille pas boire un verre et fêter cet heureux événement. Karl connaît les bars où il a quelque chance de le retrouver.

A 2 h 30 du matin. La police de Dublin est avertie par un indicateur que le dénommé Henry Huck — personnage douteux, petit voleur et petit trafiquant qu'elle ne quitte guère de l'œil — aux trois quarts ivre, les poches pleines de fric, est en train de s'exhiber dans une discothèque avec un revolver. Deux inspecteurs sautent dans une voiture et se rendent à la discothèque en question : Il est trop tard. Henry Huck est parti. Par acquit de conscience, les deux inspecteurs décident de faire une tournée dans le quartier. Sur un parking, une voiture est arrêtée. On aperçoit deux visages à travers le pare-brise.

« Je crois que c'est Huck ! dit l'un des flics.

— Et celui qui est au volant ?

— Connais pas. »

Du côté de Huck, la portière vient de s'entrouvrir. Aucune raison d'importuner l'inconnu. Ils vont attendre qu'Henry Huck descende pour lui mettre la main au collet. Apparemment, ils n'auront pas longtemps à patienter.

Pour tromper le temps, l'un des deux policiers sort un paquet de cigarettes, et cherche des yeux l'allume-cigare sur le tableau de bord. Il appuie dessus et, après quelques secondes, avance la main pour le retirer. Son collègue a beau lui crier : « Fais gaffe ! Bon sang ! » il est trop tard. Le policier, au lieu de dégager l'allume-cigare, vient de tirer sur le commutateur d'un projecteur. Il le renfonce aussitôt, mais, pendant une seconde, le pinceau lumineux s'est étendu à travers le parking.

Henry Huck, alerté, va peut-être vouloir s'enfuir, et les deux policiers, descendus de voiture, s'avancent rapidement, pour tenter de rattraper leur bêtise.

Karl Ernsmeier était en train de reprendre dans les poches de l'Américain, ivre mort, son argent volé lorsqu'il a vu, un bref instant, la lueur d'un projecteur éclairer le parking. Puis il a entendu des pas.

Il a vu là-bas, les deux policiers s'avancer. Sans comprendre ni comment ni pourquoi il a été identifié, il ne suppose pas une seconde que c'est pour Huck que les policiers sont là. Il vit dans la tension, et dans la crainte d'un moment semblable depuis trop longtemps. Il ouvre sa portière et se met à courir. Mais, derrière lui, un policier tire en l'air, et l'autre le talonne. Tout est fichu.

Le Bureau central national d'INTERPOL à Dublin a identifié Karl Ernsmeier dans l'homme arrêté cette nuit sur un parking, les poches bourrées de monnaie allemande. A la même heure, à Londres, un avion décolle pour Caracas, où une femme malade attend au bord d'une piscine la vie de reine que son fils a promis.

LA FEMME DU COMMISSAIRE

1969. La cour d'une caserne de Hambourg a un air de guerre. Le premier des quatre garçons a reçu une balle dans le dos. Il est étendu la face contre terre, dans la cour de la caserne. Son casque, dont il n'avait pas bouclé la jugulaire, a roulé sur le pavé. Le soldat n'est pas mort, mais il n'en vaut guère mieux. Il n'a pas vingt ans. Les trois autres sont morts dans leur sac de couchage, ils n'ont même pas eu le temps d'en sortir. Deux d'entre eux sont d'ailleurs morts en dormant, une balle dans la tempe. Le troisième a voulu sortir mais il est mort assis, foudroyé par une balle qui a pénétré sous l'œil. Dans le dépôt d'armes et de munitions qu'ils gardaient, un fusil a été volé : un seul, avec une caisse de cartouches. C'est un fusil d'assaut de la Bundeswehr, du dernier modèle, avec viseur à infrarouges. L'assassin, ou les assassins, car ils étaient sûrement un commando, ont éprouvé le besoin bizarre d'emporter le registre des entrées et sorties du dépôt de munitions. L'étrangeté de cette action, fait immédiatement penser à une affaire de terrorisme politique, et le bruit s'en répand dans la presse allemande. Les quatre soldats étaient des jeunes gens du contingent, à peine âgés de vingt ans. Ils ont été exécutés de telle manière qu'il y a là, c'est évident, l'action d'un commando. C'est pourquoi le ministre de la Justice de la République Fédérale nomme une commission d'enquête. Il ne viendrait à l'idée de personne de confier une affaire de ce genre à une simple brigade criminelle.

C'est ce que le juge d'instruction chargé de l'affaire explique au commissaire Hartmann, de la brigade criminelle de Hambourg :

« D'abord, les victimes sont des soldats. Ensuite, on a volé un fusil d'assaut ! Avec un viseur à infrarouges ! »

Le commissaire Hartmann connaît bien le juge depuis longtemps. Il se permet une plaisanterie un peu lourde :

« C'est à cause du viseur à infrarouges, que vous voyez un groupuscule de gauche ?

— Ne plaisantez pas avec cela, Hartmann ! Et ne vous en mêlez pas ! Cette affaire nous dépasse, vous et moi. A Bonn, on est formel : ce n'est pas une affaire pour la police locale. »

Le commissaire Hartman ne dit rien, mais n'en pense pas moins, et notamment qu'il est bizarre qu'un commando se donne la peine de tuer quatre soldats pour emporter un seul fusil. Alors qu'il y avait, dans ce dépôt, de quoi transformer des groupuscules en unités d'assaut : des bazookas, des grenades, des fusils mitrailleurs, des revolvers. Pour consolider la petite idée du commissaire Hartmann, il apparaît très vite que les quatre jeunes soldats ont été abattus avec la même arme : un pistolet ou une carabine de vingt-deux long rifle, munie probablement d'un silencieux. Tout cela fait dire au commissaire Hartmann que l'homme était une sorte de commando à lui tout seul. Mais ce n'est pas son affaire. Et si l'on considère que le commissaire de la brigade criminelle du secteur était incompétent, que les compétents se débrouillent sans lui. Il se confie le soir même à son épouse :

« Ils me font rire, avec leur commission d'enquête ! Tu te rends compte ? Cent-cinquante-six personnes ! Ils ont la phobie du terrorisme, à présent. Moi je te dis que c'est un homme tout seul qui a tué les quatre soldats et qui a écrit la lettre ! Crois-en ma vieille expérience : les assassins qui écrivent aux journaux ne sont jamais des grands chefs d'organisations. Ce sont des truands d'occasion, des semeurs de pagaille qui veulent faire parler d'eux ! Tu veux que je te dise ? Celui qui a fait le coup a sûrement fait son service à la caserne, il n'y a pas longtemps. C'est pour ça qu'il a surpris les soldats ! Il savait parfaitement où était la sentinelle et où les autres dormaient ! Mais après tout, qu'ils se débrouillent ! Ils sont assez nombreux, cent cinquante-six ! »

Mme Hartmann est comme beaucoup d'épouses qui ne travaillent pas à l'extérieur. Elle écoute son mari, quand il rentre. Mais généralement elle n'écoute que la première phrase. Ensuite, elle l'interrompt vivement, donne son avis, avant même qu'il ait fini, ce qui met le commissaire hors de lui, depuis des années. Ainsi, Mme Hartmann, ce soir-là, l'interrompt pour lui dire :

« Mange donc tes cornichons aigre-doux et ne sois pas aigre toi-même. Ces affaires politiques ne sont pas pour toi ! »

Or dès le lendemain, l'assassin des quatre soldats se manifeste. Il écrit à l'hebdomadaire « Das Bild », une lettre ainsi rédigée :

« C'est moi qui ai organisé l'exécution des quatre soldats de la caserne. Pour prouver que mon organisation ne plaisante pas. Un certain nombre de financiers allemands vont recevoir des sommations à payer des sommes importantes. Il ne s'agit pas d'une affaire politique. Nous voulons simplement de l'argent. L'organisation que je représente est la branche européenne de la Maffia américaine dont le siège est à Paris. Nous avons décidé de mettre à l'amende les financiers du Marché commun. Le premier à payer sera Helmut Broeger, le financier de Munich. Nous exigeons un million de marks. Sans quoi lui-même, sa femme et ses enfants seront exécutés comme les soldats de la caserne. Il recevra nos instructions ultérieurement. Ensuite, ce sera le tour des autres. Ci-joint : une page du registre d'entrée du dépôt de munitions, à titre de preuve. Signé : « L'exécuteur de la huitième maison ».

La stratégie de la commission d'enquêtre formée à Bonn est immédiatement changée. L'enquête n'est plus dirigée sur les milieux extrémistes, mais sur le milieu du gangstérisme international. INTERPOL fouille ses archives et les Allemands fichés pour des délits de droit commun sont mis sous surveillance à Paris, et ailleurs.

Dans les jours qui suivent, des lettres anonymes parviennent aux journaux allemands. Elles inquiètent l'opinion, car elles menacent des financiers connus, s'ils ne versent pas de grosses sommes, d'être exécutés comme l'ont été les quatre soldats ! Puis ce sont les financiers eux-mêmes qui reçoivent les lettres ! Elles parlent toutes d'une « branche de la Maffia pour l'Europe », et réclament des sommes fabuleuses : un million de marks (environ un milliard et demi de centimes) pour le seul Helmut Broeger, un financier de Munich.

Toutes ces lettres sont accompagnées d'une page arrachée au registre des entrées du dépôt de munitions, pour bien prouver que leur auteur est l'assassin des quatre soldats, le voleur du fusil à infrarouges, et qu'il ne plaisante pas. Chaque fois, il signe bizarrement ses lettres : « l'exécuteur de la huitième maison ». Le commissaire Hartmann, bien que dépossédé du dossier au profit d'une commission d'enquête à l'échelon national, en parle le soir à sa femme et lui demande son opinion. C'est alors que son épouse lui dit :

« Promets-moi de ne pas encore t'énerver, si je te parle d'astrologie.

Le commissaire Hartmann l'interrompt :

— Ah non ! Tu ne vas pas recommencer avec ça ! »

Mme Hartmann, en effet, se pique d'astrologie. Et c'est un continuel sujet de discussion entre elle et son mari. Vexée, elle répond :

« Bon, bon... Je n'ai rien dit... Puisque ça ne t'intéresse pas.

Le commissaire soupire :

— Dis toujours, on ne sait jamais. »

Mme Hartmann affecte de se râcler consciencieusement la gorge, et dit :

« Eh bien voilà. La huitième maison, il se trouve que c'est un terme d'astrologie judiciaire.

— Quoi ? » Le commissaire Hartmann en a déjà entendu de la part de sa femme. Mais alors celle-là, c'est la meilleure : l'astrologie judiciaire ? Qu'est-ce que c'est que ça ?

Mme Hartmann prend un air pincé :

« Je sais ! Tu trouves probablement stupide, que la femme d'un inspecteur de brigade criminelle fasse de l'astrologie judiciaire ; mais si tu ne refusais pas toujours de t'intéresser à ces choses, tu saurais qu'on distingue deux astrologies. Il y a eu d'abord l'astrologie naturelle, qui vient des Chaldéens : en passant par les Grecs et les Arabes. C'est l'art de lire dans les astres. En fait, c'est très approximatif, et sujet à caution.

Le commissaire Hartmann maugrée :

— Je ne te le fais pas dire !

— Oui, mais moi, je pratique l'astrologie judiciaire : ce n'est pas la peine de me regarder comme ça, tu peux vérifier dans l'encyclopédie ! C'est la science de l'horoscope. Et ça n'est pas du tout pareil. C'est une science exacte : ne m'interromps pas ! Je veux seulement te dire que le terme « maison » est un terme employé dans les horoscopes. Le Zodiaque est un cercle divisé en douze secteurs égaux, symbolisés par des signes. On les appelle aussi des « maisons » voilà.

— Voilà quoi ? »

Le commissaire Hartmann à l'habitude des discours de sa femme. Il sait qu'elle va repartir dans une interminable tirade, et n'écoute que d'une oreille. Pourtant, cette oreille, pour une fois, il la dresse un peu. Car voici ce que dit Mme Hartmann :

« Eh bien, ça peut vouloir dire deux choses : d'abord que ton assassin est de la maison du Scorpion. Ensuite, qu'il a l'esprit dérangé, mais ça nous le savons, et qu'il est passionné d'astrologie. Or, les fous consultent souvent les astrologues. Ça ne veut pas dire que les astrologues soient fous, mais c'est comme ça. Ça peut donc vouloir dire qu'il a déjà fait établir son thème astral. Si, comme tu le penses, il s'agit d'un garçon qui a fait son service militaire au dépôt de munitions, ça doit être récent. Disons qu'il a moins de vingt-cinq ans. Dans ce cas, tu chercherais donc un garçon né entre le 21 octobre et le 22 novembre, entre 1944 et 1949, et qui serait client d'un astrologue judiciaire, qui pratique l'horoscope. A Hambourg j'en connais dix-sept, sérieux. Tu n'as qu'à les consulter, pour une fois. Tu ne leur demandes pas l'avenir, tu leur demandes s'ils ont établi récemment, le thème astral d'un jeune homme de la huitième maison. Ils ont des archives très précises, tu sais, ces gens-là. Mieux que les flics ! Il y en a qui ont des ordinateurs. Si c'est le cas, on te donnera non seulement la date de naissance de ton bonhomme, mais l'heure locale de sa naissance, ainsi que la longitude et latitude c'est-à-dire la ville où il est né. Si c'est un vrai professionnel, il a dû faire préciser les degrés, les minutes et les secondes : ça te donnera même le quartier. Tu auras donc une date et un lieu de naissance. Même si tu n'as pas le nom, tu n'auras qu'à comparer avec les livrets militaires des soldats qui ont servi à la caserne depuis cinq ans. Et tu auras ton criminel. Entre parenthèses, d'ailleurs, ça ne m'étonne pas, que ça soit un Scorpion ! Voilà. J'ai tout dit. Est-ce que tu veux encore des saucisses ? »

Abasourdi par cet interminable discours envoyé d'une seule traite, le commissaire Hartmann, sur le moment, se contente de hocher la tête et de répondre :

« Oui, j'en prendrai encore une. »

Mais le lendemain, une balle du fusil d'assaut volé dans la caserne est tirée sur la voiture du financier Helmut Broeger. Sans l'atteindre. Et le soir même, il reçoit par la poste une lettre ainsi rédigée :

« Dernier avertissement. Déposez un million de marks en liquide, au kilomètre quatre-vingt-douze de la route de Hanovre, derrière la borne. Si vous faites cerner le secteur par la police, vos enfants et votre femme ne seront jamais plus en sécurité. Signé : « L'exécuteur de la huitième maison ». »

Alors, pendant que la commission d'enquête réunit son état-major, pour décider des mesures à prendre, le commissaire Hartmann demande à sa femme :

« Ce n'est pas que j'y croie tellement, à ton truc. Mais enfin : tu ne veux pas leur téléphoner, toi, aux fabricants d'horoscopes ? Moi je ne peux pas : tu sais bien que le juge m'a dessaisi de l'affaire ! Et puis toi, tu connais leur charabia ! Moi, ça m'énerve. »

Deux jours plus tard, Mme Hartmann fait son rapport au repas du soir :

« Voilà : un jeune homme né dans la huitième maison du Zodiaque, le 18 novembre 1947, par cinquante-trois degrés, vingt et une minutes et huit secondes de latitude Nord et dix degrés, onze minutes, cinquante-trois secondes de longitude Est, c'est-à-dire dans la banlieue Sud-Est de Hambourg, est venu consulter un astrologue judiciaire trois jours avant l'attentat. Je te précise les degrés et les minutes mais tu penses bien que si l'astrologue les a déterminés, c'est que le client lui a donné l'adresse de son lieu de naissance : c'est indispensable pour un thème astral. Parfois, on leur demande même l'étage ! A cause des influences telluriques : ça peut fausser les calculs. L'astrologue n'a pas voulu me communiquer l'adresse, mais si c'est toi qui la demandes, il la donnera. Enfin, si ça t'intéresse, évidemment, ça ne veut rien dire en soi : sauf si le jeune homme en question a fait son service à la caserne. Si c'était le cas, ça vaudrait peut-être la peine de le cuisiner un peu ! »

Le lendemain, bien que n'y croyant pas, et sans rien dire à personne, surtout pas au juge d'instruction, le commissaire Hartmann va voir l'astrologue en question :

« Il paraît que vous êtes « astrologue judiciaire » ? C'est vraiment comme ça que ça s'appelle ?

— Oui, ça se dit ainsi, pour distinguer de l'astrologie naturelle ceux qui étudient la science de l'horoscope. Ce n'est pas la même chose.

— Bon, eh bien moi, je suis commissaire de la police judiciaire. Alors entre collègues, hein ? Un petit tuyau ? »

Mais le surlendemain, au repas du soir, le commissaire Hartmann fait la tête à son épouse. Il hausse les épaules :

« Ça tombe à l'eau, ton truc ! Tu parles ! le jeune homme en question, c'est le greffier du tribunal criminel ! J'ai découvert, grâce à toi, que le greffier du tribunal criminel est un dingue de l'astrologie, qu'il a fait faire son thème astral et qu'il est né dans la huitième maison du Zodiaque ! Tu me vois dire ça au juge ? C'est moi qu'on va enfermer dans une maison.

Mme Hartmann ne s'émeut pas, et demande :

— Au moins, as-tu fait vérifier s'il a fait son service militaire au dépôt de munitions ?

— Enfin, Greta ! Le greffier du tribunal, je te dis !

— Oui, j'ai entendu. Le greffier du tribunal criminel : justement. Ces gens-là entendent des histoires d'assassins à longueur de journée. On leur fait même noter tous les détails. A la fin, ça peut taper sur le système ! D'ailleurs, je vois très bien ça : si ce greffier était déjà un peu dérangé, quand il a découvert que la science de l'horoscope s'appelait l'astronomie judiciaire, ça a dû le déranger complètement ! Il a dû s'en faire tout un cinéma : d'où cette façon de signer ses lettres anonymes : « L'exécuteur de la huitième maison » ! C'est un style de refoulé. Tu le dis toi-même depuis le début. Pourquoi un greffier ne serait-il pas refoulé ? Ils ne sont pas à l'abri. Vérifie donc si celui-là n'a pas fait son service militaire là où les quatre soldats ont été assassinés ! Qu'est-ce que ça coûte ? En attendant, mange tes saucisses ! D'ailleurs, si tu veux mon avis, tu manges trop de saucisses. »

Quarante-huit heures plus tard, le commissaire Hartmann apprenait que : Le jeune greffier du tribunal criminel de la ville, Herbert Brauer, né le 18 novembre 1947, dans la « huitième maison du Zodiaque », avait fait son service militaire au dépôt de munitions. Sous son lit, on découvrait le fusil d'assaut, la caisse de munitions, le pistolet muni d'un silencieux qui lui avait servi à tuer les quatre soldats et le registre d'entrée avec les pages arrachées. La soi-disant Maffia pour l'Europe, l'assassin des quatre soldats, le rançonneur, « l'exécuteur de la huitième maison », c'était lui.

La commission d'enquête a été dissoute, évidemment. Et le commissaire Hartmann a dû expliquer comment, bien que n'étant pas chargé de l'affaire, il l'avait résolue : en écoutant sa femme, pendant qu'elle lui servait le dîner. Mais il a bien pris le soin de préciser :

« Ça ne prouve rien en ce qui concerne l'astrologie ! Judiciaire ou pas ! Ça prouve simplement qu'à la maison, dans la journée, les femmes ont le temps de penser à n'importe quoi ! »

Les commissions d'enquête, elles, n'ont pas le temps.

TABLE DES MATIÈRES

LES DOSSIERS D'INTERPOL

IMPRIMÉ PAR CPI BRODARD ET TAUPIN POUR
LE COMPTE DES ÉDITIONS1 – 31 RUE DE FLEURUS
75006 PARIS EN AOÛT 2011
NED/01 – N° D'IMPRESSION : 64779
DÉPÔT LÉGAL : AOÛT 2011 – IMPRIMÉ EN FRANCE